U0941558

2022 年“中央党史和文献研究院青年学术丛书”

2022' Institute of Party History and Literature of the CPC Central Committee Youth Academic Series

一次唤醒民众的伟大远征

——红军长征中的群众工作研究

刘慧娟 著

中央文献出版社

2022年“中央党史和文献研究院青年学术丛书”编委会

出版说明

中央党史和文献研究院是党的历史和理论研究专门机构。构建党的理论研究综合体系，打造党的历史和理论研究高端平台是党中央对我院提出的明确定位和目标要求。贯彻落实党中央“人才强国”战略，坚持人才强院理念，是推动党史和文献事业高质量发展的重要保证。我院高度重视人才培养，特别是青年人才培养。为此，我院探索建立了一系列科学有效的科研激励机制，“中央党史和文献研究院青年学术丛书”资助出版工作就是其中之一。

2022 年，我院启动“中央党史和文献研究院青年学术丛书”资助出版工作，目的是为我院 45 周岁以下青年人才的相关研究成果提供出版资助，以鼓励全院青年同志多出成果，出好成果。今后我院将每年遴选并出版若干部青年学术著作。

丛书资助出版工作由中央党史和文献研究院院务会统一领导。院学术和编审委员会及其秘书处（科研规划部）负责资助出版工作的组织实施。中央文献出版社负责丛书的出版和发行工作。

丛书资助出版工作坚持政治要求，严格学术标准，明确工作导向。2022 年，我院共确定 8 本青年研究著作入选首批“中央党史和文献研究院青年学术丛书”。这些著作的内容包括习近平新时代中国特色社会主义思想研究，党的历史和理论研究，党的领袖人物思想生平研究等。

“中央党史和文献研究院青年学术丛书”编委会和院内外通讯鉴定专家对丛书提出了宝贵的修改意见。科研规划部相关同志参与了丛书编校工作。丛书出版前，所有作者都根据专家意见和编校意见对书稿进行了修改完善。

丛书编辑组

2023 年 6 月

目　　录

一、绪　论

（一）问题的提出与价值

长征是中国共产党历史上光辉的一页。长征对于中国共产党、中国革命乃至中华民族的意义，自中央红军长征胜利结束后就及时得到总结并被反复提及，仅1935年毛泽东就至少在四次谈话中论及。[①]长征成为中共历史上不朽的英雄史诗，使中国共产党“从挫折走向胜利、中国革命由波折坎坷走向蓬勃发展”[②]，“开启了中国共

① 据石仲泉总结，长征胜利后，毛泽东至少有四次谈到长征和长征的意义，1935年10月23日在陕甘支队干部大会上的讲话是第一次，同年11月5日在象鼻子湾对随行的军委直属部队讲话是第二次，11月9日在陕甘支队和红十五军团干部会议上的讲话是第三次，12月27日在中央召开的活动分子会议上讲到长征是第四次。见《长征精神永存》，载《光明日报》，2006年10月16日。

② 胡锦涛：《在纪念红军长征胜利70周年大会上的讲话》，载《人民日报》，2006年10月23日。

产党为实现民族独立、人民解放而斗争的新的伟大进军”[①]。“关于长征，不论从政治上讲，还是历史地看，怎样强调它的重要意义都不为过。”[②]

长征最初被称为“转移”“突围”“西征”，1935 年 2 月 23 日中国工农红军总政治部在发布《告工农劳苦群众书》时正式使用了“长征”一词[③]，这一细节的变化给我们提供了中共和红军对这一征途的认识开始转变的蛛丝马迹。当红军刚突围时，还未从军事受挫的低气压中挣脱出来，面对显著的形势对比，蒋介石信心满满：“久困之师经不起长途消耗”，红军“流徙千里，四面受制，下山猛虎（指红军放弃根据地），不难就擒”。[④]甚至湘江战役后他就已经在“拟庆祝剿匪胜利之意义之文稿”[⑤]。蒋介石根据历史经验的预测不乏道理。然而，中共和红军大出其意料，在绝地反击中创造了人间奇迹和英雄神话。从被迫远离根据地求生存的大规模战略转移，转变为主动北上抗日求发展的民族救亡行动，长征成为锻造革命英雄的大“熔炉”，实现了中共历史和中国革命史的伟大转折。

这转变之所以能发生，其深层原因党的领导人曾有过结论。毛泽东在接受埃德加·斯诺采访时，这样说道：“红军的胜利行军，胜

① 习近平：《在纪念红军长征胜利80周年大会上的讲话》，载《人民日报》，2016年10月22日。

② 杨炳章：《从革命到政治——长征与毛泽东的崛起》，郭伟译，北京：中国人民大学出版社2013年版，第2页。

③ 遵义会议纪念馆编：《遵义会议前后红军政治工作资料选编》，北京：中央文献出版社2010年版，第84页。

④ 晏道刚：《追堵长征红军的部署及其失败》，见中国人民政治协商会议全国委员会文史资料委员会《围追堵截红军长征亲历记》编审组编：《围追堵截红军长征亲历记——原国民党将领的回忆》（上），北京：中国文史出版社1991年版，第5、7页。

⑤ 美国胡佛研究所藏：《蒋介石日记》，1934年12月9日。

利到达甘、陕，而其有生力量依然完整无损，这首先是由于共产党的正确领导，其次是由于苏维埃人民的基本干部的伟大的才能、勇气、决心以及几乎是超人的吃苦耐劳的革命热情。”[①] 陈云 1935 年 10 月 15 日向共产国际汇报中央红军长征的情况时，认为长征胜利有三大原因：一是英雄主义精神和高明的领导；二是党的正确领导；三是正确对待群众和得到群众的支持。[②]

此后，与中共政治的发展形势相呼应，长征胜利被总结为路线斗争的胜利，以及由此而带来的军事、政治、组织上的胜利。刘伯承认为：“长征是彻底纠正了‘左’倾错误路线，确立了毛泽东同志正确路线的领导，才取得胜利的；长征是在与张国焘的右倾机会主义路线和他的分裂阴谋作了坚决斗争，并坚持了毛泽东同志的正确主张，才取得胜利的。”[③] 聂荣臻也表达了类似的意思：“长征的胜利说明了一个真理：农民起义没有共产党的领导，近代的革命运动没有共产党的领导，都是不能成功的。”[④] 正是由于对党的正确领导、对路线斗争的强调，遵义会议成为挽救了党、挽救了红军、挽救了中国革命的历史伟大转折点的地位得以凸显和强化。

无疑，遵义会议纠正中共“左”倾错误路线，为长征取得胜利提供了最根本的条件和保障；然而，这种突出强调路线斗争的长征

---

① ［美］斯诺：《西行漫记》，董乐山译，北京：解放军文艺出版社2002年版，第139页。

② 陈云：《关于红军长征和遵义会议情况的报告（1935年10月15日）》，见《陈云文集》第一卷，北京：中央文献出版社2005年版，第30页。

③ 刘伯承：《回顾长征》，载《人民日报》，1975年10月19日。

④ 聂荣臻：《红一方面军的长征》，见中国人民解放军历史资料丛书编审委员会编：《红军长征·回忆史料（1）》，北京：解放军出版社1990年版，第103页。

话语的构建，无意中使得毛泽东和陈云最初总结中所谈到的群众原因在相当长一段时期内被忽略。这种倾向在改革开放后逐步得到纠正。1986年杨尚昆在纪念红军长征胜利五十周年的讲话中指出："向当年支援过长征的各族人民，表示衷心的感谢和敬意！他们对于红军的爱戴和支持，是长征取得胜利的有力保证！"[①]十年后，江泽民在纪念红军长征胜利六十周年的讲话中，将感谢范围扩大到"当年全力支援红军长征的各族人民特别是各革命根据地的人民"，并指出："红军十分重视军民团结和民族团结，所到之处，坚持宣传群众、组织群众、武装群众，严格遵守群众纪律，赢得了各族人民的拥护和支持。"[②]2006年，胡锦涛在纪念红军长征胜利七十周年的讲话中，仍然"向当年支援红军长征的各族人民特别是各革命根据地人民，致以诚挚的问候和崇高的敬意"，并将"紧紧依靠人民群众，同人民群众生死相依、患难与共、艰苦奋斗的精神"归纳进了长征精神。[③]2016年，习近平在纪念红军长征胜利八十周年的讲话中，将长征明确评价为"一次唤醒民众的伟大远征"，进一步指出："我们党始终植根于人民，联系群众、宣传群众、武装群众、团结群众、依靠群众，以自己的模范行动，赢得人民群众真心拥护和支持，广大人民群众是长征胜利的力量源泉。"他特别谈到"半条被子"的故

---

① 杨尚昆：《总结历史经验 继承和发扬长征精神 在改革开放和现代化建设中建功立业——杨尚昆在纪念红军长征胜利五十周年大会上的讲话》，载《人民日报》，1986年10月23日。

② 江泽民：《在纪念红军长征胜利六十周年大会上的讲话》，载《人民日报》，1996年10月23日。

③ 胡锦涛：《在纪念红军长征胜利70周年大会上的讲话》，载《人民日报》，2006年10月23日。

事，引用徐解秀老人的话：“什么是共产党？共产党就是自己有一条被子，也要剪下半条给老百姓的人。”充分肯定党之所以能够得到人民拥护，“正是因为造福了人民”。同时鲜明提出“红军打胜仗，人民是靠山”的观点，将人民群众的作用放到了至关重要的位置上。[①]

需要特别注意的是，无论新民主主义革命时期还是改革开放后相当长一段时期，党内对于长征胜利的叙述，大量的语言篇幅仍是集中于赞美党的领导和革命的英雄主义精神，而对于中共的群众工作情形在多大程度上影响了军事进程，从而保障了长征胜利这一问题，尚缺乏详细、有力的探讨。沿途群众的支持以及红军为争取群众所进行的工作虽有提及但并非论述重点。尤其在论及党和红军的群众工作时，“群众支持”得以凸显，而党和红军“正确对待群众”的政策与行为却在整个长征叙事中退居从属地位。似乎群众的支援是主动的、自愿的，仅仅由于中共和红军是“穷人的队伍”、革命的队伍，便成为民心所向、众望所归，所到之处都受到当地群众的热烈欢迎。不过近年来，随着“唤醒民众的伟大远征”这一重要概念的提出，以及“半条被子”故事的广泛宣传，更多地将重心转移到党“正确对待群众”的行动本身即党的群众工作上来。

这样一种新趋势显然是更为贴近历史真实的叙述。大量长征当事人的回忆录、日记以及调查报告表明，红军长征所到之处，除了在苏区地界老百姓比较热情，一旦进入白区和少数民族区，大部分的群众对党和红军闻所未闻，选择了逃避，甚至攻击。

① 习近平：《在纪念红军长征胜利80周年大会上的讲话》，载《人民日报》，2016年10月22日。

李坚真回忆，长征中红军请个挑夫都不容易，“民伕是沿途临时雇请的，他们只走一段路，一般不走出本县或本省，到了预先讲定的界线，他们就要回去，得另找人。民伕很难找，我们所到之处，多是人烟稀少地区，加上反动派的威胁，群众都不敢给红军当挑伕，经过我们反复宣传动员，使他们增加对红军的了解，并付给较高的报酬（每人每天一块大洋，有时两块），才能找到一些民伕，而这些人对红军的认识有深有浅，想法也不一样。”[①] 陈伯钧日记1935年5月25日记载，经过彝民区时，“因数千年与汉人仇敌相视，而在政治上、经济上全受汉人统治，所以他们对汉人仇恨之深不可言喻。先天，我先头团曾为其所困，最后经宣传解释，大部与我联盟，小部尚顽固不化，时有龃龉。我们这次经过彝地，当然主要是争取他，但一面仍严防其偷袭，结果尚无异动。”“是日我前站人员，被彝人枪杀二名。”[②] 彭绍辉在长征期间的日记记载：1934年12月22日，“前卫45团与苗族人发生冲突，打了一下，我牺牲二人。这一带苗族人民在地主、土豪劣绅的欺骗下，一路打土炮、打枪、打石头。当我们追赶时，他们四散于山中。我通过后，他们又集中靠拢截击我后卫部队，抓我掉队人员。有时我们正通过村庄，他们用砍刀、匕首从窗口、房上砍下来杀伤我人马。”[③] 伍云甫日记记载，1935年4月13日“是日所经村庄，群众均被反动派欺骗离家”。4月17

① 《李坚真回忆录》，北京：中共党史出版社1991年版，第104页。

② 《陈伯钧日记》，见中国革命博物馆编：《红军长征日记》，北京：档案出版社1986年版，第69—70页。

③ 《彭绍辉日记》，北京：解放军出版社1988年版，第55页。

日“干部团驻壁槐，群众不了解，均逃避，派两代表与我军接头”。[①]萧锋在《长征日记》中记载，过草地前有一次“午睡时起床到屋后解手，突然有三个藏民打扮的人从小树林里拼命跑来抓我，我急得提起裤子就跑。我的老天，差一点被他们杀了。这里情况复杂，反动派挑动民族矛盾，可得当心”[②]。

在这样的现实情况面前，中共和红军如何动员群众，从群众中获得基本的物资给养、人力支持、兵力补充以及后方安置，就成为一个非常关键、非常重要的问题。而长征中群众工作的重要性及现有研究的稀缺性，构成了本选题的基本价值所在。

截至目前，国内外学者对民主革命时期中共开展群众动员的研究已经相当深入，形成了丰硕的成果。[③]但就现有研究来看，更多集中在中共在根据地开展的群众工作。究其原因，不管是土地革命战争时期，抑或是抗日战争时期，群众工作的开展需要一个相对稳定、较长时段的时空条件，根据地作为一个相对稳定的

---

① 《伍云甫日记》，见中国革命博物馆编：《红军长征日记》，北京：档案出版社1986年版，第188页。

② 萧锋：《长征日记》，上海：上海人民出版社2006年版，第92页。

③ 参阅：王旭宽《政治动员与政治参与——以井冈山斗争时期为例》（北京：中央编译出版社2012年版），卓人政主编《中共中央南方局的群众工作》（北京：中共党史出版社2009年版），周江平、刘素娜《敌后教育与动员：抗日战争时期的冬学运动》（成都：西南交通大学出版社2015年版），［日］笹川裕史、奥村哲《抗战时期中国的后方社会——战时总动员与农村》（林敏、刘世龙、徐跃译，北京：社会科学文献出版社2013年版），黄琨《从暴动到乡村割据：1927~1929——中国共产党革命根据地是怎样建立起来的》（上海：上海社会科学院出版社2006年版），陈德军《乡村社会中的革命——以赣东北根据地为研究中心（1924—1934）》（上海：上海大学出版社2004年版），李里峰《革命政党与乡村社会——抗战时期中国共产党的组织形态研究》（南京：江苏人民出版社2011年版），黄道炫《张力与限界：中央苏区的革命（1933~1934）》（北京：社会科学文献出版社2011年版）等。

载体，自然是比较理想的研究对象。而长征处于一种特殊、变化的动态中，在这种状态下也许可以看到某项群众工作的即时效应，但要分析它的实际效果则有相当难度。而且在这种生存艰难且不断变化的环境中，中共所开展的群众工作、所采取的群众政策，也让人质疑：它是否只是一种临时性的策略需要，而无长远的战略意义，更不具备作为个案进行深入研究的价值?

对于这个问题，笔者认为恰恰相反。任何战略目标的实现往往呈现出常态的连续性发展和非常态的突变发展。常态的连续性发展确定其基本特征，而非常态的突变发展更能集中反映、过滤并最终形成其基本特征。群众工作亦是如此，正是在长征这一变动不居的环境之下，才有助于我们真正了解中共群众工作的核心特征究竟是什么。因此，笔者选取长征时期作为考察时段，具体有以下三个方面的考量。

其一，长征中群众工作在战略上的重要性大大超过根据地时期，而其所需要的天时、地利、人和等因素，均极度缺乏，直接导致长征中开展群众工作的难度前所未有。高难度下中共如何化解群众工作的困境和难题，对于我们深刻理解整个民主革命时期中共的群众观点和政策，具有重要的参考价值。

红军长征途经14个省区市（按现在的行政区划为15个）、2亿多人口的地区，大部分是国民党统治下的白色区域，还有瑶、苗、彝、回、侗、壮、纳西、布衣、羌、回、藏等少数民族地区，所经之地绝大部分没有任何群众基础。这不仅是因为这些地区相对偏僻、落后，很多群众对红军一无所知，还有国民党造谣、污蔑及相关政策的“功劳”，“他们还进行反动宣传，说红军要杀人、放火、抢女人，还说红军要吃小孩，简直可怕极了。所以听说红军来了，我们都跟着地主往山上跑”[①]。尤其国民党军阀还实行坚壁清野的政策，严厉惩罚帮助红军甚至与红军有过接触的群众。如在涉藏地区，“国民党军阀和当地反动土司规定，凡给红军当通司和向导者，凡卖粮给红军者，均处死刑；若不执行坚壁清野者，所有牛、羊、粮食和财产，一律没收。”[②]“不同红军作战，亦按‘叛逆’治罪”[③]。这使得一般白区民众听闻红军要来，“惊惶万状”[④]“逃避一空”[⑤]，有的地区民风彪悍甚至还攻击红军。

群众基础的薄弱还体现在当地党组织的缺失。以往党和军队每到陌生地方打游击，都会寻找和联系当地党组织。“这既是为了恢复与发展党组织，同时还可以获得有效的军事信息和粮衣、兵员的补充”[⑥]。但长征所经之地，有党组织的非常少。这种情况与当时中国革命局势有关。由于历史的原因，中国革命的重心一直在南方，党的主要领导干部都被派往南方，北方的革命形势与革命力量都相当薄弱。因此，蒋介石重兵“围剿”的重点在南方。党和红军选择向西、向北的长征路线，虽然避开了国民党的强势兵力范围，却也必然遇到缺乏党组织基础的问题。

---

① 陈万明：《参加红军前后》，见中共古蔺县委党史研究室编：《红军长征过古蔺》，1990年印刷，第45页。

② 萧锋：《长征日记》，上海：上海人民出版社2006年版，第86页。

③ 成仿吾：《长征回忆录》，北京：人民出版社2006年版，第87页。

④ 中国第二历史档案馆、湖南省档案馆编：《国民党军追堵红军长征档案史料选编》（湖南部分），北京：档案出版社1991年版，第317页。

⑤ 薛绍铭：《黔滇川旅行记》，重庆：重庆出版社1986年版，第116页。

⑥ 黄琨：《从暴动到乡村割据：1927~1929——中国共产党革命根据地是怎样建立起来的》，上海：上海社会科学院出版社2006年版，第124页。

如果在有根据地的情况下，即使没有找到当地党组织，外出游击的红军也可以通过一段时期的经营来调整自己和融入当地社会。然而，在长征中并不具备这样的条件。从客观环境来说，红军长征一直伴随有国民党军的围追堵截，其间还发生不少遭遇战，行军作战令战士们疲惫不堪。据红一军团1936年8月统计，长征路上一共371天，有271天在行军作战，休息时间仅100天。[①]尤其从长征出发到渡湘江前后，红军差不多都是夜行军[②]，连正常休息的时间都难以保证，更遑论开展群众工作。从主观条件看，“大多数地方工作部与中央工作团的同志，都是基本苏区内培养出来的干部，他们习惯于在基本苏区内进行群众工作，而不善于在白色区域的群众中进行工作，我们的工作方式也不适合于新的环境的工作方式。”[③]而且中央苏区出来的战士基本以南方人为主，到完全陌生的地方，语言、生活习惯、气候条件差异都相当大，这样一支与当地社会离异度较大的队伍，要获得当地群众认可与支持，难度可想而知。

尤其是在少数民族地区，群众工作开展难度更大。少数民族群众大多与红军语言不通、习惯迥异、信仰不同，有的地区甚至还处于奴隶社会阶段。落后的社会文化水平使他们难以理解革命、阶级等话语。黄克诚回忆红军过黑水、芦花时，“藏民纷纷躲到深山密林之中，或守候在据点里窥视红军的一举一动，偶尔还朝我们打冷枪，

---

① 根据《红军第一军团长征中经过地点及里程一览表》统计计算，时间为1934年10月16日至1935年10月21日。丁玲主编：《红军长征记》，北京：解放军出版社2006年版，第440—450页。

② 富春：《夜行军》，见丁玲主编：《红军长征记》，北京：解放军出版社2006年版，第17页。

③ 《关于目前地方居民中的工作》，载《红星》报，1934年11月，第3期。

放冷箭。我费了很大劲才找到一位藏民，通过翻译同他谈话，并招待他吃饭。我再三向他讲道理，解释红军的性质和我们党的民族政策，试图打消他的对立情绪，请他帮助红军筹集粮食以便过境。但是，我费了许多口舌，他就是不通，回答只有两句话：'不行！''你们赶快离开这里，否则我们只有打！'"① 而长征恰恰是中国共产党成立以来，第一次如此广泛、深入地与少数民族接触。长征中红军经过的少数民族聚居或杂居地区，达红军长征经过地区的 50% 以上，直接接触的少数民族近 20 个。由于历史上的民族纠纷和地方军阀的残酷剥削，大部分民族有着地方民族主义情绪，对汉族军队存在着强烈的敌视心理。红二军团先遣部队 1936 年 4 月 27 日翻越雅哈雪山时就遭遇中甸僧俗民团的堵截袭击，牺牲了四师参谋长高利国和几十名指战员。② 有的少数民族地区人烟稀少，特别是雪山、草地等区域人迹罕至，红军连群众人影都难以看到，"从离开懋功那一天开始，再没有看见过藏民百姓。每到一个村庄，看见的只有冷清清的空寨、空荡荡的房屋。进入房屋时感到阴森森的，真有点后怕"③。国民党的坚壁清野政策"逼得藏人不得不躲避红军，所以村村无人，十家十空"④。国民党还"在阿坝地区境内造成无人区"，"在这个无人区里，要想知道一点地理民情，无处可问，感到自己是一个瞎子，

---

① 《黄克诚回忆录》上，北京：解放军出版社1989年版，第233—234页。

② 云南省迪庆军分区政治部、中共中甸县委党史办公室编：《兴盛番族之光——红军长征过中甸》，1991年印刷，第19页。

③ 钟有煌：《艰苦的长征岁月》，载《福建党史月刊》，2006年第10期，第32页。

④ 蔡长风：《进入千里雪山》，见中共中央党史研究室编：《红军长征纪实丛书 红一方面军卷（6）》，北京：中共党史出版社2016年版，第2819页。

一个聋子”。[①]群众工作根本无从谈起。

条件是这样的不利，群众动员的紧迫度和强度却前所未有。长征是在无根据地依托、无后方接济的情况下完成的战略大转移，这就决定了红军在匆忙行军中必须不间歇地开展群众工作。沿途的休息、补给安排，安置伤员，寻找向导、挑夫，以及补充新兵源，都是每天要进行的日常工作。

如果说地方富裕、物资充足、人员鼎盛，红军买走一些物品、征用一些挑夫、扩招一些战士，对当地生活也造不成什么影响，但红军所过之地，大都经济落后、人员稀少，而且红军队伍的规模相当大，长征出发时中央红军总人数8.6万余人，红二方面军1.7万余人，红四方面军约10万人（包括从川陕根据地撤出的党政机关人员和革命职工），红二十五军约3000人，再加上“追剿”的国民党部队的粮食需求，这样的规模势必会对当地居民日常生活造成巨大冲击和影响。中央红军长征初期，1934年12月15日黔阳邮局长蔡烈呈报地方情形，诉苦道：由于国民党大军到境“剿匪”，“谷米陡涨，物价日增，市面洋油，每瓶六元三四角，尤属缺货。但乡村匪风，闻已乘机四起，匪患频来，民不聊生”。[②]同样1935年1月12日会同邮局长安友生呈报地方情形也说：“此次大军进驻，粮食购买一空，目前百物无不较前陡涨数倍，每米一斗，价值元余。”[③]为了方便供给，红军在实际行军

---

① 钟有煌：《艰苦的长征岁月》，载《福建党史月刊》，2006年第10期，第32页。

② 中国第二历史档案馆、湖南省档案馆编：《国民党军追堵红军长征档案史料选编》（湖南部分），北京：档案出版社1991年版，第317页。

③ 中国第二历史档案馆、湖南省档案馆编：《国民党军追堵红军长征档案史料选编》（湖南部分），北京：档案出版社1991年版，第319—320页。

中会拟定多条路线以化解负担，但红军“迂回曲折，进进退退”[①]，对某些地区的实际供给需求成倍增长。像阿坝地区，红一、红二、红四方面军均从这里经过，红军在阿坝州转战停留了16个月，翻越了雪山和草地，有的部队还过了三次草地，其间所需要的物资给养和人力财力补充相当浩大。“四方面军在甘孜会师后，部队在此休整的时间较长……由于藏区云集数万大军，使得粮食给养十分困难”[②]。“红三军团在亦念一带停留了十多天，因为藏民都跑了”，部队不得不割藏民的青稞，宰杀藏民留下的猪狗牛羊。这种情况下的群众工作，难度自然成倍增加。

其二，囿于条件，诸多传统的群众动员方法如重新分配土地、废除苛捐杂税、建立地方政权等在长征中并不能随时使用或作为主要手段使用。在这种特殊状态下，中共所采取的无论是既有的动员手段，还是新创造的工作方法，恰恰能够深层次地反映中共对群众工作最重要的原则与最根本的坚持。

革命根据地是中国革命斗争的战略基地。有了根据地，才能有计划地建设政权，才能深入土地革命，政权发展才能波浪式地向前扩大。党和红军在根据地逐渐渗透、发展、壮大。在这个过程中形成的军民关系，既有血缘亲情，许多红军将士本身就是苏区群众的亲属；又有地域共享，红军和群众共同生活在一片空间，形成一个新的地缘社群；更有利益共存，土地革命把红军和群众的自身利益

---

① ［美］斯诺：《西行漫记》，董乐山译，北京：解放军文艺出版社2002年版，第145页。

② 岳仲连：《漫漫长征路》，见中国人民政治协商会议四川省南江县委员会编：《南江文史》第13辑，2004年印刷，第89页。

紧密联系起来。因此，在根据地，红军将士如同在自己家一样，有坚实的依靠。

而长征使红军失去了根据地这一重要载体，也就限制了很多工作方法的实施空间。一些需要较长周期和较深厚群众基础的深入细致的工作方式已不再适用；同时，长征中与群众接触面的广泛大大超过根据地时期，且多在偏远的少数民族地区，以往通过血缘、地缘、共同利益等全方位的动员方式，也不再适用。这都对既往的群众工作方式方法提出了新的挑战。

以往学界观点一般认为，中国共产党领导的革命政权之所以能在乡村社会发展壮大，主要是中国共产党实现了中国农民“耕者有其田”的愿望，把土地分配给农民，因而获得了广大农民在人力、经济上的积极支援。亦有学者认为，革命政权力量的壮大主要是通过土地改革建立起来的政权对农村的权力渗透。不论是经济还是政治层面，都指向土地革命才是中共赢得支持的关键。而长征中，红军对大部分地区来说，仅仅是路过，且前途捉摸不定，没有强大的军事和行政基础作为后盾，既没有充足时间进行土地改革，也没有能力保障土地改革的成果。因此，分配土地或实行相关土地政策的改革不太可能彻底实施，无法作为主要动员手段。虽然红军在沿途积极呼吁“没收地主阶级的一切土地分配给农民”，但其意图更侧重宣传党的基本主张，而非实行。《红星》报就曾要求战士少写，甚至不写“焚烧田契借约”这类空洞模糊、缺少实际行动意义的标语。①

学界现在还有研究提出，农民之所以参加革命，主要是循着日常社会交往的结构。党员依靠既有的社会关系或原党组织长期隐蔽

---

① 《写标语》，载《红星》报，1935年3月10日，第12期。

在村庄开展工作，以融入当地社会。[①] 这种潜伏式的动员途径在长征中也有呈现，红军的侦察队员有时会扮成风水先生、郎中、商贩、流浪的手艺人、乞丐等具有流动性的人口提前进入乡镇，红军队伍中也会有一些当地人以及新加入的战士密切与地方的联系，但这种潜伏式的动员显然无法大面积实现，一是时间上不允许，二是绝大部分的红军战士还是外地人，在口音、饮食、习惯等各方面均与当地民众有着显著差异。

还有一种观点认为在中共乡村革命中，经济因素并不是首要考虑的因素，在乡村民众的基本诉求中，政治的要求比经济的要求更迫切，因此动员民众首要的就是提高农民的政治地位。[②] 而这需要通过建立新的政权形式重新塑造乡村权力主体，改变乡村社会结构，并且有相当的武力来保障。这种方式在长征中也有体现，红军在部分地区的确建立了政权，但都是红军停留时间较长的地区，并非普遍现象，而且大都随着红军的离去而消散。

与此类似，有学者在分析中共早期群众运动时，指出与土地革命战争时期及其后靠经济利益驱动政治动员不同，中共早期群众运动的兴衰，与政治环境密切相关。在没有根据地土地改革的经济利益，没有日本入侵的民族危机这两大要素的驱动下，中共早期的群

① 陈德军：《乡村社会中的革命——以赣东北根据地为研究中心（1924—1934）》，上海：上海大学出版社2004年版。

② 杨东：《“授权给农民”——中共乡村革命与乡村建设的历史追索与逻辑探究》，载《人文杂志》，2014年第1期。

众运动在适宜的政治环境下仍然很容易号召起来。[①]但在长征中，这种特殊政治生态环境条件显然并不具备。

那么长征中的群众动员究竟主要依靠什么途径实现？目前关于红军长征中群众工作的研究，普遍强调严明的群众纪律以及贴近实际的宣传。应该注意的是，纪律和宣传确实会赢得群众对红军的好感，不过有好感是一回事，冒着触犯当局政策的风险实际帮助红军甚至跟着红军干革命又是另外一回事。前者可能会有助于解释群众慰劳红军，主动为红军提供一些人力、物力帮助（这种帮助一般会有相应报酬），但难以解释长征中扩红的成果。

还有一个问题与之密切相关：在土地革命、日常动员和提高政治地位等诸多手段都难以普遍实施的长征途中，群众动员的效果究竟如何？可以看到，长征中党和红军创造了许多新的群众工作方法，比如在行军间隙提前有计划地派遣地方工作组与发动宣传队去做群众工作；在少数民族区域不打土豪；在部分经过市镇设立苏币兑换处，以防因战士使用苏币给群众造成损失；等等。但在前述的主要动员方式都缺席的情况下，这些措施在多大程度上发挥了多大的作用？陈云向共产国际汇报说："我们随处可以找到帮助我们搬运辎重的脚夫，到处可以把红军战士安置在老百姓的家中。当我们需要粮食时，老百姓会卖给我们"。[②]红二、六军团在长征政治工作总结报告中就坦率地承认："在艰苦的远征中，我们的政治机关进行了不断

① 王奇生：《革命的底层动员：中共早期农民运动的动员参与机制》，见王奇生主编：《新史学（第七卷）：20世纪中国革命的再阐释》，北京：中华书局2013年版，第61—97页。

② 陈云：《关于红军长征和遵义会议情况的报告》（1935年10月15日），见《陈云文集》第一卷，北京：中央文献出版社2005年版，第29页。

的动员，支部与红色战士无论在何种情况下，都在居民中争取群众，这在湘黔滇广大地区是获得了一些成绩的，进入西康后，由于居民条件的不同，我们缺乏在这些区域的工作经验，可以说是没有〈得〉到什么效果。”[①] 但他们在黔大毕地区却取得了动员群众的空前成绩。红四方面军在川康地区停留长达 16 个月，宣称“少数民族方面，我们已有了初步的基础了”[②]。那么对于红军群众工作的实际效果究竟应该以什么标准来评判?

以上诸多问题足见长征中的群众工作还有深入讨论的必要和空间。如果能对其具体途径及得失进行深入分析，无疑会给我们呈现一个具有说服力的群众动员工作范本。

其三，对长征群众工作的深入研究还具有相当的社会价值与现实意义。众所周知，群众观点是马克思主义唯物史观的一个基本观点，也是马克思主义政治观的一个重要观点。中国共产党从诞生之始，就提出要把工农劳动者和士兵组织起来[③]，明确“本党的基本任务是成立产业工会”[④]。经过大革命时期唤起国民的洗礼、土地革命战

---

① 《二、六军团长征政治工作总结报告》（1936年12月19日），见中国工农红军第二方面军战史编辑委员会编：《中国工农红军第二方面军战史资料选编》（四），北京：解放军出版社1996年版，第168页。

② 《张国焘在“五·五”纪念节上的报告》（1936年5月5日），见中国工农红军第四方面军战史编辑委员会编：《中国工农红军第四方面军战史资料选编》（长征时期），北京：解放军出版社1992年版，第508—509页。

③ 《中国共产党第一个纲领》（1921年7月），见中共中央文献研究室、中央档案馆编：《建党以来重要文献选编（1921—1949）》第1册，北京：中央文献出版社2011年版，第1页。

④ 《中国共产党第一个决议》（1921年7月），见中共中央文献研究室、中央档案馆编：《建党以来重要文献选编（1921—1949）》第1册，北京：中央文献出版社2011年版，第4页。

争时期广泛深入的农民运动、抗日战争时期的全民族动员，中国共产党更是将密切联系群众视为“共产党人区别于其他任何政党的又一个显著的标志”[①]，并在实践中形成了一套完善的群众工作方法和群众工作路线。1943年6月，中共中央通过毛泽东撰写的《关于领导方法的若干问题》的决定，提出马克思主义的科学领导方法，即“一般和个别相结合”，“领导和群众相结合”，要求“在我党的一切实际工作中，凡属正确的领导，必须是从群众中来，到群众中去”。[②]由此形成、确立了党的群众路线理论。

群众路线作为毛泽东思想三个活的灵魂之一，是党的根本工作路线，自确立后一直长期坚持并不断发扬。党和国家领导人邓小平、江泽民、胡锦涛、习近平等都对此有过重要论述。2012年11月，党的十八大决定，在全党深入开展以为民务实清廉为主要内容的党的群众路线教育实践活动。2017年12月，习近平在党的十九大报告中阐述新时代中国特色社会主义思想的精神实质和丰富内涵时，用了十四个坚持，第二个就是“坚持以人民为中心”。2021年，在十九届六中全会通过的《中共中央关于党的百年奋斗重大成就和历史经验的决议》中，总结回顾党百年奋斗的历史经验，第二条就是“坚持人民至上”，肯定“党的根基在人民、血脉在人民、力量在人民，人民是党执政兴国的最大底气。民心是最大的政治”，“江山就是人民、人民就是江山”，将群众观点提到了前所未有的位置，并明确“党代表中国最广大人民根本利益，没有任何自己特殊的利益，

---

① 《毛泽东选集》第三卷，北京：人民出版社1991年版，第1094页。

② 《毛泽东选集》第三卷，北京：人民出版社1991年版，第897、899页。

从来不代表任何利益集团、任何权势团体、任何特权阶层的利益，这是党立于不败之地的根本所在”。[①]将党与群众的血肉联系视为党成功的根本，这是站在新时代的高度对党的历史的科学认识和新总结。2022 年 10 月，党的二十大报告将习近平新时代中国特色社会主义思想的世界观和方法论系统概括为“六个必须坚持”，其中，“必须坚持人民至上”列在第一位，指出“一切脱离人民的理论都是苍白无力的，一切不为人民造福的理论都是没有生命力的”。[②]进一步将人民立场深入到党的理论领域。

新时代中共对群众路线、群众地位与群众工作的重视和强调，无疑为我们深入研究长征时期的群众工作提供了一个很好的契机和现代视角。长征时期与新时代的差异不言而喻，但历史总是延续发展的，长征中的群众工作与新时代一以贯之，考察在长征这一特殊历史条件下的群众工作，有助于我们更好地认识群众路线的历史发展与时代内涵，有助于我们理解和诠释群众工作的内在脉络与本质，有助于我们掌握历史主动，以更长远的眼光看待新时代开展群众工作、贯彻群众路线的重大意义。

（二）研究回顾

目前学界对于红军长征的研究成果汗牛充栋，起点很高；相对而言，群众工作的研究是较为薄弱的一环，但亦有一定的基础。

---

① 《中国共产党第十九届中央委员会第六次全体会议文件汇编》，北京：人民出版社2021年版，第95、96页。

② 习近平：《高举中国特色社会主义伟大旗帜 为全面建设社会主义现代化国家而团结奋斗——在中国共产党第二十次全国代表大会上的报告》（2022年10月16日），人民出版社2022年版，第19页。

首先是综合研究中的长征群众工作。这大致分为两类：一是长征史著作中，对群众工作的概括性梳理。力平、余熙山、殷子贤著《中国工农红军长征简史》（中共党史出版社 2006 年版）在第二章第六节以“人民军队，纪律严明”为题，从军队严格执行群众纪律的视角考察了党和红军的群众工作。该节以《红星》报的报道和红军政治机关相关指令为主要史料，梳理了中央红军在白区筹措给养、进占城市、经过少数民族地区等不同情况下采取的严格纪律和执行措施，以及人民群众对红军和国民党军队的不同态度。另一类是政治工作史、群众工作史著作中，对长征群众工作的论述。总政治部群众工作部、西安政治学院训练部编的《中国人民解放军群众工作史》（解放军出版社 1989 年版）第七章以“长征中红军的群众工作”为标题，从采取积极措施加强群众工作，广泛地宣传、争取群众，认真执行党的民族政策等方面论述了长征中群众工作的特点，并专设一节讨论南方红军游击队的群众工作。姜思毅主编的《中国共产党军队政治工作七十年史》第一卷（解放军出版社 1991 年版）第六章第四节以“长征途中的群众工作”为标题，分别梳理概括了红一、红二、红四方面军群众工作的内容。杨文岭主编的《长征中的政治工作》（人民武警出版社 2006 年版）设有专章“长征中的群众及对民族地区的影响”，从宣传组织群众，宣传党的政策、增进民族团结，建立革命政权、领导人民群众开展斗争，遵守群众纪律、维护群众利益，对民族地区的影响等五个方面论述了长征中群众工作的内容、主要措施和积极效果。刘永利著《红军长征中的政治工作》（中国人民大学出版社 2012 年版）在第五章“红军长征中的群众工作”中，从加强对群众的宣传，组织群众、武装群众，争取群众参加红军，收集资材、保障供给等四个方面描述了长征中群众工作的主要内容。作者把民族工作与群众工作分开，专设一章讨论了“红军长征中的民族工作”。中国延安精神研究会编、梁星亮主编的《群众工作史》（中央文献出版社 2015 年版），在第一章第一节第三部分谈到“红军长征期间的群众工作”，概要叙述了长征期间红军发动群众，进行扩红、筹措物资、做好少数民族群众工作等内容。

综合类研究著作能够将长征中的群众工作放到整个红军长征以及红军政治工作的全局中去考虑，对于正确认识群众工作的历史地位和作用具有积极意义。但由于篇幅较少，涉及面又太广，对某项具体群众工作的论述缺乏深入细致的考证，多为制度层面或个别案例的描述，部分论述过于泛化。

其次是对长征群众工作的专题研究。专题研究有的以整个群众工作为对象，有的以某项群众工作为对象。

整体研究长征群众工作的著述并不多见。专著有《红军长征中的群众路线》（江西人民出版社 2016 年版），该书以通俗生动的方式，从整体上描述长征时期的群众工作，总结其中的经验对今天群众工作的价值。论文主要以杨青的《红军长征与民众动员》（《中共党史资料》2008 年第 2 期）为代表，从民众动员角度，综合分析了长征民众动员的主客观条件、动员方针和实施以及绩效。文章梳理了红军制定发动群众的总方针和政策、制定发动少数民族群众的基本方针和政策、制定征集民众物资政策、提出民众动员方法、做出严惩红军违犯群众纪律行为的规定等各项制度、规定，内容全面、系统，只是对于具体实施及其效果未能全面、具体展开，带有一定的宣传色彩。类似整体描述长征群众工作的文章基本没有脱离此文的描述范围。[①] 此外，长征群众工作的历史作用成为叙述重点，对其历史意义的总结基本沿袭毛主席关于“长征是宣言书、宣传队、播种机”的评价[②]，但论述更为详细、具体。近年来有不少人关注长征群众路线的时代价值，认为长征中的群众工作，从理论发展上，提高了党对马克思主义群众观的认识水平，推进了马克思主义群众观在中国的运用和发展，奠定了党在今后的革命、建设和改革中坚持群众的理论自觉；从历史价值上，为中国革命提供了坚实的基础，为长征胜利提供了强大的革命力量，增进了民族团结，为党的民族统战政策和民族区域自治制度的形成提供了有益借鉴；从时代进步意义上，强化了为人民服务的宗旨意识，彰显了人民主体的价值观念。[③]

大量的著述则以某项具体群众工作或某地区的群众工作为研究对象。群众工作从内容上看，有宣传、扩红、筹措物资、民族工作、建立地方武装和政权等内容。其中，研究成果较多、较为深入的是长征中的宣传和民族工作。

对长征宣传工作的研究一直是长征研究的重点之一。长征被誉

---

① 参阅贺平海：《红军长征时期的群众工作及其经验借鉴》，载《中国井冈山干部学院学报》，2016年第1期。

② 参阅秦宇忠：《红军长征时期群众工作的历史功绩》，载《西藏党校》，1997年第2期；张啸：《红军在长征中开展的群众工作及其历史作用述略》，载《陇东学院学报》，2012年第6期。

③ 参阅大连海洋大学党建理论研究小组：《红军长征与党的群众路线》，载《光明日报》，2014年6月5日；李大棚：《长征时期党坚持群众路线的价值意蕴》，载《上海党史与党建》，2014年第3期；王强、李单晶、罗大明：《论党的群众工作在长征胜利中的重要作用及时代意义》，载《毛泽东思想研究》，2014年第5期。

为“宣言书”，与宣传工作的成功开展有莫大的关系。这方面的专著很多，严帆的《万里播火者——红军长征岁月的新闻宣传》（江西高校出版社 2005 年版），叙述对比了长征前夕中央苏区的新闻宣传、三支长征先遣队的新闻宣传、中央红军长征途中的政治与新闻宣传，以及红二、红四方面军长征途中的新闻宣传等。李东方的《长征与中国共产党的政治理念传播——基于政治社会化理论的分析》（中共党史出版社 2014 年版），以长征中的宣传和宣传中的长征为线索，着重分析了中共领导中国工农红军在长征沿途进行政治理念传播的过程。关于宣传工作的论文更是不胜枚举，大量集中涌现于长征胜利逢十周年纪念前后。1996 年文化部主办“长征中的文化工作研讨会”，会议形成的论文集《长征中的文化工作》（北京图书馆出版社 1998 年版）收录了 12 篇学术研究论文，既有对长征整体文化宣传活动的描述，亦有对长征在贵州黔东南地区、云南、四川等地宣传工作的论述，还有对《红星》报、《红色中华》报、黄镇长征漫画、彭加伦长征诗歌等具体细节的叙述。2016 年原中央党史研究室举办的全国党史文化论坛有一个分论坛是党史文化与长征文化，其中关于长征宣传工作的论文近 20 篇，有整体叙述，有就标语、文艺、抗日等某个宣传内容进行的专门论述，也有针对某个地区或某些红军将领的宣传工作进行的论述。

少数民族工作方面有不少深入研究的专著。周锡根的《红军长征时期党的民族政策》（四川民族出版社 1985 年版）系统介绍了长征时期党的民族政策与民族工作，重点论述了红军长征时期建立的藏族人民政权——博巴自治政府的历史功绩与局限，尤其汇集了红军长征时期有关党的民族政策文献、标语以及少数民族编唱传诵的长征歌谣，具有丰富的史料价值。何作庆的《红军长征时期民族政策比较研究》（云南民族出版社 2006 年版）就红一、红二、红四方面军首次在西部农村地区制定和实施的少数民族政策及其具体实践的异同作了全面系统的比较研究，探讨了党和红军在长征中制定和实施少数民族政策并不断丰富完善的过程。其论述超越了一般宣传性描述和经验性总结。方素梅、周竞红的《播种之旅——红军长征与少数民族》（民族出版社 2006 年版），选取侗乡苗寨、彝汉关系、雪山草地、羌寨回区，讲述了红军与少数民族相处的具体情形，全书偏重故事性的叙述。孙军的《马克思主义民族理论中国化早期进程研究（1921—1938）》（中央民族大学出版社 2018 年版）一书，突破既往研究偏重单纯民族政策史实描述的局限，从中共整体革命战略的高度，对民族政策演变作了深入的理论解释，其中关于长征期间的民族政策专门围绕西北联邦政府的争论进行了深入讨论。只是因为篇幅限制或着力点不同，对一些问题点到即止，有些细节未能展开。此外还有大量关于长征中民族工作与政策的论文，或涉及具体操作层面，或阐释政策演变，为我们了解长征中的民族工作提供了丰富的史料、清晰的脉络和深入的思考。中共贵州省委党史研究室、贵州省民族事务委员会编《红军长征与党的民族政策——红军长征时期党的民族政策研讨会文选》（贵州民族出版社 1993 年版）汇集长征民族工作的论文 36 篇，集中探讨了长征期间党的民族政策的发展演变、具体实践及其深远影响。近年来关于长征民族政策、工作的文章一直在持续发表。在基本结论方面，大部分研究认同长征时期党和红军第一次长期、广泛地与各少数民族接触，由此能够结合民族问题的具体实际，提出许多有针对性的民族政策，进一步完善和发展了党的民族理论与政策体系。同时，对长征时期的少数民族政策从内容上进行了分类阐述，包括实行民族平等，团结和争取民族、宗教上层人士，尊重少数民族风俗习惯和宗教信仰，尊重少数民族语言文字、发展民族文化，培养少数民族干部，建立民族革命政权等。

其他关于扩红、物资筹措等群众工作内容的研究相对较少，但也有一些成果。如扩红方面侧重对扩红原因、方式和手段的研究①，以及具体某地某部队的扩红情况研究。②物资筹措多从长征中的经济后勤保障角度切入，缺乏从群众动员角度的叙述。③

再次是对长征群众工作的地域研究。

具体地域的研究对于深入认识整体情况有着重要意义。目前关于长征沿途地区的群众工作著述，多见于地方专题资料汇编和相关论文。专著方面，从20世纪80年代开始，各省、市、地、县党史相关部门出版了系列长征专题资料汇编，如《红军长征过略阳》《红军

① 参阅涂胜男：《长征时期扩红运动研究》，上海师范大学2013年硕士论文；钟连江：《论析长征中的扩红动员》，载《桂林航天工业学院学报》，2016年第2期。

② 参阅中共绵阳市委党史工委办公室：《红四方面军长征初期的扩红运动》，载《四川党史研究资料》，1986年第10期；王洪：《红军长征会泽扩红的历史意义及影响》，载《毛泽东思想研究》，2016年第1期；朱晓舟：《红军长征在康区的“扩红”宣传及其成功原因试探》，载《中国藏学》，2016年第3期；阳勇、袁婧：《红二、红六军团长征中贵州“扩红”述论》，载《遵义师范学院学报》，2018年第1期。

③ 参阅王夏刚：《试论红军长征期间的筹粮工作》，载《西安电子科技大学学报（社会科学版）》，2003年第3期；裴恒涛、谢东莉：《红军长征在黔时期后勤供应工作探析》，载《贵州师范大学学报（社会科学版）》，2010年第3期；蒋仕民：《征借、没收、缴获与采摘——长征中红军的军事经济保障措施》，载《军事经济研究》，1996年第11期；郭淼：《长征中红军部队的后勤保障工作》，载《北京党史研究》，1996年第5期；禚召海：《红军长征中的理财工作》，载《中共济南市委党校学报》，2008年第1期。

长征过通道》《红军长征过云南》《红军长征在湖南》《红军长征在甘孜藏区》《乌蒙磅礴——红军长征在毕节》《红军长征在溆浦》《红军长征过昆明》《红军长征过紫云》《红军长征到庆阳》等近百种。大部分专题资料汇编除收录访问当地百姓的记录外，还会总结概括长征红军经过本地时的相关群众政策及与民众的关系。此外，还有针对长征沿途较特殊地区的调查报告，如贵州民族研究所的《红军长征经过贵州少数民族地区的情况调查》（1965 年版），《中国少数民族社会历史调查资料丛刊》修订编辑委员会编的《羌族社会历史调查》（民族出版社 2009 年版）设有专章《红军长征经过羌族地区及其影响》，均展示了长征红军与当地少数民族的关系。不过相对而言，这些著述多是概括性的介绍，以史料描述见长，缺乏深入的问题探讨和理论升华。真正具备理论探讨意义的，有裴恒涛的《社会变迁视阈下的红军长征与贵州社会》（中共党史出版社 2014 年版）。该书引入民族学、地理学、政治经济学等学科的研究方法，在大量运用近代贵州史料的基础上，探讨了红军长征对贵州社会的深层影响。

论文方面，多集中在红军对某地区群众工作的内容与基本经验的介绍。邓起龙的《红军长征途经桂北开展群众工作的基本经验》（《桂海论丛》1991 年第 4 期）总结红军在桂北开展群众工作的三条经验：把群众工作作为突出的战斗任务来抓，遵守群众纪律，帮助解决群众实际问题。闵廷均的《中央红军在遵义期间群众工作探析》（《遵义师范学院学报》2011 年第 8 期）介绍了红军在遵义期间的群众工作以及群众对红军的支持。单孝虹《从红军长征时在湘黔发布的文告看土地革命时期中国共产党的民生观》（《毛泽东思想研究》2013 年第 1 期）通过解读红军长征在湘黔时发布的著名文告，来进一步认识中共民生观。杨元忠的《红军长征在甘肃的群众工作》（《甘肃日报》2013年8月16日）分阶段介绍了红军在甘肃的群众工作情况和作用。叶力的《红军长征过云南开展群众工作的经验及启示》（《毛泽东思想研究》2014年第5期）叙述了红军在云南探索开展的群众工作，并总结经验认为：一是重视群众工作的民族“特殊性”，分层建立健全群众工作的领导与组织；二是探索群众工作方式方法上的“多样性”，提高群众工作的针对性和实效性；三是突出“争取团结少数民族群众”的主题，制定适合云南实际的民族政策。整体看来，这些论文虽然从地方史料出发，但力图反映长征整体群众工作的基本经验，并多观照其现实意义与启示。

总之，无论是综合研究、专题研究还是地域研究，目前关于长征群众工作的研究，偏于经验性的概括总结，理论性的总结提升相对缺乏；偏于个别点的叙述，对面上某项制度的阶段性变化和延续性展现不够充分；偏于宣传性、政策性的描述，对展现党和红军探索开展群众工作过程的复杂性有待加强。

在吸收前人研究成果的基础上，本书试图解决既往长征群众工作研究的薄弱环节，着力在以下方面有所推进：

其一，长征中群众工作的阶段性变化。中央红军虽然早有转移准备，但开始长征时还是比较仓促的，前期也存在着“大搬家”的错误指导思想，对于长征这样一种无根据地流动作战的生存形态，从上到下都有一个适应和摸索的过程，党对这时期群众工作的指导也有一个适应转变的过程，具体落实这些指导的工作人员的行动亦有一个变化过程。如长征中的宣传标语，在遵义会议后，已不完全是诸如“红军是工农自己的军队”“红军北上抗日”之类的口号式标语，而注意了内容的通俗与形式的活泼。红军总政治部拟定的 12 条宣传材料便是一例。[①]但目前这种阶段性变化大都在整体性的叙述中淹没了，基本上一谈到红军的群众工作多是板结一块的整体，看不到党对这一问题在认识和指导上自我成熟的一个过程。

其二，长征中群众工作的前后承续性。发动群众是中国共产党自成立以来就有的工作传统，也是共产党区别于国民党的一个重要特点。在井冈山根据地初创时期，毛泽东就提出军队要做群众工作，那时候的军队也是到陌生地方游击，一边流转作战，一边发动群众。这与长征时边行军边进行群众工作有相似之处。开始军队没有什么经验，只是一般性地张贴布告、标语，不仅不知道把打土豪得来的浮财分给群众，而且连分给士兵也缺乏经验。“研究了几次，还是采取绝对平均的办法分配：把部队带到空场上，两个连混合起来，排好队站在一边，墙那边放着一堆堆事先搭配好了的东西，有皮袄、鞋子、被子、毯子，甚至还有草篮子、鸡蛋等等。军官们有的负责分东西，有的负责监督。一切准备停当之后，就喊起来：‘第三伍前一名出列’，‘倒数第二伍后一名出列’……就这样吆吆喝喝地把大堆资财分掉了。”[②]而到长征时，红军已经扎根乡村 7 年多，积累了如何与群众打交道、如何获得群众支持的丰富经验。可以看到，长征途中所开展的群众工作，是对此前群众工作的方式、经验的一次大

---

① 文化部党史资料征集工作委员会办公室编：《长征中的文化工作》，北京：北京图书馆出版社1998年版，第71页。

② 赖毅：《毛委员教我们发动群众》，见朱德、聂荣臻等：《星火燎原》第1集，北京：解放军出版社1997年版，第156页。

规模运用；是对既有方法的完善与扬弃，同时也创造了许多新的工作方法。这一时期的群众工作经验为抗日战争时期大规模的群众动员奠定了良好的基础，经历过长征的检验，党对群众工作有了更强大的自信，方法也趋向成熟，这从群众路线于此时期确立形成就可以看到质的变化。但现有研究多强调长征的特殊性，既未能将长征前后群众工作的承续关系展现出来，也鲜少对不同时期的群众工作进行比较，从中理清一个扬弃、继承、发展的历史脉络。

其三，长征中群众工作的组织与实施。宏观而论，长征中的群众工作由政治部负责组织制定相关政策，但具体落实却需要各部门、各部队以及党、团组织的密切配合。以往论述多用政治部的制度法规或个别领导人的典型示范行动代替了群众工作的具体实施，实际上，要了解群众工作的实际运作，必须厘清各组织机构在群众工作中的职责、角色。此外，现有群众工作的研究成果多带有片段性叙述某项宏观政策的倾向，而忽略宏观政策的延续性，以及不断根据实际进行调适的具体制度演变过程。如长征中的没收征发工作，中共和红军对于通过没收征发来获取基本物资早已形成共识，长征初期突出强调此项工作并建立健全各级没收征发委员会，工作职责范围均比苏区时期有所扩大。很多相关文章的叙述都到此为止，却无视遵义会议后取消各级没收委员会，改为在各级政治部地方工作部下设立没收征发科[①]的规定。其实仔细考察就可以发现，这并不代表没收征发工作重要性下降，恰恰是出于实际需要，而将一些委员会无法完成的职能分给了相

① 《总政治部关于红军给养克服战费困难训令》（1935年2月20日），见中国人民解放军政治学院政治工作教研室编：《军队政治工作历史资料》第三册，北京：中国人民解放军战士出版社1982年版，第264页。

关部门。因此，很多具体制度变化本身就是实施过程的一部分，也反映了具体实施的效果需要全面、系统地进行梳理。

其四，长征中被动员对象——人民群众的意志与心态。在既有长征群众工作的研究成果中，多是“政策——效果”模式，即群众一开始对红军避而远之，经过中共制定政策加以宣传，群众便热烈拥护。在这样的逻辑中，自动设定了一个前提，即中共和红军的政策、口号完全适合社会状况和民众需求，而中共为完成高难度群众工作所经历的曲折、努力和复杂性隐而不彰，普通民众的犹疑彷徨与思想嬗变更是如戏剧变脸般突兀、迅速。实际上，人民群众并不是非黑即白的两个极端，而是具有丰富诉求的立体形象。当前，对普通民众参加革命的心态研究已经逐步受到更多关注。丁·米格代尔指出：“农民最初在政治上组织起来并不是出于远大目标，而主要是由于日常的社会关系发生了变化以及这些变化所带来的社会问题。农民渴望尽快找到解决这些问题的方法。”“农民联合起来的最初目的不是为了某种特殊的意识形态，他们甚至也不奢望在新的政治中心的决策人中扮演有影响的角色。相反，他们只是渴望某种让步，以帮助他们处理社会和经济问题。”“农民政治运动的起始点是对外界的信任：农民不相信来日方长的许诺，只承认立竿见影的好处”。① 李金铮总结国内外对于农民支持与参加中国革命原因的研究，包括减轻赋税等社会经济改革、民族主义情感的上升、中共的动员和组织工作等等，认为

① ［美］丁·米格代尔：《农民、政治与革命——第三世界政治与社会变革的压力》，李玉琪、袁宁译，北京：中央编译出版社1996年版，第179页。

这些说法存在的缺陷在于缺乏农村和农民本身的声音，究竟这些因素在农民参加革命的行动中起了什么作用，仍需要做大量的农民个体与群体的实证研究。[①]而他以1937—1949年的华北乡村为中心，探讨了中共土地改革中的农民心态及行为。[②]这种对农民参加革命复杂动因的探讨，是对以往简单以阶级出身或贫困程度判定革命性的惯性思维的反思，对于我们深入认识中共和红军开展群众工作的复杂性与创造性实践，具有重要意义。

（三）研究方法与基本概念

本书不求面面俱到地详细呈现红军长征所有途经之地所做的群众工作，而是以专题的方式进行探讨，主要涉及的研究方法有：

1. 新革命史的研究方法

长征无疑属于革命史的范畴。近年兴起的新革命史，“力图改进传统革命史观的简单思维模式，尝试使用新的理念和方法，对中共革命史进行重新审视，以揭示中共革命的艰难、曲折与复杂性，进而提出一套符合革命史实际的概念和理论”。[③]具体表现在“反思既有的革命史观，将革命过程中形成的革命理论、革命话语、革命逻辑、革命价值作为革命史研究的对象，而不是直接移用为革命史研究的结论和指导思想；二是将革命放回到20世纪中国政治与社会经济文化变迁的大背景下考察，以展现其复杂多元而又关联互动的历

① 李金铮：《农民何以支持与参加中共革命？》，载《近代史研究》，2012年第4期。

② 李金铮：《土地改革中的农民心态：以1937—1949年的华北乡村为中心》，载《近代史研究》，2006年第4期。

③ 李金铮：《再议“新革命史”的理念与方法》，载《中共党史研究》，2016年第11期，第99页。

史本相；三是不满足于史实重建，在‘求真’的基础上进一步‘求解’”。[①]尤其随着社会史、文化史等学科的引入，革命史研究领域进一步拓展，政治领域之外的经济、社会以及党史文化都出现了较丰富的成果。本书借鉴新革命史的一些研究方法和视角，力图改变传统革命史观影响下对长征群众工作的宏观概论，对一些既有革命思维重新认识，从实践而非制度层面探索一个更为确切的、立体的长征群众工作图景。

2. 阶级分析方法

长征群众工作的一项重要内容，也是其目的和手段，即动员群众。从革命兴起之初，中共就逐步形成了一套动员群众参加革命的阶级分析方法，认为由于过度集中的土地状况，使得乡村贫富分化、对立严重，以此形成显著的阶级对立与阶级分化，农民在这种分化与压迫下，具有天然的革命性。而中共实行了相应的社会经济改革，主要的手段就是通过土地改革，赢得了农民的广泛支持和参加革命。[②]这种阶级分析法通过革命实践无疑证明了其正确性，但作为普遍规律的描述和粗线条的勾勒，还有待进一步深入和细化。近年来随着西方学者相关研究成果的翻介，以及社会学等跨学科研究方法的引入，使得对这一问题的研究更为立体和丰富。黄宗智、周锡瑞、胡素珊、刘昶等学者通过对广东珠江三角洲、华北和长江三角洲、江南、陕甘宁边区等地的实证研究，指出土地分配与革命运动

① 王奇生主编：《新史学（第七卷）：20世纪中国革命的再阐释》，北京：中华书局2013年版，导言第23页。

② 参阅中共中央党史研究室著，胡绳主编：《中国共产党的七十年》，北京：中共党史出版社1991年版。

没有必然联系，土地分配和改革不是农民参加革命的主要原因。[①]陈德军通过对赣东北根据地的研究指出，农民汇入革命洪流，除了需要组织、领导之外，他们绝大多数还是沿着自己在日常生活中形成的社会交往结构走向革命的。[②]这些研究的主旨在于恢复革命的复杂性和丰富性，而不是以道义的革命必然代替实际走向革命、坚定革命理想的曲折反复。这些新的研究成果强调中共政策与地方固有传统、文化、生活逻辑等的互动影响，但其与传统的阶级分析法并无本质冲突，反而是一种有益补充，为我们深入分析阶级分析法和土地革命在实践中如何发挥作用，提供了新的启发和思考。长征中群众工作最大的特殊性，即土地革命无法作为最主要、最合适有效的动员手段来使用，也恰恰是在长征中，中共实现了土地革命与民族革命的结合和转变。在这个过程中，根据不同人的出身和阶级成分采取相应的政策仍是中共的重要动员依据。

3. 传统历史学研究方法

目前，党史党建学在学科分类上属于法学门类的一级学科，虽

---

① 参阅［美］邹谠《中国革命的再阐释》（香港：香港牛津大学出版社2002年版）、［美］黄宗智《长江三角洲小农家庭与乡村发展》（北京：中华书局1992年版）、［美］周锡瑞《从农村调查看陕北早期革命史》（《中外学者论抗日根据地》，北京：档案出版社1993年版）、［美］胡素珊《中国的内战——1945—1949年的政治斗争》（北京：中国青年出版社1997年版）、刘昶《在江南干革命：共产党与江南农村，1927—1945》（《中国乡村研究》第1辑，北京：商务印书馆2003年版）、王奇生《党员、党组织与乡村社会：广东的中共地下党（1927—1932年）》（《近代史研究》，2002年第5期）、黄道炫《一九二〇——一九四〇年代中国东南地区的土地占有——兼谈地主、农民与土地革命》（《历史研究》，2005年第1期）、黄琨《从暴动到乡村割据：1927~1929——中国共产党革命根据地是怎样建立起来的》（上海：上海社会科学院出版社2006年版）。

② 陈德军：《乡村社会中的革命——以赣东北根据地为研究中心（1924—1934）》，上海：上海大学出版社2004年版。

然在研究对象、内容和方法等方面都与历史学有所区分，但也存着密切的联系。不少党史研究学者都提倡党史向传统历史学回归，包括采取传统史学的考证方法、比较研究、个案分析甚至叙述方式，以弥补党史偏重宏观理论构建的不足等等。长征研究虽然已经有很丰硕的成果，但很多长征的细节并不清楚，不少问题存在争议，如长征出发地、“鸡鸣三省”会议召开地、湘江战役牺牲人数等，而具体到长征中的群众工作，红军究竟扩红多少？彝海结盟是红军先提出还是小叶丹先提出？诸如此类颇受关注的争议问题，都需要对现有长征文献进行严谨考证，而不能停留在概念化的宣传上。而对这些问题的考证，对于评价红军长征群众工作的成效具有重要的说服力。此外，本书还采用比较研究和个案分析的方法，尤其在分析少数民族政策时候，分别选取红一方面军、红二方面军、红四方面军最具典型意义的少数民族工作案例进行比较，以更深入地理解中共民族政策的复杂性。

在具体论述前，首先要界定群众工作的概念和范围。

群众，本身是一个相对的、历史的、动态的概念，从人的生物性和社会学、法学、政治学等不同角度会有不同的群众类型。20 世纪 20 年代兴起的“群众”概念，有来自中国传统和西方现代语境两方面的源头。对此，有学者做过概念史上的考察，指出一方面是中国古代典籍中“群众”一词的负面用法与西方近代的群众心理学合流，“群众”带有“乌合之众”含义；另一方面则是“群”“合群”“群学”等词汇中的正面意义与社会主义 / 马克思主义脉络中的“人民”“无产阶级”“劳苦大众”相交汇，使“群众”重新获得了积极意涵，并最终成为中国革命的主体力量。[①]

在中共相关文件和著述中，并没有专门对群众这一概念、范畴作出确切定义，但其使用范围相当广泛，如带有政治、阶级色彩的“人民群众、党员群众、苏区群众、工农群众、游民群众、流氓群众、城市贫民群众、抗日群众”，或带有群体特征的“妇女群众、青年群众、学生群众、失业群众、居民群众、团丁群众、贫苦群众”等[②]，既有革命、进步的一面，也有需要引导、教育的一面。从这些使用范畴来看，群众并不必然带有鲜明的阶级性和政治性，而仅指人群中的大多数。这与胡绳晚年关于“中间势力”的思想有相同之处。以往谈到“中间势力”多是指民族资产阶级及其知识分子，是介于中国共产党与中国国民党之间试图走第三条道路的群体。但胡绳指出：“过去说，资产阶级是中间力量，工农、小资产阶级属于共产党一边的，是革命的依靠、基础。实际上工农、小资产阶级只是革命的可能的基础。就阶级说，它们是革命的，就具体的人说，它们当中大多数在政治上是处于中间状态，不可能一开始就自动跟共产党走。要做很多工作，才能使他们跟共产党走。”[③] 即并不存在天然的革命阶级，无论哪个阶级，即使是最具革命潜力的阶级也存在着中间势力，需要争取他们。这种争取工作，实际上就是中共的群众工作。

---

① 李里峰：《“群众”的面孔》，见王奇生主编：《新史学（第七卷）：20世纪中国革命的再阐释》，北京：中华书局2013年版，第39—40页。

② 这些“群众”的用法均来自《毛泽东文集》第一卷，其他类似用法很多，此处不一一列举。

③ 《胡绳论“从五四运动到人民共和国成立”》，北京：社会科学文献出版社2001年版，第4页。

相对于“群众”泛指群体中的大多数，中共所提到的“群众工作”则是具体的。从抽象概念上来说，群众工作是为了争取群众拥护，内容不外乎宣传、组织、发动、武装等几个方面，但具体落实到执行上，中共在不同时期都有特定的群众工作对象和工作内容。毛泽东 1942 年总结党的历史，认为“大革命时期是第一个阶段；内战时期是第二个阶段；抗日时期是第三个阶段”，“联合的群众，第一个阶段是全国各民主阶级，是国共合作；第二个阶段是缩小了的统一战线”，“是无产阶级和农民、下层小资产阶级的联合”，“第三个阶段是全民族抗日”，“革命的阵线是国共合作，全国各爱国力量”。[①] 中共在不同时期开展群众工作的对象是不断变化的。与之相适应，群众工作的具体呈现形式也在变化。建党初期，群众工作多注重领导工人运动、学生运动，大革命时期则开始工人运动和农民运动相结合，土地革命战争时期以开展农民运动为主，“如宣传群众，组织群众，建设政权，以及没收、审判、处罚、募捐、筹款、济难等事”[②]。到了长征时期，群众工作的具体内容发生了显著变化。比如宣传群众，长征中许多宣传队取消、合并到地方工作处，难道是宣传群众的工作取消了吗？当然不，而是宣传工作更紧密地与其他群众工作融合在了一起，长征中的宣传工作很少单纯地宣传党的理论或政策，而往往与没收征发、扩大红军等具体工作同时开展，成为其强有力的助推。又比如组织群众，在苏区时多体现为建立各

① 《如何研究中共党史》（1942年3月30日），见《毛泽东文集》第二卷，北京：人民出版社1993年版，第400—401页。

② 《中国共产党红军第四军第九次代表大会决议案》（1929年12月），见《毛泽东文集》第一卷，北京：人民出版社1993年版，第113—114页。

种工会、农会等群众组织，但在长征时期，因条件限制这项工作不可能普遍进行，组织群众的工作就更多地体现在组织群众参加没收征发、分粮分财、慰问红军等日常性的革命行动中。至于发动群众开展斗争，长征出发前特地将动员部改为地方工作部，这一名称变化充分展现了中共务实的作风，将动员的工作对象聚焦在了长征沿途地方。武装群众在苏区时期更多体现为组建游击队赤卫队等地方武装，但在长征时期，最突出的无疑是扩红。可见，为适应长征这一战略转移的特点，长征中的群众工作从工作内容上也相应做出了调适，更多体现为“地方工作”，这在当时留下的文件档案中有明确指向，群众工作即指红军针对地方居民所进行的各项工作，包括对地方居民的宣传鼓动、没收征发及分配资材、成立游击队赤卫队并扩大红军、争取少数民族群众，建立地方政权机关、群众组织、党支部等。

因此，为了与长征中群众工作所指向对象、内容保持一致，也为了使本书的讨论相对集中并落于实处而不浮于泛泛的概念，本书涉及的群众仅限于中共和红军之外的普通居民群众，包括少数民族这一特殊群众群体；群众工作也以中共对地方居民的工作为中心。对于前人论述较多的宣传工作不再专题论述，对于并非重点的组建地方党群组织工作也暂不叙述，红军士兵内部的政治工作以及针对国民党军士兵的统战工作（即白兵瓦解工作）亦不在讨论范围之列，而集中将叙述重点放在长征红军普遍开展的没收征发、扩大红军和少数民族工作上，以求从这些长征中日常性的群众工作中，深入挖掘长征群众工作的本质特征。

二、长征中群众工作的新认识

人民群众是历史的创造者，这是马克思主义的基本原理之一。以马克思主义为指导思想的中国共产党，在诞生之初即宣告自己是工人阶级的先锋队，它的全部活动都是为工人阶级和人民群众谋利益的，是为他们的解放事业服务的。在半殖民地半封建社会的现实国情面前，中共明确提出了反帝反封建的最低纲领，以获得民族独立和人民解放为奋斗目标。党的性质和历史任务，直接决定了党必须生根于人民之中，和人民群众保持血肉联系；必须以群众利益为出发点与落脚点；必须相信和依靠人民群众。

为此，建党之始，许多共产党员脱下长衫，走入工农，唤起工农千百万，掀起轰轰烈烈的国民革命浪潮；大革命失败后，党深入乡村，紧紧依靠农民，开展土地革命，创建、发展红军和农村革命根据地。然而，由于第五次反“围剿”失败，红军指战员们被迫踏上长征路，开始了全新的征程。他们离开生活和战斗了多年的根据地，与朝夕相处的亲人分离，痛感缺少人民的支撑和没有根据地依托的失落与困难。基于人民军队的本质，同时也出于失去根据地人民支持的痛楚，全党和全军上下在长征路上，都更加重视对沿途群众的宣传和动员。而处在战略转移的新环境下，加上遵义会议后中共自身的变化，长征中的群众工作也集中体现为一个“变”字。环境与形势的空前变化，导致了群众工作任务的变化，随之而来的，群众工作的内容范围、组织机构、工作方式均发生相应的转变。这些转变在实践中得到淬炼，有的一直延续至全民族抗战时期，为群众动员的大规模开展奠定了基础、提供了经验。在这些变化背后，最重要的是把握其中的不变与坚持，这恰恰是中共群众工作政策的内涵、原则和底线所在。

（一）中共群众工作的由来与演变

中国共产党一贯重视群众工作，这根源于其奉为指导思想的马克思列宁主义。马克思指出：“历史活动是群众的活动，随着历史活动的深入，必将是群众队伍的扩大。”[①]列宁再三强调：“无产阶级政党的义不容辞的责任就是和群众在一起。”“把千百万劳动群众组织起来，这是革命最有利的条件，这是革命取得胜利的最深的泉源。”[②]在马克思列宁主义的思想理论体系中，群众观点是马克思主义唯物史观的基本观点之一，其核心就是人民群众主体论。“基本内容包

---

① 中共中央文献研究室编：《论群众路线——重要论述摘编》，北京：中央文献出版社、党建读物出版社2013年版，第1页。

② 中共中央文献研究室编：《论群众路线——重要论述摘编》，北京：中央文献出版社、党建读物出版社2013年版，第8、12页。

括：坚信人民群众自己解放自己的观点、全心全意为人民服务的观点、一切向人民群众负责的观点、虚心向群众学习的观点”[①]。以马克思主义的世界观和方法论武装起来的中国共产党，自一成立便无疑义地接受了群众观点，并在此基础上展开群众工作。

1. 群众工作的提出

1921 年 7 月，未能亲自参加中共一大的陈独秀致信各代表，向大会提出关于组织与政策的四点意见，第四点为“慎重进行征服群众政权问题（按即目前主要工作为争取群众，为将来夺取政权之准备）”[②]，表明发动群众的工作正式进入中共的视野。而中共一大通过的《中国共产党第一个纲领》第三条提出要“把工农劳动者和士兵组织起来，并承认党的根本政治目的是实行社会革命”[③]，实际上已经把发动、组织群众作为了中共的基本工作任务。

这与共产国际对中共的期待是一致的。早在 1920 年 8 月，身在上海的维经斯基致信俄共（布）中央西伯利亚局东方民族处，汇报了筹建社会主义青年团的情况，指出：“革命的学生应当借助于使劳动群众做好迎接社会革命准备的工作，来进行反对日本军国主义，反对将中国分成若干势力范围的整个外国资本的斗争，因为只有劳动群众鉴于自己的生活条件才关心国家的独立，所以在争取中国解

---

① 康民、刘务勇：《群众：主体与主人——一个社会、政治、历史命题的理论构建》，兰州：甘肃教育出版社2013年版，第261页。

② 中共中央党史研究室、中央档案馆编：《中国共产党第一次全国代表大会档案文献选编》，北京：中共党史出版社2015年版，第137、143页。

③ 《中国共产党第一个纲领》（1921年7月），见中共中央文献研究室、中央档案馆编：《建党以来重要文献选编（1921—1949）》第1册，北京：中央文献出版社2011年版，第1页。

放的斗争中，学生只应依靠劳动群众。”[①]早期在中国活动的俄国共产党人特别注重学生这一群体，因为“学生运动是特别容易见成效的工作对象。整个中国被学生组织网覆盖，共有学生组织193个”。“现在，由学生组织成员组成许多从事苏维埃和党的宣传工作的训练班和小组。”[②]而学生思维活跃，为挽救民族危亡，有着不同的思考与对策，对此，“我们提出了面向社会革命、面向劳动群众的方针”[③]，突出强调中国的革命必须紧紧依靠劳动群众。

经过实践发展，1922年7月，中共二大通过《关于共产党的组织章程决议案》，明确提出：“我们既然是为无产群众奋斗的政党，我们便要‘到群众中去’要组成一个大的‘群众党’”，“党的一切运动都必须深入到广大的群众里面去”。[④]这进一步明确了中共与群众的关系：中共是群众的党，党的依靠力量是群众，党的一切运动也必须经过群众。这种面向群众的方针，使得中共将发动群众作为第一要义，无数早期党员深入工厂车间、田间地头，开展组织宣传，发动组织工农参加革命运动。

1923年6月，中共三大确立全体共产党员以个人名义加入国民党，与国民党建立革命统一战线的方针。对比两个政党，共产党认

① 中共中央党史研究室第一研究部译：《联共（布）、共产国际与中国国民革命运动（1920—1925）》第1册，北京：北京图书馆出版社1997年版，第34页。

② 中共中央党史研究室第一研究部译：《联共（布）、共产国际与中国国民革命运动（1920—1925）》第1册，北京：北京图书馆出版社1997年版，第40页。

③ 中共中央党史研究室第一研究部译：《联共（布）、共产国际与中国国民革命运动（1920—1925）》第1册，北京：北京图书馆出版社1997年版，第54页。

④ 《关于共产党的组织章程决议案》（1922年7月），见中共中央文献研究室、中央档案馆编：《建党以来重要文献选编（1921—1949）》第1册，北京：中央文献出版社2011年版，第162页。

为国民党存在依赖列强、专力军事这两个错误观念，“忽视了对于民众的政治宣传”，而将中共自身视为工农利益的代表，指出：“拥护工人农民的自身利益，是我们不能一刻疏忽的；对于工人农民之宣传与组织，是我们特殊的责任；引导工人农民参加国民革命，更是我们的中心工作”。[①]第一次国共合作正式建立后，在轰轰烈烈的大革命中，中共更是眼光向下，深入开展下层民众运动，形成“上层国民党，下层共产党”的分工格局。[②]中共组织、动员下层民众的能力得到充分展现，为后世史学家所认可。中共也愈益强调自身这一优势，1925年10月，中共中央执行委员会扩大会议指出，“中国革命运动的将来命运，全看中国共产党会不会组织群众，引导群众”[③]。

2. 群众工作的定位与初步实践

仔细考察中共在不同时期决议中所提到的群众工作，其所涉及的对象各有特指的群体。

中共一大时，谈到群众工作，其实多限于发动工人。《中国共产党第一个决议》分为六个部分，涉及动员对象的有“一、工人组织”，“三、工人学校”，“四、工会组织的研究机构”。[④]而在中共一大上，“希夫廖特同志……向我们建议，要特别注意建立工人的组

---

① 《中国共产党第三次全国代表大会宣言》（1923年6月），见中共中央文献研究室、中央档案馆编：《建党以来重要文献选编（1921—1949）》第1册，北京：中央文献出版社2011年版，第277页。

② 王奇生：《党员、党权与党争》，北京：华文出版社2010年版，第81页。

③ 《组织问题议决案》（1925年10月），见中共中央文献研究室、中央档案馆编：《建党以来重要文献选编（1921—1949）》第2册，北京：中央文献出版社2011年版，第522页。

④ 《中国共产党第一个决议》（1921年7月），见中共中央文献研究室、中央档案馆编：《建党以来重要文献选编（1921—1949）》第1册，北京：中央文献出版社2011年版，第4—5页。

织”[①]，“因为党员少，组织农民和军队的问题成了悬案，决定集中我们的全部精力组织工厂工人”[②]。显然，初诞的共产党以工人为主要群众工作对象，这与中共自我定性为工人阶级的先锋队不无关系。但工人阶级的弱小，迫使中共不得不关注其他的群众对象。中共二大就进一步提到了应争取资产阶级（实指智识阶级、小资产阶级）、工人、农民（强调的是贫农），尤其注意到农民的作用：“中国三万万的农民，乃是革命运动中的最大要素。”“大量的贫苦农民能和工人握手革命，那时可以保证中国革命的成功。”[③]“中国共产党若离开了农民，便很难成功一个大的群众党。”[④]但由于中共此时的工作中心和重点还在城市，群众工作的重点不可避免地集中在工人、士兵和知识分子上。对农民的重视，并非仅因其本身所具有的革命性，更多是害怕农民被反动势力争取过去。“工人阶级，若是至少得不到乡村劳动者（农业的雇工和极贫的农人）一部分赞助或至少不能使一部分落后乡村在政治上守中立，他是不能胜利的。故共产党在乡村的工作在今日占非常重要的位置，他应当使共产主义的工人常常与乡

① 《中国共产党第一次代表大会》（1921年），见中共中央文献研究室、中央档案馆编：《建党以来重要文献选编（1921—1949）》第1册，北京：中央文献出版社2011年版，第21页。

② 《中国共产党第一次代表大会》（1921年），见中共中央文献研究室、中央档案馆编：《建党以来重要文献选编（1921—1949）》第1册，北京：中央文献出版社2011年版，第24页。

③ 《中国共产党第二次全国代表大会宣言》（1922年7月），见中共中央文献研究室、中央档案馆编：《建党以来重要文献选编（1921—1949）》第1册，北京：中央文献出版社2011年版，第131页。

④ 《中国共产党对于目前实际问题之计划》（1922年11月），见中共中央文献研究室、中央档案馆编：《建党以来重要文献选编（1921—1949）》第1册，北京：中央文献出版社2011年版，第198页。

村相交接；假若拒绝这种工作，或委托这种工作于可疑的半改良派之手，那就等于抛弃无产阶级革命。”[①] 直到中共三大召开时，陈独秀在报告中特别指出：“现在共有党员420人”，“工人164人”，其中1923年新入党的“大约有200人，其中有130个工人”。[②] 显然，中共二大后的工作重心仍然在工人群众身上。

然而，随着1923年京汉铁路工人大罢工的失败，第一次中国工人运动高潮结束，共产国际对中国革命力量的估计开始有了不同的声音。1923年5月23日，维经斯基在起草的共产国际执委会东方部给出席中共第三次代表大会的代表的指示草案中指出：“中国共产党的基本任务仍然是积聚力量，组织和教育工人群众，建立和恢复工会并把它们集中起来，以便扩大革命运动的基地和建立群众性的共产党。”[③] 通篇未提农民。布哈林对草案进行了修改，并表示“季诺维也夫也完全同意这些修改”[④]。在修改后的决议草案中，一开始便指出：“在中国进行民族革命和建立反帝战线之际，必须同时进行反对封建主义残余的农民土地革命。只有把中国人民的基本群众，即占有小块土地的农民吸引到运动中来，中国革命才能取得胜利”。“因此，全部政策的中心问题乃是农民问题。”“共产党作为工人阶级的政党，应当

---

① 《中国共产党加入第三国际决议案》（1922年7月），见中共中央文献研究室、中央档案馆编：《建党以来重要文献选编（1921—1949）》第1册，北京：中央文献出版社2011年版，第142—143页。

② 陈独秀：《在中国共产党第三次全国代表大会上的报告》（1923年6月），见中共中央党史研究室、中央档案馆编：《中国共产党第三次全国代表大会档案文献选编》，北京：中共党史出版社2014年版，第3页。

③ 中共中央党史研究室第一研究部译：《联共（布）、共产国际与中国国民革命运动（1920—1925）》第1册，北京：北京图书馆出版社1997年版，第251页。

④ 中共中央党史研究室第一研究部译：《联共（布）、共产国际与中国国民革命运动（1920—1925）》第1册，北京：北京图书馆出版社1997年版，第253页。

力求实现工农联盟。”[①] 这就将农民问题突出地提了出来。在此影响下，中共三大党纲草案明确“农民当中国人口百分之七十以上，占非常重要地位，国民革命不得农民参与，也很难成功”。“中国的无产阶级应当最先竭全力参加促进此国民革命，并唤醒农民”。中共三大在制定共产党任务的时候，分别列出了农民利益、工人利益的特别要求。[②] 由此，农民运动在中国革命战略中的地位和作用日益得以凸显，1925年1月，中共四大《对于农民运动之议决案》指出，“中国共产党与工人阶级要领导中国革命至于成功，必须尽可能地系统地鼓动并组织各地农民逐渐从事经济的和政治的争斗。没有这种努力，我们希望中国革命成功以及在民族运动中取得领导地位，都是不可能的。”[③] 从中共三大到中共四大，再到中共五大、中共六大，关于农民问题、土地问题的决议案制定得越来越系统、全面、具体。应当说，中共对群众工作对象的认识过程，与这一时期中共对民主革命的目标、领导权、动力和革命对象等重大问题的探索是同步的。

群众工作对象的逐步明确，伴随着工作机构与内容的确立。在第一次国共合作期间，中共党员主要依托国民党的相关机构开展群众工作，实际并没有形成自己独立的群众工作机构。比如在黄埔军校，负责群众工作的是政治部，其下设宣传队，共产党员周恩来、熊雄先后

---

① 中共中央党史研究室第一研究部译：《联共（布）、共产国际与中国国民革命运动（1920—1925）》第1册，北京：北京图书馆出版社1997年版，第254—255页。

② 《中国共产党党纲草案》（1923年6月），见中共中央党史研究室、中央档案馆编：《中国共产党第三次全国代表大会档案文献选编》，北京：中共党史出版社2014年版，第7—9页。

③ 《对于农民运动之议决案》（1925年1月），见中共中央文献研究室、中央档案馆编：《建党以来重要文献选编（1921—1949）》第2册，北京：中央文献出版社2011年版，第239页。

担任过政治部主任，包惠僧代理过主任。此外还有群众组织“中国青年军人联合会”，以共产党员蒋先云、王一飞、周逸群、李之龙等为骨干。[①]这种以国民党名义开展群众工作的方式，无疑客观上限制了中共的群众工作内容。中共在大革命时期的群众工作基本是围绕北伐这一中心任务，进行政治宣传，发动群众建立工农组织，支援、配合作战。政治宣传也多以孙中山“扶助农工”的政策为号召，并未超出“三民主义”的范畴。一些过激的诉求如土地革命并未成为宣传重点，“中共的主流在国民革命时期也不是很积极主张没收土地”[②]。

然而群众运动一旦起来，并不会自我限定在所谓适宜的分寸上。民众运动蓬勃发展，不仅引起了国民党当局的不安，也使党内出现了不同声音。毛泽东在考察湖南农民运动后，立场鲜明地表示：“农民一切向封建地主阶级的行动都是对的，过分一点也是对的，因为不过分不用大力决不能推翻封建阶级几千年积累的权力，决不能迅速完成民主革命；矫枉必须过正，不过正不能矫枉”。“现在是群众向左，我们党在许多地方都是表示不与群众的革命情绪相称”。[③]随着国共合作的破裂，大革命失败，中共活动重心开始转入农村，进入土地革命战争时期，群众工作也开始进入了独立实施的新阶段，由此，关于群众工作的重大理论、原则、方法都被逐步、系统地提了出来。

3. 群众工作的开展与群众路线的初步形成

1927 年 6 月 1 日，《中国共产党第三次修正章程决案》明确规

① 总政治部群众工作部、西安政治学院训练部编：《中国人民解放军群众工作史》，北京：解放军出版社1989年版，第2—3页。

② 陈德军：《乡村社会中的革命——以赣东北根据地为研究中心（1924—1934）》，上海：上海大学出版社2004年版，第29页。

③ 中共中央党史和文献研究院编：《毛泽东年谱》第1卷，北京：中央文献出版社2023年版，第179页。

定“支部是党与群众直接发生关系的组织”，将“积极在各该工厂等之内活动，领导该处群众之日常斗争，扩大党的影响”“实行党的口号与决议于群众中”“服从地方党部从事组织与宣传的工作”“积极参加地方政治经济的斗争”等群众工作纳入党支部的任务范畴。[①] 由此，中共明确了党内实施群众工作的组织。

此时随着中国工农红军的建立，人民军队中的群众工作也开始形成。1927 年 11 月，工农红军攻下茶陵，建立湘赣边界第一个红色政权——茶陵县工农兵政府。随后，毛泽东总结攻打茶陵经验教训时，明确提出工农革命军的三大任务：第一，打仗消灭敌人；第二，打土豪筹款子；第三，做群众工作。[②] 群众工作从此成为红军的三大基本任务之一。这一思想在 1929 年底的古田会议上得以巩固并以正式文件确立下来，《古田会议决议》明确指出，红军“除了打仗消灭敌人军事力量之外，还要负担宣传群众、组织群众、武装群众、帮助群众建立革命政权以至于建立共产党的组织等项重大的任务”[③]。

与人民军队形成同步的是革命根据地的开辟、发展。中共开始在农村建立各级革命政权，群众工作的主要实施者也转移到地方。古田会议具体区分了红军与地方政权机关的群众工作职责范围：“群众工作，如宣传群众，组织群众，建设政权，以及没收、审判、处罚、募捐、筹

---

① 《中国共产党第三次修正章程决案》（1927年6月），见中共中央文献研究室、中央档案馆编：《建党以来重要文献选编（1921—1949）》第4册，北京：中央文献出版社2011年版，第273页。

② 中共中央党史和文献研究院编：《毛泽东年谱》第1卷，北京：中央文献出版社2023年版，第225页。

③ 《中国共产党红军第四军第九次代表大会决议案》（1929年12月），见中共中央文献研究室、中央档案馆编：《建党以来重要文献选编（1921—1949）》第6册，北京：中央文献出版社2011年版，第727页。

款、济难等事之指挥监督，在地方政权机关没有建设以前，均属政治部职权。”“凡没有建立政权机关的地方，红军政治部即代替地方政权机关，至地方政权机关建设时为止。”“只有在地方政权机关还不健全，及红军与地方有关系的事项，得用地方政权机关和红军政治部会衔的方法处理之。”“帮助地方武装之建立与发展，这个责任是政治部的。帮助地方武装之平时的军事训练及战时的作战指挥，这个责任是司令部的。但均须尽可能地经过地方政权机关的路线，极力避免直接处理。”①

由上可见，在土地革命战争时期，党、政、军各自形成了实施群众工作的组织，且在具体职能上有所区分。党支部主要对群众工作起领导作用，并在地方的政治经济斗争中融入党的主张；地方政权是实施群众工作的主要力量，囊括群众工作的各个方面；军队偏重武装训练群众，但在地方政权未建立之前，则需代行地方政权机关的群众工作职责。

伴随着中共土地革命战略在中国乡村的广泛展开，中共的群众工作重心也转移到农村，围绕建立农村革命根据地、实行土地革命的中心任务，中共开展大量的群众工作，在丰富的实践中逐步形成了党的群众工作路线。

1928 年 7 月，中共六大制定的《政治议决案》规定，“争取群众是现时的总路线”。“党的总路线是争取群众，党要用一切力量去加紧团结收集统一无产阶级的群众，使他们围绕党的主要口号，做极巨大的组织工作，以巩固革命工会、农民协会，尽可能的领导日

---

① 《中国共产党红军第四军第九次代表大会决议案》（1929年12月），见中共中央文献研究室、中央档案馆编：《建党以来重要文献选编（1921—1949）》第6册，北京：中央文献出版社2011年版，第760页。

常经济政治斗争，以发展工农群众组织。”[①] 同年11月，李立三同党的浙江地区负责人的一次谈话中说：“在总的争取群众路线之下，需要竭最大的努力到下层群众中去。”[②] 但从其语境来看，这里更多意义上是指“争取群众的路线”，与中共六大一致。真正明确提出群众路线这一概念的是1929年9月，中共中央在给红军第四军前委的指示信中，专门论述“红军与群众”的关系，指出“关于筹款工作亦要经过群众路线，不要由红军单独去干”[③]。

群众路线的提出，表明中共已经在丰富的群众工作经验中深刻认识到了群众工作的重要性与必要性，群众观点得到了普及。不过，此时对群众路线的认识偏经验性，基本将其当作一种工作方法，即党的所有工作都必须经过群众，但怎样有效地经过群众？还只是一些具体群众工作的零散方法，没有上升到理论层面。为确立群众路线作出突出贡献的毛泽东此时期发表了大量怎样做群众工作的文章，如1930年5月《反对本本主义》强调党要深入群众开展调查研究，并在此基础上做决策[④]；1933年8月《必须注意经济工作》强调要

---

① 《政治议决案》（1928年7月），见中共中央文献研究室、中央档案馆编：《建党以来重要文献选编（1921—1949）》第5册，北京：中央文献出版社2011年版，第390页。

② 中共中央文献研究室编：《关于建国以来党的若干历史问题的决议注释本》（修订），北京：人民出版社1985年版，第565页。

③ 《中共中央给红军第四军前委的指示信》（1929年9月28日），见中共中央文献研究室、中央档案馆编：《建党以来重要文献选编（1921—1949）》第6册，北京：中央文献出版社2011年版，第516页。不少著述中谈到群众路线的提出时，往往会提到1929年12月古田会议决议中指出：“党对军事工作部分要有积极的注意和讨论，一切工作在党的讨论和决议之后，再经过群众路线去执行”。但据《中国共产党红军第四军第九次代表大会决议案》（《建党以来重要文献选编（1921—1949）》第6册第729页、《毛泽东文集》第一卷第80页），原文是“经过群众去执行”，没有“路线”二字。

④ 《毛泽东选集》第一卷，北京：人民出版社1991年版，第109—118页。

从组织上动员群众，批评动员群众方式上的官僚主义和命令主义[①]；1934 年 1 月《关心群众生活，注意工作方法》深刻指出“只有动员群众才能进行战争，只有依靠群众才能进行战争”，为此，要注意解决群众的实际生活问题，满足群众的需求。[②] 这些经验和思想为长征时期正确开展群众工作奠定了基础。

（二）长征中群众工作形势与任务的转变

群众工作有其独立性，但作为中共政治工作的一部分，其总任务目标始终围绕党和红军的最高战略方针政策展开，它本身是中共战略构成的一个重要部分，也是实现中共战略的必经途径。因此，随着中共从根据地时期转入战略转移，群众工作的任务和目标也就不可避免地随着长征的进程产生阶段性的变化。

与根据地时期相比，长征中开展群众工作的条件发生了显著改变。

一是工作环境的流动性强。长征是没有根据地的流转行军，随之而来的是没有地方政权的依托帮助，匆忙无定的群众工作时间，变动不居且缺乏群众基础的工作环境。这就使得群众工作的接触面虽然可能很广泛，但不可能有时间开展得很深入；群众工作必须雷厉风行、大刀阔斧，而没有时间去“精雕细琢”。

二是中国革命处于低潮期。不同于红军发展的起步、兴盛时期，长征是红军在第五次反“围剿”失败之后的战略撤退，大部分的战士处在战役失利的低迷状态，士气比较低沉。就全国革命形势而言，此时无疑处于革命的低潮期，在低潮期开展群众工作的目标任务、

① 《毛泽东选集》第一卷，北京：人民出版社1991年版，第124—125页。
② 《毛泽东选集》第一卷，北京：人民出版社1991年版，第136—137页。

方法手段显然都不同于革命的高潮时期。

三是中国革命处于战略转折期。长征正处于土地革命战争向抗日战争过渡的时期，革命重心逐步从阶级革命转向民族革命。伴随着革命主体任务的转变，党的路线方针政策必然开始转变。这一转变以遵义会议为标志，遵义会议虽然没有全面讨论政治路线方面的问题，但解决了党内所面临的最迫切的组织问题和军事问题，结束了“左”倾教条主义错误在中央的统治。这无疑会在深层次上影响到群众工作的开展。

四是群众工作对象的边缘性、基层性。长征所经之地，大部分是老少边穷的偏远地区，没有大中型城市，即使是地县级的市镇也不多，还有不少少数民族地区。这就决定了群众工作的对象主要是处于社会最底层的农村、农民，以及在国家政治中较为边缘化的少数民族。这与土地革命战争时期以农村为中心有所相似，但其所面对的农村更为偏远边缘，也更为基层，以村一级的行动居多，这也对群众工作提出了新的要求。

条件改变的同时，任务也在变化。长征中的群众工作肩负着三大任务：一是帮助党和红军打破百万敌军的围追堵截，顺利实现战略转移。二是为了争取人民解放，必须发动、教育、组织、武装群众。三是为了赢得民族独立，必须进行广泛的抗日群众动员。但在长征的具体过程中，这三大任务的重要性并不是绝对均等的，而是根据国际国内形势的变化、长征的路线转变进程以及所经地区的实际情况作出必要的调整和取舍。

整体看来，长征中群众工作的主体任务依其变化可大体分为三个阶段：

1. 从长征开始到遵义会议之前，群众工作主要目的是配合红军战略转移。

1934年10月9日，在中央红军大转移前夕，总政治部发布指令，要求“政委及政治部必须迅速的适合战斗环境的转变，坚决的改变政治工作的方式，必须正确的估计到由阵地性质的战斗突然转变到长途行军与运动战的时候，可能发生的恐惧、迟缓不惯行军，大批落伍、失联络、抛弃武器公物、与疾病的现象，必须预先采取有效的克服办法”[①]。根据部队以往行军转移的工作经验，此时确定的群众工作重点是“保证部队与群众的正确关系，加强地方工作与资材的收集，坚决与脱离群众破坏纪律的现象斗争”。具体包括五个方面内容：一是完善群众工作机构，包括健全军团和师政治部的地方工作部门的组织与工作，加强对中央派来的地方工作团的领导与教育。二是加强部队中关于苏维埃政策与群众工作的教育。特别要注意对给养事务与前站人员的教育与工作检查。三是必须在沿途进行对群众的宣传工作。特别要根据当地群众迫切的具体要求，提出斗争口号领导群众斗争，坚决地对付与肃清敌探反革命分子与豪绅地主的势力。四是严格地执行阶级路线，发动连队进行扩大红军与搜集资材的革命竞赛。五是尽可能地在沿途建立秘密的群众组织与党的支部。[②]前两项内容均是强化部队自身组织建设，为群众工作奠

---

① 《总政治部关于巩固部队准备长途行军与战斗加强政治军事训练及群众等工作的指令》（1934年10月9日），见中国人民解放军政治学院政治工作教研室编：《军队政治工作历史资料》第三册，北京：中国人民解放军战士出版社1982年版，第153页。

② 《总政治部关于巩固部队准备长途行军与战斗加强政治军事训练及群众等工作的指令》（1934年10月9日），见中国人民解放军政治学院政治工作教研室编：《军队政治工作历史资料》第三册，北京：中国人民解放军战士出版社1982年版，第153—154页。

定基础；后三项才是实际工作内容，简单概括即为宣传、发动群众斗争、扩红、搜集资材、沿途建立秘密群众组织与党支部。这与长征时担任政治工作的人员所回忆的工作内容基本一致："做好沿途群众的宣传、组织工作，并负责筹粮、筹款、扩军、掌握政策等，在一定地区，如在遵义地区，还帮助建立地方政府和地方党的组织，建立地方武装。"[①] 当然，作为下发全军团的指令还是比较抽象的、原则性的，因此要求各军团政治机关据此制定"居民工作"具体计划，并采取有效的实施步骤。[②]

各军团是否制定上交了具体计划，我们不得而知，目前并没有看到相关的文献资料。不过战略转移实际开始后，总政治部很快就于 10 月 22 日颁布了《关于没收捐款暂行细则》，这是在之前拟定的五个方面群众工作中，第一个也是唯一一个制定专门条例的。随后又发布了《关于红军中没收征发委员会暂行组织条例》（1934 年 11 月 10 日），这反映出当时筹款、筹粮问题的突出和紧急。

突破二道封锁线后，总政治部再次发布训令，指出争取群众最重要的工作是五个方面：（1）传播党和苏维埃的影响，进行广大的宣传工作。（2）了解与满足群众要求，发动群众斗争。如在当地时间较多，应更深入领导群众斗争，进行分田，建立苏维埃政权。（3）从斗争中去组织群众、武装群众，建立党的组织与群众组织，如当地

---

① 邹衍：《长征记忆》，见沈阳军区政治部编研室编：《红军将士忆长征》，沈阳：白山出版社1996年版，第35页。

② 《总政治部关于巩固部队准备长途行军与战斗加强政治军事训练及群众等工作的指令》（1934年10月9日），见中国人民解放军政治学院政治工作教研室编：《军队政治工作历史资料》第三册，北京：中国人民解放军战士出版社1982年版，第153—154页。

可成为游击区，则应迅速建立政权，组织游击队；如果工作时间很短，估计反动统治迅速可恢复时，则教当地党的组织进行秘密工作，继续领导群众斗争。（4）吸引广大群众到红军来，扩大红军。（5）注意收集资材，保障红军给养。[①] 与出发前拟定的五个工作任务相比，显然更注重对群众的宣传、发动、组织与武装，并根据在各地停留的具体情况，提出了在当地时间较多的地区可以分田建政权，在工作时间很短的地区则引导当地开展秘密工作。

但在长征初期大搬家式的行军中，群众工作并不能实际有效地开展。“根据最近直属队政治处的工作检查，各连队领导的地方工作，表现很薄弱，一般的说，还是没有□□宣传苏维埃政策、发动群众斗争这个中心任务”[②]。从《红星》报[③] 这一时期刊发的相关文章，可以看出（见表 2.1），此时群众工作突出强调纪律、宣传、扩红，并且随着进入少数民族地区，开始制定专门的少数民族政策。这一方面说明这几项工作的重要地位，另一方面也从侧面反映出这几项工作存在较多问题。

表 2.1　遵义会议前《红星》报关于红军长征中群众工作的报道

期数	时间	相关报道
第 2 期	1934.10.27	《消灭一切脱离群众破坏红军纪律的行为》《加强连队的地方工作》《一件不应当忘记的工作——写标语画壁报》

① 《总政治部关于对目前行动的政治工作训令》（1934年10月29日），见中国人民解放军政治学院政治工作教研室编：《军队政治工作历史资料》第三册，北京：中国人民解放军战士出版社1982年版，第163页。

② 《加强连队的地方工作》，载《红星》报，1934年10月27日，第2期。

③ 《红星》报，是红军长征中党中央、中革军委的唯一报纸。

（续表）

期数	时间	相关报道
第 3 期	1934.11	《关于目前地方居民中的工作》《违反纪律脱离群众的家伙一个枪毙一个罚苦工》
红星号外	1934.11.7	《创造争取群众工作的模范连队》
第 4 期	1934.11.14	《加紧扩大红军的工作》《设立临时兑换处》《反对浪费宣传品的现象》《值得学习的》《不要到处屙屎》
第 5 期	1934.11.25	《在很短时间内扩大了一个新兵连》《“福州”成立新兵补充营》《实行连队写标语竞赛》《宜章城市工作的经验》
第 6 期	不详	《关于瑶苗民族中工作的原则指示》《两个扩红的模范连队》《回答本报号召消灭坏纪律的现象》《全师宣传队的活跃》
第 7 期	1934	《黎平城的群众大会》
第 68 期	1935.1.15	《本月廿一日每三人扩大一个红军》《扩红动员中的鸦片问题》《他们永远是扩红的模范英雄，谁来比一比》《扩红工作在全师》《不要放松一点机会》《一个连队一天扩大六名红军》《遵义全县群众大会上成立革命委员会》《尚稽场群众热烈拥护红军》《群众心坎中的红军》

当时，总政治部对各军团开展群众工作的实际情况很不满意。《红星》报 1934 年 11 月头版刊出社论《关于目前地方居民中的工作》指出，“我们深切的感觉到我们在地方居民中的工作是异常的薄弱”。首先，“对于广大白色区域群众的宣传鼓动工作的非常缺乏”。除了张贴准备好的传单、布告之外，没有注意写标语，即使写也没有结合当地实际。而“口头的宣传鼓动工作”还没有真正开始。其次，“还不会运用牺牲剥削者的利益去发动群众斗争与组织群众的原则”。“打土豪、捕捉反革命，差不多是我们在短促的时间内所能

够做的仅有的中心工作”，并没有充分的时间进行没收地主阶级的土地分配给农民，以及建立地方党与群众组织的基本工作。而且打土豪主要“为了解决自己的给养与改善自己的生活”，没有注意分给群众，并以此吸引群众的同情和拥护。再次，红军中地方工作部与中央工作团的工作，还没有很好地建立起来。大多数干部都是在苏区内培养出来的，“不善于在白色区域的群众中进行工作”。最后，红军对阶级纪律的遵守非常不够。“到处屙屎，到处丢弃禾草，乱拿群众的东西等现象，还是非常严重”。[①]尤其对纪律问题，《红星》报1934年11月7日刊出号外，号召各连队“创造争取群众工作的模范连队”。提出七大号召，包括：（1）不乱打土豪，不乱拿群众一点东西；（2）不私打土豪，打土豪要归公；（3）损坏了群众东西要赔偿，借群众东西要送还；（4）不强买东西，买东西要给钱；（5）完全做到上门板、捆禾草，把地上打扫干净；（6）实行进出宣传，进入宿营地时要向群众做宣传解释，出发时要向群众告别；（7）保持厕所清洁，不要随便乱屙屎，宿营时掘厕所。《红星》报强调，“这是在保持红军纪律与争取群众工作上最低限度的要求”。[②]军委及总政首长则在1934年12月底陆续发布了责令三军团、九军团严整纪律的指示，可见纪律问题在当时相当突出。

这种情况一直持续到遵义会议前夕。随着黎平会议确立创建川黔边根据地的目标，群众工作进一步提升到新的重要位置。“现在的地方工作不只是散布我们的影响，而是需要进行赤化工作”。“特

① 《关于目前地方居民中的工作》，载《红星》报，1934年11月，第3期。

② 载《红星》报，1934年11月7日号外。

别要从发动群众斗争中努力扩大红军，搜集资材，努力筹款与保障相当时期的给养。军团政治部地方工作部要更有计划的决定每一定地方（大区镇市及城市）的工作，派遣得力的工作团去进行工作”。“政治工作的方式应有迅速的极大的转变，要克服在长途行军中所发生的零乱的应付的不深入的工作状况；工作要有计划性”，“加强巡视工作”。[①]进占遵义后中央红军迎来了长征后第一次较长时间的休整，在创建川黔边根据地的目标之下，结合前期群众工作的经验，中共对长征中的群众工作任务有了较为全面、深入的认识。总政治部 1935 年 1 月 14 日发布《关于地方工作的指示信》，集中提出“发动群众”这一任务目标，强调“必须极大的发动当地群众的斗争，来配合红军争取决战的胜利，造成迅速创立新苏区的顺利的环境”。发动群众的总方针是“要迅速的广大的发动群众的斗争，武装当地的群众，依靠这些武装起来的武装的群众来扩大红军，配合红军作战，消灭当地国民党地主的武装，来建立革命的政权”。针对长征所经之地多是白区的现实，指示信指出群众工作的两个基本环节：一是了解与迅速地满足当地广大群众的要求，领导群众起来反对他们最痛恨的敌人。二是领导群众坚决地反对国民党军阀与群众最痛恨的豪绅地主，而对富农商人知识分子等，采取许多灵活的策略。指示信还清楚地提出了发动群众的具体工作方式、策略。[②]

① 《总政治部关于到黔北后的政治工作训令》（1935年1月3日），见中国人民解放军政治学院政治工作教研室编：《军队政治工作历史资料》第三册，北京：中国人民解放军战士出版社1982年版，第240页。

② 《工农红军总政治部关于地方工作的指示信》（1935年1月14日），见中国人民解放军政治学院政治工作教研室编：《军队政治工作历史资料》第三册，北京：中国人民解放军战士出版社1982年版，第253—254页。

回顾长征初期，由于中共和红军处于第五次反“围剿”失败的低落情绪中，加上错误的军事指挥路线，红军不仅前进缓慢，还屡次被敌人洞察意图，一路减员不断，并遭遇了湘江战役的惨败。在这种情况之下，红军以作战为主，并没有太多时间和精力来思考甚至开展群众工作，所做的群众工作都是围绕行军作战的需要，较粗浅地、应付式地完成各项基本任务。突出的表现就是：此时掉队落伍的不少，却没有像后期一样专门提出巩固部队、防止掉队的问题；对宣传工作虽然在报纸上大力呼吁，也有一些具体规定，却很少结合当地实际提出斗争口号；对分田、建政、发展党员等问题更是较少涉及。与此相对的，配合长途行军的实际需求，中共和红军对于纪律、没收征发、扩大红军、少数民族等直接关系红军生存的问题，大力强调并作出相应的政策调整。对没收征发工作，先后制订《总政治部关于没收捐款暂行细则》(1934年10月22日)、《关于红军中没收征发委员会暂行组织条例》(1934年11月10日)；对纪律问题、扩红工作三令五申，多次发布指示；对经过的瑶族等少数民族地区，有针对性地制定相关政策。这从根本上说，是由于中共和红军对于长征中群众工作不同于苏区的特点和任务尚缺乏清醒认识，仍基本沿袭苏区时期的设计。这就使得长征初期的群众工作暴露出许多问题，收效并不令人满意。进占遵义后，中共有了一个相对充足的时间来考虑群众工作问题，总结前期实际经验教训，群众工作被放置到创建川黔边根据地的战略中加以考虑，因此有了围绕“发动群众”这一核心目标的系统设计，包括总的方针、基本环节、工作方式、工作策略等。这样的思考，显然为遵义会议后群众工作的政策调整和理论升华打下了坚实的基础。

2. 从遵义会议到懋功会师，群众工作主要围绕创建新的苏区。

长征初期，红军一直被敌人围追堵截，军事行动无疑是头等大事。但是，“一定要达到了指定地区（湘西），放下了行李，然后才能举行反攻消灭敌人”的单纯防御路线在实践中遭遇惨痛挫折。遵义会议吸取教训，指出不应避免“必要的与敌人有隙可乘的战斗”，“在政治工作上，一切须适应目前运动战的需要，以保证每一个战斗任务的完成。红军更要从作战中休养与整理自己，并大量的扩大自己。严肃自己的纪律，红军对广大劳苦工农群众的联系，必须更加密切与打成一片。极大的加强对地方居民的工作，红军应该是苏维埃的宣传者与组织者。”[①] 正如吴吉清所回忆的：“遵义会议后，纠正了‘左’倾冒险主义路线把红军变成单纯打仗的队伍的错误，发挥了红军政治工作的威力。红军重新肩负起宣传群众、组织群众、武装群众的重大任务。”[②] 由此，群众工作迎来了新的局面。

遵义会议后，党和红军机动灵活的战略战术，扭转了军事上的被动局面，“现在的行军与作战，已经与过去不同，我们已经是在云、贵、川边的新的苏区范围中行动。现在的行军是为着作战消灭敌人，现在的战斗不是象过去的掩护战，而是要在每个战斗中与敌人决战消灭敌人。”[③] 这无疑为政治工作赢得了时间和主动，“那时候

---

① 《中共中央关于反对敌人五次“围剿”的总结决议》（1935年1月17日），见中共中央党史资料征集委员会、中央档案馆编：《遵义会议文献》，北京：人民出版社1985年版，第19、20、24页。

② 吴吉清：《在毛主席身边的日子里》，北京：中央文献出版社2007年版，第198页。

③ 《总政治部关于由川南回师东向对政治工作的指示》（1935年2月16日），见中国人民解放军政治学院政治工作教研室编：《军队政治工作历史资料》第三册，北京：中国人民解放军战士出版社1982年版，第262页。

夜间行军白天战斗，敌人紧紧咬住屁股，吃不上饭睡不成觉……实在被动得很。而现在，我们虽然还是后卫，但敌人主力却被甩得远远的，每夜行军八九十里，天亮进入宿营地以后，立即向群众宣传党的政策和红军的作战目的，调查当地土豪劣绅的罪行，召开群众大会，发动劳动人民开仓分粮。”[①]有了较充分的时间，群众工作也得以在一个全新的战略位置上加以考虑。“将地方工作提高到他是实现我们战略任务的主要的工作的高点”[②]。此时期，中共创建根据地的计划虽在川西北、川滇黔之间变动，但目标非常明确，即找到合适的地方落脚，开创新的根据地。围绕此战略，群众工作确立核心任务：争取广大工农群众的拥护，创造新的苏区。“目前正是创造新苏区艰苦斗争的紧要时期。”“从胜利的战斗中创造新苏区的任务，已迫切的放在每个政治工作人员的面前”。[③]“在目前我们还没有巩固的根据地，还没有大的中心城市，我们尚处在消灭敌人，粉碎敌人新的‘围剿’创造新苏区的艰苦斗争中”。[④]

创造新苏区，必然要求相当的兵力和财力，以及良好的群众基础。这就对这群众工作提出了具体的任务。

---

① 张南生：《遵义会议的光芒》，见《遵义会议的光芒 纪念遵义会议五十周年》，北京：解放军出版社1984年版，第202页。

② 《总政治部关于渡过大渡河后政治工作的指示》（1935年6月2日），见中国人民解放军政治学院政治工作教研室编：《军队政治工作历史资料》第三册，北京：中国人民解放军战士出版社1982年版，第292页。

③ 《总政治部关于由川南回师东向对政治工作的指示》（1935年2月16日），见中国人民解放军政治学院政治工作教研室编：《军队政治工作历史资料》第三册，北京：中国人民解放军战士出版社1982年版，第263页。

④ 《总政治部关于红军给养克服战费困难训令》（1935年2月20日），见中国人民解放军政治学院政治工作教研室编：《军队政治工作历史资料》第三册，北京：中国人民解放军战士出版社1982年版，第265页。

一是征集资材。这一时期中央红军基本在西南一带活动，物资匮乏。“我们行动的地区，又是物产比较不丰富经济比较落后的黔北一带，战争经费与物质资材，是不无困难的。”[①]渡过大渡河，进入少数民族区域后，粮食更为困难。这一时期筹措粮食的突出特点是：（1）有了专门的组织和规划。“初到扎西，粮食来源主要靠打土豪，靠临时筹措还算过得去。后来，由于部队较长时间在该地区迂回，土豪打得差不多了，粮仓开过了，吃粮发生了困难，有的连队米袋用空了”。“在筹粮工作上，改变了过去临时筹措的办法，建立了筹粮、筹款工作组……各连都配备专职筹粮筹款人员。筹粮筹款工作组除了筹措粮、款外，还负责战场缴获物资的分发和处理。”这大大增强了筹粮工作的主动性，“大家围绕如何解决部队的吃饭问题积极出主意、想办法，工作开展得十分活跃”。[②]同时，全军有了整体的规划。“必须用一切力量保证粮食并规定征集资材的数目”。[③]（2）人人动手，人人参与。在扎西曾闹过粮荒，“为了摆脱困境，保证军事行动的胜利，团党委号召全团指战员人人动手，大家搞粮食。自己筹措，补充自己”。[④]进入川西北后，总政治部为解决粮食困难发布政治动员工作的指示，“动员每个指战员、杂务人员，均须亲自参加

---

① 《总政治部关于红军给养克服战费困难训令》（1935年2月20日），见中国人民解放军政治学院政治工作教研室编：《军队政治工作历史资料》第三册，北京：中国人民解放军战士出版社1982年版，第265页。

② 蔡长风：《渡湘江》，见中共中央党史研究室编：《红军长征纪实丛书 红一方面军卷（2）》，北京：中共党史出版社2016年版，第722页。

③ 《总政治部关于渡过大渡河后政治工作的指示》（1935年6月2日），见中国人民解放军政治学院政治工作教研室编：《军队政治工作历史资料》第三册，北京：中国人民解放军战士出版社1982年版，第292页。

④ 蔡长风：《渡湘江》，见中共中央党史研究室编：《红军长征纪实丛书 红一方面军卷（2）》，北京：中共党史出版社2016年版，第722页。

收集粮食并负责携带，以竞赛完成和超过七天规定，政治人员更须以身作则。”①

二是发动群众，开展土地革命。“我们自江西出来后，沿途发动群众打土豪，只没收地主的浮财，解决部队的给养，没有分配土地。到遵义后，开始准备在遵义一带建立革命根据地，故遵义县革命委员会成立后罗迈要我和罗梓铭各带一个工作组立即到城郊区开展土地革命和扩大红军。”②土地革命无疑是深入发动群众的有效手段，长征初期由于行军匆忙无法进行，但一旦确立在一地建立新苏区，红军必然会停留较长时间，基于以往开辟苏区的丰富经验，土地革命就能迅速地开展起来。第一次进占遵义时，“由于时间很紧，有的同志提出是否先搞减租减息，以后再分土地；有的同志认为应该立即分配土地，因当时庄稼早已收完，地租也交了，再减租没什么意义，群众得不到实惠，难以发动起来。最后大家一致同意，先粗略地分一下田地，第二步再烧田契和发新的土地证。”③“我们下去只有七八天时间，搞得快的村庄已经把田分完了，搞得慢一点的刚插上竹签，还未来得及分，就接到通知，要我们马上回城。回到遵义才知道红军要撤离。”④

三是扩大红军。“为了求得有把握的胜利，我们必须取得云贵川广大群众的拥护。千百万云贵川的工农劳苦群众正在饥寒交迫的中间过着非人的生活。拯救他们发展与组织他们的斗争，号召他们

---

① 《总政治部关于为解决粮食困难进行政治动员工作的指示》（1935年6月10日），见中国人民解放军政治学院政治工作教研室编：《军队政治工作历史资料》第三册，北京：中国人民解放军战士出版社1982年版，第294页。

② 《李坚真回忆录》，北京：中共党史出版社1991年版，第78页。

③ 《李坚真回忆录》，北京：中共党史出版社1991年版，第78页。

④ 《李坚真回忆录》，北京：中共党史出版社1991年版，第79页。

起来，加入红军扩大红军发展游击战争，建立工农兵的苏维埃政权，是我们全体同志的神圣任务。”[①]“目前地方工作组应切实负责进行宣传与争取群众，扩大红军的工作。”[②]

四是争取与组织群众并武装他们。此时期一个鲜明的特点就是特别重视组织游击队。“关于赤化工作，除一般的仍执行本部在遵义时的地方工作的指示外，还应特别注意下列问题：1. 努力发动群众斗争，组织游击队，发展游击战争。”[③]红军回师遵义时，要求军团政治部有准备地组织现成的游击队，以便随时分派出去。先从新战士中选择当地积极分子，由地方工作部办随营训练班，有计划地给予政治、军事教育，使之成为游击队骨干及地方工作干部；然后从地方游击队与新战士中调集人员组成游击队，加以游击队的教育。[④]强渡大渡河后，更是明确要求“每个军团在本月至少须组织一个得力的有连的战斗力的游击队”[⑤]。这是之前较为忽略的，从中可以看出红军群众工作在实践中不断丰富，且更具有主动性。

---

① 《中国共产党中央委员会与中央革命军事委员会告全体红色指战员书》（1935年2月16日），见中国人民解放军政治学院政治工作教研室编：《军队政治工作历史资料》第三册，北京：中国人民解放军战士出版社1982年版，第256页。

② 《总政治部关于连队组织工作命令》（1935年4月6日），见中国人民解放军政治学院政治工作教研室编：《军队政治工作历史资料》第三册，北京：中国人民解放军战士出版社1982年版，第270页。

③ 《总政治部关于由川南回师东向对政治工作的指示》（1935年2月16日），见中国人民解放军政治学院政治工作教研室编：《军队政治工作历史资料》第三册，北京：中国人民解放军战士出版社1982年版，第263页。

④ 《总政治部关于由川南回师东向对政治工作的指示》（1935年2月16日），见中国人民解放军政治学院政治工作教研室编：《军队政治工作历史资料》第三册，北京：中国人民解放军战士出版社1982年版，第263页。

⑤ 《总政治部关于渡过大渡河后政治工作的指示》（1935年6月2日），见中国人民解放军政治学院政治工作教研室编：《军队政治工作历史资料》第三册，北京：中国人民解放军战士出版社1982年版，第292页。

五是严格检查纪律。红军对纪律的重视一以贯之。“严肃我们部队的纪律，加强我们在地方居民中的工作，是争取广大工农群众的重要条件。”[①]“地方工作组对本连队的纪律，须负责严格检查，保障本连队纪律的巩固。”[②]而围绕创建新苏区的战略目标，纪律问题的重要性也进一步彰显。“这些工作的进行，必须依靠我们高度的纪律与充分的地方居民工作。其意义将不仅造成我们渡河的顺利条件，而且为这些地区变成游击区域奠定基础，一直发展成为四川苏区的一部分。”[③]红军渡过大渡河之后，“进到了预定创立根据地的地区”，再次强调“严格的检查纪律，必须与目前纪律松弛的现象斗争。”[④]

可以说，遵义会议以后，筹款筹粮、分田建政、严格纪律、扩大红军、武装群众这五个方面构成了群众工作的主体内容，核心目的在于争取群众的拥护。此时对群众工作的认识既有了理论的提升，也有了具体策略的完善。群众工作不再是为了顺利行军而进行的应付式工作，而是围绕中共创建根据地这一战略来考虑，因此，无论是筹集物资、扩红、武装群众、严格纪律，都有了更为主动的具体

---

① 《中国共产党中央委员会与中央革命军事委员会告全体红色指战员书》（1935年2月16日），见中国人民解放军政治学院政治工作教研室编：《军队政治工作历史资料》第三册，北京：中国人民解放军战士出版社1982年版，第256页。

② 《总政治部关于连队组织工作命令》（1935年4月6日），见中国人民解放军政治学院政治工作教研室编：《军队政治工作历史资料》第三册，北京：中国人民解放军战士出版社1982年版，第270页。

③ 《强渡大渡河的宣传鼓动工作》（1935年5月22日），见中国人民解放军政治学院政治工作教研室编：《军队政治工作历史资料》第三册，北京：中国人民解放军战士出版社1982年版，第279页。

④ 《总政治部关于渡过大渡河后政治工作的指示》（1935年6月2日），见中国人民解放军政治学院政治工作教研室编：《军队政治工作历史资料》第三册，北京：中国人民解放军战士出版社1982年版，第292页。

工作措施，例如拟定具体的扩红计划，提前培训人员组织游击队，规定筹集物资的数目等。

特别值得注意的是，遵义会议后群众工作有了一个重要的变化，那就是中共自身的转变。遵义会议结束了“左”倾教条主义错误在中央的统治，群众工作也逐步扭转早期的过火做法。据中央二纵队司令部担任民运科科长的李坚真回忆，遵义会议以前，在“左”倾错误的影响下，沿途打土豪时拿不走的东西，一时也来不及分给群众的就打破它。扎西会议传达遵义会议精神之后，张闻天特意召集中央纵队做地方工作的同志开了个会，说：“现在地方工作的政策也要改变，在打土豪时，不要扫地出门，只没收部队需要的东西，如粮食、钱财等，部队不需要的东西一律不动，也不要破坏，再不要打烂三缸（米缸、菜缸、水缸）了”。他还说：“对工商业也要改变过去‘左’的做法，一般的商店不要没收，使城市和墟镇的商人继续营业。”此后在地方工作中一些“左”的错误做法得到了纠正。[①]当然，这只是一些实际工作中的调整，思想路线上的彻底转变还有待中共建立抗日民族统一战线之后。

3. 从懋功会师到三军大会师，群众工作主要围绕北上抗日。

懋功会师后，中共中央与张国焘就北上还是南下的战略方向产生分歧。双方博弈的过程，也是中共全面系统考虑发展战略，明晰时代、历史使命的过程。自此，长征北上抗日的使命得以强调突出，群众工作也围绕创建新苏区进一步升华，与整个中国革命、中华民

① 《李坚真回忆录》，北京：中共党史出版社1991年版，第82—83页。

族的前途命运紧密联系起来。

红一、红四方面军两大主力会师，面临最现实的难题就是敌人的全力进攻。因此，甫一会合，总政治部就指出："要完成粉碎敌人新的进攻，赤化以四川为中心的川陕甘三省广大地区的任务，基本上还是要依靠我红军战士的勇敢作战，打胜仗消灭敌人"。"为着打胜仗，必须更努力巩固与扩大部队与加强地方居民工作，利用一切时机加强政治工作"，而积极武装群众、组织游击队以配合作战的紧迫性得以凸显，"政治机关更当努力组织与武装群众，争取少数民族发动广大群众的游击战争"。[①]军委总司令部、总政治部要求"每一军团应就地组成一游击队"[②]。

两河口会议确立北上建立川陕甘苏区的战略方针后，中共中央再三强调，坚持北上创造川陕甘苏区将"推动整个中国革命前进与发展"[③]。而北上的首要难关就是粮食问题。红军北上所要经过的是大片的少数民族地区，这里人烟稀少，粮食本就匮乏，大军入驻更是困难重重。"毛儿盖地区虽然富裕但突然增加上万红军，且驻了20多天，有点粮食也吃得差不多了，要筹足过草地的粮食很困难"。[④]加上国民党的污蔑宣传与坚壁清野，少数民族群众纷纷避入山林，

---

① 《总政治部关于赤化川陕甘及今后战斗任务的解释大纲》（1935年6月18日），见中国人民解放军政治学院政治工作教研室编：《军队政治工作历史资料》第三册，北京：中国人民解放军战士出版社1982年版，第297页。

② 《军委总司令部、总政治部关于一、四方面军会合后部队整休的规定》（1935年6月16日），见中国人民解放军政治学院政治工作教研室编：《军队政治工作历史资料》第三册，北京：中国人民解放军战士出版社1982年版，第296页。

③ 《中共中央关于红一、四方面军会合后的政治形势与任务的决议》（1935年8月5日），见中国工农红军长征史料丛书编审委员会编：《中国工农红军长征史料丛书（文献）》（3），北京：解放军出版社2016年版，第177页。

④ 《李坚真回忆录》，北京：中共党史出版社1991年版，第108页。

将粮食、牛羊都藏了起来。中共和红军无法再通过打土豪或是正常买卖获得粮食，主要靠上山搜索。此时期发布了大量关于搜集粮食的通知和规定。如《总政治部关于收集粮食的通知》（1935 年 6 月 25 日）、《军委及总政关于在松潘筹借粮食的规定办法》（1935 年 7 月 5 日）、《总政治部关于粮食问题的训令》（1935 年 7 月 3 日）、《中央军委关于组织别动队筹粮办法》（1935 年 7 月 8 日）等。可以说，筹粮是当时相当重要的一项工作。中央红军到陕北后，随之进入川西北的红二、六军团以及南下的红四方面军仍面临着极度缺粮的困境。“大军云集，与民争粮，藏族一些上层反动分子以此诱迫群众不与红军合作。方面军因战斗、疾病大量减员，被服、粮食、医药等补给发生极大困难”[①]。直到甘孜会师后，红二、红四方面军过草地到达甘南地区，红四方面军仍强调：“各军政治部须召集地方工作会议一次专门讨论现在地区的地区工作，特别要把扩大红军与筹取粮食资材当作中心工作。”[②]

同时，少数民族工作被提到了空前重要的位置。就整个长征时期来看，懋功会师后，无论是先期北上的红一方面军，还是南下徘徊的红四方面军，或是随后才开始长征的红二、六军团（甘孜会师后合编为红二方面军），都曾长时段地在少数民族地区停留。这与之前在少数民族地区匆匆路过大为不同，要求红军必须更为谨慎、长远地考虑少数民族的问题。“番民中的工作必须有迅速的转变。总政

---

① 刘瑞龙：《难忘的征程》（1987年10月），见中共中央党史研究室编：《红军长征纪实丛书 红四方面军卷（1）》，北京：中共党史出版社2016年版，第137页。

② 《进入甘南地区后四方面军政治工作的中心任务》（1936年8月19日），见中国人民解放军政治学院政治工作教研室编：《军队政治工作历史资料》第三册，北京：中国人民解放军战士出版社1982年版，第549页。

治部应搜集各地番民工作的经验与教训以教育自己的干部。用一切方法，争取番民群众回家，组织番民游击队发动番民斗争，建立番民革命政府等。必须挑选一部成分优良的番民给以阶级的与民族的教育，以造成他们自己的干部。红军主力到甘陕青宁等区域后对回蒙民族须作更大的努力。”[①] 也正是在这一时期，中共才在实践基础上实现了少数民族政策的理论升华。

围绕北上抗日，此时群众工作开始了策略上的根本改变。中央与张国焘的南下北上之争，根本在于“中央认为在川康番民区域，事实上不可能建立根据地，即使能建立根据地也要使党与红军脱离全国革命的领导。这是战略分歧的基本点”[②]。在民族矛盾逐步上升为主要矛盾的情况下，“全国政治形势需要红军北上抗日”[③]，因此，中央在考虑长征的战略方向时，不仅仅是寻找落脚点，创造新苏区，更是抓住社会主要矛盾的变化，领导全国人民一致抗日，实现从土地革命到民族革命的转变。因此，此时的群众工作紧紧围绕北上抗日这一目标展开。对比长征前后期标语口号的变化，就可以明显看出来，懋功会师后关于北上抗日的宣传内容急速增多。到陕北后，中共中央于 1935 年 12 月确立了建立抗日民族统一战线的新策略，这对红二、红四方面军的群众工作造成了巨大影响。萧克回忆：“在新的策略路线下，开始转变工作方式及实际内容，在湖南成立抗日

---

① 《中共中央关于红一、四方面军会合后的政治形势与任务的决议》（1935年8月5日），见中国工农红军长征史料丛书编审委员会编：《中国工农红军长征史料丛书（文献）》（3），北京：解放军出版社2016年版，第182页。

② 凯丰：《党中央与国焘路线分歧在哪里》（1937年2月27日），见《张国焘问题研究资料》，成都：四川人民出版社1982年版，第33页。

③ 《彭德怀自述》，北京：国际文化出版公司2009年版，第207页。

游击队、抗日义勇军、抗日救国会等；在贵州，联合许多同情于我们的军队（如席大明、李苏浦等），成立了贵州全省人民抗日救国军司令部，任国民党宿老对抗日救国抱着热情的周素园同志为司令员；在云南，开始改变对外政策，对于拥护和平阵线及诸小协约国的教堂、牧师，均不破坏及逮捕，即前逮捕者，亦予以释放;（在滇东）对于追击我们底军队，在战略意志上，确定是防卫的战争，换句话说，对于不觉悟的坚决追击堵截我们的军队，不得不予以坚决底打击。”①

红四方面军也逐步扭转关门主义的做法。红三十军在制定地方工作 20 天计划时明确要“将党新的策略路线深入群众中去，大量收买粮食，可用借的办法，号召群众恢复市场的买卖，号召反动投诚自首”②。张国焘在取消另立“中央”的会议上指出:“现在在创造西北抗日根据地中，我们到西北去活动时，就必须转换这样的观念与政策，我们不是碰见谁就打谁，而是联合所有抗日反蒋分子，一致去创造西北抗日根据地”③。“当前一般的要紧口号，就是‘同一切抗日力量共开抗日救国大会’，‘停止内战，一致去反对卖国贼头子’。不仅如是，还要与反日力量成立抗日联军，与各种抗日社会团体、个人成立抗日救国的大同盟或联盟。对外则联合外蒙与苏联，对内则提出十大纲领。这目的是要团结一切抗日力量，共同去打日本帝国主义”。“过去

① 萧克：《红二方面军的北上抗日》，载《党的文献》，1992年第1期，第45页。

② 《红四方面军三十军二十天政治工作计划》（1936年2月7日至27日），见中国人民解放军政治学院政治工作教研室编：《军队政治工作历史资料》第三册，北京：中国人民解放军战士出版社1982年版，第411页。

③ 张国焘：《在“中央”纵队活动分子会上的报告》（1936年6月6日），见盛仁学编：《张国焘年谱及言论》，北京：解放军出版社1985年版，第445页。

只是单纯的靠我们自己的力量去打敌人，现在更要添上我们的抗日政纲、传单、标语，外交上的活动，利用敌人中各种弱点，纵横捭阖手段去组织抗日反蒋统一战线，去打敌人，这一力量是要比飞机、大炮还重要的”。[①]这一转变不仅体现在宣传、口号上，同时也体现在扩大红军、没收征发等实际工作中，“苏维埃的政策还是一种新的策略下的政策，我们吸收小资产阶级和白兵来参加，中立富农，没收政策不能及于愿意抗日反蒋的分子。是以我们即使创立新的苏区，我们提出的还是新的政纲，我们要采取更宽大的政策”[②]。

因此，我们可以看到，此阶段群众工作的重点虽然频繁更换，带有鲜明的地域性和针对性，如在少数民族地区，主要就是筹备粮食、严格纪律，扩大红军、分田建政只是口头上喊喊，并无太多实际举措；到了甘肃一带，则是处理土围子，积极扩红，并开始发展党员、建立政权；但是群众工作的基本路线却呈现出一致性，即改变过去的关门主义作风，一切均围绕团结最广大的力量一致抗日展开，由此各种具体措施，如没收征发的对象、扩红出身要求、对待土司头人的政策等全都发生了改变。

从长征中群众工作任务的阶段性演变可以看出，其战略目标随着中共的整体战略演进，在实践中不断清晰，不断提升。从最初应付式、较被动的举措，到围绕建立新根据地、想方设法争取群众拥护，再到最后立足全中国甚至全世界革命形势，围绕北上抗日、建

---

① 张国焘：《在“中央”纵队活动分子会上的报告》（1936年6月6日），见盛仁学编：《张国焘年谱及言论》，北京：解放军出版社1985年版，第446页。

② 张国焘：《在“中央”纵队活动分子会上的报告》（1936年6月6日），见盛仁学编：《张国焘年谱及言论》，北京：解放军出版社1985年版，第447页。

立抗日民族统一战线的新策略作出全面的政策调整，充分显示出中共群众工作经受住了长征的考验和磨砺，在困境中探索出了一条颇具实效的道路。

（三）长征中群众工作的组织与人员

长征中谁负责做群众工作？与长征前相比有什么变化？这是一个直接关系群众工作落实的问题。中共自成立之初就注重发动群众，这也是党组织的工作内容之一。彼时中共并没有自己的军队，谈不上依靠军队来开展群众工作，主要依靠地方党组织来联系、发动群众。大革命失败后，中共开始创建自己的军队，到井冈山后，毛泽东首次提出军队工作的三大任务：打仗、筹款、做群众工作。但是，“由于旧军队观念的残余和农民意识的影响，红四军中有一部分人忽视做群众工作的重要性。有的干部强调军队只管打仗，不愿意做群众工作”[①]。对此，古田会议决议指出：“中国的红军是一个执行革命的政治任务的武装集团。”“红军决不是单纯地打仗的，它除了打仗消灭敌人军事力量之外，还要负担宣传群众、组织群众、武装群众、帮助群众建立革命政权以至于建立共产党的组织等项重大的任务。”[②]决议还界定了军事系统与政治系统的关系，规定了军队政治部对于

① 萧克：《朱毛红军侧记》，北京：中共中央党校出版社1993年版，第107页。

② 毛泽东：《中国共产党红军第四军第九次代表大会决议案》（1929年12月），见中共中央文献研究室、中央档案馆编：《建党以来重要文献选编（1921—1949）》第6册，北京：中央文献出版社2011年版，第727页。

地方事务的权限。[①] 据此，在已经建立地方政权的根据地，群众工作由政权机关承担；在尚未建立地方政权的新区，则由红军政治部代替政权机关开展群众工作。

然而 20 世纪 30 年代初，受党内“左”倾教条主义错误的影响，军队的群众工作职能一度被忽视。长征开始后，由于失去了根据地的支持，所经之地没有地方政权机关，群众工作不得不再次落到军队身上。“遵义会议后，纠正了‘左’倾冒险主义路线把红军变成单纯打仗的队伍的错误，发挥了红军政治工作的威力。红军重新肩负起宣传群众、组织群众、武装群众的重大任务。”[②] 这意味着红军部队的政治工作组织架构将随之产生新的变化。

1. 红军的群众工作组织

长征是无根据地流转行军，群众工作只能依靠红军政治部来组织实施。“革命军事委员会政治部、师政治部、各部队的政治处、各连队都有专门负责群众工作的部门。”不过长征中，群众工作并不仅仅是政治部某一部门或政治干部的事，还有广大战士的加入，“每一

---

① 古田会议决议规定：“群众工作，如宣传群众，组织群众，建设政权，以及没收、审判、处罚、募捐、筹款、济难等事之指挥监督，在地方政权机关没有建设以前，均属政治部职权。”“凡没有建立政权机关的地方，红军政治部即代替地方政权机关，至地方政权机关建设时为止。凡地方政权机关已经建设的地方，应以使地方政权机关独立处理一切事情，在群众中巩固其信仰为原则。只有在地方政权机关还不健全，及红军与地方有关系的事项，得用地方政权机关和红军政治部会衔的方法处理之。”“帮助地方武装之建立与发展，这个责任是政治部的。”“凡政治训练及群众工作事项，军事系统应接受政治系统之指挥。”“凡红军筹款的指挥及政治工作用费之决定与支出，均属于政治部，军事机关不得干涉”。毛泽东：《中国共产党红军第四军第九次代表大会决议案》（1929年12月），见中共中央文献研究室、中央档案馆编：《建党以来重要文献选编（1921—1949）》第6册，北京：中央文献出版社2011年版，第760页。

② 吴吉清：《在毛主席身边的日子里》，北京：中央文献出版社2007年版，第198页。

个红军战士都做群众工作，这却是事实。”更有党、团、工会及群众组织的参与，“党、团、工会及群众组织，都派优秀地方干部在红军经过的地方做群众工作。”[①]这就形成了党、政、军、民全覆盖，层次分明、架构完整的群众工作体系。

（1）各级政治部（处）是从事群众工作的常规核心部门

在红军部队，军团、师设政治部，团为政治处，连队有政治指导员。“红军总政治部和各级政治部，在长征中主要是直接领导和做好部队的思想政治工作。但除做好部队本身的思想政治工作外，还要组织相当的力量，做好沿途群众的宣传、组织工作，并负责筹粮、筹款、扩军、掌握政策等，在一定地区，如在遵义地区，还帮助建立地方政府和地方党的组织，建立地方武装等。”[②]从邹衍的回忆可以看出，红军总政治部及其下属各级政治部（处）的主业是开展部队的思想政治工作，这就决定了其内部机构设立必然以部队思想政治工作为主，而非围绕群众工作展开。

“红军总政治部在瑞金时，有主任、副主任，下设有秘书处、组织部、宣传部、动员部、破坏部（即敌军工作部）、《红星报》编辑部。”长征出发时“没有动员部，增加了地方工作部”。[③]显然，这里直接负责群众工作的，主要是地方工作部，其他部门只涉及群众工作部分职能。红二、六军团负责群众工作的，主要是地方工作部和

① 《关于红军长征和遵义会议情况的报告》（1935年10月15日），见中共中央文献研究室、中央档案馆编：《建党以来重要文献选编（1921—1949）》第12册，北京：中央文献出版社2011年版，第373页。

② 邹衍：《长征记忆》，见沈阳军区政治部编研室编：《红军将士忆长征》，沈阳：白山出版社1996年版，第35页。

③ 邹衍：《长征记忆》，见沈阳军区政治部编研室编：《红军将士忆长征》，沈阳：白山出版社1996年版，第35页。

宣传队。“军团与师的地方工作部（科）及宣传队（在湘黔滇区团亦有宣传队，现已分配到连队中工作），是专门负责进行地方工作，同时连队中的流动宣传队与地方工作组，也是不断的进行地方工作的活动”[①]。红四方面军师政治部下设秘书处、组织科、宣传科、政务科、地方工作组、白兵工作组及师党务委员会。除地方工作组主要承担地方群众工作，组织科的“群众组织股”，宣传科的“宣传煽动股”，以及政务科分别涉及组织红军家属、宣传、没收等群众事务。[②]

可见，红军主力部队的群众工作机构相对一致，最直接的机构是地方工作组（队）。地方工作组（队）可谓从事群众工作的核心部门。据西北军区规定，师政治部地方工作组“帮助地方之工作，组织地方武装，对地方武装之军事政治加以友谊之指导，并扩大红军”；“在新苏区中遵照上级及主任指示，建立共产党，苏维埃及其他一切群众团体”；“指导各团政治处之地方工作，及举行红军家属或与地方群众之联欢等”。[③]团政治处地方工作队在新开展苏区“有建立各种群众团体的职权，在当地各该高级机关成立之后即移交之”[④]。简言之，地方工作组（队）的职能有三：帮助地方武装，扩大

---

① 《二、六军团长征政治工作总结报告》（1936年12月19日），见中国工农红军第二方面军战史编辑委员会编：《中国工农红军第二方面军战史资料选编》（四），北京：解放军出版社1996年版，第168—169页。

② 《红军西北军区军、师政治部工作暂行细则》（1934年11月13日），见中国人民解放军政治学院政治工作教研室编：《军队政治工作历史资料》第三册，北京：中国人民解放军战士出版社1982年版，第190—192页。

③ 《红军西北军区军、师政治部工作暂行细则》（1934年11月13日），见中国人民解放军政治学院政治工作教研室编：《军队政治工作历史资料》第三册，北京：中国人民解放军战士出版社1982年版，第192页。

④ 《红军西北军区团政治处暂行工作细则》（1934年11月），见中国人民解放军政治学院政治工作教研室编：《军队政治工作历史资料》第三册，北京：中国人民解放军战士出版社1982年版，第197页。

红军；协助建立地方党政机构和群团组织；与红军家属及地方群众联欢等。

其次是宣传队。宣传队在群众工作中是一道亮丽的风景线，也是地方群众了解红军主张的重要途径。当时除各连队设立的宣传队外，各主力部队还有剧社协助宣传工作，如红一方面军的战士剧社、火线剧社、猛进剧社，红二方面军的战斗剧社，红四方面军的工农剧社，等等。湘江战役后，“部队减员很大，为充实基层，上级决定取消团宣传队”。遵义会议后，“军团又决定将师宣传队精简三分之二，留下十几个人”。[①] 再到后期，根据实际需要，连以下的宣传队直接并入了地方工作组。1935 年 4 月 6 日，总政治部发布命令，重新规定连队的组织：“连队中除设立党支部、列宁青年组、政治战士外，只设立十人团与地方工作组，其他如宣传队、列宁室、干事会、墙报委员会、经济协助委员会，均暂行取消。宣传队工作合并于地方工作组，列宁室、干事会、墙报委员会由支部文化娱乐干事担任，经济协助委员会工作直接由连指导员政治战士负责进行。”[②]

此外，还有民运科和民运工作组[③]。民运科“主要任务是动员地方力量为红军提供后勤运输”[④]。同时“红军部队里师、团、营、连都建

---

① 王辉球：《漫话长征中的宣传鼓动工作》，见沈阳军区政治部编研室编：《红军将士忆长征》，沈阳：白山出版社1996年版，第26页。

② 《总政治部关于连队组织工作命令》（1935年4月6日），见中国人民解放军政治学院政治工作教研室编：《军队政治工作历史资料》第三册，北京：中国人民解放军战士出版社1982年版，第270页。

③ 根据多人的回忆和任职经历，长征中民运科隶属于政治部，一般是师团级以下的政治部。但奇怪的是在关于政治部内设机构的文件中并没有见到民运科，对此还有待考证。

④ 刘浩天：《辎重过湘江》，见李天佑、刘亚楼等：《星火燎原 未刊稿》第3集，北京：解放军出版社2007年版，第6页。

立有民运工作组或纪律检查组”[①]。李坚真就曾在“二纵队司令部任民运科长兼民运工作队的队长”。“民运工作队约有100来人，工作队的成员，有的是在上海、广州、香港等白区工作的，有的是交通站的，有的是其他根据地来到中央苏区的，也有的是受王明路线的排斥打击，没有安排职务的领导干部。”[②]“工作队的任务是沿途做群众工作，扩大红军，找粮食，找向导，找挑夫。”[③]具体到各部队，民运工作的内容有所不同，据红十五师政治部民运科科长曾宪辉回忆，民运工作主要有三项任务：一是检查军队三大纪律八项注意的执行情况。如有违反行为，并给群众造成了损失，民运组的同志立即照价赔偿，向群众赔礼道歉。二是发动群众、宣传群众。三是为部队筹办粮食。[④]当然这种差别也与红军在不同时期的群众工作重点不同有关。

整体来看，长征面临的情况极为复杂多变，政治机构的设置出于实用考虑，非常灵活多变。一位红二方面军政工干部回忆：“那时，团政治处只有六个人：总支部书记（现在的政治处主任）、俱乐部主任、特派员（就是保卫干事）、民运干事、青年干事、技术书记（相当现在的秘书）。全团的政治工作就靠这六个人。”“在宣传鼓动、活跃部队的同时，俱乐部主任还要协助总支部书记做好全团政治工作，像调查土豪、发动群众、扩大红军、巩固部队、检查群众纪律、

① 曾宪辉：《回忆长征中的民运工作》，见遵义会议纪念馆编：《遵义会议前后红军政治工作资料选编》，北京：中央文献出版社2010年版，第280页。

② 《李坚真回忆录》，北京：中共党史出版社1991年版，第72页。

③ 《李坚真回忆录》，北京：中共党史出版社1991年版，第73页。

④ 曾宪辉：《回忆长征中的民运工作》，见遵义会议纪念馆编：《遵义会议前后红军政治工作资料选编》，北京：中央文献出版社2010年版，第280页。

瓦解敌军等，这都是分内之事。”[①] 这里提到的政治处机构、人员相当简单，俱乐部主任相当于宣传干事，但分工并没有那么清晰，一个政工人员几乎所有群众工作都得做，这具体与各部队的政治工作需要和政治工作力量有关。总的来说，长征红军的群众机构设置的总趋势是从上至下由繁至简，上级机构相对复杂、完善，下级机构则相对简单。一个连队对应师、团等多重机构职能，加上连队自身业务职能（如测绘连、后卫连、机枪连、侦探连等），每个战士身负多重责任。连队不可能像军团、师那样设置多重组织一一与上对应，一个人对应多个部门、一个部门承担多种职能是常事。在这样的情况下，连队为了方便操作，会将有关群众工作的职能集中在地方工作组。正如总政治部指出的:“检查现在连队中组织名目很多，但是有些组织差不多完全没有工作，因此根据目前的环境的需要”，重新精简了连队的组织，不仅将宣传队并入地方工作组，还要求地方工作组在开展群众工作的同时，“对本连队的纪律，需负责严格检查，保障本连队纪律的巩固。此外地方工作组组员，在进行其工作时，应由指导员与连长协商减少或暂时解放其勤务。”[②]

（2）针对特定群众工作任务设立专门委员会

长征中在特定阶段特殊环境下，某项日常工作的重要性会特别凸显。比如长征沿途的没收征发问题，在雪山草地等人烟稀少地区的筹粮问题，在川康地区的少数民族问题。为此，中央因时因地成

---

① 金忠藩：《忆红军俱乐部》，见《红六军团征战记》编辑组编：《红六军团征战记》（下），北京：解放军出版社1994年版，第424、425—426页。

② 《总政治部关于连队组织工作命令》（1935年4月6日），见中国人民解放军政治学院政治工作教研室编：《军队政治工作历史资料》第三册，北京：中国人民解放军战士出版社1982年版，第270页。

立极具针对性的专门委员会，为完成特定时期特定任务提供保障。

没收征发委员会。本来在根据地，没收工作由中央政府财政部管理，但长征中，“从步兵团起至师、军团、总政治部，均设立没收征发委员会，各级没委在同级政治机关的指导下进行工作”①，即团以上均有设立。“这个没征委员会，是在当时的特殊情况下成立的，主要任务是保存红军的金银、现洋和收集各个先遣队打土豪劣绅没收的银元等，负责调剂各大单位的经费。”② 这主要指的是高级别的没委会，越往下，没委会的职责越多，与群众的接触也越频繁。曾宪辉回忆他在一军团二师没委会的任务：一是“负责调查工作，摸清情况，为打土豪作先行官”，二是“负责把打土豪没收的一部分财产，分发给当地的穷人”，三是“筹粮”。③

筹粮委员会。长征中几次遭遇极其困难的生存危机，尤其在少数民族地区和雪山草地等自然人文环境恶劣的地区，筹粮成为红军政治生活的头等大事。据蔡长风回忆：毛儿盖会议的“一项重要内容是解决过草地的口粮问题”。“为了抓好这项工作，红军在毛尔盖和芦花城成立了筹粮委员会”。④ 成仿吾也回忆：“军委在芦花城设了一个筹粮委员会，担任筹集六十万斤粮食的任务。为此，组织了人

① 《关于红军中没收征发委员会暂行组织条例》（1934年11月10日），见中国人民解放军政治学院政治工作教研室编：《军队政治工作历史资料》第三册，北京：中国人民解放军战士出版社1982年版，第172页。

② 王群：《长征过贵州的片断回忆》，见聂荣臻等：《伟大的转折——遵义会议五十周年回忆录专辑》，贵阳：贵州人民出版社1984年版，第639页。

③ 曾宪辉：《回忆长征中的民运工作》，见遵义会议纪念馆编：《遵义会议前后红军政治工作资料选编》，北京：中央文献出版社2010年版，第282页。

④ 蔡长风：《进入千里雪山》，见中共中央党史研究室编：《红军长征纪实丛书 红一方面军卷（6）》，北京：中共党史出版社2016年版，第2821页。

力，在几个出产粮食的地区，分头筹粮。”[①]筹粮委员会下设有工作队，“为了保证筹粮工作的开展，团成立了由政治处、供给处联合组成的筹粮工作队。”[②]“我们以营为单位组成了筹粮队”[③]。而在成立筹粮委员会统一领导之前，各部队也各自成立过筹粮队、筹粮组、别动队等，“在筹粮工作上，改变了过去临时筹措的办法，建立了筹粮、筹款工作组……各连都配备专职筹粮筹款人员。筹粮筹款工作组除了筹措粮、款外，还负责战场缴获物资的分发和处理。”[④]中央军委在川康地区规定：“凡部队在某地有一天停留的都可组织别动队上山，搜索招回番民收集粮食”[⑤]。筹粮委员会的成立有助于统一对筹粮工作的规划和领导，也进一步显示了筹粮工作的重要性。

少数民族工作委员会。红四方面军在长征中长期活动于少数民族地区。从强渡嘉陵江开始，红四方面军就意识到少数民族工作的重要，西北军区政治部于1935年5月23日致信各级政治部、处，要求“军、师政治部之下立刻成立少数民族委员会，以七人组织之，由主任、宣传科长、组织科长、党委书记，地方工作队的一人共同组织，再要吸收当地先进的回、番民参加。政治处之下成立少数民族组，以三至五人组织之，要有主任、宣传科长、组织科长参加”。

---

① 成仿吾：《长征回忆录》，北京：人民出版社2006年版，第88页。

② 蔡长风：《进入千里雪山》，见中共中央党史研究室编：《红军长征纪实丛书 红一方面军卷（6）》，北京：中共党史出版社2016年版，第2822页。

③ 《杨得志回忆录》，北京：解放军出版社2011年版，第141页。

④ 蔡长风：《渡湘江》，见中共中央党史研究室编：《红军长征纪实丛书 红一方面军卷（2）》，北京：中共党史出版社2016年版，第722页。

⑤ 《中央军委关于组织别动队筹粮办法》（1935年7月8日），见中国人民解放军政治学院政治工作教研室编：《军队政治工作历史资料》第三册，北京：中国人民解放军战士出版社1982年版，第301页。

少数民族委员会的任务“主要的是研究少数民族间的政权、土地关系及他们的痛苦、要求、经济、出产、商业及一切风俗习惯、语言文字等问题”[①]。据此，各级政治机关相继建立了少数民族委员会（组），做了不少民族情况调查及政策建议工作。“从组织上保证了少数民族工作的落实”[②]。

长征中类似的专门委员会应当还有，在一些资料里偶有提及，如宣传委员会、扩红委员会。西北军区曾提出“团、师、军政治部门亦应组织扩大红军委员会，指定主要负责干部主持（地方工作部长、科长），专门领导扩红工作”[③]。但由于资料缺失，无从详细考证。不过上述几例足以证明成立专门委员会是长征中集中针对重大问题的解决方法之一，这种方法一直延续至今。

（3）中央纵队参与群众工作

中央红军长征出发时，除战斗部队外，还有两个比较特殊的纵队，即一纵队和二纵队。“长征出发前，中央机关按战斗序列编为两个纵队。一纵队是总指挥部，代号‘红星纵队’，党中央领导同志和军委领导同志都在这个纵队；二纵队是中央局机关、政府机关、军委后勤机关等，代号‘红章纵队’，领导人是罗迈（即李维汉）和邓

---

① 《西北军区政治部给各级政治部、处的一封指示信》（1935年5月23日），见中国工农红军第四方面军战史编辑委员会编：《中国工农红军第四方面军战史资料选编》（长征时期），北京：解放军出版社1992年版，第26—27页。

② 姜思毅主编：《中国共产党军队政治工作七十年史》第一卷，北京：解放军出版社1991年版，第539页。

③ 《西北局关于扩大红军运动的指示》（1936年8月20日），见中国工农红军第四方面军战史编辑委员会编：《中国工农红军第四方面军战史资料选编》（长征时期），北京：解放军出版社1992年版，第654页。

发。”[1]当时也称一纵为军委纵队，二纵为中央纵队。

军委纵队作为总指挥部，指挥军事和保护中央领导是首要任务。比如军委纵队的干部团前身是红军大学，实际是首脑机关的警卫部队。而中央纵队包括“党中央机关、政府机关、后勤部队、卫生部门、总工会、青年团、担架队”等，有一万多人[2]，基本上是中央苏区政府的党政系统。这个系统本身就与地方工作密切相关，不仅设立的政治部直接从事群众工作，而且除了“中央纵队的战斗部队有张经武任师长的教导师和姚喆任团长的中央保卫团”[3]，其他的师团基本与群众工作密切相关。比如中央纵队司令部下面的干部团，这个“干部团或干部连（也叫工作队），约有100多人，李坚真是指导员。这个干部团不是打仗的，是做地方工作和安排伤病员的”。“配属第二纵队领导的还有100多名地方干部，他们对政权建设有经验，准备去新区建立政权。”[4]又比如中央纵队“还有一个庞大的运输队”，负责各种坛坛罐罐。[5]这就需要沿途找挑夫帮助运输。卫生部门负责照顾伤病员、老干部，安置伤病员必然要与地方群众打交道，老干部正常行军，有余力也会做一些群众工作。因此，长征中，中央纵队比较特殊，其肩负的任务与群众工作密切相关，构成人员也比较复杂。

受长征初期“大搬家”思想的影响，中央纵队既要运输辎重还带着老弱病伤员，走得非常缓慢，拖缓了整个红军前进的速度。遵

---

① 《李坚真回忆录》，北京：中共党史出版社1991年版，第72页。
② 李维汉：《回忆与研究》上，北京：中共党史资料出版社1986年版，第344页。
③ 《张宗逊回忆录》，北京：解放军出版社1990年版，第124页。
④ 李维汉：《回忆与研究》上，北京：中共党史资料出版社1986年版，第345页。
⑤ 《张宗逊回忆录》，北京：解放军出版社1990年版，第124页。

义会议后，随着人员缩减，军委纵队、中央纵队合并为中央纵队，后仍称军委纵队。

（4）各级党组织是群众工作的重要力量

长征的红军部队中，党员人数不少。据红二方面军统计，1935年12月，全军团人数9221，党员2333人；1936年5月，全军团9193人，党员2488人。[①]党员比重均已超过1/4，与1928年井冈山时期军队里每4人中1名党员的比重相当。这个比重显然大大超过了政治工作人员的数量，而且党员分散在各个连队，无论是在战斗或政治工作中都能起到表率作用。因此，政治部自然将各级党组织列为重要的群众工作力量。廖似光回忆："在长征开始时，为了保证顺利行军，红军总政治部作出决定：各部队连以上都要成立党的总支或支部。我们卫生直属三个连联合成立总支，董必武担任总支书记，领导三个连的三个支部。一连支部书记是李坚真，我是支委民运干事。我们支部委员有分工，每到一地，都要按各自的职责深入检查红军部队与驻地群众的关系，并向群众调查情况。"[②]党支部再进一步领导各位党员，"那时每个党员都要向党小组汇报工作，汇报自己是如何宣传群众，送了些什么东西给群众，有多少群众从山里回来参了军"[③]。虽然事实上，党员与政治工作人员有不少重合，但动员

① 《二、六军团长征政治工作总结报告》（1936年12月19日），见中国工农红军第二方面军战史编辑委员会编：《中国工农红军第二方面军战史资料选编》（四），北京：解放军出版社1996年版，第159页。

② 廖似光：《风雨征程六十年》，广州：广东人民出版社1996年版，第15页。

③ 黄鹄显：《关于红军长征过云南时的一些情况》（1977年8月），见中共云南省委党史资料征集委员会编：《红军长征过云南》，昆明：云南民族出版社1986年版，第117—118页。

党支部参与到群众工作中来，仍然极大地扩大了群众工作的覆盖面和深入度。

党支部的群众工作统一受政治部领导。总政治部要求“健全军团和师政治部地方工作部门的组织与工作，加强对中央派来的地方工作团的领导与教育，必须把居民工作真正的开展成为连队的群众运动，使每个连队的地方工作干事与‘地方工作组’能积极的进行居民工作，总支委必须加强对居民工作的指示与检查”[①]。在长征回忆录中，常常可以看到政治部门向党组织布置工作任务的情景。“军团政治部召开了紧急干部会议，罗荣桓主任向到会干部宣布了军委指令，并强调了这次行动的重大意义，提出政治干部要向部队进行充分的宣传解释工作”。“我回到队里，立即根据罗主任的指示召开了支委会，研究整个行动计划。接着开了党、团员大会，宣布红军即将转移并传达布置了上级的部署”。[②]“我接到通知去参加直属总支委员会。罗主任在会上提出要利用红军的胜利宣传群众，还要进行社会调查，打土豪筹款。”[③]1935 年 4 月 16 日，总政治部在《关于团总支委、团青年委员会及连支部干事会的组织的规定》中规定，团总支委须组织 5 个委员的常委会，其中有 1 名地方工作委员。连支部党员在 20 人以上的，设立 5 个正式委员 2 个候补委员，其中有 1 名地方工作委员。连支部党员 20 人以下的，地方工作“须由支书与

---

① 《总政治部关于巩固部队准备长途行军与战斗加强政治军事训练及群众等工作的指令》（1934年10月9日），见中国人民解放军政治学院政治工作教研室编：《军队政治工作历史资料》第三册，北京：中国人民解放军战士出版社1982年版，第153页。

② 袁光：《风烟滚滚的岁月》，北京：战士出版社1982年版，第93页。

③ 袁光：《风烟滚滚的岁月》，北京：战士出版社1982年版，第99页。

干事会指定专门党员负责进行”[①]。5 月 2 日，总政治部在《关于支部工作的训令》中强调，党支部“必须保障部队对当地居民有很好的阶级友爱关系，有很坚强的纪律”，“支部必须协同指导员在本连队的驻地进行宣传与组织群众的工作”，[②]进一步从制度上规范了党组织开展群众工作的责任。

（5）群众工作临时机构完成突发性群众任务

政治部门的工作人员毕竟有限，“群众工作的广大的开展，必须依靠于连队中广大的红色战士来进行。”[③]当面临一些较大规模的特定任务时，必须组织更多战士参与，这就有了临时设立的机构。

扩红突击队。长征中，日常扩红由地方工作组负责完成。但有时会有集中大规模扩红的任务，这时政治部就会组建专门的扩红突击队，尽可能动员所有红军战士参加。红一方面军到白石渡扩红，“除地方工作组，当然担任这工作外，其他很多同志也就自动的报名赶到部队前面去扩大红军。一下子，轰轰烈烈的扩红突击队就往前面跑了”[④]。红二、红四方面军进入甘南地区后，西北局发布扩红运动的指示，要求“在连队中（每一个伙食单位）建立扩大红军突

---

① 《总政治部关于团总支委、团青年委员会及连队支部干事会的组织的规定》（1935年4月16日），见中国人民解放军政治学院政治工作教研室编：《军队政治工作历史资料》第三册，北京：中国人民解放军战士出版社1982年版，第272页。

② 《总政治部关于支部工作的训令》（1935年5月2日），见中国人民解放军政治学院政治工作教研室编：《军队政治工作历史资料》第三册，北京：中国人民解放军战士出版社1982年版，第275页。

③ 《工农红军总政治部关于地方工作的指示信》（1935年1月14日），见中国人民解放军政治学院政治工作教研室编：《军队政治工作历史资料》第三册，北京：中国人民解放军战士出版社1982年版，第254页。

④ 童小鹏：《粤汉路旁》，见丁玲主编：《红军长征记》，北京：解放军出版社2006年版，第54—55页。

击队（三人、五人不等）。选择富有扩红工作经验和积极活动分子参加”[①]。廖汉生回忆：“整个红军从上到下都建立了一整套扩红组织和制度。部队到某个地方（没有人烟的地方除外）一住下，立即制定出扩红计划，派出一支支扩红队（组），紧密结合群众斗争开展工作。往往只需一两天，就可以搞起一支队伍来。”[②]参与扩红的人员覆盖全军，红军尤其强调利用新加入的战士来做扩红工作。

工作团、工作队、别动队。长征中红军时有特定环境下的特殊任务。对此，政治部会根据需要组建工作团、工作队、别动队等。如快到少数民族地区或完全没有群众基础的地区时，提前成立工作团与先遣队。“我担任一军团组织部长，率领工作团奉命随先遣部队进行政治工作和沿途的群众工作。”[③]进入较大城镇前组建进城工作队。“当时要打会理有两个意图：一是在会理休整；二是搞物资。政治部把进城后的工作队都组织好了，对哪些土豪家的东西该没收，都作了研究。”[④]准备创建革命根据地时组建随军工作团和工作组。中央军委决定红二、六军团以“黔、大、毕”三县为中心，创建黔滇川革命根据地后，红六军团政委王震明确要求部队“要参加地方工作，放手扩大红军，组织地方武装，宣传党的政策，发动群众打土

---

① 《西北局关于扩大红军运动的指示》（1936年8月20日），见中国工农红军第四方面军战史编辑委员会编：《中国工农红军第四方面军战史资料选编》（长征时期），北京：解放军出版社1992年版，第654页。

② 廖汉生：《长征路上的生命线》，见《苦斗十年》（下），北京：解放军出版社1989年版，第191页。

③ 萧华：《向安顺场的英雄船工致敬》，见中国人民政治协商会议石棉县委员会文史资料研究委员会编：《石棉文史资料选辑》第2辑，1988年印刷，第2页。

④ 黄鹄显：《关于红军长征过云南时的一些情况》（1977年8月），见中共云南省委党史资料征集委员会编：《红军长征过云南》，昆明：云南民族出版社1986年版，第117页。

豪、斗争地主恶霸，搞好建党建政工作”，并“从各师、团单位选调干部，配合随军工作团，开展地方群众工作”。[①]红六军团教导团也“组织一批工作组参加省直机关开展的群众工作”[②]。

收容队。长征中掉队落伍者不少，尤其在急行军、长时间行军或艰苦环境下行军时，掉队的人成倍增加，“简单政治机关进行收容是无法收得实效的”[③]，这时就需要组建专门的收容队。红二、六军团从湘中到贵州，掉队落伍现象严重，因此“组织经常的收容队（军团、师、团均组织有）专门担任收容，不象以前收容队只是轮派式的几个政治工作人员罢了”[④]。收容队“执行的任务主要是收容掉队的干部战士，将一些伤重的、不能行走的安置到老百姓家里去，同时，每到一地就要做大量的群众工作，调查当地的社会情况”。有的收容队还要开展宣传工作，“我们收容队每到一地，也要做许多宣传工作，宣传红军是干人的队伍，是打富济贫的……目的是要群众了解红军。”[⑤]收容队有时由某个连队直接组成。如飞夺泸定桥后，各部队非战斗减员开始增多。“中革军委以张云逸率干部团的上干队

① 贺劲南：《跟随王震长征》，乌鲁木齐：新疆人民出版社1994年版，第76—77页。

② 贾若瑜：《红六军团教导团在长征途中》，见贾若瑜：《贾若瑜征程纪实》上册，北京：国防大学出版社2014年版，第57页。

③ 《二、六军团长征政治工作总结报告》（1936年12月19日），见中国工农红军第二方面军战史编辑委员会编：《中国工农红军第二方面军战史资料选编》（四），北京：解放军出版社1996年版，第166页。

④ 《二、六军团长征政治工作总结报告》（1936年12月19日），见中国工农红军第二方面军战史编辑委员会编：《中国工农红军第二方面军战史资料选编》（四），北京：解放军出版社1996年版，第166页。

⑤ 王东保：《长征途中的“收容队”》，见中共桐梓县党史工作委员会办公室编：《红军长征在桐梓》，中共桐梓县委1988年印刷，第172—173页。

组成收容队，收容军委纵队和各军团的落伍人员”[①]。红二军团六师钱治安所在连队“从过金沙江，到后来经哈达铺走出草地，一直是二军团的后卫连，肩负着全军团的收容任务”[②]。有时是从各个连队挑选人员组成收容队。1935年初春，红一军团由于掉队人数太多，各团临时组成的收容队收容不下，一军团首长“从军团部、红一师、红二师抽调二十余名干部和三名卫生员，组成了军团收容队”[③]。但也有的收容队本身是受排挤的人员。遵义会议前，“那时收容队的人员大多是受‘处理’的，有团、营、连的干部”[④]。但这种挑选标准并不具备普遍意义，“中革军委决定由上干队组成收容队主要考虑他们职务高，经历丰富，做思想政治工作的能力强，做收容工作最合适。”[⑤]这与不同阶段红军对收容工作的重视程度息息相关。

需要指出的是，长征中各主力部队机构设置并不完全一致，情况亦复杂多变，上述机构只是相对普遍的临时机构，还有许多临时成立的机构，在此不一一列出。

总的来看，部队中的群众工作机构各有特色和定位。政治部常设组织机构是开展群众工作的领导骨干力量，也是最活跃、最富经验的人群。专门委员会针对特定任务设立，具有立竿见影的集中效果。临时组织机构的突击性、流动性，能够进一步扩大群众工作的

---

① 温瑞茂主编：《张云逸传》，北京：当代中国出版社2012年版，第79页。

② 钱治安：《收容队的收容队》，见《苦斗十年》（下），北京：解放军出版社1989年版，第298页。

③ 曾光明：《长征路上的收容队》，见江西省军区党史资料征集办公室编：《长征路：纪念红军长征胜利五十周年》，1986年印刷，第211页。

④ 王东保：《长征途中的“收容队”》，见中共桐梓县党史工作委员会办公室编：《红军长征在桐梓》，中共桐梓县委1988年印刷，第172页。

⑤ 温瑞茂主编：《张云逸传》，北京：当代中国出版社2012年版，第79页。

覆盖面，让更多的战士参与进来，甚至把群众工作发展成整个部队的群众运动。而党员和党支部，在正规的政治部门和普通战士之间，起到了良好的带头作用和凝聚、纽带效果，从而推动每一项群众工作的顺利进展。四种形式结合起来，保证了群众工作随时随地能找到相应的执行机构和负责人员。

2. 地方的群众工作组织

红军部队作为外来者，对地方潜在的革命力量是一种外在的推力。但他们毕竟只是路过，要让革命的种子真正扎下根，还得依靠地方做长期的发动群众工作。对此，红军自己也有很清醒的认识，“目前主力红军补充与扩大的任务是依靠红军中的党和政治机关来负担最主要的责任。但是将要建立起来的地方党与团及政权机关在自己工作进程中，必须把动员和组织广大群众参加红军到前线上配合红军作战看成是自己最主要的工作，逐渐将扩大红军的任务担负起来。”[①]“在做每项群众工作时，我们特别注意发挥地方党和游击队的作用，帮助他们在群众中树立威信，因为红军只是路过，不可能长驻，这里今后的群众斗争，主要还是由他们来领导。所以，很多工作都是由他们出面作的。我们还把刚缴获的一部分武器送给游击队，鼓励他们壮大队伍，把群众武装斗争深入地开展下去。”[②]

（1）地方党组织

---

① 《西北局关于扩大红军运动的指示》（1936年8月20日），见中国工农红军第四方面军战史编辑委员会编：《中国工农红军第四方面军战史资料选编》（长征时期），北京：解放军出版社1992年版，第653页。

② 黄振棠、黄荣贤：《夺取宜章城》（1986年8月），见中国人民解放军历史资料丛书编审委员会编：《红军长征·回忆史料（1）》，北京：解放军出版社1990年版，第143页。

长征所经之地大部分没有经过革命的洗礼，但也有部分地区有党组织活动，这为初来乍到的红军提供了很大的帮助。如在湖南宜章县城，“当地地下党组织十分活跃。早在我们来到郴州、宜章之前，地下党就发动群众摧毁敌人的碉堡和扰乱敌人军心，我军到达时，他们主动提供敌军活动的情报和我军行军路线，并作向导”①。“红九军团在东川的胜利，得到地下党组织的很大帮助。群众革命热情高涨，和地下党的工作影响分不开。”② 地下党组织还派人与红军一起进行宣传、扩红，由于熟悉当地情况，起到了很好的效果。

（2）地方政权

红军在长征中帮助地方建立了不少革命政权。如在湖南宜章建立县苏维埃政府和 3 个苏维埃政权，在贵州遵义成立遵义县革命委员会，在大凉山成立冕宁县革命委员会，在金川建立格勒得沙革命政府，在西康建立波巴伊得瓦政府，在黔大毕成立两个县苏维埃政府和 8 个区、95 个乡村苏维埃政权等。这些地方政权在发动群众方面起到了积极的作用。如遵义县革命委员会的“日常工作是两大类：一是调查情况，为筹款没收部门打土豪的工作服务。二是宣传和扩大红军。……此外当然还有些别的工作，如组织赤色工会之类。但一句话归总：为部队服务”③。遵义县革命委员会成立不久，组织了

---

① 陈茂：《回到宜章城》，见马继善主编：《曙前之路——红军长征在湖南》，长沙：岳麓书社1996年版，第218页。

② 《红九军团占领云南东川的胜利——黄火青同志致会泽县委宣传部的一封信》，见史石编：《金沙江的记忆 1935—2006——红军长征过云南纪实》，昆明：云南人民出版社2006年版，第54页。

③ 石果：《从红军之友社到黔北游击队》，见《贵州文史资料选辑》第9辑，1981年印刷，第31页。

几百人的“抗捐队”，有组织、有领导地清查贪官污吏，没收他们的财产，并在当时“军委”总政治部的驻地，敲锣打鼓，把土豪的财产分发给了贫苦人民。[①]

（3）地方群众组织

建立革命政权需要较充分的基础条件，而各种群众组织则相对灵活。长征中红军发动群众建立的组织名目众多。如遵义的红军之友社，“社员很快发展到一千多人”[②]。红九军团帮助瓢儿井民众成立了“迎红委员会”和游击队。[③]红四方面军甘孜一带整编后“派出一批党政干部协助地方人员建党建政，建立藏民地方武装，建立百姓联合会、青年队、姊妹团等群众组织”[④]。

地方群众工作机构的建立，本身就意味着群众被发动了。而由已经发动起来的群众，再去开展群众工作，往往能取得事半功倍的效果。这也是推动群众工作向纵深发展的必经途径。

3. 群众工作人员的挑选培养

机构和制度固然重要，但最后的实施还是要落实到具体的人身上。具备何种能力的人来执行群众工作，极大影响着群众工作的实施效果。

（1）群众工作人员的挑选

群众工作是政治工作的一部分，核心是通过宣传和行动向群众传达党的政治主张，这首先就要求思想政治素质过硬。蔡畅回忆

① 吴吉清：《在毛主席身边的日子里》，北京：中央文献出版社2007年版，第198页。
② 成仿吾：《长征回忆录》，北京：人民出版社2006年版，第40页。
③ 刘华香：《红九军团独立作战》，见中共中央党史研究室编：《红军长征纪实丛书 红一方面军卷（5）》，北京：中共党史出版社2016年版，第2222页。
④ 徐向前：《历史的回顾》，北京：解放军出版社1988年版，第325页。

中央组织部确定选拔参加长征女同志的第一个条件就是“政治上坚强，最好是共产党员”[①]。王辉球回忆红军宣传员是从基层“淘金般”地选上来的，“一是政治可靠”[②]。廖汉生回忆长征中的政治工作干部，“同今天相比，当年红二、六军团的政治工作干部，大多数文化水平和理论水平并不高，讲不出好多深奥的道理。就拿我这个师政治委员来说吧，论文化，只是个高小毕业生，论理论，马列主义的书没读过几本。那时我当政治委员，主要掌握住三条：第一条，打仗不怕死，即做英勇战斗的模范；第二条，多扩充些红军战士，尽量减少损失，少跑一些人，即做扩大与巩固部队的模范；第三条，严守纪律，不犯政策，即做遵守纪律、执行政策的模范。其实，这也是许多同志的共同准则和共同经验。那时由于广大政治工作干部能够身体力行，为人师表，因而在部队中享有很高的威信，说出的话大家信服，交办的事情能够很快落实，工作搞得颇有生气。这也正是我们今天所说的：‘让有理想的人讲理想，守纪律的人讲纪律，有自我牺牲精神的人讲牺牲精神，最有说服力，最有感染力’。”[③]

长征中群众工作的核心骨干力量是政治战士，他们不仅要亲自去发动群众，还要帮助指导其他红军战士去发动群众。他们承担的职责是多样化而非单一的，李坚真就回忆政治战士“她们什么工作

---

① 蔡畅：《在中央苏区和长征路上》，见《星火燎原》丛书之五，北京：解放军出版社1987年版，第119页。

② 王辉球：《漫话长征中的宣传鼓动工作》，见沈阳军区政治部编研室编：《红军将士忆长征》，沈阳：白山出版社1996年版，第27页。

③ 廖汉生：《长征路上的生命线》，见《苦斗十年》（下），北京：解放军出版社1989年版，第197—198页。

都做，既做政治思想工作、宣传鼓动工作，又帮助抬担架、挑药箱、护理伤员等等”[①]。没有良好的思想政治素质，根本无法任劳任怨地完成各项任务，更无法获得普通战士和群众的信任。

其次，要有一定群众工作能力。红四方面军曾在党政工作大会上指出党政工作中的缺点：“地方工作中，没有学会无产阶级领导农民的艺术，不了解地方工作之群众路线的特点，遂形成工作中的命令。没收工作中的不懂得发动群众，不懂得组织工会、贫农团发动群众斗争，与地方的联系不健全等等。”[②]从这个批评可以看出，群众工作需要掌握一定的特点和技巧。蔡畅回忆中央组织部确定选拔参加长征女同志的第二个条件就是“具有独立开展工作的能力”[③]。长征中，挑选从事群众的干部也会考虑其能力匹配度。有的有丰富的群众工作经验，如军委红色上级干部队“地方工作科是突围时由随军行动的地方县级干部（县委书记、县长等）组成，约 40 人”[④]。“我 14 岁参加红军就是宣传员。我不知道为什么让我这个文化不高、年仅十五六岁的‘小鬼’当俱乐部主任，也许由于我念过‘列宁小学’，当过宣传员吧。”[⑤]红四方面军规定“师政治部将以前担负地方工作及有相当经验之宣传队队员和化装演讲队队员，悉行编入

---

① 《李坚真回忆录》，北京：中共党史出版社1991年版，第84页。

② 《红四方面军第一次党政工作大会的总结》（1934年11月9日），见中国人民解放军政治学院政治工作教研室编：《军队政治工作历史资料》第三册，北京：中国人民解放军战士出版社1982年版，第187页。

③ 蔡畅：《在中央苏区和长征路上》，见《星火燎原》丛书之五，北京：解放军出版社1987年版，第119页。

④ 《莫文骅回忆录》，北京：解放军出版社1996年版，第256页。

⑤ 金忠藩：《忆红军俱乐部》，见《红六军团征战记》编辑组编：《红六军团征战记》（下），北京：解放军出版社1994年版，第424页。

地方工作组担负工作”[①]。有的有特殊的文艺才能。“红军指战员对宣传队的要求，首先是音乐，行军中要听到演奏，听到歌唱，听到朗诵。”[②]红一军团宣传科长王辉球回忆挑选宣传员要“有文化或文艺特长”[③]。红二方面军陈靖回忆“在红军队伍里，我起初担任的是勤务员，后来因为喜欢唱歌，我被选进了红军宣传队”[④]。后来红二方面军在宣传队的基础上组建战斗剧社，苦于人手太少，贺龙说：“这好办，可以到部队去挑选，把那些能弹、会唱、会拉的人调上来，没有女的，必要时可以男扮女装嘛！”于是从红二军团第四师、第五师、第六师的宣传队中挑选集中了10余人，共集中25人成立了战斗剧社。[⑤]长征路上扩红时，也会注意吸收有文艺特长的人才。“一路上，至少扩大有十五六人参加这个音乐分队”。“其中有一对李氏兄弟……一个会吹笛子，一个会弹月琴。”[⑥]

除了政治能力之外，实际挑选群众工作人员时会倾向女同志、小同志和新战士。“在紧张的长征准备工作中，中央组织部确定，每个省至少选拔一名女干部跟随部队长途行军，担任照顾老弱干部、

① 《红军西北军区军、师政治部工作暂行细则》（1934年11月13日），见中国人民解放军政治学院政治工作教研室编：《军队政治工作历史资料》第三册，北京：中国人民解放军战士出版社1982年版，第192页。

② 陈靖：《长征文艺生活琐忆》，见中国革命博物馆党史研究室编：《党史研究资料》第6辑，成都：四川人民出版社1985年版，第227页。

③ 王辉球：《漫话长征中的宣传鼓动工作》，见沈阳军区政治部编研室编：《红军将士忆长征》，沈阳：白山出版社1996年版，第27页。

④ 陈靖：《相伴一生的长征情结》，见中共南京市委党史工作办公室编：《红旗漫卷——南京部分红军战士口述长征史》，北京：中共党史出版社2006年版，第79页。

⑤ 罗洪标：《组建战斗剧社的前前后后》，见中国人民解放军历史资料丛书编审委员会编：《红军长征·回忆史料（2）》，北京：解放军出版社1992年版，第261页。

⑥ 陈靖：《长征文艺生活琐忆》，见中国革命博物馆党史研究室编：《党史研究资料》第6辑，成都：四川人民出版社1985年版，第231—232页。

护理伤病同志的任务”[①]。长征前罗迈指示李坚真“挑选一批身体好，会做群众工作的妇女干部，随部队转移……总数不要超过 30 人”[②]。这批妇女干部如刘英、李坚真、李伯钊、危拱之、邓六金等不论分到哪个具体部门，都做了大量的宣传鼓动、筹粮筹款、扩大红军等群众工作。这一方面是因为女同志的身体素质难以承担军事任务，“能保证自己不掉队就很不简单了”[③]；另一方面，也正因为女同志的弱势，更容易起到良好的动员作用。李坚真回忆有一次民伕在节骨眼上挑不动药箱，不愿意走了，“那些民伕见我们两个女红军挑起药箱走，也挑起药箱跟着一起走”[④]。而普通百姓尤其女同胞见到女红军会更为亲切，“这不仅是因为女性之间更亲切的关系，而且是因为她们对万里长征的女战士确抱着无限羡慕和敬仰”[⑤]。“在我们新战士集中的地方，应选派适宜的同志（最好有女同志参加）组织红军家属招待所，并设餐宿，很好招待来访问新战士的家属，并向他们进行适当的宣传教育工作。”[⑥]

小同志被亲切地称呼为“红小鬼”，在长征中常常担任通讯员或宣传员。这一方面是年龄太小不适合从事繁重的战斗任务，另一方面年龄小也有宣传上的独特优势。红军挑选宣传员，一般要求“年

---

① 蔡畅：《在中央苏区和长征路上》，见《星火燎原》丛书之五，北京：解放军出版社1987年版，第119页。

② 《李坚真回忆录》，北京：中共党史出版社1991年版，第70页。

③ 《李坚真回忆录》，北京：中共党史出版社1991年版，第85页。

④ 《李坚真回忆录》，北京：中共党史出版社1991年版，第90页。

⑤ 蔡畅：《在中央苏区和长征路上》，见《星火燎原》丛书之五，北京：解放军出版社1987年版，第125页。

⑥ 《西北局关于扩大红军运动的指示》（1936年8月20日），见中国工农红军第四方面军战史编辑委员会编：《中国工农红军第四方面军战史资料选编》（长征时期），北京：解放军出版社1992年版，第655页。

岁小、长相好"，"因红军中穷孩子多、'小鬼多'。选来的宣传员都很年轻，大的十七八岁，小的十四五岁。年龄虽小，都是些有觉悟的青少年，他们活泼可爱，无私无畏，一个心眼闹革命。"[①] 如 11 岁随红四方面军长征的王新兰，9 岁时想参军被拒绝，她说："我会写字，会跳舞，会吹奏，还会唱歌。"这才被收下分到了红四军宣传委员会。[②] 和她同在红四方面军宣传队工作的冉光照回忆："宣传队共分三个分队，我所在的三分队共四个男孩子、六个女孩子，都是十二三岁的年龄"，王新兰"是我们队女孩子中的佼佼者"。[③] 赵镕《长征日记》记录：1935 年 4 月 28 日到板桥后"当晚就有 100 多名学生报名参加红军，在十五六岁以上，身体比较强健的学生中挑选出 67 名编入政治部宣传队随军行动"[④]。年龄小，一方面是情感上更容易亲近民众，正如陶行知在抗战时期总结，"青年人在乡村里宣传，有时会碰钉子，小孩们的工作是到处受人欢迎，顺利进行。有些事大人和青年不能做而小孩能做。有些话，大人和青年不便话，而小孩说起来，人家不能怪。"[⑤] 这种宣传优势是普遍适用的。另一方面则是宣传效果上形成反差令人印象深刻。冉光照回忆，在群众大会上，"我们把'抗日救国的八大主张'背得很熟，当众演讲。群众听了无不赞叹：'这样的孩

---

① 王辉球：《漫话长征中的宣传鼓动工作》，见沈阳军区政治部编研室编：《红军将士忆长征》，沈阳：白山出版社1996年版，第27页。

② 江山：《女红军王新兰与六位贵人的故事》，载《红色之旅》，2014年第7期，第62页。

③ 冉光照：《为了理想的社会——忆红军时期宣传队的一段生活》，见中共中央党史研究室编：《红军长征纪实丛书 红四方面军卷（7）》，北京：中共党史出版社2016年版，第3284页。

④ 赵镕：《长征日记》，太原：山西人民出版社1990年版，第282页。

⑤ 陶行知：《兵役宣传之研究》，载《战时教育》，1939年5月25日，第4卷第7期，第11页。

子都能讲出这些道理，红军一定会得到天下！’”[①]

新战士来自当地，与地方联系密切，现身说法具有很强的说服力。总政治部要求各部队组建地方工作组时“必须注意吸收积极的新战士参加”[②]。如扩红工作就特别强调新战士的参与。《红星》报曾批评扩红成绩不理想的原因之一是：“没有发动和教育新战士去扩大红军，相反的对新战士表示不信任，不叫他去参加宣传和扩红的工作。”[③] 中央红军进入甘肃后，“因为语言的关系，应挑选一部分北方同志；在每个宣传队内要有地方工作组，设营队内都应当有一两个地方的同志参加”[④]。

（2）群众工作人员的培养

在长征中从事群众工作的人员中，政治部机关的干部相对工作经验比较丰富，但“大多数地方工作部与中央工作团的同志，都是基本苏区内培养出来的干部，他们习惯于在基本苏区内进行群众工作，而不善于在白色区域的群众中进行工作，我们的工作方式也不适合于新的环境的工作方式”[⑤]。对他们而言，有一个工作转型的问题。其他群众工作机构的工作人员，尤其红军战士和普通群众，有

---

① 冉光照：《为了理想的社会——忆红军时期宣传队的一段生活》，见中共中央党史研究室编：《红军长征纪实丛书 红四方面军卷（7）》，北京：中共党史出版社2016年版，第3284页。

② 《总政治部关于连队组织工作命令》（1935年4月6日），见中国人民解放军政治学院政治工作教研室编：《军队政治工作历史资料》第三册，北京：中国人民解放军战士出版社1982年版，第270页。

③ 《扩红成绩的总检查和今后的工作》，载《红星》报，1935年4月5日，第13期。

④ 《陕甘支队政治部关于目前群众工作应注意之点》，见中国人民解放军政治学院政治工作教研室编：《军队政治工作历史资料》第三册，北京：中国人民解放军战士出版社1982年版，第324页。

⑤ 《关于目前地方居民中的工作》，载《红星》报，1934年11月，第3期。

的是临时参与，有的是“半路出家”，则需要相当的指导和培养。“地方工作和红军中的工作的机械的分立，党委会只做队伍工作，政治部只做地方工作，而很多政治委员对党政工作领导的不充分。”①

在长征这种匆忙行军的状态下，怎样培养群众工作人员，使他们具备相应的工作素质和能力？

对专门政治干部来说，最常见的就是传帮带，在干中学，在实践中摸索。“年（龄）虽小，文化虽低，但我从一年多宣传员的实践中，逐渐摸索到了俱乐部主任的工作性质和任务。”“我真欣喜当了一年宣传员，锻炼了我写标语和唱歌。”② 陈靖进入宣传队后，“在许多老同志的传、帮、带下，我渐渐学会了写诗、唱歌、弹琴和跳舞。”③

其次，有组织、有系统地进行培养。“‘列宁室’一布置完毕，我就要抓紧时间教歌或根据军团政治（部）下发的宣传要点，培育各连的政治战士，这是做好部队宣传鼓动工作的骨干力量。同时，还要把上级布置的标语口号向他们一一交代。”④ 红六军团教导团“从突围到进入康藏高原的行军、作战中，我们结合实际进行了必要的军政训练，参加了警卫、做群众工作和部分的战斗，保存了有生力量，培养了一批具有一定阶级觉悟、理论联系实际的初级军政干部，

① 《红四方面军第一次党政工作大会的总结》（1934年11月9日），见中国人民解放军政治学院政治工作教研室编：《军队政治工作历史资料》第三册，北京：中国人民解放军战士出版社1982年版，第187页。

② 金忠藩：《忆红军俱乐部》，见《红六军团征战记》编辑组编：《红六军团征战记》（下），北京：解放军出版社1994年版，第424、425页。

③ 陈靖：《相伴一生的长征情结》，见中共南京市委党史工作办公室编：《红旗漫卷——南京部分红军战士口述长征史》，北京：中共党史出版社2006年版，第79页。

④ 金忠藩：《忆红军俱乐部》，见《红六军团征战记》编辑组编：《红六军团征战记》（下），北京：解放军出版社1994年版，第425页。

完成了党给予的任务”[①]。红四方面军中央纵队针对宣传人员建立政治学习小组，开展识字运动，举行事务人员的政治测验等。[②]

此外，有针对性地进行教导。红军在遵义地区时，总政治部提出：“军团政治部要从新战士中选择川南、黔北、黔西、黔东的积极分子（可以做干部的），由地方工作部举办随营训练班，有计划地向他们进行阶级路线、群众路线、游击活动的教育，使之成为游击队的骨干及地方工作的干部；并从遵义、桐梓、土城及川南一带来的游击队员与新战士中，调集五十到百人组成游击队，选择有游击战争经验的军事、政治干部率领，给以游击队的教育，使他们有准备地随时接受任务。”[③]罗洪标回忆红二方面军成立战斗剧社后，请火线剧社的负责人李伯钊帮忙教导。“我们什么都不会，不会舞蹈，不会编剧，更没有人会导演。”李伯钊提出两点意见：“一、你们的人可以到我们这里来，我们帮助你们训练；二、可以给你们 1 个同志，帮助你们编剧兼导演。”后决定由罗洪标带领 20 人去火线剧社学习。学习了 20 余天，部队要准备行动。罗洪标等人随火线剧社的同志一起行动，以便在行动中向他们学习如何开展文化娱乐工作。分别时，李伯钊说：“我们给你们派一名能编剧、会导演的刘文泉同志到你们

---

① 贾若瑜：《红六军团教导团在长征途中》，见贾若瑜：《贾若瑜征程纪实》上册，北京：国防大学出版社2014年版，第61页。

② 《红四方面军中央纵队宣传教育会议的决定》（1936年4月17日），见中国人民解放军政治学院政治工作教研室编：《军队政治工作历史资料》第三册，北京：中国人民解放军战士出版社1982年版，第450页。

③ 《总政治部关于中央红军向贵州挺进途中的政治工作的指示》（1935年2月16日），见中共中央文献研究室、中央档案馆编：《建党以来重要文献选编（1921—1949）》第12册，北京：中央文献出版社2011年版，第97页。

战斗剧社去工作。”战斗剧社从此就开始自己编写、排演节目了。[①]这种极具针对性的指导，见效非常快。

对于普通战士来说，他们缺乏必要的群众工作经验，需要政治部门的引导和帮助。一般连队执行群众工作任务时，政治部会要求有政治工作人员随行指导。如总政治部规定：“在沿途及宿营地征集给养，必须有政治工作人员同去，严格保证不乱打土豪。”[②]陕甘支队到甘肃时，先行的设营队开展居民工作不力，政治部就要求“派得力的工作人员，随先头部队行走”，并立即采取“设营队内设政治委员，一切政治的、对群众的工作问题，要由他负完全责任”[③]。

同时，还要对战士进行一定的政治文化培训。长征中，“拔尖的才是高小水平，多数是初小程度，还有斗大的字识不了几石的。”[④]党中央要求每一位战士在完成自己任务的同时都参与到群众工作中来，如写标语、扩红、向群众宣传解释等，认为“每一个红色战士应该是苏维埃基本政策的宣传者与组织者”[⑤]。这就必须对战士进行必要的政治教育，“各部队的政治工作坚决保障一切红军战

---

① 罗洪标：《组建战斗剧社的前前后后》，见中国人民解放军历史资料丛书编审委员会编：《红军长征·回忆史料（2）》，北京：解放军出版社1992年版，第262—263页。

② 《总政治部关于中央红军向贵州挺进途中的政治工作的指示》（1935年2月16日），见中共中央文献研究室、中央档案馆编：《建党以来重要文献选编（1921—1949）》第12册，北京：中央文献出版社2011年版，第96页。

③ 《陕甘支队政治部关于目前群众工作应注意之点》（1935年8月27日），见中国人民解放军政治学院政治工作教研室编：《军队政治工作历史资料》第三册，北京：中国人民解放军战士出版社1982年版，第323—324页。

④ 王辉球：《漫话长征中的宣传鼓动工作》，见沈阳军区政治部编研室编：《红军将士忆长征》，沈阳：白山出版社1996年版，第27页。

⑤ 《在新的环境下的政治工作》（1934年10月25日），载《红星》报，1934年10月27日，第2期。

士充分了解争取群众、发动群众斗争的意义”[①]。同时，部队也尽力提高每一位战士的文化水平。红四方面军的秦兴宪、夏精才都曾回忆在长征路上学认字的经历，“领导还鼓励我们每个人学认字，让部队中文化较高的当我们的老师，我们不但要认字，还要会讲解每个字词的意思。”[②]“当时，就把纸条裁成大概两指宽，贴在前面队员的背包上，走在后面的人就可以看到。”“有时候，连队的文书还会抽空考考大家”。[③]就是通过这样的学习，不少战士基本脱离了文盲。

最后，通过开展各种活动激励带动。如遵义会议后，红军总政治部要求各部队“遍写标语”，“各部队立即动员自己各部队中凡能写字的，用木炭，用毛笔，用大字，用小字，在屋壁上，在门板上，遍写下列材料十二条，做到每人每天至少写一条。从连队到军团的军队干部以身作则自己动手写，写满整个宿营地。”同时还在命令后附了十二条宣传材料。[④]各连队间开展写标语竞赛、扩红竞赛等，在群众运动式的热烈氛围中增长战士们的群众工作本领。

（四）长征中群众工作的方法与特征

对长征可能遭遇的困境，党和红军有一定的经验和准备。长征之前，红军也有过到根据地以外的白区流动行军、作战的经验；再

---

① 《消灭一切脱离群众破坏红军纪律的行为》，载《红星》报，1934年10月27日，第2期。

② 王亚辉：《三过雪山草地》，见杨士中主编：《似水流年》，北京：中国三峡出版社1997年版，第297页。

③ 《人生始于长征》，见解放日报编：《长征亲历者实录》，上海：上海三联书店2006年版，第239页。

④ 《总政治部关于各部队立即动员遍写标语的命令》（1935年2月27日），见董有刚主编，四川省文化厅、云南省文化厅、贵州省文化厅编：《川滇黔边红色武装文化史料选编》，贵阳：贵州人民出版社1995年版，第33—34页。

加上在苏区开展群众工作的丰富经验，红军对于长征中可能遇到的群众工作困境早有预料，并表示："只要我们能够在政治上巩固我们的部队，在政治上保卫新的战术任务的完成，不动摇的去争取广大的工农群众到苏维埃旗帜下面，创立新的苏维埃根据地时，我们是能够解决的。"[①] 但实际的工作方法是具体灵活的，什么样的困难就会产生什么样的解决方法。为适应长征的环境、条件变化，群众工作的目标任务和实施机构都发生了改变，这也意味着群众工作的方法必然随之改变。

1. 情感认同——迅速赢得群众好感

长征中开展群众工作遇到的首要困难也是普遍困难，就是缺乏群众基础。《红星》报在长征开始时指出："我们困难主要的却是在于我们一开始在白色区域中得不到像苏区内那样的群众的热烈拥护，甚至我们有时还会遭受到部分被欺骗群众的敌视。我们没有一个巩固的地方可以安置我们的伤病员，可以取得我们人力财力的有计划的补充。此外，我们是在长途行军与不完全熟悉的环境中同敌人作战"[②]。如果群众对红军避之唯恐不及甚至上来就兵戎相见，其他工作根本谈不上开展。因此，想方设法赢得群众的好感，进而在情感上获得群众认同，是打开工作局面的前提。

（1）实际行动

党和红军并没有选择把宣传解释放在首位，而是清醒认识到，

① 《在新的环境下的政治工作》（1934年10月25日），载《红星》报，1934年10月27日，第2期。

② 《在新的环境下的政治工作》（1934年10月25日），载《红星》报，1934年10月27日，第2期。

“群众常常不听我们所说的好听的话，他们首先要看我们的实际行动”①。实际行动是什么呢？

一是不损害群众的利益。这是从保守方面说，包括不强买强卖、不拿群众一针一线、不抓差、不拉夫等，这其实就是红军群众纪律的要求。长征中对纪律相当重视。总政治部指出：“没有纪律的部队，一切宣传鼓动工作都不会引起群众对于我们的同情与拥护……只有红军的高度觉悟与阶级纪律的模范，才会造成红军在群众中的威信与敬爱。”②事实也是如此，童小鹏在《长征日记》里记载，1935年10月5日经过回民区域时，受到群众热烈欢迎。因为“前二十五军曾经此，纪律很好”③。而通过大量的回忆录可以了解，很多时候红军经过村落时老百姓几乎都避到山上去了，但过了一天半天，有个别人偷偷回家打探情况，发现红军不动群众一针一线，才敢与红军接触，从而了解了红军的政策主张，便主动帮助红军叫回其他群众。这成为红军开展群众工作的基本起点。可以说，纪律展现的是一个部队的整体政治形象，而自觉维护群众利益体现的正是红军作为“人民的子弟兵、穷人的队伍”的性质宗旨。正如毛泽东和斯诺谈话时所说的，“他们对红军的政治纲领当然并没有多少认识；他们只知道红军是‘穷人的军队’，这就够了。”④

在与群众接触的过程中，红军严格遵守“三大纪律八项注意”，“把遵守纪律提到生活的最高位！”⑤所到之处，秋毫无犯，展现出新

---

① 《关于目前地方居民中的工作》，载《红星》报，1934年11月，第3期。
② 《关于目前地方居民中的工作》，载《红星》报，1934年11月，第3期。
③ 中国革命博物馆编：《红军长征日记》，北京：档案出版社1986年版，第150页。
④ 《毛泽东一九三六年同斯诺的谈话》，北京：人民出版社1979年版，第99页。
⑤ 《把遵守纪律提到生活的最高位！》，载《红星》报，1935年4月10日，第14期。

型军队、人民军队、文明之师的昂扬面貌。

二是给予群众切实可见的利益。这是从积极方面来说。“人民对红军如此信赖，固然由于他们纪律严明，善于政治宣传，同时实际给予人民切身利益，恐怕是主要原因。”[①]红军每到一地，镇压、捕捉当地反动势力，取消苛捐杂税，打土豪、分浮财，严格公买公卖，保护工商业。这些常规工作，缓解了当地贫苦群众的经济状况，救济了他们的实际生活。“我们在刀靶水进行发动群众和扩红活动。我们二排由四班长李程参加连里组织的群众工作组，他把打土豪分得来的腊肉、粮食用来改善生活；浮财、衣物等分给了群众”[②]。在有条件的地方，红军更深入地发动群众分田地，建立革命政权、群团组织与武装部队，帮助群众保卫胜利果实。这些有力的行动，虽然是暂时的，却极大打击了当地反动势力的嚣张气焰，使群众获得了实际的利益，更使广大群众深刻认识到，党是为人民谋利益的党，党领导的红军是人民的军队、真正抗日的力量。这是大的方面。有的时候，红军给予群众的实际利益很小，比如请群众吃饭、帮群众打扫院子、背水、劈材、治病等，但能够让群众深刻感受到红军与穷人是一家的亲切情感。在甘肃岷州参加红军会餐的有一对60多岁的老夫妇，老爷子说：“咱们几十岁未看过红军先生这样好的军队。鲁大昌在这里住了几年，咱们不但吃不到他的东西，

① 杨定华：《从甘肃到陕西》，见政协岷县文史委员会编：《红军长征在岷县——纪念中国工农红军长征胜利七十周年》，2006年印刷，第109页。

② 张量：《红色炮兵显神威》，见聂荣臻等：《伟大的转折——遵义会议五十周年回忆录专辑》，贵阳：贵州人民出版社1984年版，第378页。

反要咱们给他们吃。”[①] 这种看似“小恩小惠”，却迅速拉近了军民距离。“我们每到一地，都为群众打扫街道和院子，并做宣传工作”，“尤其是我们打土豪，没收地主的粮食衣物，分给贫苦农民，受到人民群众热烈欢迎。”[②] 需要群众帮忙的工作，比如请人舂米、带路、搬运，红军都会付给报酬。不少人回忆给红军带路，回报丰厚。“给我七块光洋让我回家”[③]，“回来时，红军还送给我两块大洋。”[④] 红军沿途雇请民伕，有时要“付给较高的报酬（每人每天一块大洋，有时两块），才能找到一些民伕”，同时还要不断地宣传、鼓励他们跟上队伍。“到了宿营地，又要照顾民伕的生活，让他们吃饱睡好，困难时自己吃野菜，也要把仅有的粮食让给民伕吃。”[⑤] 张朝寿、张朝满等帮助红军摆渡金沙江的船工不仅有丰厚的工钱，而且“在生活上，体贴入微，每天都杀猪款待我们，后来，买不到猪，就杀毛驴来改善我们的生活”。听到船工反映饭里石头多，马上嘱咐炊事员要保证船工吃饱吃好。“这使我们船工十分感动，再苦再累，也不觉得苦不觉得累了。”[⑥]

（2）政治宣传

实际行动的开展，为亲近群众打下了情感根基。在此基础上，党

---

① 杨定华：《从甘肃到陕西》，见政协岷县文史委员会编：《红军长征在岷县——纪念中国工农红军长征胜利七十周年》，2006年印刷，第108页。

② 《罗元发回忆录》，北京：光明日报出版社1995年版，第56页。

③ 李文科：《我给红军带路》，见锦屏县史志办公室编：《绿色锦屏的红色记忆——红军长征在锦屏》，2008年印刷，第79页。

④ 杨再锦：《红军过地茶》，见锦屏县史志办公室编：《绿色锦屏的红色记忆——红军长征在锦屏》，2008年印刷，第80页。

⑤ 《李坚真回忆录》，北京：中共党史出版社1991年版，第104页。

⑥ 张朝满：《红军渡江前后》，见中共云南省委党史资料征集委员会编：《红军长征过云南》，昆明：云南民族出版社1986年版，第126页。

和红军再因地制宜、结合群众实际需求开展政治宣传也更具说服力。

长征中，红军走到哪，革命道理、革命主张就宣传到哪。“每到一个地方，各级政治机关必须发动地方工作组、流动宣传队，以及每个连队到地方居民中去进行瓦解白军的宣传解释工作。”[①]“从机关到连队，我们组织了群众工作组，活跃在津市的街头、巷尾、码头和附近的农村，向群众热情地宣传党和红军的主张，揭露国民党反对派贪污腐化、敲诈勒索的罪行，号召人民群众起来向他们进行斗争。”[②]“我军团政治部宣传队就在街上搭台演讲，向群众宣传共产党、红军的政治宗旨，宣传抗日救国的道理及打土豪、分田地的主张，号召广大群众组织起来，与国民党反动派作斗争，推翻吃人的封建统治。还在墙壁上、铺板上书写大幅标语，进行宣传，制造舆论。”[③]

在宣传形式上，红军采取灵活多样又通俗易懂的方式广泛宣传党的主张，在宣传中吸取当地的文化特色，既有群众运动式的普遍宣传，也有围绕重点对象的深入调查动员；有普及化的标语、口号、演讲宣传，也有抓住人心的歌谣、小调和戏曲；有轰轰烈烈的群众大会，也有细水长流的耐心“摆谈”。具体采取哪种形式，则视实际情况而定。如长征初期，就强调不能仅仅依靠张贴宣言传单和苏

---

① 《红军总政治部关于目前瓦解敌军工作指示》（1934年11月20日），见中国人民解放军政治学院政治工作教研室编：《军队政治工作历史资料》第三册，北京：中国人民解放军战士出版社1982年版，第175页。

② 杨秀山：《伟大寓于平凡》，见中共中央党史研究室编：《红军长征纪实丛书 红二方面军卷（4）》，北京：中共党史出版社2016年版，第1672页。

③ 刘华香：《红九军团独立作战》，见中共中央党史研究室编：《红军长征纪实丛书 红一方面军卷（5）》，北京：中共党史出版社2016年版，第2222页。

维埃法令，而要多写标语壁画。[1]进入甘肃后，“由于这一带群众文化低，我们应该着重口头宣传”[2]。总之，标语、口号、漫画、演讲、布告、歌谣小调、话剧舞蹈……犹如“八仙过海，各显神通”，使得党的宣传迅速被接受并传播开来。

在宣传内容上，红军一贯强调要贴合实际，“要从群众的实际痛苦，指出他们的出路”[3]。“我们的政治机关无论到那儿，必须明了当地的环境，当地群众的□□与要求，当地社会关系与当地阶级斗争的特点，使我们苏维埃的基本政策能够得到正确的具体的贯彻。脱离当地实际情形的抽象的宣传鼓动必然会变成没有内容的引不起群众兴趣与斗争的空喊。”[4]要求不能仅仅写“打倒国民党”“打倒帝国主义”等基本口号，而要注意把群众迫切的要求写成口号标语，如“没收地主阶级的一切土地分配给农民”“取消一切高利贷”“反对强迫修马路”“反对侵占民田”等。[5]少写甚至不写缺乏实际行动意义的标语，像“红军是工农的军队”“红军是抗日的主力军”等；不写“焚烧田契借约”这类空洞模糊的标语，因为“田契借约在地主手里，难道我们要地主来焚毁么？”[6]这种实际倾向从长征途中发布的口号和今天留存下来的大量标语可以清晰地看出来。如为发动群众

---

① 《一件不应当忘记的工作——写标语画壁报》，载《红星》报，1934年10月27日，第2期。

② 《陕甘支队政治部关于目前群众工作应注意之点》（1935年8月27日），见中国人民解放军政治学院政治工作教研室编：《军队政治工作历史资料》第三册，北京：中国人民解放军战士出版社1982年版，第324页。

③ 《总政治部关于扩红成绩的总检查和今后的工作》，载《红星》报，1935年4月5日，第13期。

④ 《在新的环境下的政治工作》（1934年10月25日），载《红星》报，1934年10月27日，第2期。

⑤ 《关于目前地方居民中的工作》，载《红星》报，1934年11月，第3期。

⑥ 《写标语》，载《红星》报，1935年3月10日，第12期。

参军，直接列举："当红军的好处，吃得饱，穿得暖，有自由，讲道理，家里有田分，讨老婆不要钱。当白军的坏处，吃不饱，穿不暖，无自由，不讲道理，家里干得不得了，一世讨老婆不到手。"[①] 红四方面军总政治部曾印发《参加红军十大好处》，宣传：参加红军分好田地；参加红军有人代耕；参加红军人人尊敬拥护；参加红军子子孙孙不出款子；参加红军穿吃不愁……[②] 这些好处正是百姓平日求而不得的痛处，自然积极响应。

然而，红军宣传内容并不止步于此。九一八事变后，全国性的抗日救亡运动兴起，中日民族矛盾逐渐超越阶级矛盾成为社会主要矛盾，抗日救亡逐渐成为时代主题。在此背景下，中共率先高举武装抗日旗帜。长征是中国共产党继续大力号召抗日、切实践行抗日主张的重要阶段。1934 年 7 月和 11 月，红七军团和红二十五军分别以北上抗日先遣队、北上第二抗日先遣队的名义，踏上战略转移的征途，揭开红军长征的序幕。而在长征途中，抗日救国也是红军宣传的重要内容。红二、六军团长征政治工作总结报告指出，在湘、黔、滇区居民中的宣传鼓动首要的就是"揭破日本帝国主义的侵略和蒋介石的卖国，动员群众参加红军和抗日救国运动"[③]。红军所到之处广泛宣传抗日主张，在沿途各地成立了抗日游击队、抗日大同

① 董有刚主编，四川省文化厅、云南省文化厅、贵州省文化厅编：《川滇黔边红色武装文化史料选编》，贵阳：贵州人民出版社1995年版，第35页。

② 四川省档案馆编：《川陕苏区报刊资料选编》，成都：四川省社会科学院出版社1987年版，第187页。

③ 《二、六军团长征政治工作总结报告》，见中国工农红军第二方面军战史编辑委员会编：《中国工农红军第二方面军战史资料选编》（四），北京：解放军出版社1996年版，第169页。

盟、抗日义勇军、抗日救国先遣队、抗日救国同盟、抗日救国军等抗日组织和武装。

但是在具体操作中，红军对北上抗日的宣传也会根据当地现实情况作出调适。据红军战士石果[①]回忆："以后很多文章，说红军一到遵义就大张旗鼓地宣传要'北上抗日'。是的，宣传里也有抗日的内容。但我们却没有向群众说过，'就是这股红军要北上抗日'。我们讲得最多的是：打土豪分田地，打倒蒋介石，创建新苏区。"[②]1935年3月的《红星》报也曾指出："有些很空洞的标语，如像'红军是工农的军队''红军是抗日的主力军'等等可以少写，甚至不写，因为这种口号在此地此刻是缺少实际行动的意义的。"[③]可见，抗日宣传作为更高层次的战略引导，并非长征早期宣传的主要内容。但随着中共从国内革命战争向抗日民族战争的逐步转化，对抗日的宣传也日益成为实际需要。1935年12月17日瓦窑堡会议制定抗日民族统一战线的策略方针之后，长征宣传的重点变为动员一切力量进行抗日。萧克回忆红二、六军团"这一阶段，我们活动于广大无堡垒地区，对于党的基本政治主张，党的新策略路线（当时只得到部分的简单材料），特别是抗日救国的主张，散布于广大群众中、军队中"[④]。红四方面军根据瓦窑堡会议的精神制定了系列文件。1936年2月7日《对白色官兵宣传鼓动的口号与标语》，中心口号有"不打抗日红军，北上抗日去！"等9条，一

① 石果，原名何余恩，1917年生，贵州湄潭人，1935年参加红军，被派遣到地方工作。

② 石果：《从红军之友社到黔北游击队》，见《贵州文史资料选辑》第9辑，1981年印刷，第29页。

③ 《写标语》，载《红星》报，1935年3月10日，第12期。

④ 萧克：《红二方面军的北上抗日》，载《党的文献》，1992年第1期，第45页。

般标语24条，一改之前渲染白军士兵受尽长官欺凌且欺压穷人的宣传，而无一不是以号召白军共同抗日、激发爱国热情为动员内容。[①]1936年2月8日《目前适用标语口号》，也贯穿了抗日救国的内容。第一类“关于抗日反蒋一般的”30条，其中反对蒋介石卖国的9条，其余21条正面宣传抗日，号召“集中全国一切力量对日作战”；第二类“关于揭破敌人欺骗的”，旨在反驳反动派“无力抗日”的言论；第三类“对白军的”，则以“联合红军抗日”为主题；第四类“对赤区群众的”，号召“加入抗日红军！不当亡国奴”。[②]随后2月20日发布的《关于目前宣传工作的报告大纲》，进一步明确指出：“目前宣传工作最中心最紧急的任务，就在于用一切的力量去暴露日本强盗的凶暴侵略行动与蒋介石无耻的卖国政策及欺骗，去说明日本强盗与蒋介石是灭亡中国当前最主要凶恶的敌人，去煽动一切不愿当亡国奴的中国人联合起来，去开展民族革命战争，汇合土地革命与民族革命的巨潮，结合民族革命战争与国内阶级战争，去战胜日本强盗及汉奸卖国贼蒋介石，争取中国的独立与解放。”[③]

任何能够打动群众的宣传，既源于生活，又高于生活。红军不

---

① 《对白色官兵宣传鼓动的口号与标语》（1936年2月7日），见中国工农红军第四方面军战史编辑委员会编：《中国工农红军第四方面军战史资料选编》（长征时期），北京：解放军出版社1992年版，第345页。

② 《目前适用标语口号》（1936年2月8日），见中国工农红军第四方面军战史编辑委员会编：《中国工农红军第四方面军战史资料选编》（长征时期），北京：解放军出版社1992年版，第351—353页。

③ 《红四方面军关于目前宣传工作的报告大纲》（1936年2月10日），见中国人民解放军政治学院政治工作教研室编：《军队政治工作历史资料》第三册，北京：中国人民解放军战士出版社1982年版，第395页。

仅要为群众短期可见的实际利益奋斗，还要展现自己身为一个无产阶级政党的先进性和长远战略目标，展现自己把握时代潮流的使命担当，因此在红军的宣传中，中共抗日主张的大义一以贯之。

（3）社会关系

除了通过实际行动与政治宣传来感召群众外，党和红军还充分利用旧有的社会关系，想方设法亲近群众。早在苏区时期，红军就善于“利用家族亲戚朋友等关系”进行宣传[①]，在长征中，更是不放过一切可以利用的关系。同乡关系、同学关系，凡是能搭上的尽量搭上；当地党员、党组织以及新战士，更是开展群众工作的重要生力军。总政治部要求地方工作组“必须注意吸收积极的新战士参加”[②]。尤其扩红，要“特别注意吸收新战士中的积极分子进行扩红工作”[③]。西北局也指出，要“在扩大来的新战士当中选择有活动能力的分子参加或随突击队行动；利用新战士来扩大新战士，时常是可以收到很大成效的”[④]。

陈云在《随军西行见闻录》里曾提到：“赤军曾以罗炳辉（云南人，久在云南军队中服务，曾属朱培德部下。早为秘密共产党员，在江西吉安为民团指挥时，率几百民团加入赤军）的九军团在毕节、宣威、东川一带活动。汉回苗民之加入红军者五六千人，震动全滇。

① 《伪湘赣军政治部主任李芬报告最近匪部情形》，载《中央日报》，1934年7月15日。

② 《总政治部关于连队组织工作命令》（1935年4月6日），见中国人民解放军政治学院政治工作教研室编：《军队政治工作历史资料》第三册，北京：中国人民解放军战士出版社1982年版，第270页。

③ 《扩红成绩的总检查和今后的工作》，载《红星》报，1935年4月5日，第13期。

④ 《西北局关于扩大红军运动的指示》（1936年8月20日），见中国工农红军第四方面军战史编辑委员会编：《中国工农红军第四方面军战史资料选编》（长征时期），北京：解放军出版社1992年版，第654页。

滇民盛传赤军有一苗民籍之罗军长要回滇驱逐龙云。罗之声名，亦以大振。”[①]这里就充分利用了罗炳辉的旧有声望。何长工也回忆，红军占领东川主要靠谈判解决，一方面“动员守城人员的家属亲友去喊话”，同时“又以罗炳辉同志与民团团长有旧相识的关系，送信给伪县府，讲明红军的政策，提出谈判意见”。[②]这种情况在长征中并不少见，很多红军将士或多或少都会与地方民团甚至国民党军官有旧识，这种已有的社会关系无疑会增强双方建立新合作的信任感，因此利用旧有社会关系积极开展工作事半功倍，这本身也是统战工作的重要内容。

除了利用旧识之外，红军也善于对当地的秘密结社组织加以争取。比如西北地区哥老会盛行。据李坚真回忆，到甘肃庆阳后，“组织上派我和罗梓铭、谢维俊同志一起到曲子镇去做群众工作，筹集粮食。起初，群众对我们不了解，把粮食藏起来，把羊群也赶到山里去了。我们分头去发动群众，宣传党的政策和红军的纪律。当地也有不少群众参加过哥老会，哥老会的势力很大，我们找到哥老会的负责人，向他解释红军的政策，争取和团结他们，我还跟他们的家属结拜姐妹，他们对我们了解后，就把粮食送给我们，把羊群也赶回来了，哥老会的人很讲义气，知道我们当时很困难，就主动借钱给我们买粮，还牵着羊来慰问红军。”[③]中共在陕北立足后，还于1936年7月以苏维埃中央政府名义发布宣言，明确表示“哥老会可

---

① 《随军西行见闻录》，见中共中央文献研究室、中央档案馆编：《建党以来重要文献选编（1921—1949）》第12册，北京：中央文献出版社2011年版，第396页。

② 何长工：《长征中的红九军团》，见聂荣臻等：《伟大的转折——遵义会议五十周年回忆录专辑》，贵阳：贵州人民出版社1984年版，第538页。

③ 《李坚真回忆录》，北京：中共党史出版社1991年版，第115页。

在苏维埃政府下公开存在，我们更设有哥老会招待处，以招待在白区立不住足的英雄好汉、豪侠尚义之士”[①]。争取在地方有广泛影响力的秘密结社组织，能够帮助红军快速进入当地社会关系圈，获得更广泛的支持。

2. 提高效率——有效增加和利用群众工作时间

长征中开展群众工作的另一个突出问题，是由于长期处于流动行军状态，甚至是急行军、夜行军状态，根本没有充分时间动员群众。这就给群众工作造成了很大的困难，客观上也要求红军必须更高效地完成群众工作。

（1）坚决作战赢得群众工作时间

赢得群众工作时间，首先要在必要时下决心打硬战。红二、六军团总结长征主要经验时指出：“在不可免的脱离根据地而采取长距离之转移，为保持有生力量可采逐步转进。”逐步转进，即在行军中建立游击根据地及巩固根据地，补充整理，逐步转移。这一策略“可以在中途停留时，争取人员物质的补充，可能使部队扩大，——惟须避免进入过穷僻地带。——保持有生力量”[②]。这就不可避免要与敌打硬战。正如萧克所说：“在国内战争中，大规模的转移，不可避免的敌人的严厉的追迫，使红军不能像历史上一般军队的转移那般容易。因此在转移中，就必须坚决的战斗，如果企图避免战斗，

① 《苏维埃中央政府对哥老会宣言》（1936年7月15日），见中国人民解放军政治学院政治工作教研室编：《军队政治工作历史资料》第三册，北京：中国人民解放军战士出版社1982年版，第520页。

② 《任弼时关于二、六军团从湘鄂边到康东北长途远征经过报告大纲（关于行动方针）》（1936年11月），见中国工农红军第二方面军战史编辑委员会编：《中国工农红军第二方面军战史资料选编》（四），北京：解放军出版社1996年版，第135页。

那便会常常引起更多的战斗，结果不仅不能避免战斗，而且会遭到无代价的牺牲，消耗有生力量。”因此，“在转移中，必须准备必要的牺牲、不可避免的牺牲，予敌以打击，制止其追击，才能得到军用品的补充，才能得到休息的可能、扩大的可能，这便是真正保存有生力量的手段。”①红二、六军团在长征中，“适应我军在湘黔边创造新根据地之总目的（当时敌情），决心在晃芷间反击尾追之敌，以求得新的有利局势之开展。”由此发动了便水战斗。虽然“便水战斗未能取得预期的胜利。仅给急追之敌以创伤（敌我均伤亡在一千左右）”，却有效震慑了敌人，“表示我军有战斗能力与决心使其不敢轻于猛进”。②正是“因为有便水（在湖南晃县）底奋斗，才能有石阡、江口底休息；有将军山、六龙场、新街底苦战的胜利，才有黔大毕一时期的立足，才有六千红军的扩大及大批资材的补充”③。反之，红一方面军在长征前期除掩护战外，经常避战，无法得到较集中的时间进行休整，因此群众工作无从开展。遵义会议对此也有严厉批评，指出红军的避战“使得红军士气不能发扬，过分疲劳，得不到片刻的休息，因而减员到空前的程度”，提出“对不必要的与敌人无隙可乘的那种战斗，是应该避免的，而对于必要的与敌人有隙可乘的战斗，则是不应该避免的”。④

---

① 萧克：《红二方面军的北上抗日》，载《党的文献》，1992年第1期，第47页。

② 《任弼时关于二、六军团从湘鄂边到康东北长途远征经过报告大纲（关于行动方针）》（1936年11月），见中国工农红军第二方面军战史编辑委员会编：《中国工农红军第二方面军战史资料选编》（四），北京：解放军出版社1996年版，第129页。

③ 萧克：《红二方面军的北上抗日》，载《党的文献》，1992年第1期，第47页。

④ 《中共中央关于反对敌人五次“围剿”的总结决议》（1935年1月17日），见《遵义会议文献》，北京：人民出版社1985年版，第19—20页。

其次，积极创建根据地。军委派刘少奇到三军团任政治部主任，彭德怀和他谈话：“现在部队的普遍情绪，是不怕打仗阵亡，就怕负伤；不怕急行军、夜行军，就怕害病掉队，这是没有根据地作战的反映。”① 可见根据地对于一个军队相当重要，有了根据地才能极大增加红军的停留时间，对群众进行较充分、深入的动员工作。在边走边打的长征途中，党和红军从来没有忘记要开辟根据地。中央红军根据敌情变化，先后选择湘西、川黔边、川西或川西北、川滇黔边、川陕甘等地作为战略转移落脚点。红二、六军团木黄会师后，创建了湘鄂川黔根据地；在长征途中，又在贵州西北部的黔西、大定、毕节地区，创建了黔西革命根据地。红四方面军南下占领天全、芦山、宝兴、丹巴等地后，计划在此建立根据地。红二、红四方面军还曾根据中央指示，开辟陇南、甘南两块临时革命根据地。红二十五军在长征中创建了鄂豫陕革命根据地。这些根据地有的时间很短，如黔西革命根据地仅存在 20 多天，却“做了大量工作”；有的存在时间较长，如鄂豫陕革命根据地坚持斗争了两年又四个月，长征结束后仍继续存在，在这里开展了广泛的土地革命。根据地的创建无疑为群众工作赢得了更充裕的时间和空间，创造了良好的条件。红军大量的扩红基本都是在创建新根据地时完成的。

（2）更合理有效地利用时间

在增加群众工作绝对时间的同时，对有限的时间进行合理分配和高效利用同样重要。为此，中共和红军在实践中探索创造出了一套便于行军中发动群众的方法。

---

① 《彭德怀自述》，北京：国际文化出版公司2009年版，第202页。

首先是在战略全局上突出重点，提前规划。长征中党和红军注重把握群众工作的时机和重点，抓大放小。“群众工作的进行，必须选择各军团驻地周围的城市圩坊与战略上有重要意义的区域。首先抓住这些中心，派遣工作团来开展工作。”[①] 长征中，红军会有意识地区分不同地区的群众工作，合理发力，妥善分配工作时间。对于只是沿途经过的小村庄，一般地进行宣传、号召，“打土豪、捕捉反革命”，进行零星地扩红；但对于影响力较大的中心城镇，则会提前准备，有计划地组织消灭反动武装、摧毁反动机关、开展没收征发，召集群众大会、发动群众斗争、发起扩红运动；对于红军计划建立新根据地的地方，更是提前组织战役，利用军事占领获得较充分的休整时间，全面发动、组织、武装群众，建立政权、分田地、打游击，甚至“撒种子”发展地方党员、建立地方党组织等。而到了人烟稀少的川康少数民族地区，筹粮、宣传成为重要任务，扩红、分田、发展党员等不再成为主要工作。这样详略得当、重点突出的安排，有益于在红军有限的人力和时间条件下，实现效果的最大化。

其次，抓住行军间隙开展群众工作。曾参与地方工作的谢翰文回忆:“当部队出发的时候，各部队地方工作组，飞鸟似的先走了，跑到部队的前头，有时走到尖兵的前头；整天没有休息，也不知疲劳；看见路边有庄子，更起劲地飞跑地走进群众家里，找他们讲话；如遇路边有群众，更是眉飞色舞，争先恐后地叫喊起来:‘掌柜，过来，我和你讲话。’接着连走带跑，走拢群众的身边，轻言细说地去

① 《工农红军总政治部关于地方工作的指示信》（1935年1月14日），见中国人民解放军政治学院政治工作教研室编：《军队政治工作历史资料》第三册，北京：中国人民解放军战士出版社1982年版，第254页。

做宣传鼓动工作。很多的新战士，就是这样一会工夫就扩大来了。”[①]在日常行军中，部队往往会派遣一些地方工作组和宣传队成员随前卫连提早出发，先到预定的地方开展调查、宣传、动员工作。[②]“侦察队设营队中，政治机关应派得力的地方工作人员（或组织先遣工作团）与他们共同行动，以便有充分的时间，进行群众工作，捉土豪筹款征集资材等工作。”[③]同时紧紧抓住行军间隙如行军休息、宿营前的宝贵时间开展工作。正如萧克所回忆的：“为着在不断的行军中得着不断的补充，所以经常采用最紧张的救急手段，在行军中大小休息时、宿营时、警戒时及短时期的驻军的困难环境下，艰苦的发动、组织、吸收群众加入红军”[④]。力争将短暂的行军休息、宿营、警戒、驻军时间变为有效的群众动员时间。

最后，探索改进群众工作制度、做法。中共从土地革命战争时期就已经积累了丰富的群众工作经验，长征中一方面是将适用的经验方法使用得淋漓尽致，力求在最短时间内获得最大的成果；另一方面则在实践中不断探索，形成了新经验和新做法。如健全完善从事地方工作机构体系和领导，建立专门委员会解决重大群众工作任务，组织工作队、突击队等承担临时性的群众工作任务，紧密依靠当地工农的革命积极分子去接触群众等；创新行军宣传方式，随时

---

① 谢翰文：《扩大红军》，见丁玲主编：《红军长征记》，北京：解放军出版社2006年版，第176页。

② 《在新的环境下的政治工作》（1934年10月25日），载《红星》报，1934年10月27日，第2期。

③ 《总政治部关于红军给养克服战费困难训令》（1935年2月20日），见中国人民解放军政治学院政治工作教研室编：《军队政治工作历史资料》第三册，北京：中国人民解放军战士出版社1982年版，第265页。

④ 萧克：《红二方面军的北上抗日》，载《党的文献》，1992年第1期，第49页。

随地写标语，甚至晚上打着火把写标语，进入宿营地时向群众宣传解释，出发时向群众告别，对化装宣传的创造性使用[①]等。完善扩红、打土豪、分田地等工作的制度、组织，要求“一个乡的土地必须求得在十天上下分配完毕”[②]。为了加快扩红速度，“整个红军从上到下都建立了一整套扩红组织和制度”，部队新到一个地方，“立即制定出扩红计划，派出一支支扩红队（组），紧密结合群众斗争开展工作。往往只需一两天，就可以搞起一支队伍来”[③]。此外，党和红军重视发挥每一位战士的作用，以榜样激励、革命竞赛等方式激励战士参加群众工作，持续发布捷报、表扬模范；积极开展连队写标语竞赛，举行集体或个人的扩红竞赛，号召争当遵守纪律的模范；等等。

3. 因地制宜——根据不同地区的具体情况制定相关政策

长征中所经各地情况复杂多变，需要特别敏锐灵活，才能迅速发现并及时把握新环境的特点开展工作。

（1）适应白区环境的转变

长征与根据地时期相比，最大的变化就是离开了苏区，离开了熟悉的环境和群众。长征一开始，《红星》报就不断强调红军已经进入白区，应当有不同于在苏区的工作意识和工作方法，“我们的地方工

---

① 化装宣传在苏区早已有之，由于通俗、形象，是群众广为接受的一种宣传手段。长征中，由于化装宣传效果显著又易于操作，作为对居民工作“最活泼的有效方式”，在红军军团中得到推广。参考《十天行军中化装宣传的一瞥》，载《红星》报，1934年10月27日，第2期。

② 《中共湘鄂川黔省委制定的分田工作大纲》（1934年12月16日），见中国工农红军第二方面军战史编辑委员会编：《中国工农红军第二方面军战史资料选编》（四），北京：解放军出版社1996年版，第15页。

③ 廖汉生：《长征路上的生命线》，见《苦斗十年》（下），北京：解放军出版社1989年版，第191页。

作的领导同志也必须更细心的学习，如何在白区群众中进行工作”[①]。

这种转变是全方位的，包括宣传、扩红、没收征发等各个方面。这里以红军宣传工作为例。长征中红军常常需要急行军甚至夜行军，面对面的宣传工作难以开展或开展得有限，而写标语可以随时随地进行，于是标语、传单成为红军宣传自己革命主张的重要手段，有时甚至是唯一手段。因此，红军一开始长征，便再三强调每一位战士都要写标语。《红星》报在长征专号第2期呼吁战士们在行军中不要忘记写标语画壁报，强调：“不要忽视这一工作对于争取群众、瓦解白军的重要意义！特别要注意我们现在已到白区中行动！”[②]并且考虑到在白区，写标语所针对的对象不再是熟悉、拥护红军政策的苏区群众，标语的内容和形式都需要有相应的转变。《红星》报批评了长征初期不注意写标语，而仅仅依靠张贴宣言传单和苏维埃法令的现象，指出：“我们的宣传方式，还没有很明显的了解到我们前面的群众是白色区域的群众，同苏区内的群众有极大的不同。宣传的方式必须首先从群众切身的利益开始，然后逐步进入到苏维埃基本主张的宣传，必须以最通俗的言语，极大的耐心，同群众接近，来启发他们的斗争。不然，我们的宣传鼓动工作就引不起群众的兴趣与注意。”[③]同时接近群众的方法也应当适合白区的环境，“如调查贫苦工农的人口田地，态度应当和善，绝对不容许跑进门便声势汹汹的问，几多人口吃饭，有没有劳动力，一问便把本与铅笔摆出来，

---

① 《关于目前地方居民中的工作》，载《红星》报，1934年11月，第3期。

② 《一件不应当忘记的工作——写标语画壁报》，载《红星》报，1934年10月27日，第2期。

③ 《关于目前地方居民中的工作》，载《红星》报，1934年11月，第3期。

使得工农群众不敢答复。"[1]可见，在白区开展群众工作需要更强的针对性，也需要更多的耐心，因此总政治部时刻不忘提醒战士们已经到了不同于苏区的白区，要求大家根据这一新环境的特点开展工作。

（2）适应不同民族特点的转变

从1934年11月红军长征进入第一个少数民族聚居区——广西龙胜县开始，到1936年10月三大主力会师，红军总共经过了苗、瑶、壮、藏、回、布依、土家、白、纳西、彝、羌、蒙古、侗、裕固、东乡等近20个少数民族地区。红军每到少数民族地区，首先就要进行深入调查，充分了解当地民族的社会制度、经济状况、宗教信仰和风俗习惯。红一军团制有《长征中所经之民族区域表》，详细记录了经过的少数民族的基本情况，即使是经过一天的壮族区域、经过两天的瑶族区域，也有记录，这充分说明红军对少数民族的重视与尊重。在此基础上，红军根据各民族不同的情况，本着民族平等的原则，制定相应的民族政策。红军总政治部先后发出了《关于瑶苗民族中工作的原则指示》和《关于争取少数民族工作的训令》。进入涉藏地区后，中共中央先后发出了《注意争取彝民工作》《告康藏西番民众书》《西藏民族革命运动的斗争纲领》等文件，红一方面军发布了《中华苏维埃中央政府对回族人民的宣言》《关于回民工作指导》《回民区域政治工作》等文告、文件，红二、六军团到川西后迅速发布《中国工农红军布告》，红四方面军到川康地区发布了《少数民族工作须知》和著名的六字诀布告。总的来看，红军在少数民族地区的政策有几个特点：

一是严格执行群众纪律，尊重少数民族的民族习惯和宗教习

① 《加强连队的地方工作》，载《红星》报，1934年10月27日，第2期。

俗。如尊重彝民关于男女授受不亲、黑彝敬重灶君等习俗，禁止在回民地区吃猪肉，禁止驻扎清真寺，禁止毁坏阿文经典，不驻喇嘛寺，不破坏经典神像等。尤其红军对少数民族民俗宗教不仅十分尊重、不加干涉，而且主动融入。如刘伯承与彝族头人小叶丹歃血为盟，结拜兄弟；贺龙参加归化寺僧侣为红军举行表示祝福的"跳神"活动①；朱德与格达活佛9次会面，互赠礼品，结下深厚友谊。

二是深刻揭露历代汉族统治阶级对少数民族的压迫，进行一系列有针对性的宣传发动和统一战线工作。这主要是：对上层土司、贵族、宗教界领袖人士开展统战工作；对广大少数民族群众贯彻民族无论大小一律平等的民族政策；对一般宗教界人士执行信教自由的宗教政策；对广大农奴和人民群众实施党的阶级路线。

三是充分尊重少数民族的社会阶级现状，不过早发动其内部的阶级斗争。红军在《关于瑶苗民族中工作的原则指示》中指出，由于瑶族的内部很团结，土司管事等上层阶层具有较高威信，因此要通过瑶族的上层代表去发动群众，"不求过早的去发动瑶民内部的阶级斗争来破坏我们同他们的反对帝国主义国民党的一致行动"②。考虑到彝族内部家族部落制的统治状况，确定"不打夷族的土豪，对于夷民群众所痛恨的夷族土豪，也要发动夷民群众自动手的来打。如果在当地没有土豪可打，为了解决红军的给养，应当出钱向夷民群众去买，或经过宣传发动夷民自动捐助。万不得已时，也要出借据

① 姜思毅主编：《中国共产党军队政治工作七十年史》第一卷，北京：解放军出版社1991年版，第527页。

② 《关于瑶苗民族中工作的原则指示》，载《红星》报，1934年10月27日，第6期。原文使用的是"猺"字。

向他们借”[①]。尤其在少数民族地区组织政权，也采取区别于苏维埃政权的方式。“估计到少数民族中阶级分化程度与社会经济发展的条件，我们不能到处把苏维埃的方式去组织民族的政权。在有些民族中，在斗争开始阶段上，除少数上层分子外，还有民族统一战线的可能，在这样情形下可以采取人民共和国及人民革命政府的形式。而在另外一种民族中，或在阶级斗争深入的阶段中，则可采取组织工农苏维埃或劳动苏维埃的形式。一般的组织工农民主专政苏维埃是不适当的。”[②]

（3）适应不同地域特点的转变

红军长征经过的省、自治区、直辖市为 15 个（按现在的行政区划），所谓“十里不同音，百里不同俗”，各地的自然环境、文化传统、语言特点、风俗习惯都存在较大差异。在这样复杂多变的地域行军，既是红军以自己的革命理念影响地方的过程，也是红军入乡随俗受地方影响调适自己的过程。比如，红军不允许战士吸食鸦片，一般也不招收吸食鸦片的人进入红军队伍。但到了云贵地区，抽鸦片的人特别多，“男人、女人、老人都抽，娃娃凉了风发咳嗽，也给点灯烧烟抽”[③]。针对这种特殊情况，红军在不改变底线原则的基础上，灵活调整了自己的政策，提出“烟瘾不深的，可以加入红军，

① 《注意争取夷民的工作》，载《红星》报，1935年4月10日，第14期。

② 《中共中央关于红一、四方面军会合后的政治形势与任务的决议》（1935年8月5日），见中国工农红军长征史料丛书编审委员会编：《中国工农红军长征史料丛书（文献）》（3），北京：解放军出版社2016年版，第181页。

③ 谭友林：《红旗卷过黔大毕——红二、六军团长征片断》，见中国人民解放军历史资料丛书编审委员会编：《红军长征·回忆史料（2）》，解放军出版社1992年版，第171页。

但瘾深的‘老枪’不能加入”[①]。然后有步骤地帮助他们戒烟之后再补入队伍。

长征中不拿群众一针一线。党和红军到川康少数民族地区时，当地人口稀少，多为草原游牧区，粮食奇缺，地方群众在当地军阀土司的高压政策下藏匿粮食、避至山中。红军所需给养巨大，既不能打土豪，也无处买粮食。在这种严重困难的情况下，党和红军不得不采取变通措施。“用借贷方式，取得我们急需的军用物资。”[②]红一方面军过草地前后，规定：“（甲）各部队只有在其他办法不能得到粮食的时候，才许派人到番人田中去收割已熟的麦子。（乙）收割麦子时，首先收割土司头人等的，只有在迫不得已时，才去收割普通番人的麦子。（丙）收割普通番人的麦子，必须将所收数量、为什么收麦子的原因等，用墨笔写在木牌上，插在田中，番人回来可拿这木牌向红军部队领回价钱。”[③]这种借贷行为不可避免地侵害了群众利益，萧锋在《长征日记》中说：“这种借粮是没有办法的办法，我们一边吃，一边心里难过。”[④]而毛泽东对此也念念不忘，1936年对采访的斯诺说：“这是我们唯一的外债，有一天我们必须向藏民偿还我们不得不从他们那里拿走的给养。”[⑤]红二、六军团1936年5月长征到中甸后，面对群众匿藏粮食与逃避山中，采取了搜山、借贷券

① 《扩红动员中的鸦片问题》，载《红星》报，1935年1月15日，第68期。
② 徐向前：《徐向前回忆录》，北京：解放军出版社2007年版，第357页。
③ 《总政治部关于收割番民麦子问题的通令》（1935年7月18日），见中国人民解放军政治学院政治工作教研室编：《军队政治工作历史资料》第三册，北京：中国人民解放军战士出版社1982年版，第308页。
④ 萧锋：《长征日记》，上海：上海人民出版社2006年版，第107页。
⑤ ［美］斯诺：《西行漫记》，董乐山译，北京：解放军文艺出版社2002年版，第158页。

等方式。如果在搜山挖窖得到粮食或吃了群众家中粮食却找不到主人，则留下借贷券，以后粮食主人如遇任何红军即可持券去换钱。总之，在川康地区是红军物质生存最为困难的特殊时期，红军在不背离原则底线的前提下，对许多政策都作出了调整。这种政策的灵活性，是中共群众工作方式的重要特征。

4. 群众工作方法的显著特征

仔细考察中共长征中的群众工作，虽然可以看到很多新的具有针对性的灵活政策，但整体而言，突破性的创造并不多，除一些针对少数民族制定的新工作方法外，很多群众工作的方法在土地革命战争时期已经有迹可循，比如中共对群众纪律和宣传的重视、对各种可以利用势力的借助、在行军中利用时间间隙的方法。相比在大革命时期以满足群众政治诉求为主要方式、苏区时期以开展土地革命或经济诉求作为主要动员方式、全民族抗日战争时期以民族革命为主要动员方式，长征中的动员似乎缺乏一个核心的手段和明确的特征。

这主要是因为长征时期，随着民族矛盾逐步超越阶级矛盾上升为主要矛盾，中共的政治路线亦呈现出从阶级革命转向民族革命的过渡特征。这决定了这一时期，必然是阶级革命和民族革命的复合体，与之相适应，群众工作也呈现出混合、过渡的特征，在动员目的、手段、效果等方面甚至会出现自相矛盾的现象。如中共和红军号召打土豪分浮财、烧毁田契，甚至初到一地短短几天也要分田地。但对于沿途百姓而言，分到田地也缺乏力量保护，反而会引来地主豪绅的反攻倒算，因此，分田地并非沿途群众迫切、强烈的需求。而对于红军来说，他们也不得不承认“没有充分的时间，来进行没收地主阶级的土地分配给农民，以及建立地方党与群众组织的基本工作”[①]。可以说，分田地在长征这种急需见到工作实效的环境条件下，基本是不可行的。事实上，除了停留时间相对较长的遵义之外，红军沿途经过之地基本没有分田地。特别是在少数民族地区，根本没有发动少数民族内部的阶级斗争。

然而，在中共政治路线未彻底转变到民族战争以前，在中共仍然担负着阶级革命重任的前提下，中共和红军不可能完全放弃土地革命的政策和号召，各项工作必须遵从既有框架和基本原则。这就出现了为了满足现实需求，中共和红军自觉或不自觉进行的灵活的政策调整。

比如在对待富农商人方面，总政治部在 1935 年 1 月 14 日就指出:“一切‘左’的关门主义的倾向和对于富农商人的刻板的办法，都会阻碍我们的发动群众，增加我们在决战中的困难。”[②] 此时遵义会议尚未召开，但实际工作中已经开始调整不适应实际的过左政策了。

比如在宣传口号上，出现了基本口号和阶段性具体口号的区分。基本口号是普遍性的，表明红军的性质宗旨，而具体口号则是针对特定时期特定地区而设置。遵义会议后，红军总政治部 1935 年 2 月 27 日发出《关于各部队立即动员遍写标语的命令》，附了十二条宣传材料，其中基本是揭露白军和军阀的反动，不再有明显的分田地诉求。[③] 渡过大渡河后，总政治部于 6 月 9 日晚发布《渡过大渡河后

① 《关于目前地方居民中的工作》，载《红星》报，1934年11月，第3期。

② 《工农红军总政治部关于地方工作的指示信》（1935年1月14日），见中国人民解放军政治学院政治工作教研室编：《军队政治工作历史资料》第三册，北京：中国人民解放军战士出版社1982年版，第253页。

③ 《写标语》，载《红星》报，1935年3月10日，第12期。

适用的标语口号》，共10类93条，只在基本口号类的第六条简单提及“分田地”，其余的几乎全是号召群众加入红军反对地方军阀和国民党“中央军”，或是武装起来，组织抗捐军，“打粮富分东西”，成立革命委员会，驱逐反动势力等。[①]

抗日民族统一战线建立后，群众工作开始以北上抗日为号召。这从红二、红四方面军的宣传口号就可以看出来，1936年6月27日，红四方面军政治部发布《在西北地区行动的标语口号》，分为三类——号召抗日反蒋统一战线、争取少数民族、争取军队抗日，并要求“适应当地实际情况的需要，如在汉人区域，多写关于抗日反蒋统一战线的口号。在回民区域，应多写争取回民的口号”。“应多找熟悉番回文的人，将上列中心口号，译成番回文书写，以广宣传”。[②]红二、六军团则积极组建抗日义勇军、抗日救国会、抗日救国军司令部等组织。

但对长征所经过的广大地区而言，日本的侵略尚未对当地群众生存造成直接威胁，单纯以抗日为号召并不能起到有效的动员效果，抗日仍然是一个基本口号，而非有效组织动员群众的手段。但是，这一路线上的重大转变，使群众工作彻底突破了阶级革命框架的限制，过去“左”倾教条主义的不切实际的工作方法得以纠正，群众工作以有利于团结更多民众抗日为目标，视野扩大至全国范围，赢得了更自由的活动空间。

---

① 《总政治部关于渡过大渡河后适用的标语口号》（1935年6月9日），见总政办公厅编：《中国人民解放军政治工作历史资料选编 土地革命战争时期3》，北京：解放军出版社2002年版，第127—130页。

② 中共中央统战部编：《民族问题文献汇编（1921.7—1949.9）》，北京：中共中央党校出版社1991年版，第497—499页。

虽然处于过渡时期，群众工作的核心手段不够突出，但这并不意味着其缺乏特色。混合土地革命和抗日战争多重政治诉求，注重从群众日常细小需要出发，恰恰是长征群众工作动员方式的最大特征。开展土地革命、成立苏维埃或是开展民族革命、建立抗日民族统一战线，都是中共的政治追求，在苏区时期或抗日战争时期，中共因其自身实力较强，可相对从容地对群众进行宣传教育甚至改造，以自己的政治理想强势引领群众。但在长征的客观条件下，相对处于弱势的中共与红军没有充分的时间让群众深入学习、了解自己的政治理想，为了达到自己的基本目标，中共和红军必须从群众真正所需、所感出发，找到群众实际需求与自身政治理想的结合点来开展工作。正如土地革命初起、群众斗争未深入发展、中共势力尚微时，共产国际委员会曾致信中国共产党中央委员会，指出："绝不是一开始农民运动便直接号召施行土地革命，发动游击战争，暴动等。相反的，现在中国客观环境，使党必然着重指导一切部分的小的斗争，扩大农民群众之日常的要求与斗争，反对一切的剥夺形式，使这种斗争的政治意义更加提高。"① 长征时期的客观环境无异于中共初入农村之时，甚至所经地区比当时的群众基础还要薄弱，因此，在长征中，中共并没有采取阶级斗争路线下最具典型性、代表性的动员手段如分田地来发动群众，而是针对各地群众的多元诉求，对日常性的群众工作进行细节调整，扩大没收征发、扩红、少数民族工作等具体工作中的群众日常要求与斗争，提高这些具体而微的群众

---

① 《共产国际执行委员会与中国共产党书》（1929年6月7日），见中共中央党史研究室第一研究部编：《共产国际、联共（布）与中国革命档案资料丛书》第11册，北京：中共党史出版社2020年版，第459页。

工作的政治意义，在满足群众需求、发动群众斗争中同时展现自己的政治理想与政策主张。

比较长征前后不同历史时期的群众工作方法，可以看到下列几个鲜明特征：

1. 由于处在过渡时期和路线转折时期的现实，长征时期的群众工作得以突破中共具体政治目标的严格限制，在具体实施过程中实际并没有以中共的政治诉求为中心，而是围绕地方群众的实际需求，将重心放在发动群众进行日常性斗争，并极力提升日常斗争的政治意义。这就使得长征中的群众工作呈现出灵活性、零散性却又不够深入的表征，但深入分析又可以看到这些表征的背后，有着混合性的多重政治诉求。

2. 由于长征的流转性，长征中的群众工作缺乏地方政权和群众组织的充分参与，部队是最重要的力量，很多工作都是以部队为主力完成的。而长征中军事行动无疑是第一位的，这表面看来会影响群众工作的开展，军队依靠作战才能赢得群众工作时间，但实际上恰恰因为军事地位的突出，使得长征中的群众工作不得不更紧密地与军事行动结合在一起，呈现出高度集中统一的领导机制、贴近战争需要、适应战争的高效率等鲜明的战时群众工作特征。这无疑为全民族抗战时期军队开展群众工作提供了丰富的经验借鉴。

3. 由于躲避敌军的需要，长征所经之地大部分为偏远的农村或少数民族地区，这些地区的群体，无疑是国家政治统治边缘地带的边缘群体，文化认知水平有限。相对于在苏区时和全民族抗战期间有一定自主权选择较开明的群众工作对象而言，长征中群众工作对象的选择基本是被动的，这就迫使中共不得不以被边缘化的农村最底层农民或认知习惯迥异的少数民族为对象，采取更喜闻乐见的宣传方法、更直接有效的实际行动来争取群众，这也使得中共的群众工作方式颇“接地气”，洋溢着浓厚的务实特征。

三、没收征发

没收征发是长征中日常性普遍开展的群众工作之一。翻阅长征沿途群众的回忆文章，最频繁、反复出现的场景是红军不仅不乱拿群众东西，还没收地主财物分给群众。这一方面是由于群众最关心直接的财物得失，所以多年后仍记忆犹新；另一方面则是因为食宿问题是一支远征部队必须和地方群众发生的最主要、最直接的联系。长征中的《红星》报曾指出："在最近数天的行动中，我们没有充分的时间，来进行没收地主阶级的土地分配给农民，以及建立地方党与群众组织的基本工作。打土豪、捕捉反革命，差不多是我们在短促的时间内所能够做的仅有的中心工作。"[①] 寥寥数语，鲜明勾勒出在长征这种流动行军的状态下，没收征发工作在红军群众工作中的特殊重要位置。而且，长征沿途地区一般群众受教育程度普遍较低，

---

① 《关于目前地方居民中的工作》，载《红星》报，1934年11月，第3期。

对于红军的宣传教育难以在短时间内深入理解，远不如惩罚或处死为害一方的恶霸，没收地主财物分给贫苦民众所带来的现实冲击来得巨大。由此，与苏区时期主要作为财政收入手段不同，没收征发工作在长征中不仅承担经济职能，更被赋予了发动群众的积极政治职能，成为重要的群众工作内容。

目前，关于红军在长征中如何获得后勤补给，学界已有不少研究成果。大量研究显示，红军主要通过没收征发、公平买卖、战争缴获、留条借贷等手段来获得给养，为我们勾勒出了长征红军多方筹措物资保障的整体面貌。但专门针对没收征发工作的具体研究尚显不足，且多从经济角度探讨，而未见有从群众动员角度的研究。本章即结合政治与经济两个视角，从具体的历史细节出发，展示在长征这种行军作战的非常状态下，红军进行没收征发的具体复杂情况及其对军民关系的影响，从一个侧面深入地探索长征中群众工作的策略、制度及其如何影响长征总体战略的历史进程。

（一）没收征发的组织机构建设

毛泽东在井冈山时期就将“打土豪筹款子”定为工农红军三大任务之一。经过六七年的土地革命，中共和红军已经积累了丰富的没收征发的工作经验。但王明等“左”倾教条主义错误的领导者，认为这种方法不正规、不光彩，于 1932 年 7 月取消了主力红军的筹款任务，改为政府负责供给。这导致了红军经费、财政的紧张，不得不从 1933 年 1 月开始重新恢复打土豪筹款的财政工作。[1] 临

---

① 张侃、徐长春：《中央苏区财政经济史》，厦门：厦门大学出版社1999年版，第284页。

时中央迁入中央苏区后，进一步批评中央苏区邓子恢的财政收入基础“是建筑在沙滩上”，即没有可靠的税收，而建立在没收土豪的财产上。迫使财政部不得不提高税率，加印纸币，造成根据地民众的困难。对此，1933 年 8 月，国民经济部部长林伯渠兼任财政人民委员部部长，成立了没收征发委员会，确定副部长邓子恢监管这一工作，并在地方和部队设立下属机构，大张旗鼓地开展征发没收工作。[①]1934 年 1 月，毛泽东在第二次全国苏维埃代表大会的报告中指出:“苏维埃的财政来源乃是:(一)向一切封建剥削者进行没收或征发;(二)税收;(三)国民经济事业的发展。”而没收征发即向苏区与白区地主、富农筹款，“这一方面的收入常常占了主要的位置”，因为“苏维埃把主要财政负担放在剥削者身上”。[②]

长征突围前，中央红军仓促间筹集了 60 万担粮食，供长征开始阶段食用。[③] 平均到各部队每个人，能够携带的给养不过十余天，而“千里携粮，为兵家之大忌”，因此，长征中的补给主要依靠沿途解决。这样，苏区时期财政收入的重要手段——没收征发工作得以延续，并且由于长征流转作战，没有了在根据地时的政府财税收入，没收征发工作成为长征中红军获得物资补给的主要手段，有时甚至是唯一手段，其重要性进一步凸显。长征开始后，林伯渠出任没收征发委员会主任及红一方面军总供给部部长。1934 年 10 月 22 日，红军突破第一道封

① 本书编写组：《林伯渠传》，北京：红旗出版社1986年版，第165—166页。

② 毛泽东：《在第二次全国苏维埃代表大会上的报告》（1934年1月24日、25日），见中共中央文献研究室、中央档案馆编：《建党以来重要文献选编（1921—1949）》第11册，北京：中央文献出版社2011年版，第118页。

③ 陈云：《关于红军长征和遵义会议情况的报告》（1935年10月15日），见《陈云文集》第一卷，北京：中央文献出版社2005年版，第2页。

锁线后，考虑到白区后不能再用苏维埃钞票买东西，总政治部代理主任李富春根据没收征发委员会拟定的文稿，发布了《没收捐款暂行细则》，进一步明确了长征中没收征发工作的组织权责。此后没收征发的组织机构随着红军长征的实际需要不断进行调整和完善，但其主体机构始终由三个权力部分组成：决定权、执行权、监督权。

1. 决定没收征发的机构——从苏维埃政府到军队政治部

在中央苏区时期，是否没收某家财产，一般由政府决定，并经群众同意通过。据1932年12月28日《中央土地人民委员部训令》：“凡没收某家财产，首先必须经过调查，调查确实后再经政府决定，由政府派人将财产标封，以后再召集群众会宣布罪状及没收理由，经过贫农团、雇农工会（的）作用，在群众会中通过。分配方法亦同时由群众表决，并公举没收财产委员会”[①]。长征开始后，原来享有决定权的各级政府显然已不存在，其职能由团级以上政治部门取代。1934年10月22日，总政治部代理主任李富春根据没收征发委员会拟定的文稿，发布了《没收捐款暂行细则》，规定没收征发的决定权，“属于团政治处（师以上之直属队，属于各级政治部或直属队政治处），惟在城市时，则属于进城部队的最高政治机关。”“各连队之政治首长及支部，应发动所属战士尤其是党团员，在驻地附近调查地主、富农及反动分子，填调查表，送交团政治处批准，由政治处派人协同进行没收、拘捕等工作”。[②]

---

① 《中央土地人民委员部训令第一号》，载《红色中华》，1933年1月14日，第47期，第5版。

② 《总政治部关于没收捐款暂行细则》（1934年10月22日），见中国人民解放军政治学院政治工作教研室编：《军队政治工作历史资料》第三册，北京：中国人民解放军战士出版社1982年版，第161页。

此细则有两点值得注意：一是不再规定进行没收征发要经群众会议同意。举行群众会议在苏区时期就难以落实，《红色中华》报曾指出："过去很多地方没收财产只经过少数贫农团或政府秘密决定，便进行没收，而没有注意去发动群众宣传群众，因此有些群众不了解，反以为是某些人公报私仇。"[①]长征中行军作战匆忙，频繁举行群众会议更不具备条件。但为了尽可能地发动群众，避免留下随意劫掠的形象，红军的没收征发工作仍需要群众意愿的参与，只是方式更为灵活简便。据李坚真回忆，在长征中打土豪，部队进行"由远及近的调查后，作出判断，然后就在地主土豪家的大门上贴字条，最后再向群众核实。群众见我们已摸清了底，也就敢讲实情了"[②]。以群众调查的方式获得了认可。此外，贴布告公示也是获取群众意见的手段。贵州现在留存有两份红一方面军某团政治部的布告，内容为某人为地主，有什么罪行，遵照苏维埃法令，将其家产没收并罚款等。[③]这种布告类似于今天的公示，在当时是很常见的公开征求群众意见的办法。据谭友林回忆，红二、六军团在长征途中"打土豪的办法是，先由群众提出应打的名单，经工作队或拥护红军委员会审查批准后，张贴告示，将其压迫群众的罪行公诸于众，将其财物没收分给贫苦群众"[④]。因此红二、六军团在湘、黔、滇地区，"常

---

① 《中央土地人民委员部训令第一号》，载《红色中华》，1933年1月14日，第47期，第5版。

② 《李坚真回忆录》，北京：中共党史出版社1991年版，第75页。

③ 《中国工农红军"福州"政治部布告》（1935年1月13日）、《中国工农红军"河南"政治部布告》（1935年1月26日），见《贵州社会科学》编辑部、贵州省博物馆：《红军长征在贵州史料选辑》，1983年印刷，第46、59页。

④ 谭友林：《红旗卷过黔大毕——红二、六军团长征片断》，见中国人民解放军历史资料丛书编审委员会编：《红军长征·回忆史料（2）》，北京：解放军出版社1992年版，第165页。

能很快的经过群众调查出当地的豪绅地主，并经过没委会实行没收土豪家里的财产”[①]。可见，虽然决定权由团以上政治部门控制，但群众意愿仍有参与，这既是没收征发合理性的保证，更是发动群众的重要途径。中央红军长征到吴起镇之后，由于这里已经建立苏区，有苏维埃政府和群众团体，没收征发工作很快恢复正规化，1935 年 10 月 24 日，中国工农红军陕甘支队政治部发布命令，要求“打土豪要经过纵队政治部的批准，要经过当地政府与群众组织的同意，并由他们派人同去没收，否则严禁打土豪”[②]。

二是决定权的归属在乡村和城市亦有不同。一般情况下团政治处即可决定，但在城市则由进城的最高政治机关决定。根据红一军团进遵义城时发布的相关规定可知，允许进城的“在原则上除政治机关保卫局及军团与师的政治部外，其余部队一律不准进城”。“如因战斗关系而必须入城时，亦只限战斗部队入城。”“入城部队当其战斗任务完毕后，除派出必需（如需要派出时）之警戒外，余应立即开出城外集结在城郊宿营。”[③] 因此，在城市的最高政治机关常为军团政治部或师政治部，这显然比团政治处的级别高不少，也意味着进行这项工作更为慎重。对此，细则也说得很清楚，“在我军新占领

---

① 《二、六军团长征政治工作总结报告》（1936年12月19日），见中国工农红军第二方面军战史编辑委员会编：《中国工农红军第二方面军战史资料选编》（四），北京：解放军出版社1996年版，第169页。

② 《中国工农红军陕甘支队政治部关于打土豪问题的命令》（1935年10月24日），见中共中央文献研究室、中央档案馆编：《建党以来重要文献选编（1921—1949）》第12册，北京：中央文献出版社2011年版，第426页。

③ 《红一军团首长关于进入城镇执行政策的规定》（1935年1月5日），见中国人民解放军政治学院政治工作教研室编：《军队政治工作历史资料》第三册，北京：中国人民解放军战士出版社1982年版，第241页。

之城市，一切没收、征发、捐款等工作，均集中由进城部队之最高政治机关及其没收委员会统一进行，各部队不得单独进行，以免造成无组织的混乱现象。”[①]红军在城市的行动比在乡村更具影响力和传播力，城市政策相对严格也是情理之中。入城的主要是政治部队，应该也是考虑到政治工作人员的政治素质和对相关政策的把握往往比战斗部队要好，且能够发挥更大的宣传动员能量。而在乡村，各部队由于行程不一致，有的村尤其是一些小村落，可能只路过或驻扎了一个连、一个班。行程匆忙，不可能事无巨细都请示上级，很多时候需灵活处理。这也是长征前政治部一再强调要“提高连指导员、支部与每个党团员的自主性、责任心与独立的工作能力”[②]的原因。但决定权仍定在了团政治处以上，而未下放到连队指导员，主要基于连队的政治素质情况。连队没有专门的政治工作部门，由指导员领导政治工作。长征前夕萧华曾在《实际转变中的连队政治工作》中指出：“过去有些连上纪律很坏。”有的“连长、指导员认不到字”，“甚至有个别指导员闹出‘苏维埃是一个人’，‘法西斯蒂的实现是敌人力量加强’的笑话。”[③]加上长征中很多工作都需要保密，文件往往只传达到军团级、师级、团级，连队基本不能直接看到文

① 《总政治部关于没收捐款暂行细则》（1934年10月22日），见中国人民解放军政治学院政治工作教研室编：《军队政治工作历史资料》第三册，北京：中国人民解放军战士出版社1982年版，第161页。

② 《总政治部关于连队政治工作的指示》（1934年6月5日），见中国人民解放军政治学院政治工作教研室编：《军队政治工作历史资料》第三册，北京：中国人民解放军战士出版社1982年版，第84页。

③ 萧华：《实际转变中的连队政治工作》（1934年8月5日），见萧华传记组·军事科学院《萧华文集》编辑组编：《萧华文集》（上），北京：解放军出版社2014年版，第30、32页。

件，对政策往往把握不到位，容易出现偏差。由此可见，虽然一直强调长征中处事的灵活性，但为了避免没收征发工作出现无条理、多头绪的混乱情况，党和红军从决定权这一组织层面就做了严格防范。1935 年 7 月之后，总政治部要求“各部队筹措资材与给养，应以团为单位，由各连队派给养人员，在地方工作领导下，组织先遣队统一没收、筹划与分配给养工作，严禁各连队在行军中打土豪，在宿营地区仍须发动连队积极调查土豪，但未得政治处批准前，严禁没收”①。这一点红一方面军在长征结束后仍继续执行，1936 年 3 月 11 日颁布的《红一方面军政治部关于没收暂行条例》再次明确“各连队无没收之权。如连队在白区单独行动或距团政治处很远，连指导员得受团政治处之委托，执行批准没收之权，但该连必须事后负责报告团政治处”②。1936 年 8 月，又在红军西征的经验基础上，进一步规定“除政治机关地方工作人员及政治机关所委托者外，概无打土豪之权，否则以私打土豪论”。“连队无打土豪之权，连队在单独行动时，可以打土豪，但在归还建制时必须向团政治处详细报告，发生错误连队首长应负完全责任”。③

2. 执行没收征发的机构——没收征发委员会的变化

没收征发委员会早在 1930 年 7 月即已产生，“专门负责管理地

---

① 《关于收集资材粮食的指示》（1935年），见中共中央统战部编：《民族问题文献汇编（1921.7—1949.9）》，北京：中共中央党校出版社1991年版，第343页。

② 《红一方面军政治部关于没收暂行条例》（1936年3月11日），见中国人民解放军政治学院政治工作教研室编：《军队政治工作历史资料》第三册，北京：中国人民解放军战士出版社1982年版，第429页。

③ 《中国人民红军抗日先锋军西方野战军关于西征地方工作总结的训令》（1936年8月26日），见中共中央统战部编：《民族问题文献汇编（1921.7—1949.9）》，北京：中共中央党校出版社1991年版，第423页。

主罚款，富农捐款及归公没收物品等。红军初到城市向商人筹款时，也由没委会负责进行。”没收征发委员会在地方财政、红军政治部、军区及地方武装系统下均有设置，统一由财政人民委员部没委会管理，“自成一个收款系统，在工作上、会计上，发生上下级的隶属关系。”“没委会委员人数，省一级七至九人，县、区二级及与区同等之市一级五至七人，乡一级五至九人。各级没委会设主任一人。”①

没收征发委员会成立时是作为一个临时的但比较长时期的组织，当地方没有地主罚款、富农捐款收入的时候，就可以申请撤销。考虑到长征中机构的变化，以及没收征发工作重要性的异常凸显，没委会的建设也进一步明确和健全。1934年11月10日，总政治部在原有组织条例的基础上，颁发了《关于红军中没收征发委员会暂行组织条例》，重新规定：“从步兵团起至师、军团、总政治部，均设立没收征发委员会，各级没委在同级政治机关的指导下进行工作。”与决定权一致，没委会也设在团级以上。同时规定各级没委会委员以及工作人员的编制人数，总没委、军团没委委员七人；师没委、团没委委员五人。数量与中央苏区时期相比，没有了浮动数，总体人数略减。工作人员数量更少，团没委工作人员仅二人，包括一名出纳，一名特务兼保管，会计由团没委会主任兼。从团往上，每级增加一人，但岗位设置相同，只是特务和保管的人数增加。这与各级别所管理的物品增多也有关。为保证没委会的正常有效运转，要求各级没委会的主任、工作人员必须脱离军职，专职从事没收征发

① 《中央财政人民委员部没收征发委员会组织与工作纲要》（1930年7月10日），见赣州市财政局、瑞金市财政局编：《中华苏维埃共和国财政史料选编》，2001年印刷，第203页。

工作。[①]显然，在长征各种人员紧缺、一人往往身兼数职的情况下，专职人员的设置是十分必要的。

同时，没委会的工作内容有所扩大，“部队中对于地主豪绅及反动分子的一切没收征发工作，完全归没委负责，由没委登记，转账及处理”。没委会不仅仅是将东西收上来登记，还要负责处理。不过这种处理是初步的，它只是决定由哪些部门进行下一步处理。“分配地方群众的物品，须交同级政治机关分配。”“没委所没收之米谷及军用资材，均送同级供给机关处理。”[②]

虽然明文规定没收征发工作由没委会负责，但在实际操作中，没委会的工作类似于财务部，设出纳、特务、保管和会计，更多偏重经济方面。“没征委员会，是在当时的特殊情况下成立的，主要任务是保存红军的金银、现洋和收集各个先遣队打土豪劣绅没收的银元等，负责调剂各大单位的经费。”[③]这在根据地时没太大问题，但在长征中，没收征发作为一个过路部队和地方群众所发生的最主要、最直接的联系，对群众的影响极大。“群众常常不听我们所说的好听的话，他们首先要看我们的实际行动。”[④]“红军最深入群众的影响是在于第一，他们领导打土豪，分东西给农民；第二红军有纪律，到处和群众是亲善

---

① 《关于红军中没收征发委员会暂行组织条例》（1934年11月10日），见中国人民解放军政治学院政治工作教研室编：《军队政治工作历史资料》第三册，北京：中国人民解放军战士出版社1982年版，第172页。

② 《关于红军中没收征发委员会暂行组织条例》（1934年11月10日），见中国人民解放军政治学院政治工作教研室编：《军队政治工作历史资料》第三册，北京：中国人民解放军战士出版社1982年版，第172页。

③ 王群：《长征过贵州的片断回忆》，见聂荣臻等：《伟大的转折——遵义会议五十周年回忆录专辑》，贵阳：贵州人民出版社1984年版，第639页。

④ 《关于目前地方居民中的工作》，载《红星》报，1934年11月4日，第3期。

的弟兄似的。”[①]没收征发工作在长征中不仅具有经济意义，更具有发动群众的积极政治效果，这就对没委会提出了更高的工作要求。红二、六军团就曾批评“没收委员会对筹款的工作计划和没收的工作实际的领导与经验的传达是非常缺乏的”[②]。而没委会仅在团级以上有设置，人数极其有限，不可能包揽整个没收工作。这就使得在没委会之外，还需要其他部门来协作完成整个没收征发工作。

最主要的是各级政治部门的广泛参与。本来政治机关就负责指导同级没委会的工作，而1934年10月22日《没收捐款暂行细则》规定，没收征发工作“由各级没委派员或由政治部（处）派员负责进行，惟在某一部队单独行动，距离没委较远时，则由该部队政治首长指人负责进行”[③]。因此，只要政治机关指派，其他人员同样享有与没委会工作人员的同等职权。时任红一军团一师三团党总支书记的萧锋曾在《长征日记》里记录：1934年12月30日，红军袭占余庆城后，其所在团和师部进驻城内，“由师部民运科统一领导打土豪。”[④]而据长征中红二方面军的宣传员陈靖回忆：“进入宿营地，宣传员首先要为驻地各单位筹划粮食，或买或借，或没收地主的粮食，否则部队就吃不上饭。与此同时，还要调查和没收土豪财物，召开群众大会和扩大

① 《中国工农红军川滇黔边区游击纵队斗争史》，昆明：云南人民出版社1986年版，第159—160页。

② 《二、六军团长征政治工作总结报告》（1936年12月19日），见中国工农红军第二方面军战史编辑委员会编：《中国工农红军第二方面军战史资料选编》（四），北京：解放军出版社1996年版，第172页。

③ 《总政治部关于没收捐款暂行细则》（1934年10月22日），见中国人民解放军政治学院政治工作教研室编：《军队政治工作历史资料》第三册，北京：中国人民解放军战士出版社1982年版，第161页。

④ 萧锋：《长征日记》，上海：上海人民出版社2006年版，第31页。

红军。这三件事是每天必须做，而且必须做出成果来的。”[①] 可见政治机关的下属人员参与没收征发工作的情况是非常普遍的。

此外，由于没收归群众的物品由政治机关处理，这部分工作是没委会不参与的。而这部分工作实际上是长征中相当重要的群众动员手段，考虑到没委会工作人员岗位的设置，将这部分工作内容交给政治机关亦合情合理。

除上述部门外，供给机关负责处理没收上来归部队的物品；各级警卫排（连）、军团政治部政卫连负责“拘捕、看守，与解押地主豪绅”；红军保卫局负责破获反革命分子，协助没收犯人财物。[②] 军团政治部保卫局（如师单独行动时师政治部）还负责“城市中反动机关或商店的没收工作”[③]。这些部门的参与协作对于没收征发工作十分必要。

从没委会的岗位设置和工作内容可以看出，没委会负责的主要是没收征发工作中财政这一块，这与中央苏区时期没委会归财政人民委员会领导是一致的。但长征中没收征发工作的职能与内容都得以扩充，在经济性之外更多地增加了政治性，在成为部队重要供给来源的同时，更成为发动群众的重要政治工作。因此，政治部门的参与日益重要。鉴于此，遵义会议后部队进行缩编，1935 年 2 月 20

① 陈靖：《更加众志成城——回忆红军长征中的宣传文化工作》，见云南省文化厅、中共云南省委党史研究室编：《中国工农红军在云南革命文化史料选》，昆明：云南民族出版社1996年版，第100页。

② 《关于红军中没收征发委员会暂行组织条例》（1934年11月10日），见中国人民解放军政治学院政治工作教研室编：《军队政治工作历史资料》第三册，北京：中国人民解放军战士出版社1982年版，第172页。

③ 《红一军团首长关于进入城镇执行政策的规定》（1935年1月5日），见中国人民解放军政治学院政治工作教研室编：《军队政治工作历史资料》第三册，北京：中国人民解放军战士出版社1982年版，第241页。

日《总政治部关于保障红军给养克服战费困难的训令》决定：取消各级没收委员会，改为在各级政治部地方工作部下设立没收征发科，负责指导与计划没收征发工作。团政治处则由地方工作组中指出一个干事，为没收征发干事。[①]4 月 14 日，朱德、周恩来等指示："以后打土豪，应归各该政治部地方工作部统一指挥"[②]。没委会从与政治机关同级的机构降为政治机关下属机构，工作职能大大缩减，而地方工作部逐步成为没收征发的主要执行机构，这恰恰表明长征中对没收征发工作的政治职能定位日益明确。

表 3.1　长征前后的没收征发委员会组织

名称	时间	归口单位	工作内容	人数
没收征发委员会	1930.7—1934.10	财政人民委员会	管理地主罚款，富农捐款，归公没收物品，初到城市向商人筹款	省一级七至九人，县、区二级及与区同等之市一级五至七人，乡一级五至九人
没收征发委员会	1934.11—1935.1	总政治部	没收地主反动分子财物，向富农及城市商人捐款；登记，转账及处理	总没委委员七人；军团没委委员七人；师没委委员五人；团没委委员五人
没收征发科	1935.2—	政治部地方工作部	指导与计划没收征发工作；审查、批准，处理没收征发品	团以上设没收征发科，团设没征干事一人

① 《总政治部关于红军给养克服战费困难训令》（1935年2月20日），见中国人民解放军政治学院政治工作教研室编：《军队政治工作历史资料》第三册，北京：中国人民解放军战士出版社1982年版，第264页。

② 《军委及总政首长关于打土豪归地方工作部指挥的指示》（1935年4月14日），见中国人民解放军政治学院政治工作教研室编：《军队政治工作历史资料》第三册，北京：中国人民解放军战士出版社1982年版，第271页。

3. 监督没收征发的机构——地方工作部

“各级政治部之地方工作部”负责监督没收征发工作，“经常检查这一规定的执行情形，如发现违反工农群众利益，或不遵照上述规定办法进行的，严格以组织上制裁。”① 同时，“各级没委应经常向同级政治机关及上级没委作工作报告，团没委每周报告一次，师没委每半月报告一次，军团没委每月报告一次。”② 这些规定出自遵义会议之前，此时没收征发工作与地方工作部同属总政治部，却由其负责监督，可见没收征发与地方工作的关系密切。遵义会议之后，没委会变成地方工作部的没收征发科，地方工作部监督没收征发工作更顺理成章。1935 年 2 月 16 日，总政治部就规定：“在沿途及宿营地征集给养，必须有政治工作人员同去，严格保证不乱打土豪。”③

从没收征发工作的决定权、执行权、监督权这三个层面的组织设置来看，政治工作机关始终占据着相当大的权重。这与苏区时期没收征发作为财政收入主要来源的工作重点有所区别。总政治部曾指出“打土豪应以筹款及发动群众为中心”④，发动群众与筹款同为中心，决定了没收征发工作兼具的经济性和政治性。这恰恰反映了

---

① 《总政治部关于没收捐款暂行细则》（1934年10月22日），见中国人民解放军政治学院政治工作教研室编：《军队政治工作历史资料》第三册，北京：中国人民解放军战士出版社1982年版，第161页。

② 《关于红军中没收征发委员会暂行组织条例》（1934年11月10日），见中国人民解放军政治学院政治工作教研室编：《军队政治工作历史资料》第三册，北京：中国人民解放军战士出版社1982年版，第172页。

③ 《总政治部关于中央红军向贵州挺进途中的政治工作的指示》（1935年2月16日），见中共中央文献研究室、中央档案馆编：《建党以来重要文献选编（1921—1949）》第12册，北京：中央文献出版社2011年版，第96页。

④ 《总政治部关于红军给养克服战费困难训令》（1935年2月20日），见中国人民解放军政治学院政治工作教研室编：《军队政治工作历史资料》第三册，北京：中国人民解放军战士出版社1982年版，第264页。

即使在长征这种物资极度匮乏的特殊情况下，中共仍然将发动群众、获得群众支持放在了与物资供给同样重要的位置，这就从整体层面保证了没收征发的正确政治方向。而决定权的严密考虑、执行权的多重协作、监督权的多层设置，均显示出中共在原有基础上，对长征中没收征发工作的操作性与程序性进行了周密考虑，尽可能地从组织层面对乱打土豪的可能性作了防范。

（二）没收征发的基本原则

经过六七年的土地革命，到长征前夕，中共和红军积累了丰富的没收征发工作经验，相关的条例、规定也非常多。如在中央苏区，中央政府规定要区分地主和富农，“对地主是消灭他的经济力量，对富农是削弱他的经济力量”[①]。一般不没收商人及资本家的财产，只是对富农、城市资本家进行捐款等。[②]在中央总原则之下，其他根据地也有相关规定和灵活变通。红四方面军在川陕苏区时就曾规定“没收川陕一切军阀、豪绅、地主、卖国贼、汉奸、团总、区正及反动头目的一切财产、粮食、衣物，分归穷人”。“不参加任何反革命活动的商人老板”不得没收；“对富农不能一般没收”。[③]红二军团在长征之前，考虑到“当时部队不大，打土豪不是普遍地打，只打罪大恶极的，打老百姓痛恨的。打了土豪，晚上悄悄地把粮食、衣服、

---

① 《中央财政部、土地部为筹款问题给乡主席、贫农团的一封信》（1933年10月19日），见赣州市财政局、瑞金市财政局编：《中华苏维埃共和国财政史料选编》，2001年印刷，第209页。

② 《中华苏维埃共和国人民委员会训令（中字第三号）——关于地主富农编制劳役队与没收征发问题》（1934年5月20日），见赣州市财政局、瑞金市财政局编：《中华苏维埃共和国财政史料选编》，2001年印刷，第211页。

③ 《川陕苏维埃政府的六篇布告》（1935年3月），见《川陕革命根据地历史文献选编》（上），成都：四川人民出版社1979年版，第189、190页。

铜元等送到贫雇农家里。对小地主、富农，没惊动他们，打击面窄。封建势力叫我们分化了一部分。”[①] 到创建湘鄂川黔苏区时，则规定“豪绅、地主、军阀、官僚、大私有者的土地、房屋、财产、用具一律没收”“富农的土地应该没收”，但对于地主、富农兼商人的，其商业及与商业相关的财产不没收。[②]

长征时期，党和红军所经之地大部分都是国民党统治之下的白区，所要考虑的不仅仅是打击敌人、获得给养，还要根据各地不同民情，考虑怎么发动群众，怎么保存自身力量，而且随着中日矛盾逐步上升，如何尽可能地团结更多的人到抗日旗帜下来，这势必影响到中共没收征发的政策。同时，另一方面，长征中各连队机动性增强，突发性状况频生，没收征发的条款也不可能规定得面面俱到，而只能作一些原则性的要求。

1. 一般原则及其隐忧

根据政治部发布的相关细则，没收征发的对象主要是四种：地主、富农、商人、反动分子。对地主、反动分子的原则很清楚，“地主反动分子，应没收其家产的全部，并拘捕其主要家人”[③]，“没收军阀官僚地主豪绅的一切财产”[④]。对于富农则相对宽松，“富农可向其

---

① 贺龙：《回忆红二方面军》，载《近代史研究》，1981年第1期，第28页。

② 《湘鄂川黔省革命委员会没收和分配土地的条例》（1934年12月1日），见中国工农红军第二方面军战史编辑委员会编：《中国工农红军第二方面军战史资料选编》（四），北京：解放军出版社1996年版，第3页。

③ 《总政治部关于没收捐款暂行细则》（1934年10月22日），见中国人民解放军政治学院政治工作教研室编：《军队政治工作历史资料》第三册，北京：中国人民解放军战士出版社1982年版，第161页。

④ 《工农红军总政治部关于地方工作的指示信》（1935年1月14日），见中国人民解放军政治学院政治工作教研室编：《军队政治工作历史资料》第三册，北京：中国人民解放军战士出版社1982年版，第253页。

捐款，及征集必要的军事资材（如洋油、军用品，有时得征集其粮食），在必要时（如该富农可捐大批款项，部队要行动时），亦可拘捕富农。”[①] 在农村主要反对地主，“对富农暂时不重新分配他们的土地与没收他们一部分农具”[②]。“对于富农商人的政策，应该更多慎重，向富农捐款或必要时征发其粮食，应该估计有可能时行之，不要乱贴‘空条子’。”[③] 对于商人的政策比较灵活，在“保护民族工商业”的总原则下，尽量团结大多数。“对富农商人知识分子等，要采取许多的灵活的策略，以免红军在决战中造成更多新的困难。”[④] 主要考虑商业的大小和商人的政治倾向，“使城市与圩坊的商人继续营业”，“极端审慎向商人捐款，没有证实进行反革命活动来破坏军事行动的商店，不能没收”。[⑤]“对中小城市的商人，一般的不进行捐款，即对于较大的商人的捐款，亦须由军团以上之政治机关决定行之，对于商店的没收必须经过团政治处或师政治部的批准。”特别是“在农村阶级斗争刚开始的地方，对于商人兼地主的一般的策略，应是‘不

---

① 《总政治部关于没收捐款暂行细则》（1934年10月22日），见中国人民解放军政治学院政治工作教研室编：《军队政治工作历史资料》第三册，北京：中国人民解放军战士出版社1982年版，第161页。

② 《工农红军总政治部关于地方工作的指示信》（1935年1月14日），见中国人民解放军政治学院政治工作教研室编：《军队政治工作历史资料》第三册，北京：中国人民解放军战士出版社1982年版，第254页。

③ 《总政治部关于红军给养克服战费困难训令》（1935年2月20日），见中国人民解放军政治学院政治工作教研室编：《军队政治工作历史资料》第三册，北京：中国人民解放军战士出版社1982年版，第264页。

④ 《工农红军总政治部关于地方工作的指示信》（1935年1月14日），见中国人民解放军政治学院政治工作教研室编：《军队政治工作历史资料》第三册，北京：中国人民解放军战士出版社1982年版，第253页。

⑤ 《工农红军总政治部关于地方工作的指示信》（1935年1月14日），见中国人民解放军政治学院政治工作教研室编：《军队政治工作历史资料》第三册，北京：中国人民解放军战士出版社1982年版，第254页。

没收其商店，只没收其地主部分财产’。但如果我们不没收部分之财产，对于罚款更有利时亦可暂时不没收其财产”。[①]

从这些规定可以看出，出于政治需要，中共的没收征发政策比起苏区时期来说宽松了很多。富农并没有作为主要打击对象，仅在有必要时征发粮食或拘捕。中小商人除非从事反革命活动，一般也不进行没收征发工作；对大商人的没收征发程序相当严谨。中共强调，“在阶级斗争刚开始的地方，对没收与征发必须采取谨慎的态度，胡乱的轻易的没收与征发都是有害于群众斗争的发动”[②]。此后随着“左”倾教条主义错误在实际工作中慢慢得到纠正，没收政策也越来越明确和慎重。1935 年 9 月 18 日，中央红军到达哈达铺之后，毛泽东致电彭德怀等人，指出“没收限于地主及反动派，违者严处”[③]。瓦窑堡会议后，进一步转变富农政策[④]，认为在白区，富农一般地参加了抗日反蒋斗争，不应故意排斥其参加革命斗争。在苏区，对富农“只取消其封建式剥削的部分”，“所经营的（包括雇工

---

① 《总政治部关于红军给养克服战费困难训令》（1935年2月20日），见中国人民解放军政治学院政治工作教研室编：《军队政治工作历史资料》第三册，北京：中国人民解放军战士出版社1982年版，第264页。

② 《总政治部关于红军给养克服战费困难训令》（1935年2月20日），见中国人民解放军政治学院政治工作教研室编：《军队政治工作历史资料》第三册，北京：中国人民解放军战士出版社1982年版，第265页。

③ 《毛泽东关于部队行动部署和严整纪律问题给彭德怀等的电报》（1935年9月18日），见中共中央文献研究室、中央档案馆编：《建党以来重要文献选编（1921—1949）》第12册，北京：中央文献出版社2011年版，第316页。

④ 《中共中央关于改变对付富农策略的决定》（1935年12月6日）、张闻天：《改变对富农的策略》（1935年12月6日）、《中华苏维埃共和国中央执行委员会关于改变对富农政策的命令》（1935年12月15日），见中共中央文献研究室、中央档案馆编：《建党以来重要文献选编（1921—1949）》第12册，北京：中央文献出版社2011年版，第499—508、514—515页。

经营的）土地，商业，以及其他财产则不能没收。”[1]力争富农善意的中立。这直接影响到仍在长征的红二、红四方面军的没收工作。

关于没收征发的对象，还涉及一个身份认定的问题。红军“一边行军，一边打土豪、筹粮款，要求速战速决，没有时间充分发动群众，也没有时间作充分的调查，但也不能乱打，还要求准确，怎么办？”[2]地主、富农多出于经济层面的判定，有相对固定、可量化的依据，还比较好判断。李坚真回忆：“我们每到一个新区，我就带上几位同志，先到山岗高处，四周察看一番，看哪个村子有高房大院，豪户都住高房大院；再听狗叫的声音，听何处的狗叫得最凶，因为一般地主豪绅家的狗气大声粗，叫得最凶。然后再进村。先查看三栏（猪栏、牛栏、马栏），财主家牲口多；二看锅灶，有钱人家筑灶台，锅大油多；三看农具，地主家农具齐全。进屋后再看室内摆设，查检主人的来往信件等等。”[3]长征中，李坚真在中央直属机关司令部民运科工作，打土豪经验丰富，同志们开玩笑称呼她为“打土豪专家”，从她的回忆可以看出，她的经验是相关原则在实际工作中的有效总结和运用，比起繁琐的条文规定而言，非常容易操作。但缺点是相对粗糙、难以量化，尤其当碰到具有争议的情况，如介于地主、富农和中农之间的不好判断。贺龙回忆长征前创建黔东根据地时说：“那时候我们对什么是中农，什么是富农也不大懂，夏曦也说不清。从前潘家询夫妇说夏‘穿了缝裆裤讲开裆裤，还应当再

① 《中共中央关于改变对付富农策略的决定》（1935年12月6日），见中共中央文献研究室、中央档案馆编：《建党以来重要文献选编（1921—1949）》第12册，北京：中央文献出版社2011年版，第502页。

② 《李坚真回忆录》，北京：中共党史出版社1991年版，第75页。

③ 《李坚真回忆录》，北京：中共党史出版社1991年版，第75页。

"讲习"（学习）一下'，夏很伤心。还是万涛他们一些人在洪湖时常常下去摸，还懂得一些。"[①]据群众李国平回忆，红二方面军过石阡时，"寨上李秀峰是个大地主，红军住在他家原来没有确定他家为土豪。后来红军在他家翻到一块匾，匾上有'南方之强'四个字。才把他的家抄了。"[②]红四方面军也指出："我们有些同志不求甚解的将中农和富农搞不清楚。应当根据剥削来，不是有余钱剩米就是富农，或是有的说放债不过一百吊的是中农，甚至说请一个长工就是富农，没有了解富裕中农有时请一个长工，或是放债超过一百吊，但他主要靠自己劳动为生，富农主要是依靠剥削为生。"[③]可见，对象的判定非常复杂，难以设定细致、严格的绝对标准，很大程度上依靠工作人员的经验，并在实际工作中不断修正。关向应总结红二、六军团长征中的政治工作，感觉没收工作存在的第一个问题，就是"有些政治机关和没收委员会对判定土豪与分析富农反动商店反动首领，有时发生过原则上的错误，后来感觉在城市中没收要特别慎重，并规定对某些有疑问的阶级分析，要归军团政治部批准（单独行动的师由师政治部批准）"[④]。

商人作为职业很好辨识，但区分中小商人和大商人的临界点在哪？目前并没有见到量化的规定，基本依靠经验，具有一定的随意性。

① 贺龙：《回忆红二方面军》，载《近代史研究》，1981年第1期，第28页。

② 《李国平给红军带路到中坝的情况》，见中国共产党石阡县委员会党史办公室编：《红军长征在石阡》，1986年印刷，第287页。

③ 《四川省第一次全苏大会准备会上国焘同志报告》（1936年1月16日），见《张国焘问题研究资料》，成都：四川人民出版社1982年版，第470页。

④ 《二、六军团长征政治工作总结报告》（1936年12月19日），见中国工农红军第二方面军战史编辑委员会编：《中国工农红军第二方面军战史资料选编》（四），北京：解放军出版社1996年版，第172页。

更难判断的是反动分子。这涉及政治层面的判定，与中共的政策变化密切相关。长征中，中共有两个显著的政策走向：一是在军事路线与实际工作中不断克服和纠正“左”的路线方针政策；二是建立抗日民族统一战线的战略意图不断成熟和清晰。在这样的政策影响下，对于一些可以争取的中间人士是否反动的判定就具有很大的灵活性。

瑞士籍传教士薄复礼曾回忆他作为反动分子被抓到红二、六军团长征队伍中的经历。薄复礼被视为反动分子，无非就因为他身为外国传教士，有通敌、反共的嫌疑。他几次经历群众大会公审，要求支付大额赎金，但赎金的数额并非固定，而是在讨价还价中变化。最后，他未缴纳赎金就被释放。薄复礼回忆当时萧克对他说：“我们决定区别对待外国人”，“你是瑞士公民，瑞士不是帝国主义国家，同中国没有订立不平等条约，也没有在中国设立租界，所以，我们决定明天就释放你”。[①] 这与萧克的回忆一致，在抗日民族统一战线策略的影响下，红二、六军团“在云南，开始改变对外政策，对于拥护和平阵线及诸小协约国的教堂、牧师，均不破坏及逮捕，即前逮捕者，亦予以释放”[②]。由于瑞士不是帝国主义国家，没有同中国签订不平等条约或在中国设立租界，因而薄复礼也不再是反动分子。而另一位来自德国的神甫凯尔纳则不在释放范围内，因为“他来自希特勒国家，他们是反共的”[③]。同样是传教士，不问其教派和平日言

---

① ［瑞士］薄复礼：《一个外国传教士眼中的长征》，张国琦译，北京：昆仑出版社2006年版，第160页。

② 萧克：《红二方面军的北上抗日》，载《党的文献》，1992年第1期，第45页。

③ ［瑞士］薄复礼：《一个外国传教士眼中的长征》，张国琦译，北京：昆仑出版社2006年版，第160页。

行，而依靠国籍来判断是否为反动分子，这一新标准的出台正是红二、六军团对中央建立抗日民族统一战线这一新的策略路线的一个即时反应。

此外，还有对地方官绅、反动机构任职人员的态度。遵义会议之前，在“左”倾教条主义仍然占据党内统治地位的大环境之下，一般认为，军阀、反动机构的官僚自然都是反动分子。1934 年 8 月，湖南嘉禾县第五区呈报红六军团西征过境情形时说：“赤匪以各机关公务人员为仇敌，报复之惨，言之发指，属所职员以该匪相距不远，行动叵测，难于防范，今尚不敢返所服务。”[①] 敌方汇报可能有夸大不实之处，但在“左”倾路线指导之下，对于长征这样一个大规模的流动行军，而且很多时候都是急行军、缺乏详细调查的状况下，一刀切地将旧机构的官员视为反动分子是很容易发生的事情。但到 1935 年 2 月，中共明确规定，“对于反动统治下的保甲长及其反对机关任职的普通分子（即不是负主要责任的），应根据其阶级成份及群众对其痛恨的程度，而决定是否没收。不能一般认为保甲长便是反革命分子，立即没收其财产。”[②]1935 年 4 月 29 日红一方面军进入嵩明城后，“按照调查名单搜捕官绅，但官绅大多数都化装逃躲了，少数没有躲脱的，捆绑起来，交出底财予以释放，个别顽固的被行军带走”[③]。被抓走的人因各自身份、工作性质不同也有不同待遇，据杨思俭回忆，被带走的

---

① 中国第二历史档案馆、湖南省档案馆编：《国民党军追堵红军长征档案史料选编》（湖南部分），北京：档案出版社1991年版，第152—153页。

② 《总政治部关于红军给养克服战费困难训令》（1935年2月20日），见中国人民解放军政治学院政治工作教研室编：《军队政治工作历史资料》第三册，北京：中国人民解放军战士出版社1982年版，第264页。

③ 苏勇：《红军攻进嵩明城的耳闻目睹》，见云南省嵩明县政协委员会编：《嵩明文史资料选辑》第一辑，1989年印刷，第62页。

张正荣任过区督学，李和清任过教育局局长，都没有遭到什么为难。因为红军“问明了他们是从事教育工作的，说知识分子是国家的财富，革命的同盟军，要他们协助革命”。而全县首富财主杨瑞生不仅家财全被没收，其子杨发昌还被抓走。[①]

从这些变化可以看出，中共在长征中随着实践的深入，不断地纠正“左”的错误路线，开始区分不同国家的外国人，注意争取知识分子，宽容对待反动机关任职的普通职员，显示着具体政策围绕中央的大政方针渐渐走向成熟。

由于基本原则本身存在的随意性和灵活性，使得红军在没收征发时不可避免会有一些失误。部队往往看着大户人家去打，这就容易错误没收一般群众的东西，尤其容易误伤中农利益。据苏勇回忆，红军攻进嵩明城后，“不侵犯一般民众，穷困的还得到打富济贫的利益。不明红军政策的我母亲，本属一般贫民，她听说红军要来，把家里的蚊帐被面送去藏于小普沙村较富的我外婆家，反而被红军清收济贫去了，而我住县城的家却秋毫无损”[②]。红六军团十六师四十七团团长覃国翰回忆红六军团到锡矿山时，“有一个班的战士在没收一户土豪的财产时，错把邻居一户农民的农具和一头猪没收了。”经群众反映，调查清楚后，让战士们抬上农具登门道歉，并赔了一头大肥猪。[③]这两例都是受到土豪富户的牵连。对商人区分标准不明，也

---

① 杨思俭：《红军过嵩明片断回忆》，见云南省嵩明县政协委员会编：《嵩明文史资料选辑》第一辑，1989年印刷，第64—65页。

② 苏勇：《红军攻进嵩明城的耳闻目睹》，见云南省嵩明县政协委员会编：《嵩明文史资料选辑》第一辑，1989年印刷，第63页。

③ 覃国翰：《点燃锡矿山的革命烈火》，见中国人民解放军历史资料丛书编审委员会编：《红军长征·回忆史料（2）》，北京：解放军出版社1992年版，第144页。

容易将中等商人作为大商人来打。红二方面军进占旧州后，进行了没收工作。军团首长一进城便让通讯班战士立即传令检查群众纪律，结果发现对一家布号财产的没收不应该，报告了军团首长，首长问明情况后，赔偿那家老板 400 块银元，并道了歉。[①] 对反动分子的辨别依据不清晰，容易出现类似情况却厚此薄彼的现象。如前面提到对薄复礼、对旧机构官僚的处理，判断其为反动分子的标准不仅不科学，前后也不一致，这容易给人造成过于随意的印象。

2. 补充原则及其作用

与此相对，为弥补基本原则本身的缺陷，在实际处理中有一些补充处理原则。

最重要的就是从宽处理原则。萧锋在《长征日记》中记载：1934 年 10 月 29 日，"夜里，抓紧时间看了遍毛主席的《湖南农民运动考察报告》。按书中的标准打土豪，可没收可不没收的，就不要没收，绝不能侵犯中农的利益。这样，群众就欢迎。千万不能到了白区就乱来。要宣传红军的政策，严格执行红军纪律，否则要犯错误。"[②] 可没收可不没收的就不没收，这样从宽处理的价值取向，对于保护群众、维护良好军民关系无疑是有益的。

从宽处理还体现在对没有反动活动的地主给予宽待。有的地主积极主动捐献钱物，还能免于被抄家、逮捕的命运。遵义老城的地主兼自由职业者余伯荣，看到红军到来后，自动向红军捐献了 100 元经费。遵义县革命委员会给其开具证明，加以保护。证明这样写

① 林文兴：《西征散记》，见马继善主编：《曙前之路——红军长征在湖南》，长沙：岳麓书社1996年版，第106页。

② 萧锋：《长征日记》，上海：上海人民出版社2006年版，第6页。

道："兹有地主兼自由职业者（教书）余伯容自愿向本会捐了革命经费一百元，他的家产除乡间田屋外，城内一切财产，应切实予以保护。若无发现反革命事实，任何革命机关，不得逮捕与没收，特给此证为凭。"① 延安村民宗维功回忆，红军到宁赛川后，他带红军到高洼子向富农豪绅要粮食。许多地主都跑了，"只有老头子高振明因年纪大了没有跑。我对他说：'红军部队来了，需要你家出些粮，只要你给了粮，就不打你家的"土豪"了，不然的话，还要划分你家的财产呢！'"高振明表态愿意出粮，结果红军共搬出粮食（红糜子）八百斤，并没有再进一步没收他的家产。②

还有顺从民意原则。在不能确认是否应该进行没收征发的情况下，调查民意与公示，能够避免因错误征发引起群众恶感。总政治部在订立没收捐款细则时就规定："没收地主、枪决反动派及向富农捐款，均须张贴布告，向当地进行广大的宣传鼓动，联系到发动群众斗争，组织群众。"③ 一军团二师没委会的曾宪辉回忆，"对民愤较大的恶霸地主，没收其全部财产，并由政治部发布告向群众宣布其罪状。民愤较小，比较开明的土豪，其财产不全部没收，但要征收，并由没委会发给征收的条子。"④ 同样是地主，因民意不一样处理亦

① 费侃如：《遵义会议纪念系列》，见中国人民政治协商会议遵义市委员会文史资料委员会编：《遵义文史资料》第29辑，1997年印刷，第66页。

② 宗维功：《红军南下宁赛川》，见中共延安地委党史办公室编：《红军长征到延安》，1986年印刷，第241页。

③ 《总政治部关于没收捐款暂行细则》（1934年10月22日），见中国人民解放军政治学院政治工作教研室编：《军队政治工作历史资料》第三册，北京：中国人民解放军战士出版社1982年版，第161页。

④ 曾宪辉：《回忆长征中的民运工作》，见遵义会议纪念馆编：《遵义会议前后红军政治工作资料选编》，北京：中央文献出版社2010年版，第282页。

不同。红二方面军过石阡时，很尊重老百姓的意见。据战士李国兵回忆："到一个地方连里指导员、党团员调查哪家是土豪（向地方中老百姓三、四家调查证实某家确实是土豪）经师政治部复查确实是土豪，就批准张贴告示，由原调查的连去没收。"[①]群众王恒久回忆："崔秉衡家上边有个盐商，堆有盐巴，红军以为是土豪崔家的，隔壁刘冬芝（俞家女人）就说：'那个不要动哩，那是徐先生家的哩'，红军听说后就没动了。"[②]红四方面军在川康地区时确立原则"没收大土司、大头人的土地分给群众"，但"在分配时亦应该根据群众的意见，决定重新分配或实行原封不动"。[③]尤其对于旧机构的人员，是否没收征发，主要取决于民众痛恨程度。这种以群众意愿为取向的原则，虽然使得政策更不确定，但在实际工作中却易于操作，且能将不良群众影响降到最低，取得较好的实施效果。

应该说明的是，由于少数民族的特殊性，长征途中针对少数民族另有政策，一般规定不打少数民族土豪，不向少数民族派捐，如规定"不打夷族的土豪，对于夷民群众所痛恨的夷族土豪，也要发动夷民群众自动手的来打"[④]。因此在少数民族地区，多是通过购买、交换等途径来进行物资补充。没收征发工作一般地并没有进行。但在特别困难的时期也有例外，尤其红四方面军长期在少数民族地区

① 《李国兵谈红军西征过石阡的情况》，见中国共产党石阡县委员会党史办公室编：《红军长征在石阡》，1986年印刷，第188页。

② 《王恒久谈红军在石阡城的情况》，见中国共产党石阡县委员会党史办公室编：《红军长征在石阡》，1986年印刷，第274—275页。

③ 《红四方面军政治部关于少数民族工作的指示》（1936年3月），见中国人民解放军政治学院政治工作教研室编：《军队政治工作历史资料》第三册，北京：中国人民解放军战士出版社1982年版，第433页。

④ 《注意争取夷民的工作》，载《红星》报，1935年4月10日，第14期。

停留，也曾发动群众没收土司、大头人的土地粮食牛羊。这将在本书关于少数民族工作的内容中讨论，此处不赘述。

（三）没收征发的实际操作

实际的没收征发工作，并不仅限于没收和征发的过程本身。根据文献记载以及大量当事人的回忆，长征中，一次完整的没收征发工作主要包括四个基本步骤：

第一步，调查民情。

调查，主要是弄清楚谁是没收征发的对象。这是必不可少的一个步骤，也是没收征发合法性的依据。1934 年 10 月 22 日《关于没收捐款暂行细则》规定："各连队之政治首长及支部，应发动所属战士尤其是党团员，在驻地附近调查地主、富农及反动分子，填调查表，送交团政治处批准"[①]。

实际上，长征中最初的调查工作，主要是由先遣部队或侦察部队进行，他们本身要负责安排部队的设营住宿和打探敌情，对地方民情也需要作一个初步了解。而作为外乡人要进入"熟人社会"的乡村，最不容易引起注意的方式就是装扮成具有流动性的人口，比如风水先生、郎中、商贩、流浪的手艺人等。长征时为红二军团第四师侦察连的战士吴清泉回忆："部队每天行军一百多里，侦察连一般朝前四五十里，有时装成农民，有时装做商人；连队前面，还派有尖兵，化装成乞丐。"[②]"红军进驻鹤庆之前，事先就进行了详细的

---

① 《总政治部关于没收捐款暂行细则》（1934年10月22日），见中国人民解放军政治学院政治工作教研室编：《军队政治工作历史资料》第三册，北京：中国人民解放军战士出版社1982年版，第161页。

② 《吴清泉回忆红军过滇西》，见中共大理州党史资料征集办公室编：《红军长征过大理州资料选编》，1986年印刷，第56页。

调查，我们侦察连所有的官兵早在部队到来之前就化装为算命先生、医生、货郎担，到各地查访民情。”“红军把谁是土豪劣绅，谁是贪官污吏，调查得一清二楚。”[①]紫云县群众王启科也回忆：“一九三五年初，紫云县城猪场坝集市突然热闹起来，人们熙来攘往，聚拢成堆。有的看卖膏药耍拳棒，有的听‘游方和尚’讲经念佛，有的请‘女仙人’卜卦算命，有的围着小百货摊看时兴玩艺；玩杂耍那边更是逗引看客，不断传来阵阵喝彩。紫云风俗按十二属相在各村寨开市，名曰‘赶场’。天天有场，这些跑江湖的人场场出现，到处歇脚，找人攀谈，细问地方风情人事。有个高冠长发道士在各个山岔路口，边击道琴，边唱经文，不时在路旁钉上一根有石灰印记的木桩。那个卖药打拳的汉子就租住我家堂院，他早出晚归，常和我奶奶摆龙门阵，奶奶叫我称他洪大叔。”洪大叔嫉恶如仇，有一天，他向老奶奶辞行：“老伯娘，我们走了，不久就会回来的。”随后红军大部队进村，给贫苦群众分粮分肉。而到老奶奶家里送肉送新衣的就是那个洪大叔。“他戴的八角帽，上面嵌着红彤彤的五角星；身穿灰军装，衣领上有两个红领章，看去真威武。那些在场上念经卖洋货的都是红军。”算命的“女仙人”也是红军，洪大叔喊她“部长”。[②]

扮成游方人士在热闹的集市上打探消息，其实是中共早期常用动员方式的继续。“进入一个村庄进行动员的革命者往往以一种不惊

① 吴清泉口述：《一个红军老战士的战斗历程》，见中国人民政治协商会议湖南省永顺县委员会文史资料研究委员会编：《永顺文史》第七辑，1996年印刷，第88页。

② 王启科：《忆亲人》，见中共紫云苗族布依族自治县委员会党史资料征集办公室编：《红军长征在紫云》，1985年印刷，第47—48页。

动‘同心巢穴’的社会秩序的身份落脚下来”，“这些人物虽然不是村庄的稳定的常住居民，却也是乡村日常生活中可以理解的一个流动的组成部分。”[①]这种潜入调查方式在不少的群众回忆中都有提及，其结果往往使发现的群众倍感亲切，显然收效良好。对此，国民党防之如洪水猛兽。早在1934年11月15日，陈渠珍就电令保靖等县严防红军侦探，指出：“各地如发现有卖各种药丸及化装品等，以及算命、看相、看病、泥水匠、木匠、石匠、小商人、卖烟、卖油布油纸、卖菱角糖、卖纸花、扒事龙船、打莲花、打卦、讨口、打虎匠、打野物等类，无论本县人或外省外县人，是否探务，即一律查拿拘讯，如无可疑，确□讯明后，即刻驱逐出境，不准稍事逗留。”[②]但此命令实际执行起来，地方上需耗费大量人力物力，且影响面大，容易激起民众不满。因此地方是否执行，或执行效果是值得质疑的。目前，我们也较少发现捉拿到红军侦探的回忆或报告。

当红军驻扎下来之后，各部队会派人进行更为详细的调查。虽然目标是发动所有战士都进行这项工作，不过从现有的长征日记和相关回忆录来看，作调查的主要还是从事政治工作如宣传、民运、地方工作的同志。调查是红军与当地群众接触的第一步，也是至关重要的一步，很多村民回想起来，都觉得红军是“干人的队伍”[③]，

① 陈德军：《乡村社会中的革命——以赣东北根据地为研究中心（1924—1934）》，上海：上海大学出版社2004年版，第96—97页。

② 中国第二历史档案馆、湖南省档案馆编：《国民党军追堵红军长征档案史料选编》（湖南部分），北京：档案出版社1991年版，第14—15页。

③ 《红军长征在紫云概述》，见中共紫云苗族布依族自治县委员会党史资料征集办公室编：《红军长征在紫云》，1985年印刷，第8页。

"待人很和气"[①]。这与红军很讲究调查的方式方法有密切关系。

李坚真所描述的调查方式，是先通过自己观察，有了一定把握之后再进行群众调查。"群众见我们已摸清了底，也就敢讲实情了。"[②]事前有准备，显然比一无所知地开展调查要有效率和针对性得多，效果也更好。

《红星》报曾对调查的态度作出要求，"态度应当和善，绝对不容许跑进门便声势汹汹的问"[③]。在大量的回忆录里面，红军都是先跟群众聊家常，从群众本人受苦受难的经历中激发其反抗意识，获得情感认同之后进一步讲授革命道理。"当夜，红军详细地询问了我父亲的身世和本地的一些其他情况……接着，他们对我父亲讲述了革命的道理，鼓励他联合贫苦的苗族同胞，起来同土豪劣绅作斗争，并叫他上山去把躲藏的群众劝回来，打开杨正恒的粮仓，把粮食分给受苦受难的穷苦同胞。"[④]也有通过自身对比、描述美好未来来激励群众的。"还问我们一天吃几餐，我们说两餐，他们说：'太苦啦，我们每天是吃三餐呢。'他们又问，你们这些行业当中，是有老板唛，还是大家共同找了来吃？我们说，工厂有经理，你值几文给几文。别的不说，就拿这些背盐水的工人，你们可以去看看，连衣服裤子都没有穿的，每天晚上滚草窝的都还有。他们说：不行嘛，将来我们国家要办工厂，工人是很难得的，你劳动一天8小时，给你

---

① 《唐玉甫老人的谈话记录》，见中共桂林地委《红军长征过广西》编写组编著：《红军长征过广西》，南宁：广西人民出版社1986年版，第406页。

② 《李坚真回忆录》，北京：中共党史出版社1991年版，第75页。

③ 《加强连队的地方工作》，载《红星》报，1934年10月27日，第2期。

④ 王祖昌：《红军来了住我家》，见中国人民政治协商会议黄平县委员会编：《黄平文史资料选辑》第二辑，1987年印刷，第76—78页。

的报酬都是很公平合理，到一定的时候还给你退休，退休有退休金，还给你养老。他们还拿起我们刷牙的牙粉打比例说：这个牙粉值多少钱，一天能造多少出来，它有多少钱的找头（现在叫利润），平均算下来，它的成本除了，剩下的就是大家苦的啦。到那时有病要医，还要养起，生养死葬嘛。”①

红军这种争取群众的方式，巧妙地将“道德主张内化到政治动员当中”。“只有将制度问题转化为道德问题，将社会问题转化为个人问题，马克思主义才能在当时中国的广大民众中引起最大程度的共鸣，政治动员才能实现最大化。”②中共所宣传的马克思主义理论，对于普通群众，尤其是广大偏远地区缺乏教育的民众而言，是过于遥远了。“一种晦涩而陌生的外来理论缺乏民意基础，但将这种理论‘翻译’成对普世性伦理的追求，则会为这个理论带来巨大的市场。”因此，中共的宣传从来都是具体的。“将制度问题归咎于地主们作为个体的道德恶劣，能激发最大程度的阶级仇恨，从而动员更多的民众参与到革命当中去。”③

自古民怕兵，红军通过具体而又形象的谈心，很自然地拉近了与村民的距离，打破了村民固有的基本观点，很快就形成了群体效应，从单纯的畏惧而生出依赖，从而知无不言、言无不尽。而且往

① 况必成、刘月明：《在元永井为红军演滇戏》，见云南省文化厅、中共云南省委党史研究室编：《中国工农红军在云南革命文化史料选》，昆明：云南民族出版社1996年版，第133—135页。

② 刘瑜：《因善之名：毛泽东时代群众动员中的道德因素》，见王奇生主编：《新史学（第七卷）：20世纪中国革命的再阐释》，北京：中华书局2013年版，第116—117页。

③ 刘瑜：《因善之名：毛泽东时代群众动员中的道德因素》，见王奇生主编：《新史学（第七卷）：20世纪中国革命的再阐释》，北京：中华书局2013年版，第119页。

往红军找人问路、带路之后，都会给予一些报酬，这不能仅仅看作物质利诱，而更多是对其给予帮助的感激和劳动成果的尊重，从而更容易与村民建立信任关系。

第二步，武力震慑。

调查后确立没收征发的目标，提出来经过团政治处及以上政治部门批准，就可以进行没收工作了。此前的必要环节，是根据敌方兵力状况进行相应的武力震慑。在长征中，我们可以看到红军主要是将逮捕、公审、处决作为没收征发的武力辅助。

据回忆，红军过剑河时，“街上有些地富跑进乌当沟躲起来，正遇上一股红军，他们就跑来报。陈光禄、陈光锡等就带‘自卫队’持甲板枪、土火之类，赶到白土地坳上阻击红军……陈光禄眼看抵挡不过，就溃逃，逃到南哨就被红军抓住。和陈光禄一起被抓的还有张发成、吴子魁、吴子奎、陈光锡、陈光泽。十一月十五日早晨，红军把前五人拿到河沙坝处决了”。“红军处决了陈光禄、陈光锡等称王称霸的家伙，为民除了害，人民无不拍手称快。”①

在这种震慑之下，一般的地主、土豪，得知红军要来，都会卷上值钱的细软家当逃跑。而较大一些的地主往往有自己的武装势力，和地方民团、军阀也有着千丝万缕的联系，他们虽然望风而逃，不敢与红军正规部队公然冲突，却不甘利益受损，仍在偷偷监视、威胁百姓。

红军长征过古蔺时，没收了贵州军阀侯之担在二郎滩开办的

① 何士超、李世发口述：《红军为民除害》，见中共剑河县委党史办公室编印：《红军过剑河》，1987年印刷，第57—58页。

“四益公盐号”将盐分发给大家。盐防军头领郑豺狗虽然逃走，但却派心腹二梭镖化装成老百姓混在搬盐的人群里威吓大家，导致很多群众不敢前来分盐。红军及时发现，抓住二梭镖并召开公审大会，就地镇压。这才保证了分盐的顺利进行。[①]同样的，红军在高笠乡没收大土豪王典章的庄园，发动群众分粮时，也遇到类似情况。王典章虽然逃跑了，暗地里却指使其侄子王佐成、王佐清两兄弟监视群众的行动。这两人不仅监视，而且还公然上前阻拦来背粮的群众，经群众告发后，王佐成逃走，红军当场捉住王佐清，不久后处决。“打掉了坏人的嚣张气焰，进一步激发了大家打土豪的热情，分粮的人更踊跃了。”[②]

可见，不仅在没收征发前，而且在没收征发进行的过程中，都需要红军武力的协助和保障。不过随着没收征发工作的深入开展，随着地方群众被广泛发动起来，对红军的武力需要也越来越少，或由地方游击队替代，或由贫农团等群众组织替代，或因反动势力已被镇压不再需要武力震慑。据云南会理的刘少清回忆，红军带领他们打地主，最多的时候红军不过三十多人，少的时候十几个人，最后一次农民自己组织起来后，红军就没有人参加了。[③]

第三步，没收征发。

---

① 杨俊书口述，何世红整理：《红军除霸分盐记》，见中国人民政治协商会议四川省泸州市委员会文史资料委员会编：《泸州文史资料选辑》第20辑《红军长征过泸州》，1991年印刷，第178—184页。

② 陈丙全、范丙云、王少彬口述，张世鲸、赖文亮记录整理：《安贵村开仓分粮记》，见中国人民政治协商会议四川省泸州市委员会文史资料委员会编：《泸州文史资料选辑》第20辑《红军长征过泸州》，1991年印刷，第191—194页。

③ 刘少清口述：《红军领导我们打土豪》，见中国人民政治协商会议会理县委员会文史资料研究会编：《会理文史》第三辑，1987年印刷，第50—55页。

前面已经分析了负责没收征发的组织机构，由此可以窥见没收征发的实际组织进程，此不赘述。这一过程本身并没有特别新奇的地方，但值得注意的是，中共特别强调“须尽可能吸收当地群众中的积极分子参加”①。

一方面，这是因为在很多时候，地主土豪都会把财物尽量藏匿起来，如果没有了解情况的群众如地主家的长工等带路和帮忙，红军很难迅速找到这些财物。红二、六军团长征南下湘中经过锡矿山时，“矿霸和豪绅得知红军要进驻锡矿山，早就将财物进行了疏散转移。有的把金银宝器和银元装进煤油桶埋在地下，或沉入水塘，丢进粪池，有的把精锑藏在煤堆下。”“许多工人积极分子冒着日后被杀头报复的危险，不辞劳苦，给红军带路，探听和传递消息。一些知情的工人主动帮助红军挖寻银元、珠宝。由于群众的协助，那些埋在地下，沉入水塘、丢进粪池的银元、珠宝，有很多被找出来了。群众还发明了泼水找宝的方法，担水泼在地上，哪里渗水快就在哪里挖。用这个方法，仅在杨笃吾矿霸家里，就挖出了几煤油桶银元。”②

另一方面，发动群众本来就是没收征发的目标任务之一，“号召群众自动手去没收，这样来组织与提高群众的斗争与决心，使斗争发展到分土地与建立政权”③。群众的参与度一定程度上代表着没

---

① 《总政治部关于没收捐款暂行细则》（1934年10月22日），见中国人民解放军政治学院政治工作教研室编：《军队政治工作历史资料》第三册，北京：中国人民解放军战士出版社1982年版，第161页。

② 覃国翰：《点燃锡矿山的革命烈火》，见中国人民解放军历史资料丛书编审委员会编：《红军长征·回忆史料（2）》，北京：解放军出版社1992年版，第142—143页。

③ 《工农红军总政治部关于地方工作的指示信》（1935年1月14日），见中国人民解放军政治学院政治工作教研室编：《军队政治工作历史资料》第三册，北京：中国人民解放军战士出版社1982年版，第253页。

收征发工作的政治合法性，将红军和劫富济贫的土匪区分开来。因此，没收征发工作普遍都有群众的直接参与，而“在较多驻的城市，都组织有分粮分东西的斗争委员会，在溆浦组织有职工联合会贫民协会。经过这些党与群众组织，调查土豪与没收发动群众斗争是比较有组织和能迅速发动起来”[①]。在很多地方，群众被发动起来之后，自己成了没收征发工作的主角，甚至可以独立进行没收征发工作。

没收征发还与扩大红军紧密结合在一起。扩大红军只靠语言宣传力度是不够的，长期从事动员工作的萧华曾说：“光动员而不采取具体办法，不能在组织上达到普遍深入，就不能获得应有的效果。”[②]只有先把群众组织起来，带领他们去完成任务、参与红军的实际生活，才能吸引他们加入红军。没收征发无疑就是长征中最普遍、最现实的实际任务。“在农村中扩大红军最有效的办法是首先发动群众，进行打土豪与组织游击队。”[③]“我们在分发土豪东西时……必须教育与领导群众武装起来，组织游击队，发动他们加入红军”[④]。很多回忆录也显示，许多人就是先加入了红军的没收工作或分到了没

① 《二、六军团长征政治工作总结报告》（1936年12月19日），见中国工农红军第二方面军战史编辑委员会编：《中国工农红军第二方面军战史资料选编》（四），北京：解放军出版社1996年版，第170页。

② 萧华：《实际转变中的连队政治工作》（1934年8月5日），见萧华传记组·军事科学院《萧华文集》编辑组编：《萧华文集》（上），北京：解放军出版社2014年版，第113页。

③ 《二、六军团长征政治工作总结报告》（1936年12月19日），见中国工农红军第二方面军战史编辑委员会编：《中国工农红军第二方面军战史资料选编》（四），北京：解放军出版社1996年版，第171页。

④ 《工农红军总政治部关于地方工作的指示信》（1935年1月14日），见中国人民解放军政治学院政治工作教研室编：《军队政治工作历史资料》第三册，北京：中国人民解放军战士出版社1982年版，第254页。

收物品，真正了解、认可红军队伍是真正穷人的队伍，才下定决心投奔了红军。

第四步，分配没收征发品。

没收来的物品，登记之后，军用资材及一些必要物资上交供给部，由供给部统一分配各部队，剩余物资则由政治机关召集群众对财物进行分发。一般地主逃走时把金银细软等易携带的财物带走了，但粮食、牲畜、衣服、家具等日常生活用品无法带走，分给群众的没收品主要是这一部分。总政治部反复强调："没收品如金钱、军用品、资材等，应集中团供给处，送交没委会接受登记，如米谷、衣服、日用器具及猪鸡等，则由没委规定原则，由供给处负责商同政治处分配部队及群众（应特别注意分发给当地群众）。"[①]"一切豪绅地主与反革命的财产、衣服、用具、米谷，应尽量发给当地群众，发动群众斗争"[②]。"我们打土豪的目的，主要是为着广大贫苦群众的利益"。"应当特别保证打土豪的群众。"[③]具体分配的方式有四种。

一种是由红军把没收来的财物通过召开群众大会的方式发下去。这种方式需要一定的组织与准备，但对地方群众的影响面广、冲击力大。林伟在日记中记载，红九军团1935年1月7日进占湄潭县城，没收了军阀的一家盐公司及布店，第二天上午在城内召开一万

---

① 《总政治部关于没收捐款暂行细则》（1934年10月22日），见中国人民解放军政治学院政治工作教研室编：《军队政治工作历史资料》第三册，北京：中国人民解放军战士出版社1982年版，第161页。

② 《总政治部关于对目前行动的政治工作训令》（1934年10月29日），见中国人民解放军政治学院政治工作教研室编：《军队政治工作历史资料》第三册，北京：中国人民解放军战士出版社1982年版，第163页。

③ 《加强连队的地方工作》，载《红星》报，1934年10月27日，第2期。

多人的群众大会，当场把没收的盐、布分发给群众。[①] 不过，上万人的群众大会并不多见，在城镇召开的群众大会规模一般几千人，而在村里召开的群众大会则几十到几百人不等。分东西之前，红军要做革命动员。如过剑河时，“进城的第三天，在县府衙门（现县委住址）庭院里召开群众大会，红军干部出面向群众宣传党的路线、方针、政策，打土豪分田地，北上抗日等道理。随后，把没收大户人家的浮财分给穷人。”[②] 有时还会将逮捕的土豪劣绅押到会场示众，或是表演节目来吸引群众。红二、六军团就规定“没收时必须召集群众会（不管群众多少）宣布该土豪罪状及没收理由，并分配一些东西给群众”[③]。一方面是通过群众大会向群众作充分的解释和宣传，另一方面也保证没收的东西公开分给群众。这无疑增加了红军进行没收征发行为的合理性。

与召开群众大会类似，但更容易操作的方式是即时分发。中央红军在贵州时，部队打了土豪后，“班长带着我们把要留给部队吃的、用的，搬到指定地点，把准备分给老百姓的东西放在院子里。政治部门为了更好的进行宣传工作，特地用留声机播放歌曲、京戏。群众听到留声机在播放歌曲，就慢慢地拢来听，人到多了，宣传队的同志就开始宣传。”“这样做了几次后，群众有了经验了，听到留

① 林伟：《一位老红军的长征日记》，北京：中共党史出版社2006年版，第93—94页。

② 《剑河城关老人谈红军》，见中共剑河县委党史办公室编印：《红军过剑河》，1987年印刷，第66页。

③ 《二、六军团长征政治工作总结报告》（1936年12月19日），见中国工农红军第二方面军战史编辑委员会编：《中国工农红军第二方面军战史资料选编》（四），北京：解放军出版社1996年版，第173页。

声机响群众就自动靠拢来了。"[1]甚至更简单的，有的部队没收完财物后，"把那些适合部队穿的衣服挑出来，装在箩筐里，其余的抱到楼上凉台上。凉台下是一条小街。我们在上边往下扔衣服，街上的群众就在下边抢。"[2]这种分配方式不用提前发动群众，随时都可以操作，但显然，对群众的教育和鼓动性远不如群众大会，群众参与度也很随机。

另一种是领着群众参加没收，在没收现场就把浮财分发完毕。据云南会理的刘少清回忆，有一次跟着红军打土豪，"当时地主家里的猪肉、鸡、米、衣服、被子都收了，还有两条活猪，一个排长用马刀砍了挑起，一共六十多挑，都放在水井边分，穷人依次排好队等。我老人登记，该分什么分什么，没有分够的，第二次又再分，排了名字的都分了，没有排的就没有分着。这些人（大概十多人）就吵闹起来了。连长说：'你们穷苦农民不要吵，我们动员你们几次，你们来了，叫主任把名字登记好，明天我们又去打，打来分给你们，你们分双份，你们来参加很好。'"[3]这种分配方式群众参与度比较高，但需要做细致的动员工作，毕竟到地主家去打土豪，比起到群众大会领东西风险性要大很多。"真正穷的人家都愿参加，生活好一点的都不愿参加。"[4]

---

① 黄忠诚：《难忘的日子》，见聂荣臻等：《伟大的转折——遵义会五十周年回忆录专辑》，贵阳：贵州人民出版社1984年版，第648页。

② 《王宗槐回忆录》，北京：解放军出版社1995年版，第64页。

③ 刘少清口述：《红军领导我们打土豪》，见中国人民政治协商会议会理县委员会文史资料研究会编：《会理文史》第三辑，1987年印刷，第52—53页。

④ 刘少清口述：《红军领导我们打土豪》，见中国人民政治协商会议会理县委员会文史资料研究会编：《会理文史》第三辑，1987年印刷，第52页。

还有一种情况，就是红军私下分发或亲自将分发物品送上门。“在分财物时遇到了这样的情况：老百姓害怕分了地主老财的东西，今后他们回来清算，于是不敢公开来领，我们就利用夜晚，一家一户去动员，让他们来悄悄地拿走，或动员农村中的贫雇农积极分子，将财物送到一家一户去。”[①] 不同于前三种的公开分配，这种方式对群众来说是最安全的，但由于红军人力有限，覆盖面不会太广，而且对群众的动员力度远不如前三种，因此一般作为补充方式。

将长征中打土豪的基本步骤与中央苏区时期对比，可以发现，长征中没收征发工作不如在中央苏区时细致、周到。在中央苏区，主要依靠各级苏维埃政权开展打土豪工作。县苏先制定土豪调查表，发给各区乡调查，经过摸底后政府估计出派款、征发、罚款的金额，然后贴布告、打土豪，打完土豪之后还要付给收据，开始由县苏出具，后来则严格规定由中央或省财政部出具三联收据。[②] 长征中没有地方政权帮助，主要依靠各部队的政治机关工作人员和人民群众进行没收征发工作，程序不可能像以前一样繁复严格，而必须从实际出发，在坚持基本原则的前提下灵活处置。因此我们可以看到千差万别的没收征发形式，但万变不离其宗，调查、镇压、征收、分发四个基本步骤一以贯之。

从没收征发的四个基本步骤可以看出，没收征发是红军群众工作的重要环节。从调研开始，武力镇压反革命、建立相关群众组织、实

---

① 王东保：《长征途中的“收容队”》，见中共桐梓县党史工作委员会办公室编：《红军长征在桐梓》，中共桐梓县委1988年印刷，第173页。

② 张侃、徐长春：《中央苏区财政经济史》，厦门：厦门大学出版社1999年版，第282页。

行没收征发、广泛分发没收来的浮财，这些工作，无一不是对群众最实际、最有力的宣传，快速拉近了与民众的距离，鲜明体现了红军的价值取向。正是有了没收征发，发动群众才有了切入点和核心内容。

由此，我们也进一步清晰地看到长征中没收征发工作的政治性。它远远不止于让红军获得给养，更重要的是发动群众起来斗争。通过让群众提供没收对象信息、实际参与没收工作、获得没收征发物品，没收征发工作使无数群众自觉或不自觉地席卷到革命浪潮中来。没收征发给当地带来了实际改变：打倒最有权势的当地恶霸，改善群众生活状况——即使是暂时的改变，但对心理的撼动和冲击远远超越口头或标语宣传的力量，深深印在了群众的脑海里。这也是为什么在人民群众关于长征的回忆文章中，所见最多的是没收征发的场景记忆。正是因为有了群众的参与，各地的没收征发情况也有了巨大的差异。在群众基础好或是红军有充分时间发动群众、动员得力的地方，没收征发工作成效斐然；而在完全没有群众基础、反动派控制严厉、红军停留时间短暂的地方，没收征发工作进行得相对艰难和粗浅。从这个角度来说，没收征发工作的成效恰恰反映着长征红军群众动员工作的力度。

（四）没收征发面临的实际难题及解决途径

无论是中共规定的没收征发的组织机构和没收原则，还是红军在实际执行中的四个基本步骤，都是中共对于长征中没收征发工作可能遭遇到的各种问题的预判、准备和应对。然而，实际情况比想象的更为复杂。在前所未有的漫长征途中，红军经历了从未到过的地区、接触了从未接触过的民族，遭遇了九死一生的复杂险峻，既有经验已经远远不够用，以往的工作方法也不可能生搬硬套，各部队必须从实际出发，在坚持基本原则的前提下，灵活应变，不断调整以适应现实。

长征中没收征发工作遭遇到的实际问题主要有以下几个方面：

1. 各路红军的利益分歧

长征红军各部队的总利益是一致的，但在具体情境下，也存在各自的利益需求。比如在固定地域，能够打的土豪、能够没收的财产是有限的，各部队先后路过，先头部队有土豪可打，后续部队却不一定能供应上。萧锋在《长征日记》中记录突破二道封锁线时部队在高山峻岭中行军："粮食也成问题，常常是吃了上顿没下顿。我们一军团是前卫，打了土豪，还可供吃一时，中央纵队及后尾军团怎么办？"[①]先头部队不仅打土豪的资源丰富，而且攻占城市或消灭某个据点，缴获也相对丰富。如红一军团攻占湖南蓝山县城时，打开伪县政府的仓库，没收了五千块银元和十多斤金子，缴获了一批军装、被服。红军先遣队途经擦罗时，打开川敌刘文辉设在这的兵站，里面有四千余包大米，每包六十斤。尤其进城部队更是在伙食、衣物方面有较好待遇。相反后卫部队不仅常常陷入被尾追的危险，而且在资源上显然要局限得多。"前面的部队已经把土豪打完了，土豪家中，尚留着肉和饭的残余，五军团就再打第二次土豪，捡残余的东西吃。"[②]"行军中常有前卫部队把后卫宿营地内土豪家里的食品东西没收，结果后卫来宿

① 萧锋：《长征日记》，上海：上海人民出版社2006年版，第7页。

② 李雪山：《艰苦奋斗的五军团》，见《党史资料》，1954年第3期，北京：人民出版社1954年版，第79—80页。

营房子也弄坏了，给养也没有了。”[①]“越深入藏民地区，粮食就越困难，尤其是干部休养连，行军都走在后面，前头部队把麦子都割完，等我们到了那个地方，地里都空了，我们只得捡掉在地里的麦粒、麦穗，捡到的麦子凑不成一锅，就这样直接用火烧来吃。”[②]虽然打土豪要归公，各部队上缴财物统一由供给部分配，但在各部队筹粮难度不等的情况下，分配也不可能做到绝对平均。

这个问题如果处理不好就是致命的，甚至会引发部队内部剧烈矛盾。参看国民党军阀在围追堵截的过程中，各存私心，因为各自地盘争执不休，为了多争一些军费谎报军情，为了派系利益不顾作战大局。而红军长征中，各部队没有因为分配不均而争吵，没有因为自己筹粮多了给别人而心疼，更没有因其他部队得到的物资较多而眼红。在过雪山草地那种关系到生死存亡的境地下，更多的共产党员选择了牺牲自己换取同伴的生命，而不是只顾保全自己漠视战友死亡。这种红军特有的团结友爱精神，是任何雇佣军依靠薪饷、法令、军纪等手段达不到的境界。

红军从井冈山时期开始，就形成了“官兵夫薪饷吃穿一样”的优良传统，将红军战士紧密联系在一起的是共同的革命理想、红军内部民主平等的新型官兵关系。党和红军注重军队中的政治工作，力求每一位红军战士拥有高度的政治自觉和严格的革命纪律。萧华曾在长征组歌中将其概括为“官兵一致同甘共苦，革命理想高于

---

① 《二、六军团长征政治工作总结报告》（1936年12月19日），见中国工农红军第二方面军战史编辑委员会编：《中国工农红军第二方面军战史资料选编》（四），北京：解放军出版社1996年版，第173页。

② 《李坚真回忆录》，北京：中共党史出版社1991年版，第103页。

天”，正是这种友爱互助精神的真实写照，山头主义、个人主义与之格格不入。因此，在长征中，我们可以看到党和红军极力提倡不同部队间的互助友爱。1935 年 2 月 16 日，总政治部提出“前面部队要注意后续部队的需要”，反对“只顾自己不顾别人需要”的错误。[①]萧锋《长征日记》记载过草地时，经巴拉奠、岸哇、纳告到阿夏乡一带，“青稞麦长得比较好，筹粮比较方便些。三军团还在我们后面，要发扬友爱互助精神，筹的粮食，除一部分自己吃外，其余留给三军团用。”[②]各方面军在物资之间也互有援助。1935 年 5 月 16 日，红九军团根据军委电示，送给三军团 3 万银元。6 月 8 日，又按军委命令调拨给红一军团现款 2 万元。[③]1936 年红二、红四方面军会师之前，朱德带领红四方面军广大指战员给将要到来的红二、六军团战友们织了 2 万多件羊毛衣裤御寒。[④]两军会师共同北上后，红二方面军随朱德率领的左路军前进，担任后卫。过草地时，朱德动员大家说：红二方面军的同志在后面，那就更苦了。沿路的野菜都被前边部队吃光了，他们连野菜都吃不上。所以，总指挥部决定，各单位所有驮东西的牦牛全部留下来，必须带的东西自己背上，把昨天缴获的羊和牦牛，全给二方面军留下。[⑤]这种部队之间无私的互相

① 《总政治部关于中央红军向贵州挺进途中的政治工作的指示》（1935年2月16日），见中共中央文献研究室、中央档案馆编：《建党以来重要文献选编（1921—1949）》第12册，北京：中央文献出版社2011年版，第96页。

② 萧锋：《长征日记》，上海：上海人民出版社2006年版，第106页。

③ 赵镕：《长征日记》，太原：山西人民出版社1990年版，第296、312页。

④ 中共中央文献研究室主编：《朱德传》（修订本）上，北京：中央文献出版社2016年版，第447页。

⑤ 中共中央文献研究室主编：《朱德传》（修订本）上，北京：中央文献出版社2016年版，第451页。

援助，鲜明体现了红军内部高度统一的集体意识。

当然，除了发扬团结互助友爱精神，在路线设计上，长征红军也极力避免大部队集中一地。红六军团李立回忆，“为了减少沿途物资供给上的困难，总指挥部研究决定，从五月五日开始，全军分为两路纵队出发”①。长征中大部队经常分成几路纵队行动，所过之地不尽相同，这既有军事上的考虑，更有便于筹措物资给养的考量。红一方面军与红四方面军会合前，朱德要求各军团“在现地不动并每人须补足七天粮食”，特别提到“第一军团主力如双合场缺乏粮时，则开到宝兴、灵关补足七天粮”。②红二方面军到包座后，任弼时要各部队“设法找通事向导，问清由白骨寺通罗达、哈达铺的道路，如此路无险隘难走地段，则以另走此路为好。因此路通过部队太多，粮食卫生上均感困难”③。可见，在规划行军路线时，中革军委将各部队筹粮状况作为一个重要的参考指标。

此外，严格划分不同部队的没收权限。红二方面军为了避免前卫部队没收后卫部队范围内的土豪，“以后我们规定了前卫部队政治机关应负责调查土豪并通知后卫部队，土豪捉起来，土豪家里的东西通知后卫宿营部队没收。”④因此，长征中，部队间利益

① 李立：《远征万里——红二方面军长征记》，北京：人民出版社1983年版，第76页。

② 《朱德关于与红四方面军会合前的行动部署与携粮要求给各军团的电报》（1935年6月10日），见中共中央文献研究室、中央档案馆编：《建党以来重要文献选编（1921—1949）》第12册，北京：中央文献出版社2011年版，第200页。

③ 《致二方面军领导干部的一封信》（1936年7月9日），见郝成铭、朱永光主编：《中国工农红军西路军·文献卷》（下），兰州：甘肃人民出版社2004年版，第96页。

④ 《二、六军团长征政治工作总结报告》（1936年12月19日），见中国工农红军第二方面军战史编辑委员会编：《中国工农红军第二方面军战史资料选编》（四），北京：解放军出版社1996年版，第173页。

差异这个可以引起巨大矛盾的问题，在红军部队中始终没有成为一个突出问题。

红一方面军到达陕北后，总结经验，1936 年 3 月 11 日颁布《关于没收暂行条例》，规定："凡部队到达驻扎地点，应由上级政治机关立即划分工作区域，各部分只能在指定的范围内打土豪不得互相侵犯，若调查之材料属于友军地区须通知友军。"[①] 西征后，1936 年 8 月 26 日进一步规定，"不同部队在一地域驻扎打土豪绝对统一，由最高政治机关或指定指挥的政治机关负责统一。"[②] 这就从制度上初步解决了物资来源不平等的问题。

2. 违纪乱打土豪

虽然没收征发有着严格的纪律要求和监督检查制度，但乱打土豪的现象无法杜绝。中央红军出发时 8.6 万余人，红二方面军出发时 1.7 万余人，红四方面军出发时约 10 万人，红二十五军出发时约 3000 人，这样总共 20 多万人的长征，战士守纪程度不可能完全一致。尤其遵守纪律重在坚持，四支部队几乎都有一年左右时间处于流动行军状态，这样长期处于特殊情况的非常状态，时刻紧绷纪律这根弦是非常不容易的。"在行军作战中间，因为环境及疲劳的原因，纪律容易废弛，与群众的关系，也常常被破坏。长途远征的经验，完全证明了这一点。因此，正确的纪律的维持，是十分重要的

---

① 《红一方面军政治部关于没收暂行条例》（1936年3月11日），见中国人民解放军政治学院政治工作教研室编：《军队政治工作历史资料》第三册，北京：中国人民解放军战士出版社1982年版，第430页。

② 《中国人民红军抗日先锋军西方野战军关于西征地方工作总结的训令》（1936年8月26日），见中共中央统战部编：《民族问题文献汇编（1921.7—1949.9）》，北京：中共中央党校出版社1991年版，第422页。

事。”[①] 同时，红军长征沿途人员流失严重，据笔者考证，长征中招收的新兵约 5 万[②]。这些新兵没有经过苏区的纪律训练，没有受过革命斗争的洗礼，政治觉悟上也相对差一些，对于他们的纪律性培养需要一个过程。而红军原有干部大量流失，长征中保存下来的总兵力（加上扩红的新战士）也不过 3 万人，使得新老战士之间的传帮带也产生困难。因此，长征中违纪问题一直贯穿始终。

查阅长征途中的《红星》报，多次批评红军战士违反没收征发纪律的现象。据统计，在《红星》报 64 篇群众工作的报道中，涉及红军纪律问题的相关报道有 17 篇之多。而 1934 年 12 月 23 日、24 日，军委及总政首长发出指令，要求红三军团、红九军团严格整顿纪律。[③] 可见纪律问题在当时十分突出。红二方面军在总结长征工作时也指出：“执行没收虽一般的经过了没委会的复查批准与分配，但个别连队因距离政治处较远而自行没收的，掉队落伍人员中有私拿群众东西的。”[④] 总结中还专门提到对居民的政治纪律问题。虽然有纪律检查队的组织，但因“继续不断的行军，部队常驻得很散，特别在宿营很晚，很早出发的场合，常遇到一些连队对居民的政治纪律

① 《一方面军政治部关于东征部队的政治工作问题的训令》（1936年2月4日），见中国人民解放军政治学院政治工作教研室编：《军队政治工作历史资料》第三册，北京：中国人民解放军战士出版社1982年版，第381页。

② 详见第四章关于各部队扩红人数的考证。

③ 《军委及总政首长责令三军团严整纪律的指示》（1934年12月23日）、《军委及总政首长责令九军团严整纪律严格遵守“八项注意”的指示》（1934年12月24日），见中国人民解放军政治学院政治工作教研室编：《军队政治工作历史资料》第三册，北京：中国人民解放军战士出版社1982年版，第200—201页。

④ 《二、六军团长征政治工作总结报告》（1936年12月19日），见中国工农红军第二方面军战史编辑委员会编：《中国工农红军第二方面军战史资料选编》（四），北京：解放军出版社1996年版，第172页。

是非常不注意”。[①]

制度关键在执行。红二方面军曾特别强调过在收集给养时，如何尽量不侵犯群众利益与反对脱离群众的行为，但执行不严格，部队中还是存在着各种不良现象。红四方面军也曾检讨说：“进荥经城时，因没有得力的政治机关统一指挥，许多商店被当地游击队及闲杂人员没收了。”[②]对此，总政治部充分考虑长征的实际情况和战士的实际素质，有别于苏区时期的“三大纪律八项注意”，提出了七点要求，其中前两点要求都与没收征发有关，“（1）不乱打土豪，不乱拿群众一点东西；（2）不私打土豪。打土豪要归公”，总政治部明令“这是在保持红军纪律与争取群众工作上最低限度的要求”。[③]对违反纪律的没收行为，总政治处严厉制裁。如某部管理排副排长私打土豪、乱拿群众东西，被撤职禁闭[④]；“福州”某部上士因枪杀群众猪鸡，乱拿群众东西，经纠正后仍不服从命令，有意破坏红军纪律，被枪决[⑤]；某部指导员贪污打土豪的款子，乱拿群众的东西，造成群众对红军的不满，经公审枪决[⑥]。红二方面军则针对藏民制定了

---

① 《二、六军团长征政治工作总结报告》（1936年12月19日），见中国工农红军第二方面军战史编辑委员会编：《中国工农红军第二方面军战史资料选编》（四），北京：解放军出版社1996年版，第176页。

② 纯全：《关于红军中政治工作的检讨》（1936年1月），见中国工农红军第四方面军战史编辑委员会编：《中国工农红军第四方面军战史资料选编》（长征时期），北京：解放军出版社1992年版，第341页。

③ 《创造争取群众工作的模范连队》，载《红星》报，1934年11月7日号外。

④ 《消灭一切脱离群众破坏红军纪律的行为》，载《红星》报，1934年10月27日，第2期。

⑤ 《违反纪律脱离群众的家伙，一个枪毙一个罚苦工》，载《红星》报，1934年11月，第3期。

⑥ 《严厉制裁反革命份子》，载《红星》报，1935年8月3日，第26期。

简单的十条政治纪律，在部队中当教材上课，并反复解释、强调。为保障其执行更是想尽办法:（1）除纪律检查队经常检查外，政治军事机关均常派人去检查;（2）连队建立检查员，分配党团员负责，保障纪律的执行;（3）禁闭违反纪律的分子，举行公审;（4）在组织上处罚对违反纪律的直接负责者。[①] 红四方面军在川陕苏区时就规定："乱行没收者，捆送苏维埃处罚"；"一切私人（如红军的个别分子及地方各级的工作人员）概不得擅自征发，违者定以革命纪律惩办。"[②] 到长征时，"队伍集合完毕之后，立刻由各部队自行派出纪律检查员和政治部纪律检查队，到各部队驻过之房舍检查，检查完毕并立即向集合之部队宣布检查的结果。我还记得当时有两个连队宿地未打扫，有一个连队借了锅头用了未洗干净，有一个民工买了鸡子少给十毛钱与老百姓，纵队司令员听了之后立即命令犯纪律的连队首长派人回去打扫，少给的钱，一时虽查不出是哪个民工少给的，也由政治部垫补出来。红军这样去注意纪律问题，由此可知老百姓同红军关系好的原因所在。"[③] 长征途中还设有纪律检查委员会，定期对驻扎期间的工作和执行群众纪律情况进行检查、报告、总结[④]，基本上采取的是正面积极倡导、反面严厉惩戒、加强监督执行三管齐下的解决方法。

---

① 《二、六军团长征政治工作总结报告》（1936年12月19日），见中国工农红军第二方面军战史编辑委员会编：《中国工农红军第二方面军战史资料选编》（四），北京：解放军出版社1996年版，第176页。

② 《川陕革命根据地历史文献选编》（上），成都：四川人民出版社1979年版，第188页。

③ 杨定华：《从甘肃到陕西》，见政协岷县文史委员会编：《红军长征在岷县——纪念中国工农红军长征胜利七十周年》，2006年印刷，第105—106页。

④ 赵镕：《长征日记》，太原：山西人民出版社1990年版，第366、367、391页。

3. 经济主义倾向

虽然长征中的没收征发工作承担着政治动员与经济补给的双重责任，但由于以往惯性的影响，仍有将没收征发工作仅视为经济工作，而不注重利用没收征发来动员群众，不发征收品给群众的现象。

《红星》报曾在长征初期批评部队“打土豪的东西”“很少发给群众”的现象，强调要“利用这种分发土豪财物给群众的机会来进行我们的工作”。[①] 的确，在遵义会议之前，对长征途中物质保障相当重视，遵义会议决议就曾指出：“书记处与政治局最大部分的注意力是集中于扩大红军与保障红军的物质供给方面，因此在这些方面，得到了空前伟大的成绩，然而对于战略战术方面则极少注意，而把这一责任放在极少数的同志身上”[②]。物质供给的重要性甚至超过了军事战略部署。

这种倾向自然会导致对没收征发政治功能的忽略，这从没收征发委员会的成立及其职能演变也可以看出来。遵义会议后，情况有所转变，体现在机构上是侧重经济职能的没收征发委员会缩编并降为没收征发科，归属地方工作部领导，地方工作部逐渐成为没收征发工作的主要执行机构；在指导思想上，政治部再三强调打土豪后，“要尽量发东西给群众”，反对“不发给群众的错误”。[③]“打土豪应以筹款及发动群众为中心”，“纠正个别部队中只顾找吃的东西，不注

---

① 《关于目前地方居民中的工作》，载《红星》报，1934年11月，第3期。

② 中共中央党史资料征集委员会、中央档案馆编：《遵义会议文献》，北京：人民出版社1985年版，第21—22页。

③ 《总政治部关于中央红军向贵州挺进途中的政治工作的指示》（1935年2月16日），见中共中央文献研究室、中央档案馆编：《建党以来重要文献选编（1921—1949）》第12册，北京：中央文献出版社2011年版，第96页。

意捉土豪、搜查房间及挖地窖等工作，严格的纠正不注意争取群众、不散发东西给群众的错误。”①

红二、六军团行军经过湘、黔、滇一带时，也存在发动群众不充分的现象。“没委会没收时未充分发动群众，使群众了解为何要没收这家地主，分配东西给群众非常不够，特别是没收时将土豪家里的东西翻乱于地下，不去设法收集这些东西，分给群众。”②

从根本上说，产生这一问题的原因在于对没收征发工作政治功能的认识不足。这在长征初期整体物质条件尚可的情况下还不是特别严重的问题，此时没收征发的政治功能与经济功能尚未形成明显冲突，个别不足可以通过政治工作人员的努力加以控制和弥补；而且由于长征途中军事问题在较长时期牢牢占据主导地位，更冲淡了这一矛盾。但一旦经济条件陷入特别困难的境地，这种经济主义的倾向的副作用就加倍呈现出来，没收征发的政治功能与经济功能的冲突矛盾也就愈益激烈。

进入涉藏地区后，“政治工作的中心便由保证战斗胜利转入动员部队为了生存而斗争。我们努力纠正那种以为给养工作不是政治工作的错误认识，提出了‘粮食就是生命，粮食就是政治’的口号，要求所有政工干部必须亲自参加筹粮，并在筹粮中贯彻执行民族政

---

① 《总政治部关于筹款征集资材及节省问题的训令》（1935年2月20日），见中共中央文献研究室、中央档案馆编：《建党以来重要文献选编（1921—1949）》第12册，北京：中央文献出版社2011年版，第105页。

② 《二、六军团长征政治工作总结报告》（1936年12月19日），见中国工农红军第二方面军战史编辑委员会编：《中国工农红军第二方面军战史资料选编》（四），北京：解放军出版社1996年版，第173页。

策和群众纪律”[①]。同样的意思在红二、六军团长征总结报告中也出现过。“他们认为政治工作仅是开党的会议，上政治课……对保障部队的给养不是政治工作？！他们甚至坐在连上等办给养的差事回来才来进行上课，这种倾向我们进行打击来，并动员政治工作人员和指挥员积极参加办给养，在办给养时不忘记各种政治工作的活动”[②]。

在涉藏地区，没有大仗可打，给养却十分困难，缺粮直接导致部队人心慌乱，这本身就是政治问题；缺粮更导致与当地群众关系紧张。“过去少数民族仇视我们的最主要的原因，是由于红军给养问题与群众利益的矛盾。”[③] 筹粮工作牵一发而动全身，已然成为政治工作的中心所在。这时候，如果仅仅将没收征发作为经济问题来看待，无法满足解决现实矛盾的需要。

中共和红军领导人不单纯就经济角度来认识给养问题，而是从政治角度和战略高度观察、分析和解决问题，从坚持党的基本宗旨、贯彻执行民族政策和群众纪律的高度来认识给养问题，把办给养直接等同于政治工作，这就大大强化了没收征发工作所具备的政治功能。红一军团东征时总结地方工作的成功经验，明确指出：“打土豪不是单纯筹款，而是为了发动群众斗争，这一观点是相当

① 廖汉生：《长征路上的生命线——忆长征中红六师的政治工作》，见中国人民解放军历史资料丛书编审委员会编：《红军长征·回忆史料（2）》，北京：解放军出版社1992年版，第400页。

② 《二、六军团长征政治工作总结报告》（1936年12月19日），见中国工农红军第二方面军战史编辑委员会编：《中国工农红军第二方面军战史资料选编》（四），北京：解放军出版社1996年版，第157页。

③ 《中国工农红军四方面军政治部关于少数民族工作的指示》（1936年3月），见中共中央统战部编：《民族问题文献汇编（1921.7—1949.9）》，北京：中共中央党校出版社1991年版，第360页。

深刻。”[①]

但实际操作中的经济主义倾向直到西征时仍然存在。野战军总结西征地方工作时指出：“红军对群众的本位主义发展相当厉害，经常发生打土豪不发东西给群众，甚至错打土豪，以及个别部队破坏群众纪律的现象。”[②]对此，要求各部队“把发动群众斗争成为一切工作的基准，在这一基础上迅速的正确的解决土地问题。为着如此，首先要和部队中的本位主义、只顾部队给养的不正确观念作最无情的斗争，进行深入的教育。打土豪分东西给群众要成为红军的制度”[③]。

“把发动群众斗争成为一切工作的基准”，“打土豪分东西给群众要成为红军的制度”。这样的认识显然进一步明确了没收征发工作的政治功能，并力图将其规范化和制度化。

4. 群众惧怕反动势力报复

虽然红军规定没收征发来的财物一定要分给群众，但很多时候群众惧于反动势力的报复，不敢要。据会东红果蒋宗发回忆，红九军团过红果时，“红军喊我们老板，老板！你们去背大户家的粮，但

---

① 《红一军团四师在山西洪洞附近的地方工作总结》（1936年4月12日），见中国人民解放军政治学院政治工作教研室编：《军队政治工作历史资料》第三册，北京：中国人民解放军战士出版社1982年版，第445页。

② 《中国人民红军抗日先锋军西方野战军关于西征地方工作总结的训令》（1936年8月26日），见中共中央统战部编：《民族问题文献汇编（1921.7—1949.9）》，北京：中共中央党校出版社1991年版，第422页。

③ 《中国人民红军抗日先锋军西方野战军关于西征地方工作总结的训令》（1936年8月26日），见中共中央统战部编：《民族问题文献汇编（1921.7—1949.9）》，北京：中共中央党校出版社1991年版，第423页。

我们不敢去背，怕红军走后吃亏。”[①]这在很多群众的回忆中都有体现。云南会理刘少清回忆红军连队领导他们动员群众打土豪分东西，一家一家去动员，结果“生活好一点的都不愿参加。当天总共动员了八十多人，而在第二天开会时，只有十二人”[②]。这种情况在那些基本没有受到革命影响的地区，或是国民党政策严厉的地区更为突出。

在与红军的周旋中，国民党军阀挖空心思费尽心力。有的地方军阀造谣污蔑红军、严厉惩戒群众与红军接触，如在涉藏地区，“国民党军阀和当地反动土司规定，凡给红军当通司和向导者，凡卖粮给红军者，均处死刑；若不执行坚壁清野者，所有牛、羊、粮食和财产，一律没收。”[③]有的地方军阀采取安抚政策，如四川军阀刘湘下令川南各县，“迹涉苛杂之一切货物过道捐及各项杂捐，立即勒令概予停收”，以“不使匪人得所借口，用资宣传”[④]，试图与共产党争夺民心。有的地方如湖南洪水“当地坏分子乘机放火烧房子”[⑤]，广西龙胜县国民党政府甚至派人冒充红军烧毁群众房屋、粮食，以破坏红军的形象，引发群众对红军的憎恨。[⑥]有的则尽量消除共产党与红军的影响。云南当局民政厅长向红军所过地区发出指令：“顷闻凡匪经过之

① 《蒋宗发回忆红军住红果时的情况》，见中共会东县委党史研究室编：《红军长征过会东》，1992年印刷，第53页。

② 刘少清口述：《红军领导我们打土豪》，见中国人民政治协商会议会理县委员会文史资料研究会编：《会理文史》第三辑，1987年印刷，第52页。

③ 萧锋：《长征日记》，上海：上海人民出版社2006年版，第86页。

④ 董有刚主编，四川省文化厅、云南省文化厅、贵州省文化厅编：《川滇黔边红色武装文化史料选编》，贵阳：贵州人民出版社1995年版，第60页。

⑤ 《彭绍辉日记》，北京：解放军出版社1988年版，第50页。

⑥ 《关于红军长征和遵义会议情况的报告》（1935年10月15日），见中共中央文献研究室、中央档案馆编：《建党以来重要文献选编（1921—1949）》第12册，北京：中央文献出版社2011年版，第386页。

地方，标语甚多。或用文字张贴，或用石灰红朱涂写抹墙壁，遍处皆有。应速令各县责成乡长派人随处搜寻，发现有此种标语，即予撕去或铲除洗涤，勿稍留痕迹为要。”[①] 在这样的情况下，发动群众参与没收征发工作难度显然非常大。事实上很多群众也因为接触、帮助红军付出了巨大牺牲。上面提到的云南会理刘少清，红军走后，他的父亲因为参加贫农团打土豪而被地主杀害，全家东西被拿光，地下也挖了三尺，全家只有靠乞讨为生。其余几个贫农团的成员也都遭到地主报复，被残忍杀害。因此，当红军再次经过这些地方，发动群众工作的难度就会增加。据陈伯钧日记记载：1935 年 2 月 23 日路过后滩，“我们西进时曾经过此地一次，那时还好。继之以白军亦随我之前后，经过此地蹂躏不堪。所以此次我们到此，群众都大部逃避。”[②] 童小鹏日记也记载：1935 年 2 月 25 日，“我军前次离开桐梓后，因军阀摧残的厉害（得了土豪的东西即要坐监），故到时远不如前次热闹。”[③]

对于群众的畏惧心理，各路红军想了不少办法。红军尽量武力镇压所能找到的地主、恶霸，防止其报复，有的部队给予地方民众一定的武装，使其在红军走后能够自卫。有的部队对地主进行武力威慑，表示很快就会再回来，这也使得有的地主不敢轻易实施报复。红一方面军没收地主浮财后，“开列清单，放在地主家里，说明是红军没收，与群众无关，以免我们走后，地主土豪加害于群

---

① 董有刚主编，四川省文化厅、云南省文化厅、贵州省文化厅编：《川滇黔边红色武装文化史料选编》，贵阳：贵州人民出版社1995年版，第59页。

② 《陈伯钧日记》，见中国革命博物馆编：《红军长征日记》，北京：档案出版社1986年版，第45页。

③ 《童小鹏日记》，见中国革命博物馆编：《红军长征日记》，北京：档案出版社1986年版，第114页。

众。”[①] 在遵义，“根据当地群众的要求，打土豪分财物我们基本上都是在晚上八、九点钟进行，有的群众都是来自十几里之外”[②]。红二方面军“有些地方的群众一时不肯要土豪的东西，我们到晚上动员一些人将粮食或其他东西亲身送到群众家里”[③]。部队在西延没收了 20 余户地主豪绅的财产、粮食，分给贫苦农民。穷苦群众担心这些恶霸秋后算账，部队便勒令这些恶霸当面向穷苦农民许下不报复的诺言并写出书面保证。[④] 红六军团在新化没收“官盐”后，从低标价售给人民群众，价格定得非常低，“实际上是通过合法买卖的形式分给广大群众，且不给敌人留下对群众进行报复的借口”。这极大打消了群众的顾虑。[⑤] 到锡矿山后，红六军团如法炮制，将没收的粮食和衣物，低价卖给广大群众。“只要拿出 1 块银元，就可以担回一担稻谷。实在没有钱的穷苦工人农民，只要说清情况也可尽管来担。”“名为出卖，实为散发。”打出低价出卖的名义，既是为了消除群众的畏惧，又是为了堵塞日后矿霸和豪绅的毒口。这取得了很好的效果，“仅在矿霸段楚贤的大兴庄，担稻谷的群众就有四五百人。”[⑥]

---

① 《李坚真回忆录》，北京：中共党史出版社1991年版，第75页。

② 朱开铨：《关于遵义会议期间的遵义县革命委员会》，见中共江西省委党史研究室编：《江西党史资料》第45辑，北京：中共党史出版社2015年版，第222页。

③ 《二、六军团长征政治工作总结报告》（1936年12月19日），见中国工农红军第二方面军战史编辑委员会编：《中国工农红军第二方面军战史资料选编》（四），北京：解放军出版社1996年版，第169页。

④ 旷伏兆：《“根据地就在脚板上”》，见《红六军团征战记》编辑组编：《红六军团征战记》（上），北京：解放军出版社1994年版，第445页。

⑤ 李立：《远征万里——红二方面军长征记》，北京：人民出版社1983年版，第54页。

⑥ 覃国翰：《点燃锡矿山的革命烈火》，见中国人民解放军历史资料丛书编审委员会编：《红军长征·回忆史料（2）》，北京：解放军出版社1992年版，第142页。

但是，革命不是请客吃饭，而是暴动，是一个阶级推翻另一个阶级的暴烈的行动。没收征发本身就是一种革命行动，是有风险、有流血、有牺牲的斗争，不可能存在两全其美、安全妥善的根本解决办法。只有深入民众做耐心的动员工作，在实际的斗争中逐步提高民众的阶级意识和反抗意识，让广大民众认同、接受共产党的基本政治主张和革命主张，从而从最初的犹疑到心甘情愿承担这种风险。

（五）没收征发的实际成效

长征中没收征发实际收效如何？时隔近90年，要客观评价这一问题是困难的。国民党、共产党、人民群众三方基于不同的立场，对这一问题都有着自己的看法。

1. 不同立场视角下的没收征发

（1）敌方文献资料视角

作为在没收征发中受到直接冲击的地方原有势力，对红军的行为深恶痛绝，不遗余力进行抨击。红军转战黔北的过程中，当地上层人士曾在《贵州评论》“读者之声”栏目撰文污蔑：“遵义为黔中富庶之区，共匪七日天晚进城，假打富济贫之招牌，大展其掳抢之手段；凡稍有积蓄之家鲜有不被其操毁者！盖该匪既未定出标准，又不经调查，悉以小利买转当地坏人以为操家捉人之导员，故家不分如何成家，并无分家大家小，惟导员一指便操的尽尽；人不分善人要人，惟有钱可取者，便捉之取钱。至于烧房子，毁田契，杀恶劣这一类徒劳无钱的事情，他们并不多管了。充其所为，无一不以括钱为目的，真算十足的抢匪。谈什么主义？谈什么政治哦！农人的猪牛鸡鸭等都是可以随便杀来吃的么！尤其是牛！所以他们所杀的人，多不外是被捉而拿不出钱来的人，这次的劫难，就表面上看还不觉得些什么，但元气的丧失恐怕十年也难恢复？”[①]

红二、六军团转战的大庸地区这样歪曲诋毁：“当共匪据城一百零八日，倡导土地革命，分田地给农民工人，凡有资产殷实与商人，或负声望者，均冠以‘土豪劣绅’之贵衔，予以逮捕，召开民众大会假作审判决定，或割喉管弃于市，或勒赎‘烟洋’，物到即付刑戮，任使流痞滋生，恶棍遍起，县衙付于火，工商闭于市，虽飞机临城轰炸，死伤者，匪民参半耳。纯至有产破产，少壮流离，老弱死于非命，官民库藏一空，颇感浩劫临身之苦。”[②]

类似的攻击和指责，在当时国民党的报纸、地方电报等文献资料中为数不少。此外，瑞士籍传教士薄复礼回忆他被抓到长征队伍中的经历时说：“他们的一切补给都是靠夺取。有一次，我们来到一个地主家宿营，这里的一切，立刻成了红军的财富。他们拿走了一切用得着的东西。然后，熟练而有条理地召集穷人将谷仓的粮食分光。”[③]其中也暗含指责。他们攻击的要害在于，指责红军没收征发的随意性，缺乏调查、辨别，认为群众大会、打富济贫都是幌子和形式，其最终只为掠夺钱财。而就本书前述诸多史实来看，此攻击显然是出于宣传需要，与事实相去甚远，为污蔑不实之词。

也有站在敌方立场但相对客观的评价。1936 年旅行家薛绍铭到

---

① 《贵州评论》，1935年3月1日，第5期，第23页。

② 中国第二历史档案馆、湖南省档案馆编：《国民党军追堵红军长征档案史料选编》（湖南部分），北京：档案出版社1991年版，第281—282页。

③ ［瑞士］薄复礼：《一个外国传教士眼中的长征》，张国琦译，北京：昆仑出版社2006年版，第82页。

遵义谈到中央红军长征经过遵义对当地的影响，其以“浩劫后之遵义”为小标题，指出“及朱毛渡乌江后，遵义侯部仓卒退走，共党未费一弹，占领遵义，当时人民均未及逃走，共党入城，纪律尚佳，无烧杀之事，不过对富有者勒索颇甚。二次共党由黔西北回窜，娄山关失陷后，遵义人民知城将不保，乃逃避一空”[①]。虽然薛绍铭还是倾向国民党当局，但也不得不承认“共党入城，纪律尚佳，无烧杀之事”。

中央红军进占沿河县城后，沿河县邮政局局长在给上司的报告中说：共军“纪律之佳出人意外”，“买卖公平，一般小商莫不大获其利”，“该匪所过，专擒军政、税收人员及区团豪富、教士，而于贫苦农工、失业游民，则给资赠产，备极笼络”。[②]

而在敌军将领的内部交流中，更显示出不同的情况。1935 年 2 月 22 日，蒋介石电令各军：“我军除依照规定计划，迅速围剿外，尤须与匪争取民众，使民众不为匪用，则其势益孤，而歼灭亦易。故我军无论宿营行军，随时随地须严肃纪律，不拉夫、不派款，不强借民房，不强占民物，不征发粮秣，不强买强卖。”[③]这个电报无疑侧面印证了红军纪律严明，与民众关系融洽。随后，1935 年 3 月 6 日，蒋介石在致国民党川军将领刘湘、潘文华的电报中更明确承认：“据报，前朱、毛匪部窜川南时，对人民毫无骚扰，有因饿取食土中萝卜者，每取一头，必置铜元一枚于土中；又到叙永时，捉获团总

① 薛绍铭：《黔滇川旅行记》，重庆：重庆出版社1986年版，第116页。

② 贵州省档案馆编：《红军转战贵州——旧政权档案史料选编》，贵阳：贵州人民出版社1984年版，第4页。

③ 贵州省档案馆编：《红军转战贵州——旧政权档案史料选编》，贵阳：贵州人民出版社1984年版，第103页。

四人，仅就内中贪污者一人杀毙，余均释放，借此煽惑民众”[①]。作为国民党最高领导人发给地方各军的电报，对于红军遵守纪律的认可，显然具有更权威的真实性。

（2）红军回忆视角

红军的回忆目前主要是两种形式：一是回忆录，一是日记。

回忆录以 1942 年总政治部内部印行的《红军长征记》最为原汁原味。此时长征刚结束不久，长征的话语内涵还没有固定成形，相关回忆五花八门，并未有统一的指向。因此，像何涤宙的《遵义日记》完全无涉遵义会议的伟大转折，而是“这十天中没有行军的事，没有打仗的事，享受着城市小资产阶级的生活，是一年另一个月长征生活中一段特殊生活”。他的记忆中有的是：进街上馆子、打土豪搬东西、打篮球比赛、开同乐晚会看女学生跳舞……[②]莫休的《一天——再占遵义城》，在斗志昂扬、有序行军的同时，也有抢路、忙乱、疑惑、紧张、抱怨和疲乏。[③]然而，这样的文字，在 1955 年人民出版社出版《中国工农红军第一方面军长征记》时被删去。

即使是红军当事人的回忆，随着延安整风，随着党内意识形态的统一，对长征的认识逐步趋同，描述也自觉或不自觉地受主流观念的影响。长征结束后相当长一段时期，大部分的回忆录都是注重军事、政治，这与当时强调路线斗争的大环境是相吻合的。“文化大革命”后，路线斗争的话语影响逐渐淡化，对长征的多方位、多层

① 中国人民解放军历史资料丛书编审委员会编：《红军长征・参考资料》，北京：解放军出版社1992年版，第343页。

② 丁玲主编：《红军长征记》，北京：解放军出版社2006年版，第130—136页。

③ 丁玲主编：《红军长征记》，北京：解放军出版社2006年版，第166—175页。

次的认识也就有了可能。改革开放后随着中共越来越重视抢救、保存党史资料，对长征的回忆也呈现出一个新的高峰。此时，由于环境的宽松和对长征认识的全面、深入，回忆呈现的内容更多反映出长征红军丰富的生活、与地方民众的互动。比如黄良成 1979 年回忆二进遵义的时候写道："一个多月以后的遵义，和以前大不相同了。由于我军纪律严明，秋毫无犯，在遵义人民中留下了深刻的印象。所以，红军的队伍入城时，男女老少夹道欢迎，家家户户张灯结彩，鞭炮齐鸣，大街小巷歌声一片，军民同欢，共庆胜利。"[①] 然而，他的回忆录在 1959 出版时，完全没有这一段。[②] 仔细对比黄良成所著《忆长征》两个版本，可以看到在时代的影响下，新的回忆在既有的军事、政治斗争之外，更多地关注到长征沿途的社会状况、群众态度。但是，据在军委卫生总部养伤的陈伯钧日记记载，他 1935 年 3 月 1 日随部队二进遵义，发现"遵义群众被军阀欺骗与屠杀、逃跑大半。现街市中十分萧条，无什东西卖"[③]。与黄良成的描述截然不同。

对于黄良成后来添加的文字，显然不能简单视同为迎合主流意识的凭空伪造，毕竟他与陈伯钧可能入城时间不一致，见到的群众也不一样，个人感受亦有可能完全不同。但从这种回忆的差距我们可以看到大量红军战士回忆录普遍存在的问题，即对同一个事件众多亲历者难以达成一致，而随着时间逐步推移加上时代意识的痕迹，这种回忆的可信度要打一定折扣。

① 黄良成：《忆长征》修订本，沈阳：春风文艺出版社1979年版，第68—69页。
② 黄良成：《忆长征》，沈阳：春风文艺出版社1959年版，第58页。
③ 《陈伯钧日记》，中国革命博物馆编：《红军长征日记》，北京：档案出版社1986年版，第47页。

相形之下，长征日记虽然也有事后修改的痕迹，但可信度相对较高。目前笔者看到的长征日记主要有童小鹏、陈伯钧、张子意、伍云甫、王恩茂、赖传珠、赵镕、萧锋、林伟、彭绍辉、关向应等人的十余种①。在这些叙述中，地方群众对红军一开始多是逃避甚至攻击，尤其少数民族地区偷袭红军的不少，使得红军有时经过少数民族区，"精神紧张，准备自卫"②。但是红军都会进行耐心的宣传解释，也不会主动进攻。许多日记都谈到了没收征发的情况，萧锋《长征日记》从1934年10月中旬到1935年5月底记载了打土豪没收财产的情况21例。当然，没收征发过程中也确实存在违反纪律的现象，但都会及时纠正。伍云甫日记记载，1935年6月15日，"17时左右到达大硗碛，住小店内，该店一妇女哭诉前头部队经过，有不守纪律分子将其棉被扯破，锅拿走，我们向她解释。经政治部许可，代赔八个小板才满意。"③

总之，从红军战士的视角，虽然回忆在发生变化，但红军没收征发工作的基本情况与笔者前文描述大体一致。整体来说，战士们对没收征发的认识多停留于经济层面，更多反映了打土豪的具体过程、收获，以及因打土豪而改善生活条件的喜悦。尤其日记，很少记录分配物品给群众所造成的影响。这一方面可能是因为大部分战士本身并非政治工作人员，没有参与分配这一部分工作；另一方面

① 中共中央党史研究室编纂的《红军长征纪实丛书 日记卷》共收录17人的长征日记。

② 《陈伯钧日记》，见中国革命博物馆编：《红军长征日记》，北京：档案出版社1986年版，第70页。

③ 《伍云甫日记》，见中国革命博物馆编：《红军长征日记》，北京：档案出版社1986年版，第198页。

作为直接参与没收征发工作的人，印象最深刻的莫过于与自身利益相关、影响冲击自身生活的事件，这是记忆的自然规律，也恰恰说明了其记忆的真实性。

（3）民间记忆视角

民间记忆最多的就是红军打土豪后分发财物的场景，这恰恰弥补了红军战士记忆中所缺乏的没收征发给群众造成的影响和冲击。

由于现在所能看到的民间记忆大多是20世纪80年代之后留下的[①]，根据形势，民众对历史记忆会不自觉地加以剪裁，以更符合主流意识的取向。但这并不能否认其记忆的真实性，尤其在回忆到某些细节时，能够看出普通大众对于没收征发关注的重点。

在民间记忆中，没收征发的组织、执行过程、具体规定并不重要，最重要的有三点：

一是分配给自己的财物。这是与切身利益真实相关的。许多人清清楚楚地记得自己分到了几两肉、几件衣服或是被子、盆等，甚至还记得自己怎么使用或是小心保存这些东西。

二是对当地土豪劣绅的打击。他们津津乐道于红军抓走了哪位大户，抄了谁的家，杀了哪些恶霸。在同一个城镇，不同的人都会回忆起当地主要土豪劣绅的命运。

三是没收征发造成的后果。因没收征发而受到牵连、报复的群众或其亲属会着重回忆这一部分。由于反动势力的清算，参加没收

① 20世纪80年代，各县、市党史资料征集委员会成立后做了大量长征沿途民众的采访工作，采访记录零散见于各地党史、文史资料，中共中央党史研究室将这些回忆集中收录整理，编纂出版了3卷本《红军长征纪实丛书 沿途亲历者忆长征卷》，较全面地反映了关于红军长征的民间记忆。

征发的群众普遍遭到了打击报复，甚至还有一些主要工作者遭到了抄家灭门的灾祸。

民间记忆相对朴实，他们所记得的是对他们冲击最大或者说他们自认为最有价值的事情。从这些回忆中可以看到，由于没收征发涉及了最大范围的群众个体利益，因此极大地扩大了红军的影响力。从回忆录朴素的语言可以看出，他们中许多人并没有什么文化，他们的记忆中很少有标语口号等宣传，有的人甚至没有直接跟红军打过交道，但他们从红军没有损害自家东西却留下财物的行动中，感受到了红军与土匪、军阀的区别；从红军打击当地土豪劣绅等封建势力的行动中，感受到红军为穷人们出了一口恶气，由此对红军产生了最朴素的向往。即使受回忆当时的社会环境和价值观影响，民间记忆仍然部分真实地展现了红军没收征发所产生的重要社会影响。

2. 没收征发实际成效的双重评价标准

评价一件事的成效，主要看其最初设置的目标是否实现。从总政治部下发的文件和没收征发的组织设置，可以了解红军开展没收征发工作目标有两个：一是保障红军长征沿途的给养，二是发动沿途群众斗争。这双重任务互为条件、互相促进。因此，对其成效考察也应包含这两个方面的内容：既要考虑没收征发对长征中物资补给的经济功能，更要综合权衡其产生的社会影响这一政治功能。

（1）经济实效

关于没收征发所发挥的物资补给功能，我们很难统计长征中红军通过没收征发共获得了多少物资，只能从一些局部数据中窥见一斑。据不完全统计，红一方面军在黔北地区共打土豪800多户，其中遵义县打土豪153家，群众分粮90余万斤，大小牲畜1000余头；桐梓县缴获大洋3.9万多元，仅打开天门洞三个洞就缴获黄金160斤。[①]萧锋《长征日记》从1934年10月中旬到1935年5月底记载了打土豪没收财产的情况21例。其中，1934年11月20日，“没收十五家地主财物，筹款三万多元，筹衣、被一千二百件，备粮很多，这下红军供给又有了本钱。”[②]吴清泉回忆：“红军路经鹤庆时，打击了土豪八十八家。”[③]林伟在日记中记载红九军团在东川“没收伪县衙内十余处仓库全部粮食分给贫民”，“筹集经费达十余万圆”。[④]

红二、六军团在黔西北地区，共打土豪1600多户，其中黔西县打土豪140多户[⑤]；在大定县没收粮食5000余石（约合50万斤），银洋50余万元，物资折款70余万银洋，鸦片（烟土）2000挑。[⑥]9月到徽县，共打土豪41户，没收粮食50多万斤、白银6000两、布匹3万余尺、衣物2000多件、猪羊200余头。在成县，打土豪50多户，收缴粮食40余石、白银5000余元、肥猪60多头、骡马40余

---

① 中共中央党史研究室第一研究部、中共中央党史研究室科研管理部组织编写：《红色铁流：红军长征全录》（上），北京：中共党史出版社2006年版，第397页。

② 萧锋：《长征日记》，上海：上海人民出版社2006年版，第15页。

③ 吴清泉口述：《一个红军老战士的战斗历程》，见中国人民政治协商会议湖南省永顺县委员会文史资料研究委员会编：《永顺文史》第七辑，1996年印刷，第88页。

④ 林伟：《一位老红军的长征日记》，北京：中共党史出版社2006年版，第170页。

⑤ 中共中央党史研究室第一研究部、中共中央党史研究室科研管理部组织编写：《红色铁流：红军长征全录》（上），北京：中共党史出版社2006年版，第421页。

⑥ 谭友林：《红旗卷过黔大毕——红二、六军团长征片断》，见中国人民解放军历史资料丛书编审委员会编：《红军长征·回忆史料（2）》，北京：解放军出版社1992年版，第165页。

匹。[①] 据不完全统计，在剑河城里共没收土豪谷子 2.4 万多斤、被子 50 多床、棉布 80 多匹、盐巴数百斤。[②] 红六军团十六师在锡矿山各公司、矿厂和附近农村，4 天内没收土豪劣绅的稻谷 3000 多石，抄出银元 1.6 万多块。[③] 红二军团的 3 个师和军直机关在长征途中共收集金钱总数 213201 元。[④]

红四方面军强渡嘉陵江后，在江油县通过“一打（打地主、土豪）、二征（征义务粮）、三借（向富裕人家借）、四买（用银元或苏维埃货币购买）的办法，在江油一个县就筹集粮食 900 余万斤”[⑤]。陈昌浩、刘伯承率部攻下炉霍一座寺院即获得粮食 1 万石、羊毛 10 万斤、盐 4 万余斤，以及一批贵重药材、金器银器、毛毡、武器弹药等。[⑥] 由于红四方面军长征长期在少数民族地区往返停留，并积极建立了少数民族革命政权，虽然一般通过购买来获得必需物质，但也在一些地区开展了没收工作，发动群众没收土司、大头人的土地粮食牛羊，如在丹巴“粮食收集三十四万斤”，吃完后，“计划由收买、搜山、没收办法，在三个月内完全（原文如此——笔者注）

① 秦生：《三军过后尽开颜——西北红军长征史》，北京：中共党史出版社2007年版，第212页。

② 中共剑河县委党史办公室编印：《红军过剑河》，1987年印刷，第37页。

③ 覃国翰：《点燃锡矿山的革命烈火》，见中国人民解放军历史资料丛书编审委员会编：《红军长征·回忆史料（2）》，北京：解放军出版社1992年版，第143页。

④ 《二、六军团长征政治工作总结报告》（1936年12月19日），见中国工农红军第二方面军战史编辑委员会编：《中国工农红军第二方面军战史资料选编》（四），北京：解放军出版社1996年版，第172页。

⑤ 刘瑞龙：《难忘的征程》，见中共中央党史研究室编：《红军长征纪实丛书 红一方面军卷（1）》，北京：中共党史出版社2016年版，第129页。

⑥ 徐向前：《历史的回顾》，北京：解放军出版社1988年版，第323页。

九万斤，供给全丹巴部队、医院之需（每日约八千人吃饭）”。[①]红四方面军能够在少数民族地区持续发展一年多，没收征发工作的经济贡献功不可没。

对比中央红军长征出发时，共携带军费现金202.4万元[②]，筹集60万担粮食[③]，这些收获无疑是巨大的。

长征中，“筹粮筹款，主要是打土豪地主。没有土豪地主时，就要用钱买粮，没有钱，就要打借条”[④]。虽然长征中红军也通过战斗缴获、购买、借贷等方式获得了一些物资，但除了在少数民族地区尤其藏族区域的几个月，没收征发始终是红军获得给养的重要乃至主要手段。从长征中各路红军的汇报总结以及长征最终胜利的结果来看，恰恰在藏族区域不能进行没收征发的几个月是红军最感物资困难的时期，大部分时候长征所需基本物资还是得到了保障。陈云曾向共产国际汇报：“在这次西征中，我们在供应上没有遇到过困难。只是在人烟稀少的山区，我们的供给有过一两天的短时中断。在经济封锁的条件下，我们能够为我们的战士提供新军服、新物

① 《董振堂、黄超等关于敌情及部队情况的报告》（1936年1月8日），见中国工农红军第四方面军战史编辑委员会编：《中国工农红军第四方面军战史资料选编》（长征时期），北京：解放军出版社1992年版，第314页。

② 此数疑有误，按分项数字总计应为164.2万元。《野战军人员武器弹药供给统计表》（1934年10月8日），见中国人民解放军历史资料丛书编审委员会编：《红军长征·文献》，北京：解放军出版社1995年版，第83页。

③ 陈云：《关于红军长征和遵义会议情况的报告》（1935年10月15日），见《陈云文集》第一卷，北京：中央文献出版社2005年版，第2页。

④ 萧锋：《长征日记》，上海：上海人民出版社2006年版，第114—115页。

资。"[①] 红二方面军在长征一开始时"给养问题感受了很大的困难"，但很快通过打土豪"部队的给养得到很大的改善，并得到服装部分的补充"，到滇东"给养是比以前更加困难的"，但进入云南宣威"给养也突然改善了，宣威土［豪］家的大米，除大批分发群众外，部队是吃不完的"。而到涉藏地区后，未实行没收，"物质生活是完全改变了的"，"番民区的给养是很困难的"，甚至"影响到战士精神上肉体上的健康"，为此，红二方面军针对给养问题发了三次专门的通报。[②] 红四方面军西渡嘉陵江开始长征后，"部队边打边走，随口就粮，基本沿用缴获、打土豪征集粮食的办法，部队的供应状况还是好的。"[③] 红二十五军离开鄂豫陕北上沿途，"到处号召广大群众的分粮斗争，组织部分的回民斗争工作，沿途打杀大批反动派与消灭民团，充实了红军物质的需要。"[④] 从客观结果来看，没收征发工作发挥了其应有的经济功能。

（2）社会影响

很多人谈到红军长征的破坏性问题，没收征发工作无疑是覆盖

① 陈云：《关于红军长征和遵义会议情况的报告》（1935年10月15日），见《陈云文集》第一卷，北京：中央文献出版社2005年版，第28页。应该指出，陈云1935年6月下旬离开长征队伍，他所描述的是此前的长征供应情况，不包括过草地时期的物资奇缺阶段。

② 《二、六军团长征政治工作总结报告》（1936年12月19日），见中国工农红军第二方面军战史编辑委员会编：《中国工农红军第二方面军战史资料选编》（四），北京：解放军出版社1996年版，第147、148、152、153、157页。

③ 吴先恩：《为了长征的胜利——忆红四方面军的兵站工作》，见中国人民解放军历史资料丛书编审委员会编：《红军长征·回忆史料（2）》，北京：解放军出版社1992年版，第437页。

④ 《原中共鄂豫陕省委关于离开鄂豫陕苏区会合陕甘红军之决定经过的报告》（1935年9月27日），见中国工农红军第二十五军战史编审委员会：《中国工农红军第二十五军战史资料选编》，北京：解放军出版社1991年版，第339页。

面最大的、最具破坏性的行动。不可否认，红军长征对当地群众生活形成了冲击。

一是给当地经济造成压力。红军每到一地，对当地商业造成不小冲击。“国民党豪绅反动污（诬）骂红军为匪，命令商户逃避我们，以致我们所过之地，往往商户成为十室九空。这样使商业停滞，商人吃亏，群众卖柴买盐都不便。”[①] 同时红军人数众多极大影响当地的供求关系，再加上尾随“追剿”的国民党大军，必然会造成当地物价飞涨。1934 年 12 月 15 日，黔阳邮局长蔡烈报告地方情况时就指出：由于国民党大军到境“剿匪”，“谷米陡涨，物价日增，市面洋油，每瓶六元三四角，尤属缺货。”[②]1935 年 1 月 12 日，会同邮局长安友生呈报地方情形，指出：“但此次大军进驻，粮食购买一空，目前百物无不较前陡涨数倍，每米一斗，价值元余。”[③] 红四方面军在川康一带停留一年多时间，所需物质极大。“过去少数民族仇视我们的最主要的原因，是由于红军给养问题与群众利益的矛盾。”[④]

二是冲击当地社会旧秩序。大军过境，原有地方实力派势力受到冲击，原有社会不安定因素匪患等也乘势而起。中央红军过黔阳

---

① 《中国工农红军第二十五军司令部、政治部布告——关于商业政策》（1935年2月5日），见中国工农红军第二十五军战史编审委员会：《中国工农红军第二十五军战史资料选编》，北京：解放军出版社1991年版，第295页。

② 中国第二历史档案馆、湖南省档案馆编：《国民党军追堵红军长征档案史料选编》（湖南部分），北京：档案出版社1991年版，第317页。

③ 中国第二历史档案馆、湖南省档案馆编：《国民党军追堵红军长征档案史料选编》（湖南部分），北京：档案出版社1991年版，第319—320页。

④ 《中国工农红军四方面军政治部关于少数民族工作的指示》（1936年3月），见中共中央统战部编：《民族问题文献汇编（1921.7—1949.9）》，北京：中共中央党校出版社1991年版，第360页。

时，“乡村匪风，闻已乘机四起，匪患频来，民不聊生。”[1]红九军团到西昌时，“西昌守敌为川康军第七师刘元塘的3个团及几个地方民团，共约2万人。军阀为了进行垂死挣扎，竟将西昌城四周5里以内的民房烧毁，以此残忍手段来阻止我军接近城垣，制造了无数难民，弄得人民无家可归，颠沛流离，凄惨万状。”[2]长征红军对土豪劣绅的没收征发甚至强势镇压，都是对原有社会秩序的重新洗牌。

三是实际发动群众起来斗争。在长征中，广大的人民群众被动员、组织、武装起来，据不完全统计，长征中建立了百余支地方武装部队，如宜章农民赤卫队、遵义县游击队、陕南抗捐第一军、川南游击纵队、黔北游击队等。在有条件的地方，广大群众在党和红军的帮助下建立了苏维埃政权，遵义县革命委员会、鄂豫陕革命根据地的各级苏维埃政权、格勒得沙革命政府，黔大毕地区的各级苏维埃政权……这些武装、政权的成立极大地改变了当地社会生活的旧有秩序与精神面貌，为解放地方民众、引导他们起来斗争并保卫革命成果，作出了积极的贡献。

从根本意义上说，长征是一场战争，这决定了其带有战争的副作用：毁灭经济、缩减人口、破坏资源、造成心灵创伤等。但作为一场正义的战争，其进步性远远大于破坏性，且有些破坏本身就具有进步意义。没收征发本身是革命战争的一部分，且带有社会革命的性质，是对旧制度、旧势力、旧秩序、旧国家机器的破坏，是对人民从思想到经济的一次解放，更是对新社会力量的支持与动员。

---

① 中国第二历史档案馆、湖南省档案馆编：《国民党军追堵红军长征档案史料选编》（湖南部分），北京：档案出版社1991年版，第317页。

② 赵镕：《长征日记》，太原：山西人民出版社1990年版，第296页。

从这个角度来认识没收征发的社会影响，就能更清楚地理解其时代进步意义。

没收征发的主要目的之一是为民众的。“我们打土豪的目的，主要是为着广大贫苦群众的利益，要坚决反对一切私打土豪没收家财不归公的坏现象！”[①]这一价值取向，与土匪纯为经济劫掠或劫富济贫有着本质上的区别，具有鲜明的时代进步性。

没收征发的具体实施有理有序。长征中的没收征发有着完整的制度设计、组织机构、基本原则、实施步骤以及纪律要求，这从根本上保证了没收征发的有序进行；加上人民群众从调查阶段就开始的深度参与，有效弥补了长征条件下工作易流于简单粗暴的缺陷。就连敌对势力也不得不承认共产党“纪律尚佳，无烧杀之事”。当然，由于长征的特殊性，难免出现一些疏漏和违纪现象，但瑕不掩瑜，从大量群众和士兵的回忆录看来，没收征发工作的整体进展无疑是成功的。对于土豪劣绅来说，红军是令人生畏的“洪水猛兽”，但对于贫苦群众而言却是最大的福音。

没收征发的实施结果达到了预设目标。没收征发不仅使红军解决了沿途给养，而且因为工作中对反动势力的必要打击、对群众财物的实际支援获得了人民的广泛拥护。陈云在《随军西行见闻录》中这样写道：“赤军之所以得民众帮助，不由赤军之威胁民众，而由于赤军兵士守纪律，的确不扰民，不动民间一草一木。非但如此，而且常常没收军阀、官僚、劣绅的财物，散给居民。民众感觉赤军

---

① 《加强连队的地方工作》，载《红星》报，1934年10月27日，第2期。

对他们有实际利益，所以趋之若狂。”[①] 这正是中共开展没收征发工作的双重目标。可以说，没收征发工作从经济和政治层面获得了双重成功的结果。

① 《关于红军长征和遵义会议情况的报告》（1935年10月15日），见中共中央文献研究室、中央档案馆编：《建党以来重要文献选编（1921—1949）》第12册，北京：中央文献出版社2011年版，第418页。

四、扩大红军

扩大红军既是关系部队战斗力，又是反映中共群众基础的一项重要工作。能否吸引广大群众加入红军，直接体现了群众对中共基本理念、政策的认可、拥护程度。同时，能否扩大兵源，既是一支部队能否生存发展壮大的基础，更是一个政党及其部队拥有群众基础的证明。土地革命战争时期，党和红军在创建苏区的过程中开展了轰轰烈烈的扩红工作，据不完全统计，中央苏区在扩红运动中，仅赣南 13 个县，参加红军的人数就达 33.1 万余人。[①] 这既显示了红军力量的壮大，也是中共动员民众的直观成果。

与苏区时期的扩红相比，长征中的扩红工作可谓先天不足。部队在军事失利的状态下，被迫放弃原有根据地踏上战略转移的征途，对于这样一支被国民党军称为“西窜”的“匪军”，第一观感自然不

① 余伯流、凌步机：《中央苏区史》，南昌：江西人民出版社2001年版，第612页。

如节节获胜的部队容易得到群众的信任。而在部队发展方向不明确的情况下，保存自身力量和扩大发展之间并不是浑然一体，在生存极为艰难的情况下，两者不可避免存在冲突。在自顾不暇，既有部队尚无力保存、教育好的状况下，发展引进新的兵员、新的血液，并非全无弊端。因此，一方面是客观条件的困难，另一方面是红军自身战略的选择，都使得长征中的扩红工作极为错综复杂。

（一）红军长征扩红人数考

对于扩红的原因、手段、途径、经验等，学界已有不少相关成果。但对于红军长征中扩红的实际成效，由于缺乏整体的数据考察、统计与分析，一直没有一个相对准确的数字统计。不少人存有疑问，甚至有人提出长征中扩红几乎是不可能的，并根据红军将帅中贵州籍和川西北籍的将军很少这一现象推测得出长征实际扩红数量很少的结论。本书试图结合相关文献和当事人的回忆，对四支长征部队的扩红人数作一详细考察，以期推算出长征中扩红的大概规模，为正确评价扩红工作成效打下基础。

1. 红一方面军的扩红人数

红一方面军没有留下关于长征扩红整体情况的官方总结。长征红军留下的日记、回忆录大部分仅涉及某时某地某部队的扩红情况而缺乏整体描述。现存官方最具代表性的叙述，一是陈云 1935 年 10 月向共产国际的汇报。其中四次谈到扩红，包括：1935 年 1 月“部队在遵义休整了十二天，政工干部在这里招募了新兵。我们一共招了三千名年轻的新战士”[①]。1935年4月“进入瑶族聚居区后，招募了一万多名新兵”[②]。1936年5月在会理“我们招收了五千名有战斗力的年轻战士，并组织了大批游击队”[③]。1935年6月“主力红军与红四方面军会师后，部队有两个月时间来休整、补充和加强”。“我们在会理五天之内就招募到五千名年轻战士。大家由此可以推算，两个月内红军的人数能够增加多少。在这两个月的时间里，我们确实壮大了自己的队伍。”[④]

二是毛泽东和斯诺的谈话。谈到1935年1月至4月“在川、黔、滇省的运动占去了红军4个月的时间，在这段时间里……补充了约2万兵员”[⑤]。

这些数字是了解红一方面军长征扩红人数的重要参考。但有一些数字无法得到证实，有的还与长征文献反映的内容有出入。如对于红一、四方面军懋功会师后的扩红情况，《中央为执行北上方针告同志书》（1935年9月10日）就指出：“两个月来，我们在川西北地区所身受的痛苦，是大家所知道的。”“南下是少数民族的地区，红军只有减员，没有补充。”[⑥]这与陈云关于两军会师后的两个月内

① 陈云：《关于红军长征和遵义会议情况的报告》（1935年10月15日），见《陈云文集》第一卷，北京：中央文献出版社2005年版，第8页。

② 陈云：《关于红军长征和遵义会议情况的报告》（1935年10月15日），见《陈云文集》第一卷，北京：中央文献出版社2005年版，第12页。但此说法无法印证，当时的《红星》报、当事人的回忆都未曾提到在瑶族聚居区开展大规模扩红。

③ 陈云：《关于红军长征和遵义会议情况的报告》（1935年10月15日），见《陈云文集》第一卷，北京：中央文献出版社2005年版，第16页。

④ 陈云：《关于红军长征和遵义会议情况的报告》（1935年10月15日），见《陈云文集》第一卷，北京：中央文献出版社2005年版，第21、22页。陈云1935年6月已奉命离开长征队伍去上海，对会师后的扩红情况并未亲历。

⑤ 《毛泽东自述》（增订本），北京：人民出版社1996年版，第85页。

⑥ 中国工农红军第四方面军战史编辑委员会编：《中国工农红军第四方面军战史资料选编》（长征时期），北京：解放军出版社1992年版，第146页。

“我们确实壮大了自己的队伍”的表述不一致。

事实上，红一方面军在长征中的扩红情况相当复杂。一方面，在四支长征队伍中，红一方面军长征经历的省市区最多，达 12 个；部队减员最大，从出发时的 8.6 万余人缩减到陕北时的不足 7000 人[①]，部队人员情况变动非常大。另一方面，红一方面军扩红运动虽然开展得轰轰烈烈，但逃跑情况也很严重。《红星》报报道了不少逃跑现象，如“革”部“从五月十六至月底止，共扩大新战士有一千四百名左右。但是他们的巩固工作不够，逃跑了六百左右，实际扩大的则为八百余”[②]。“地”团补充连“自十六日会理出发至廿一日止，五天当中逃跑新战士五十二名”[③]。这就使得数字的变动极其频繁，即时扩红人数和几天之后的扩红人数存在较大差异，那么究竟以什么标准进行统计呢？

《红星》报曾指出：“只扩大不巩固等于不扩大”[④]。但由于资料的缺乏，要精确统计“巩固”的扩红成绩几乎是不可能的。而且，对于怎样才是“巩固”也很难判断。有的人可能参加红军几天就跑了，有的人可能参加了好几个月才脱队，有的人可能只是跟不上才掉队，情况相当复杂。《红星》报自己在统计时使用了“实际扩大的”这样的字

① 中央红军到达陕北的人数有多种说法。据中央党史研究室第一研究部编著的《红军长征史》（北京：中共党史出版社2006年版），1935年9月哈达铺整编时陕甘支队为7000余人，继续北进途中有不少伤亡，且没有扩红的相关回忆和记录。大致推算到达陕北人数应不足7000。这里要指出的是，红一方面军的第五、第九军团在懋功会师后改为三十二军编入红四方面军，甘孜会师后与红二、六军团一起编为红二方面军。红三十二军到达陕北的人数，据1936年9月统计为2677人，算作红二方面军人数，不在这7000人内。

② 《“革”部在扩红战线上完成了原定的计划》，载《红星》报，1935年6月1日，第19期。

③ 《惊人的新战士逃跑现象在“地”团》，载《红星》报，1935年6月1日，第19期。

④ 《加紧扩大与巩固新战士的工作》，载《红星》报，1935年6月1日，第19期社论。

眼，可见当时的红军并不将短暂加入的新兵视为扩红成果。但是，仅仅因为后期脱队就能否认前期扩红运动的效果吗？也不尽然，后期的脱队只能说明部队内部相应的政治工作没有做到位，而不能否认前期宣传动员参军的工作。因此，为较准确地反映红一方面军长征中的扩红情况，本书采取折中方式，一方面尽可能取较长时段的总结统计数字。因为一个较长时段的总结，经历了一定时间的沉淀，相对即时统计的数字更为平实、准确。另一方面，本书尽量采用《红星》报统计数据、官方汇报文献。个人长征日记、回忆难免有后期加工的嫌疑，但《红星》报是长征中党中央和中革军委的唯一报纸，其报道是稀有珍贵的来自历史现场的记录。而且作为面向红军内部的报纸，里面刊载的各部队扩红数字较客观。这从《红星》报整体的风格就可以看出，毫不讳言长征中违纪、掉队等现象，该批评的批评，该表扬的表扬。但遗憾的是，1935 年 7 月之后《红星》报仅出版 3 期（目前存有 2 期），未能提供 1935 年 6 月至 10 月红军的扩红情况。官方汇报文献是从事扩红工作亲历者所认同的数字，具有更高的权威性。在这两种材料都缺乏的情况下，再从相关人物的回忆、日记中寻找蛛丝马迹。

关于红一方面军的扩红人数，1935 年 4 月 5 日《红星》报载《扩红成绩的总检查和今后的工作》提到：总结各军团的扩红报告，“山东”从突围以来扩大新战士 2100 余人，“河南”1700 余人，“安徽”400 余人，“九堡”310 余人，“贵州”从一月起 400 余人，“东固”从一月十一日至二十五日 540 人，总计 5400 余人，遵义战斗中争取的新战士在外。[①]

---

① 《扩红成绩的总检查和今后的工作》，载《红星》报，1935年4月5日，第13期。

这个数字可信度很高，但有两个问题需要考虑。

首先是统计范围。《红星》报此处提到的六个军团代号，与长征之初规定的各部队机关代号完全不同。笔者经过考证[①]，推断“山东”为红一军团，“河南”为红三军团，“九堡”为军委纵队，“贵州”为红九军团，“安徽”与“东固”哪一个代指红五军团不能确定，剩下的一个代号代指哪个部队仍待查证。不过从中可以看出，这一统计囊括了各军团包括军委纵队的扩红数字。

需要特别注意的是，报道说：“遵义战斗中争取的新战士在外。”红一方面军曾两次进占遵义，此处说的遵义战斗，显然是指第二次占领遵义。第一次智取遵义并未发生激烈战斗，第二次占领遵义的战斗规模较大，歼敌两个师又八个团、俘敌3000余人。[②]在许多红军战士的回忆以及权威史书中，遵义大捷、遵义战役都是特指第二次占领遵义。一般而言，统计数字不会故意排除某些数字，除非来不及统计，或类型不一样。遵义战斗中争取的新战士可能一来数字比较大，未能完全统计；二则多为战俘，与此前扩红来的地方战士有所不同，所以单独统计。

其次是统计时限。此处数字共统计了三种情况，一种是从突围以来的数字，即1934年10月以来的扩红数字；另一种是从1935年1月开始以来的扩红数字，单指红九军团；还有一种是从1935年1月11日至25日的扩红数字。为什么会有这种时间段的区分？

---

① 由于考证过程比较复杂，为保持行文逻辑，特将考证过程另作一文《中央红军长征军团代号考》附本节后。

② 中共中央党史研究室：《中国共产党历史（第1卷）》上册，北京：中共党史出版社2011年版，第389页。

主要是各部队开展扩红工作有早晚。根据众多长征亲历者的回忆，长征初期为躲避敌军飞机侦察，基本都是急行军、夜行军，根本没有条件扩红。加上很多战士骤然离开根据地，还未能适应这种状态，不要说扩红，甚至贴标语等简单的宣传工作都未能有效开展。这从《红星》报的扩红报道也可看出（见表4.1），遵义会议前，关于扩红的捷报很少，且提到的扩红数字都很小。如在宜章城，“三天中扩大了五十名新战士”，《红星》报就认为扩红“获得了相当的成绩”，“群众热烈的报名”。[①]而长征中，各军团承担的任务不一样，扩红开展情况也有很大差异。红一、红三军团是前卫部队，常常要提前派工作队到地方侦察情况、开展工作。相对而言，有一定的扩红时间保证。红八、红九军团是侧翼掩护，红五军团殿后，常常陷入敌人的尾追战斗中，因此扩红成绩不理想。

遵义会议后，扩红工作日益得到重视。这一方面是红军开始转变一心去湘西建立新根据地的计划，开始考虑沿途更适合创建根据地的地点；而创建根据地，必须扩大红军。另一方面是随着军事路线的转变，红军赢得了更多的军事主动，有更多精力从事扩红。红五军团十三师三十七团谢良回忆，他所在的团直到1935年2月，才第一次补充新兵[②]，之前根本没有余力开展这项工作。同时，湘江战役后大量兵力损耗，由长征出发到这时，中央红军从8.6万余人锐减到3万余人，补充兵员成为急切的现实需要。因此，在统计中有两个军团都是从1935年1月才开始有扩红数字。但第三种统计时限

① 《宜章城市工作的经验》，载《红星》报，1934年11月25日，第5期。

② 谢良：《遵义光芒》，见周朝发主编：《红军黔滇驰骋风云录》，北京：军事科学出版社1987年版，第455—458页。

从 1 月 11 日至 25 日，却不知何故。还有待进一步考查。

表 4.1 《红星》报关于红军长征扩红的报道[①]

期数	出版时间	涉及扩红的报道
第 4 期	1934.11.14	《加紧扩大红军的工作》
第 5 期	1934.11.25	《在很短时间内扩大了一个新兵连》《"福州"成立新兵补充营》《宜章城市工作的经验》
第 6 期	不详	《两个扩红的模范连队》《全师宣传队的活跃》
第 68 期	1935.1.15	《本月廿一日每三人扩大一个红军》《扩红动员中的鸦片问题》《他们永远是扩红的模范英雄，谁来比一比》《扩红工作在全师》《不要放松一点机会》《一个连队一天扩大六名红军》
第 9 期	1935.2.10	《扩大红军的模范》
第 10 期	1935.2.19	《共产党中央委员会与中央革命军事委员会告全体红色指战员书》
第 11 期	1935.3.4	《扩红号召》
第 12 期	1935.3.10	《扩大红军的突击改期十号完成》
第 13 期	1935.4.5	《扩红成绩的总检查和今后的工作》《山东军团在开展着扩红热潮》《群众当红军的热潮》
第 17 期	1935.5.22	《迅速渡过大渡河，创造川西北新苏区》《模范的动员》《努力实现总政治部提出的四大号召》《"太阳"后梯队五天地方工作的成绩》
第 19 期	1935.6.1	《社论：加紧扩大与巩固新战士的工作》《"革"部在扩红战线上完成了原定的计划》《"坦克"又跑到了扩红的红板上》《惊人的新战士逃跑现象在"地"团》
第 20 期	1935.6.11	《继续努力扩大红军无论如何要完成六月份扩红的计划》

① 长征时期《红星》报，一共有两个版本，一是延续中央苏区时期的版本，仅存第68期；二是长征专号，共26期及1期号外，存有23期和号外。在留存的24期报纸中，涉及扩红的报道有12期，28篇，可见其重视程度。

那么，这个扩红统计截至什么时间？长征中的《红星》报是手写油印，一般5到8天即出一期，慢的半月左右可出一期。有的报纸出版日期和报中文章写作日期为同一天，可见其刊发速度之快。《红星》报1935年3月4日的扩红报道指出："'河南'从扎西出发以来，扩大了红军六百多名，九堡在半个月内扩大红军二百七十余人。这是光荣的模范！"[①] 中央红军大约1935年2月10日陆续离开扎西。可见3月4日刊发的稿件已经统计到了2月底。另《红星》报1935年4月5日报道"山东"军团"自十七号到廿三号这一周内，全军团便扩大了七百以上"[②]。4月5日刊发的稿件已统计到了3月23日。据此类推，《扩红成绩的总检查和今后的工作》里面的扩红人数应统计到了1935年3月底。

从上述分析，基本可得出结论，《红星》报1935年4月5日提供的共约5450人的扩红数字是红一方面军自突围以来截至1935年3月下旬，包括红一军团、三军团、五军团、九军团、军委纵队在内的全面扩红人数统计，不包括1935年2月遵义战斗中争取的俘虏或新战士。

有了这一个数字作基础，根据行军情况和日记、回忆录记载，红一方面军此后的扩红人数主要考虑以下三个重要节点：

（1）遵义战斗争取新战士2400人

遵义战斗争取的新战士主要以俘虏为主。对红军来说，"这些俘

---

① 《扩红号召四天内每三个人扩大一个》，载《红星》报，1935年3月4日，第11期。

② 《山东军团在开展着扩红热潮一周扩大了七百以上》，载《红星》报，1935年4月5日，第13期。

虏兵放回去了，依旧托枪来和我们打仗”[①]。因此“在原则上尽可能的争取俘虏兵当红军”[②]。对俘虏兵来说，当红军或白军横竖都是当兵，差别不大，动员起来也相对容易。因此，俘虏兵历来是红军扩大的主要兵源之一。

遵义战斗俘敌3000人左右，据刘志坚回忆，朱德总司令亲自做俘虏动员工作，经过宣传教育，“这3000多俘虏，有2400多人报名参加了红军”[③]。俘虏参军的比例高达80%，可谓成效斐然。但目前所见回忆录里面，只有刘志坚的回忆谈到了俘虏参军的人数。这一数据是否可信？

首先，刘志坚在回忆遵义战斗俘虏参军的同时提到：“红三十军和红四军在包座战役中，俘白军800余人，经过宣传教育之后，有500多人当了红军。红二、六军团在长征中抓了1145名俘虏，经宣传教育工作后，有889人加入红军。”[④]刘志坚对红二、六军团俘虏参军的回忆与红二、六军团长征工作总结中的数字完全一致。至于包座战役的俘虏人数，周士第曾回忆包座战役七八百个俘虏兵，参军的十分之七，回家的十分之三[⑤]，即500多人参军，与刘志坚的回忆

① 《俘虏兵工作》（1933年6月13日），见中国工农红军第四方面军战史资料编辑委员会编：《中国工农红军第四方面军战史资料选编》（川陕时期）上，北京：解放军出版社1992年版，第418页。

② 刘志坚：《长征是宣传队》，见中国人民解放军历史资料丛书编审委员会编：《红军长征·回忆史料（2）》，北京：解放军出版社1992年版，第429页。

③ 刘志坚：《长征是宣传队》，见中国人民解放军历史资料丛书编审委员会编：《红军长征·回忆史料（2）》，北京：解放军出版社1992年版，第430页。

④ 刘志坚：《长征是宣传队》，见中国人民解放军历史资料丛书编审委员会编：《红军长征·回忆史料（2）》，北京：解放军出版社1992年版，第430页。

⑤ 周士第：《俘虏兵的一束话》，见李海文主编：《中国工农红军长征亲历记》，成都：四川人民出版社2005年版，第267页。

一致。由此可推，刘志坚的回忆数据有较高的可信度。

其次，参考以下几个长征中俘虏参军的比例：

萧锋《长征日记》记录，1935 年 3 月 6 日，红一军团一师三团“俘敌七百余人，缴获枪支两百多，除老弱病残者外，可挑选两百多人补充部队”[①]。俘敌 700 人参军 200 多人，比例超过 28.6%。

萧锋《长征过贵州的日日夜夜》记录，红一军团一师三团在余庆俘敌 300 多，争取 230 多人参加红军。[②] 比例 76%。

林伟日记记录，1935 年 1 月 5 日，红一军团将俘虏的 200 多人交给红九军团，参军的 40 余人。[③] 比例 20%。

林伟日记记录，1935 年 5 月 7 日，俘虏 300 人，吸收七八十个年青体壮不吸鸦片者参军。[④] 比例约在 26%。

红二、六军团总结整个长征中捉俘虏 1145 名，争取加入红军的 889 名。[⑤] 比例高达 77%。

可见俘虏参军比例浮动很大，这取决于红军这一方的态度是“挑选”还是“争取”，争取俘虏参军比例最高的为 77%，与遵义战斗俘虏 80% 的参军比例差距不大。考虑朱德亲自做俘虏工作，这个数字具有相当可信度。

（2）会理一带扩红 4000 人左右

---

① 萧锋：《长征日记》，上海：上海人民出版社2006年版，第48页。

② 萧锋：《长征过贵州的日日夜夜》，见周朝发主编：《红军黔滇驰骋风云录》，北京：军事科学出版社1987年版，第175页。

③ 林伟：《一位老红军的长征日记》，北京：中共党史出版社2006年版，第92页。

④ 林伟：《一位老红军的长征日记》，北京：中共党史出版社2006年版，第174页。

⑤ 《二、六军团长征政治工作总结报告》（1936年12月19日），见中国工农红军第二方面军战史编辑委员会编：《中国工农红军第二方面军战史资料选编》（四），北京：解放军出版社1996年版，第177页。

1935 年 5 月，红一方面军渡过金沙江，彻底跳出敌人的“围剿”，5 月 12 日开始，在会理附近停留五天进行休整。据陈云回忆，“我们在会理五天之内就招募到五千名年轻战士”[①]。5000 这个数字是否准确？

缪楚黄在 1955 年的《中国工农红军第一方面军长征记》中对红一方面军长征情况概述时指出：“红军第一方面军光是在贵州的遵义附近和西康的会理一带就补充了一万多人。”[②] 这是距离长征时间最近的、带有研究性质的扩红人数总结。红一方面军在遵义经过两次扩红，第一次 3000 人[③]，第二次 2400 人，会理扩红如在 5000 人左右，正好与一万多人的数字相距不远。

再看《红星》报的记录。5 月上半月，“‘太阳’后梯队在执行五月十一至十五的五天工作计划中，得到了相当的成绩……扩红一八五名。”[④] 即军委纵队后梯队在 5 天扩红 185 人。另，“‘坦克’在五月上半月的扩红动员中完成了自己的任务，下半月又超过了自己的扩红计划。”[⑤] 下半月原定扩红数目是 200 人[⑥]，上半月计划理论上应

---

① 陈云：《关于红军长征和遵义会议情况的报告》（1935年10月15日），见《陈云文集》第一卷，北京：中央文献出版社2005年版，第22页。

② 缪楚黄：《中国工农红军长征概述》，见人民出版社编：《中国工农红军第一方面军长征记》，北京：人民出版社1955年版，第468页。

③ 关于第一次进占遵义的扩红人数，陈云向共产国际的汇报是3000人，而赵镕日记、成仿吾和吕黎平的回忆则在4000人以上，赵镕日记记载最多，认为有4700人。赵镕当时在红九军团供给部工作，对于提供给新兵的被服应该是比较清楚、精确的。但陈云作为中央委员，对全局情况应较为清楚，而且向共产国际汇报，不可能故意缩小数字，所以我们取3000人的数字。

④ 《“太阳”后梯队五天地方工作的成绩》，载《红星》报，1935年5月22日，第17期。

⑤ 《“坦克”又跑到了扩红的红板上》，载《红星》报，1935年6月1日，第19期。

⑥ 《“坦克”又跑到了扩红的红板上》，载《红星》报，1935年6月1日，第19期。

与之持平。虽然目前无法推断“坦克”属于哪个军团，但显然仅就统计“太阳”后梯队和“坦克”上半月的数字，就达到385名，其所在军团及所有军团的扩红人数显然在千人以上。

5月下半月的计划是扩大三千[①]，各军团任务为：“广州800，云南800，四川500，贵州500，太阳400。”[②]完成情况如下：“三军团与军委纵队这次是跑到了最先头，都超过了自己的原定数目字。”[③]“红五月下半月的扩红运动，除‘云南’与‘太阳’外，其他的数目为：‘南昌’扩大了五百六十余名，仅占原定数目的百分之七十。‘四川’扩大了三百八十名，仅占原定数目的百分之五十七。”[④]

根据上述材料，加上笔者考证的军团代号，可知“广州”“南昌”为红一军团，扩红560人；“云南”为红三军团，完成扩红任务800人并超过；“四川”为红五军团，扩红380人；“贵州”为红九军团，未记录扩红任务完成情况；“太阳”为军委纵队，完成并超过扩红400人的任务。这样统计下来，1935年5月下半月，红一、三、五军团，加上军委纵队共扩红2140多人。

下半月计划3000人完成2140多人；据此可推，上半月肯定未达到3000人，否则下半月会提更高的要求；而且从《红星》报的宣传口气来看，下半月应该是超过了上半月。估计上半月扩红在千人以上但不会超过2000人，这样整个五月扩红4000人左右。这个数字比陈云所汇报的5000人略少，此处以《红星》报的统计为主要参考。

---

① 《加紧扩大与巩固新战士的工作》，载《红星》报，1935年6月1日，第19期。

② 《努力实现总政治部提出的四大号召》，载《红星》报，1935年5月22日，第17期。

③ 《加紧扩大与巩固新战士的工作》，载《红星》报，1935年6月1日，第19期。

④ 《无论如何要完成六月份扩红的计划》，载《红星》报，1935年6月11日，第20期。

（3）红九军团独立活动期间扩红 2000 人

以上记录不包括红九军团的扩红情况，主要是因为 1935 年 3 月底红九军团为掩护中央红军主力，单独行动。5 月下旬才与主力会合。其间比较重要的扩红有：

瓢儿井扩红 300 人。赵镕回忆："我军自一月间从湄潭县出发以来，在瓢儿井才第一次有了三天的整休机会。在这里，我们增加了新兵三百多人，筹款三千多元"[①]。刘华香的回忆与之一致：红九军团在瓢儿井休整三天，"扩充新战士 300 余人"。[②]

宣威扩红 300 人。刘华香回忆："我军团在宣威仅停留两天，就有 300 多人参加了红军。"[③] 赵镕《长征日记》亦记载 4 月 30 日到宣威，"自昨天召开群众大会以来，到今天已有 300 多人陆续前来报名参军。"[④]

东川（会泽）扩红 1400 人左右。红九军团 5 月 3 日到达东川，停留两天，扩红取得了很大的成果。据何长工回忆："在东川共扩红 1500 人左右，这是九军团长征中扩军最多的一次。"[⑤] 袁光也回忆："全军团在此一共扩红一千三百多人。"[⑥] 赵镕回忆："在东川期

① 赵镕：《长征途中红九军团在黔滇川的战斗历程》，见中国人民政治协商会议全国委员会文史和学习委员会编：《文史资料选辑》第56辑，北京：文史资料出版社1978年版，第174页。

② 刘华香：《红九军团独立作战》，见中共中央党史研究室编：《红军长征纪实丛书 红一方面军卷（5）》，北京：中共党史出版社2016年版，第2223页。

③ 刘华香：《红九军团独立作战》，见中共中央党史研究室编：《红军长征纪实丛书 红一方面军卷（5）》，北京：中共党史出版社2016年版，第2225—2226页。

④ 赵镕：《长征日记》，太原：山西人民出版社1990年版，第283页。

⑤ 何长工：《长征中的红九军团》，见中共中央党史研究室编：《红军长征纪实丛书 红一方面军卷（5）》，北京：中共党史出版社2016年版，第2174页。

⑥ 袁光：《风烟滚滚的岁月》，北京：战士出版社1982年版，第150页。

间，出现了一个群众参军高潮。在公审大会的这一天，当场报名参军的有九百多人；其后各营各连又分别吸收参军群众五百余名。”[①] 合计 1400 余人。林伟日记记录 5 月 4 日在东川召开群众大会，“今天又扩大红军共计 1400 多人”[②]。据此可以推断，红九军团在东川扩红 1300—1500 人之间。

总计红九军团独立活动期间，扩红 2000 余人。[③] 这与李聚奎、袁光的回忆一致，“不仅胜利地完成了掩护红军大部队的光荣任务，而且吸收了两千新战士，扩大了部队。”[④]“我全军团非但没有减员，还扩充了约两千新兵。”[⑤]

上述数字加起来，扩红 8400 人上下。加上之前的 5450 人，红一方面军在长征中扩红人数为 1.38 万人左右。

特别要说明的是，本书不予统计日常零星扩红人数。这既是因为日常零星扩红散见于红军长征日记和回忆录中，难以统计全面[⑥]；更重要的是，笔者发现《红星》报某一时期扩红总结人数，与此时期几次大规模扩红运动中扩大的人数几乎持平。前述《红星》报载

---

① 赵镕：《长征途中红九军团在黔滇川的战斗历程》，见中国人民政治协商会议全国委员会文史和学习委员会编：《文史资料选辑》第56辑，北京：文史资料出版社1978年版，第183页。

② 林伟：《一位老红军的长征日记》，北京：中共党史出版社2006年版，第170页。

③ 此时期红九军团还有一些零散的扩红，赵镕《长征日记》1935年4月13日记载，下午到双溪坝，“在此地又有12名苗族青年报名参军。”4月28日到板桥后，“当晚就有100多名学生报名参加红军，在十五六岁以上，身体比较强健的学生中挑选出67名编入政治部宣传队随军行动。”零散扩红此处不予统计。

④ 《李聚奎回忆录》，北京：解放军出版社1986年版，第138页。

⑤ 袁光：《风烟滚滚的岁月》，北京：战士出版社1982年版，第155页。

⑥ 目前留存的长征日记如萧锋《长征日记》、林伟《一个老红军的长征日记》、赵镕《长征日记》、《彭绍辉日记》、《童小鹏日记》等以及其他回忆录均有不少日常扩红的记录。全部统计起来总数也不少。

《扩红成绩的总检查和今后的工作》提到从突围到1935年3月底扩大5450人，这个经历时间沉淀的数字与此时段部队开展的三次扩红运动数字相当接近。这三次扩红运动为：在湖南宜章粤汉铁路沿线扩红约500人[①]；第一次进占遵义时期，扩红3000人；扎西整编时期，扩红3000余人[②]。三者相加为6000多人。这几次扩红运动肯定也存在着短暂参军又迅速离开的战士，不宜计入扩红成果，但日常零星扩红人数正好抵消了这一部分，两者数字大致持平，因此本书对日常零星扩红暂不予统计。

1935年6月10日李富春在《前进报》发表《百倍努力巩固新战士》指出："八个月来扩大的新战士加上争取俘虏中的新战士已近三万人，但是由于我们巩固新战士的工作做得很差，新战士中落伍、掉队、失联络以致逃亡的现象比较严重，所以实际在部队中得不到扩大红军的一半，而这万余新战士散布在各部队中，使有些连队新战士竟占了三分之一，甚至超过！"[③]他作为当事人在当时的统计相当可靠，而"万余"新战士的结论与本书推算的数字也恰好相符。

2. 红二方面军的扩红人数

红二方面军的扩红，由于有官方文献《二、六军团长征政治工作总结报告》，整体扩红情况相对清晰。目前对红二方面军长征中的

---

① 白石渡扩红情况在童小鹏和彭绍辉的长征日记以及彭加伦等人的回忆中都有提到，人数在400—600之间。根据彭绍辉"组成一个补充营"的说法，一个营约为500人，基本可以认为，红一方面军在白石渡粤汉铁路扩大了500人左右。

② 根据谢振华、罗元发的回忆及当时在红军和川滇黔边区流行的歌谣："二月里来到扎西，部队改编好整齐。发展川滇黔游击队，扩大红军三千几。"可以认为红军在扎西扩红3000余人。

③ 李富春：《百倍努力巩固新战士》，见总政办公厅编：《中国人民解放军政治工作历史资料选编 土地革命战争时期3》，北京：解放军出版社2002年版，第132页。

扩红人数主要有两种说法：一是 1.2 万[①]，二是 1.5 万[②]。

根据《二、六军团长征政治工作总结报告》统计：从 1935 年 11 月刘家坪出发到甘孜会师前，红二军团四、五、六师新增加的人数 9935 人（军直扩大的人数已补充到各师），但这个数字“有的是指扩大来的，在这数目字中有部分被检举洗刷介绍回家了，因此补入连队的实际数目要少些”。甘孜会师后红二、六军团与红三十二军合编为红二方面军，在哈达铺与徽县成县扩大 2000 多新战士[③]，两者相加，不到 1.2 万。

这个数字中，红二军团的扩红统计是全面的，但缺少红六军团在甘孜会师前的扩红人数。

红六军团在甘孜会师前有两次重要的扩红运动。据杨树植回忆：“司令部统一扩军只在新化和黔西统一扩过。”[④] 言下之意，其他时期的扩红只是作为日常工作而没有形成部队大规模的运动。

在这两次扩红运动中，红六军团成效如下：

（1）在新化锡矿山扩红约 1800 人

1935 年 11 月 28 日，红六军团先后占领新化、蓝田和锡矿山等地区。据红六军团十六师四十八团团长罗章回忆，在新化锡矿山，

---

① 中国人民解放军历史资料丛书编审委员会编：《红军长征·图片》，北京：解放军出版社1993年版，第129页。军事科学院军事历史研究所编著：《红二方面军征战记》，北京：军事科学出版社2006年版，第218页。

② 《张子意日记》总结红二、六军团的长征“扩大红军不下一万五千人”。中国革命博物馆编：《红军长征日记》，北京：档案出版社1986年版，第284页。

③ 《二、六军团长征政治工作总结报告》（1936年12月19日），见中国工农红军第二方面军战史编辑委员会编：《中国工农红军第二方面军战史资料选编》（四），北京：解放军出版社1996年版，第161、185页。

④ 《杨树植同志介绍红六军团和红二方面军长征经石阡情况的谈话记录》，见中国共产党石阡县委员会党史办公室编：《红军长征在石阡》，1986年印刷，第168页。

“前后三天时间，自动报名参加红军的工人两千多，经耐心说服，回去了几百人（说服一部分人留在矿上团结广大工人同矿主进行斗争），最后还剩下一千八百多人，成立‘无产阶级工人团’。”[①] 在红六军团从事政治工作的李立记录：“仅红六军团所在的新化县锡矿山一带，七天当中就有二千多名新战士入伍。”[②] 萧克回忆：“六军团到新化，号召凡属愿意打日本的，我们都欢迎。许多群众踊跃参军，只七天就来了一千人。新化东六十里之锡矿山……只三、四天，也有二、三百人来参军。这是六军团从湘赣苏区活动以来吸收现代产业工人最多的一次。”[③] 左齐回忆在锡矿山成立了一千多人的工人团。[④] 从这些回忆可以推断，红六军团在锡矿山扩红约为 1800 人。

（2）在黔大毕扩红 2000 人

黔大毕时期被誉为长征路上的黄金时代。萧克回忆，红二、六军团在黔西、大定、毕节地区“近二十天，补充新兵五千人”[⑤]。红二军团五师政治委员谭友林、十六师师长周仁杰、李立等均回忆在黔大毕扩军 5000 人。[⑥]《二、六军团长征政治工作总结报告》进一步明

---

① 罗章：《“无产阶级工人团”的建立》，见杨国夫、郭鹏等：《星火燎原·未刊稿》第4集，北京：解放军出版社2007年版，第193页。

② 李立：《远征万里——红二方面军长征记》，北京：人民出版社1983年版，第53页。

③ 萧克：《红二、六军团会师前后——献给任弼时、贺龙、关向应同志》，载《近代史研究》，1980年第1期，第26页。

④ 左齐：《唤醒了的山城》，见《红六军团征战记》编辑组编：《红六军团征战记》（下），北京：解放军出版社1994年版，第193页。

⑤ 萧克：《红二、六军团会师前后——献给任弼时、贺龙、关向应同志》，载《近代史研究》，1980年第1期，第25页。

⑥ 谭友林：《红旗卷过黔大毕——红二、六军团长征片段》（1987年3月），见中国人民解放军历史资料丛书编审委员会编：《红军长征·回忆史料（2）》，北京：解放军出版社1992年版，第170页；李立：《远征万里——红二方面军长征记》，北京：人民出版社1983年版，第65页。

确：在黔大毕“二十三天工作中，二军团争取了约三千新战士补充部队（六军团亦有二千余）”[①]。从中可知红六军团在黔大毕扩红2000余人。

此外，红六军团还有几个重要的扩红时段。一是1936年1月在石阡休整了7天，两军共扩红800人。[②]萧克回忆亦印证：我军由湘中转至石阡，沿途扩军800余人。[③]二是1936年3月底在盘县停留三天，通过个别扩大与争取游击队，两军扩红700人。[④]这两个扩红数字虽然没有单独统计红六军团，但若以在黔大毕两军扩红的比例计算，红六军团这两次扩红约计600人。

这几个数字全部加上，红二方面军在长征中扩红1.6万余人。

3. 红四方面军的扩红人数

红四方面军扩红的材料极少，在正式文件、电文中，虽谈到了扩红计划，但落实情况语焉不详。而当事人回忆多为局部扩红数字，很少有全局的情况介绍。根据这些零散的资料，可以梳理出红四方面军扩红集中在以下几个时期或地区。

（1）在涪江地区扩红7500人

强渡嘉陵江后，红四方面军在涪江地区休整，抽调干部组成工

---

① 《二、六军团长征政治工作总结报告》（1936年12月19日），见中国工农红军第二方面军战史编辑委员会编：《中国工农红军第二方面军战史资料选编》（四），北京：解放军出版社1996年版，第151页。

② 《二、六军团长征政治工作总结报告》（1936年12月19日），见中国工农红军第二方面军战史编辑委员会编：《中国工农红军第二方面军战史资料选编》（四），北京：解放军出版社1996年版，第151页。

③ 萧克：《战略转移善运筹》，载《解放军报》，1984年4月30日，第2版。

④ 《二、六军团长征政治工作总结报告》（1936年12月19日），见中国工农红军第二方面军战史编辑委员会编：《中国工农红军第二方面军战史资料选编》（四），北京：解放军出版社1996年版，第154页。

作队开展地方工作。关于此阶段扩红情况，有不少回忆，目前可以推算的有：

在阆中扩红 1500 人。“我军西渡攻克阆中后，由于该地白区党之原有群众工作，更由于升钟寺起义部队的基础，遂于升钟寺成立一独立师。该师成立之后，旬日间即扩大数千之众。”[①] 升钟寺独立师下辖 7 个大队 1500 余人，后与川陕军区所属 4 个独立师[②]合编为第三十四军，但不久即散补充各军。[③]

在江油地区扩红 6000 多人。红四方面军在江油扩红成效斐然，时任川陕省委宣传部部长的刘瑞龙回忆：“仅江油县，到我们西进时，连同地方党政人员和游击队计 6000 余人参加红军。”[④] 当时红军并未占领江油县城武都，而是攻占了武都以南的中坝（今江油县城），在中坝扩红尤其多。其中，三十军扩大 1000 人。傅钟回忆：“我三十军进入中坝之后，不数日即扩大新战士千余人。”[⑤] 余洪远也回忆：“记得当年在江油、彰明两县就有好几千人参加了红军，仅红三十军进入中坝不几天就扩大新战士千余人。”[⑥] 红九军二十五师扩大 5000 人。红九军

---

① 傅钟：《红四方面军长征情况概述》，见中共中央党史研究室编：《红军长征纪实丛书 红一方面军卷（1）》，北京：中共党史出版社2016年版，第111页。

② 张国焘撤出川陕根据地时将地方武装集中起来变为四个独立师全部带走，西渡嘉陵江后四个独立师编入红四方面军，但不宜将这四个独立师算作长征中的扩红成果。

③ 中国工农红军第四方面军战史编辑委员会编：《中国工农红军第四方面军战史》，北京：解放军出版社1989年版，第314、320页。

④ 刘瑞龙：《难忘的征程》（1987年10月），见中共中央党史研究室编：《红军长征纪实丛书 红一方面军卷（1）》，北京：中共党史出版社2016年版，第129页。

⑤ 傅钟：《红四方面军长征情况概述》，见中共中央党史研究室编：《红军长征纪实丛书 红一方面军卷（1）》，北京：中共党史出版社2016年版，第111页。

⑥ 余洪远：《忆中坝等地人民对红军长征的巨大贡献》，见中共中央党史研究室编：《红军长征纪实丛书 红一方面军卷（1）》，北京：中共党史出版社2016年版，第418页。

二十五师参谋部主任兼七十三团团长李明回忆："中坝参军的人相当多，光是二十五师一天就吸收了五千人参军。"[①]但这个数字只有李明谈到。红四军十师扩大1800人。红四军十师参谋长范朝利回忆，在江油以南的青莲渡休整六七天，"各团扩红三四百人，全师扩充到近5000人。"[②]十师当时下辖四个团，加上徐向前提到的"四军十师第二十八团，强渡嘉陵江战役中减员二百来人，但扩红近九百人，全团人数达一千七百余人"[③]，可推知四军十师最少扩红1800人。这几个数字加起来达7800人，超过刘瑞龙所说的6000人。考虑到二十五师一天扩大5000人有所夸大，且仅有孤证，这里取6000人的说法。

两个数字加起来7500人，但实际上在涪江流域扩红人数应当更多，因资料所限，只有阆中和江油地区的部分数据，而没有涵盖彰明、梓潼、剑阁、青川等地的扩红成果。

（2）在松理茂地区扩红1000多人

1935年5月15日红四方面军攻占茂县后，总部驻茂县。"报名参加红军的青壮年不少，红四方面军有些羌族干部就是那时入伍的。"[④]"仅县城附近就有1000多各族青年参加红军。"[⑤]可见在茂县扩红1000多人。

（3）在天全、芦山一带扩红4000多人

---

① 李明：《红军强渡涪江战江油的回忆》（1984年4月16日），见四川江油市政协文史委员会编：《江油市文史资料选辑》第11辑，1990年印刷，第19页。

② 范朝利：《历经艰难曲折取得长征胜利》，见中共中央党史研究室编：《红军长征纪实丛书 红一方面军卷（1）》，北京：中共党史出版社2016年版，第144页。

③ 徐向前：《历史的回顾》，北京：解放军出版社1988年版，第274页。

④ 徐向前：《历史的回顾》，北京：解放军出版社1988年版，第277页。

⑤ 刘瑞龙：《难忘的征程》（1987年10月），见中共中央党史研究室编：《红军长征纪实丛书 红一方面军卷（1）》，北京：中共党史出版社2016年版，第131—132页。

红四方面军南下后，1935 年 10 月 22 日发布《天（全）芦（山）名（山）雅（安）邛（崃）大（邑）战役计划》，进入天全、芦山一带。“目前这带粮房人烟极多，村落大于巴川，群众正纷纷回家。各地已开始成立游击队与扩大红军，物质基础很好，如能深入工作，补充人、物较易。”[①]“现已扩大红军二百以上，游击队约四五百，前方红军到地群众完全在家，非常热情。”[②]1935 年 11 月下旬结束百丈战役后，红军先后在天全、芦山、太平、宝兴、雅安、荥经等县建立了苏维埃政权，“有 4000 多各族青年参加红军”[③]。

这个数字有较高可信度。1936 年 1 月周纯全总结全军政治工作时指出：“目前部队中增加了大批新战士，这新战士，一部分是俘虏成份，一部分是从土地革命开始时涌入到红军中来的。”[④]据当时文件表明，“一月二十一日，整连整队的少先模范团在赤色芦山正式成立誓师，武装上前线。”“这次模范团完成了，从一月一日至二十日止，达到总计数目一千二百七十五人，超过了团中央决定一千名数目的二百七十余人。其中芦山五百二十人，天全四百余人，雅安一百七十人，宝兴九十余人，太平九十余人。全部集中在芦山的八百五十余

---

① 《陈昌浩、徐向前不同意进军西康复张国焘电》（1935年11月7日），见中国工农红军第四方面军战史编辑委员会编：《中国工农红军第四方面军战史资料选编》（长征时期），北京：解放军出版社1992年版，第261页。

② 《陈昌浩、徐向前关于占领天全芦山后的作战部署致张国焘电》（1935年11月13日），见中国工农红军第四方面军战史编辑委员会编：《中国工农红军第四方面军战史资料选编》（长征时期），北京：解放军出版社1992年版，第268页。

③ 刘瑞龙：《难忘的征程》，见中共中央党史研究室编：《红军长征纪实丛书 红一方面军卷（1）》，北京：中共党史出版社2016年版，第137页。

④ 纯全：《关于红军中政治工作的检讨》（1936年1月），见中国工农红军第四方面军战史编辑委员会编：《中国工农红军第四方面军战史资料选编》（长征时期），北京：解放军出版社1992年版，第343页。

人，太平没有集中来，其余都被各军及地方武装编去了。”[①] 文件指出，少先模范团 1275 人中有 850 人参加红军。而这只是团组织扩大的数字，如果再加上各部队自己扩红的数字，应能达到 4000 人。

（4）在道孚、炉霍、甘孜一带，至少扩大 200 多名红军

1936 年 2 月，红四方面军离开天全、芦山地区，西进道孚、炉霍、甘孜一带。3 月中旬抵达道孚、炉霍。部队在这一带休整，准备迎接红二、六军团共同北上，并发布指示指出："某些部队认为这些地区人少或认为番民不能当红军而放弃取消扩红工作，这是极端错误的。最近三十军已经在道、炉、甘一带扩大了二百名以上的红军，这一事实就足够证明了。”[②] 指示强调“目前扩大红军工作仍是政治工作中的第一位”，并规定各军两个月内应扩大数目：四军 500 名，五军 300 名，九军 300 名，三十军 500 名（除已扩大者外），三十一军 300 名，三十二军 250 名，总直 250 名，合计 2400 名。[③]“五一”前再次指示要求“每一伙食单位建立一个扩红突击队”[④]。但由于没有后续报道，对这两个月扩红成效无法估计，但此前红三十军已经扩大 200 余人是无疑的。

---

① 罗华民：《完成少先模范团的经验与教训》（1936年1月30日），见中国工农红军第四方面军战史编辑委员会编：《中国工农红军第四方面军战史资料选编》（长征时期），北京：解放军出版社1992年版，第338、339页。

② 《关于目前战斗准备工作给各军的指示》（1936年4月1日），见中国工农红军第四方面军战史编辑委员会编：《中国工农红军第四方面军战史资料选编》（长征时期），北京：解放军出版社1992年版，第406页。

③ 《关于目前战斗准备工作给各军的指示》（1936年4月1日），见中国工农红军第四方面军战史编辑委员会编：《中国工农红军第四方面军战史资料选编》（长征时期），北京：解放军出版社1992年版，第407页。

④ 《红四方面军中央纵队宣传教育会议的决定》（1936年4月17日），见中国工农红军第四方面军战史编辑委员会编：《中国工农红军第四方面军战史资料选编》（长征时期），北京：解放军出版社1992年版，第431页。

（5）在岷洮西地区扩红 3000 多人

红四方面军北上进入甘南地区后，西北局提出在九、十两个月内红四方面军扩红 2 万的目标。分配给红三十军、三十一军各 5000 人的名额，四军、五军、九军各 4000 人，方面军直属队为 3000 人[①]，并专门就扩红运动发布了指示。[②]

实际完成情况如何？据红三十一军统计，从岷州开始到 1936 年 10 月 10 日该军新扩大战士 763 名。[③]原定 5000 人的计划完成了约 1/7。以此比例，加上红三十军、四军、九军、方面军直属队的扩红人数，总数约 3000 人。张国焘曾在九月中旬向中央汇报，“到甘南后，已扩大红军三千余人，工作正在发展中。”[④]杜义德回忆：“在岷洮西战役中，我军同时进行了扩大红军和建设政权的工作。在一个多月时间里，岷洮西地区就有三千多名青年参加红军。许多被俘蒋军官兵，也在我优待俘虏政策影响下，在红军致力于拯救中华民族的革命精神感召下，纷纷弃暗投明，加入了革命队伍的行列。”[⑤]推算数字和汇报、

① 《进入甘南地区后四方面军政治工作的中心任务》（1936年8月19日），见中国工农红军第四方面军战史编辑委员会编：《中国工农红军第四方面军战史资料选编》（长征时期），北京：解放军出版社1992年版，第651页。

② 《西北军关于扩大红军运动的指示》（1936年8月20日），见中国工农红军第四方面军战史编辑委员会编：《中国工农红军第四方面军战史资料选编》（长征时期），北京：解放军出版社1992年版，第653—657页。

③ 《三十一军进入甘南后部队的情况报告》（1936年10月9日），见中国工农红军第四方面军战史编辑委员会编：《中国工农红军第四方面军战史资料选编》（长征时期），北京：解放军出版社1992年版，第750页。

④ 《张国焘关于二、四方面军之实力及活动地区致中央电》（1936年9月11日），见中国工农红军第四方面军战史编辑委员会编：《中国工农红军第四方面军战史资料选编》（长征时期），北京：解放军出版社1992年版，第692页。

⑤ 杜义德：《回顾岷洮西战役》，见中国工农红军第四方面军战史编辑委员会编：《中国工农红军第四方面军战史资料选编》（长征时期），北京：解放军出版社1992年版，第794页。

回忆的数字都相吻合，可知红四方面军在甘南地区扩红3000余人。

（6）包座战役扩大俘虏500多人

前面已经提到，刘志坚回忆：“红三十军和红四军在包座战役中，俘白军800余人，经过宣传教育之后，有500多人当了红军。”[①] 这与周士第的回忆一致[②]，数字是可信的。由于红三十军和红四军后来都南下回到了红四方面军，这个扩红数字也应计入红四方面军扩红数字。

要特别提出的是，红四方面军在大小金川地区建立了格勒得沙共和国，并有金川独立师（包括一师、二师）、格勒得沙革命军等武装。红军北上的时候，格勒得沙共和国各级人民革命政府的干部，大部分随军北上，金川独立师和格勒得沙革命军也随军北上。[③] 这部分人能否算扩红的成果？据金川独立二师（又称丹巴藏民独立师）副师长金世柏回忆，北上途中很多人开小差，“开始3、5几人逃跑，后来20、30人一起跑。虽经我们多次说服劝阻，但仍制止不住”。于是建议干脆将独立师解散，愿意北上的跟红军走，不愿意走的发路费放回家。[④] “天宝等部分同志坚决要求跟红军北上，编入其他部队”[⑤]。这部分编入红军队伍的人数无确切统计，无法将这部分地方政权人员和武装纳入扩红成果。

---

① 刘志坚：《长征是宣传队》，见中国人民解放军历史资料丛书编审委员会编：《红军长征·回忆史料（2）》，北京：解放军出版社1992年版，第430页。

② 周士第：《俘虏兵的一束话》，见李海文主编：《中国工农红军长征亲历记》，成都：四川人民出版社2005年版，第267页。

③ 朱成源主编，《长征在雪山草地》编写组执笔：《长征在雪山草地》，成都：四川民族出版社1986年版，第188—190页。

④ 金世柏：《忆丹巴藏民独立师》，见中共丹巴县委党史研究室编：《红军长征在丹巴》，2019年印刷，第77页。

⑤ 金世柏：《红军藏民独立师》，见中国人民解放军历史资料丛书编审委员会编：《红军长征·回忆史料（2）》，北京：解放军出版社1992年版，第88页。

根据上述几个数字统计，红四方面军在长征中扩红 1.62 万余人。但这个数字是非常保守的，是仅据目前能看到的资料进行的推算，很多地区、部队的扩红人数未能进行统计，因此实际数字可能远远超过目前估算。

4. 红二十五军的扩红人数

红二十五军是唯一一支长征结束时人数超过出发人数的部队。出发时约 3000 人[①]，到达陕北永坪镇时 3400 人[②]。

从当时留下的文献和后人的回忆来看，红二十五军集中扩红是在创建鄂豫陕苏区时期。据鄂豫陕省委向中央的汇报，1934 年 12 月 9 日庾家河战役后，红二十五军决定以商雒为行动中心，开始此地群众工作。“争取大批工农来参加红军（四百多）”[③]。1935 年 2 月 5 日葛牌镇战役后打下雒南县城，“三十天内红军本身扩了六百多个新的红军（地方不算）。”[④] 当时的文献记载与当事人后来的回忆一致，

---

① 关于红二十五军长征出发时人数，回忆有2900余人、2980人、3000人等说法，据刘华清回忆，“我和一些老同志都还记得，红二十五军出发时，统计是2980人。实际许多伤病员都跟着走了，而且还有一些女同志，更是闹着要跟部队走，最后有七名女护士参加了转移。所以说，实际人数应该是3000挂零。”（《刘华清回忆录》，北京：解放军出版社2004年版，第42页。）《中国工农红军第二十五军战史》写的是2980余人。（北京：解放军出版社1990年版，第121页。）

② 红二十五军结束长征时人数，大多数人回忆是3400余人，《中国工农红军第二十五军战史》亦认可3400余人（北京：解放军出版社1990年版，第170页），只有程子华回忆为3700余人。（《程子华回忆录》，北京：中央文献出版社2005年版，第79页。）

③ 《中共鄂豫陕省委代理书记吴焕先关于红二十五军的行动、个别策略及省委工作情况向中央的报告》（1935年7月17日），见中国工农红军第二十五军战史编审委员会：《中国工农红军第二十五军战史资料选编》，北京：解放军出版社1991年版，第314页。

④ 《中共鄂豫陕省委代理书记吴焕先关于红二十五军的行动、个别策略及省委工作情况向中央的报告》（1935年7月17日），见中国工农红军第二十五军战史编审委员会：《中国工农红军第二十五军战史资料选编》，北京：解放军出版社1991年版，第316页。

程子华、刘华清等人回忆，进入陕南后，1935 年 1 月初，“扩大了四百多新战士”[①]。“攻克洛南城后，青壮年纷纷参加红军，半个月内吸收新战士六百名”[②]。目前所看到的红二十五军在鄂豫陕创建时期的具体扩红数字只有这两个，加起来是 1000 人。

事实上，这一时期扩大的并不止 1000 人。鄂豫陕省委的报告指出：“我们在鄂豫陕边区半年以上之久……扩大了一千以上的红军与组织两千多地方武装。”[③]但一千多少，没有具体数字。多数人的回忆指出，“到（1935 年）5 月初，红二十五军发展到 3700 多人”[④]。而进入陕南之初，“红二十五军只有 2500 余人”[⑤]。到 1935 年 7 月 16 日红二十五军离开鄂豫陕继续长征的时候，有 4000 余名指战员。[⑥]这还不是全部的战士，因为“武装力量方面，红军主力留下

---

① 《程子华回忆录》，北京：中央文献出版社2005年版，第60页。刘华清、王诚汉等：《铁流万里功垂史册——回顾红二十五军的长征》，载《军事史林》，1996年第10期。

② 《程子华回忆录》，北京：中央文献出版社2005年版，第63页。

③ 《原中共鄂豫陕省委关于离开鄂豫陕苏区会合陕甘红军之决定经过的报告》（1935年9月27日），见中国工农红军第二十五军战史编审委员会：《中国工农红军第二十五军战史资料选编》，北京：解放军出版社1991年版，第338页。

④ 程子华、郭述申等：《红二十五军的长征》，载《江淮文史》，1996年第5期。另，刘华清、王诚汉等：《铁流万里功垂史册——回顾红二十五军的长征》（《军事史林》，1996年第10期）、《程子华回忆录》（北京：中央文献出版社2005年版，第63页）都有此叙述。

⑤ 刘华清、王诚汉等：《铁流万里功垂史册——回顾红二十五军的长征》，载《军事史林》，1996年第10期。这个数字有一定可信度，以出发时3000人算，至1934年12月到达陕南时，经过独树镇战役伤亡200多人，庾家河战役伤亡百余（也有回忆说200余人，此处以1935年7月17日《中共鄂豫陕省委代理书记吴焕先关于红二十五军的行动、个别策略及省委工作情况向中央的报告》说法为准），加上沿途与地方民团的战役或非战斗损失，约为2600人。

⑥ 程子华、郭述申等：《红二十五军的长征》，载《江淮文史》，1996年第5期。刘华清、王诚汉等：《铁流万里功垂史册——回顾红二十五军的长征》，载《军事史林》，1996年第10期。

一连……红军还留下一部分干部与约百多个老战斗员”[①]。一连约百人，即共留下了200余人。这样算的话，1935年7月继续长征时红二十五军有战士4200多人。那么，从红二十五军入陕南开始创建根据地，到继续长征，总共扩大了约1700人。

1935年7月16日继续开始长征后，“在急行军中号召了将近三百以上的人参加红军”[②]。此后基本没有相关扩红的回忆或文献记录。

总的算来，红二十五军长征中扩红人数在2000左右。

5. 结论

本书统计的红军长征扩红人数，严格按照官方口径限定在各方面军的长征时期。红一方面军从1934年10月中旬至1935年10月19日。红二、六军团（1936年7月合编为红二方面军）从1935年11月19日至1936年10月下旬。红四方面军从1935年3月下旬至1936年10月上旬。红二十五军从1934年11月16日至1935年9月15日。因此，不包括红二、六军团在湘鄂川黔的扩红，不包括红四方面军在川陕根据地的扩红，也不包括红一方面军到达陕北后东征西征的扩红。

长征中的数据统计非常困难，因为机动情况太多。红二、六军团总结时就指出：“调查统计工作我们尚未很好的建立，统计的数目字是不精确的，在长途行军中因部队经常运动与分开，常常使统计

① 《原中共鄂豫陕省委关于离开鄂豫陕苏区会合陕甘红军之决定经过的报告》（1935年9月27日），见中国工农红军第二十五军战史编审委员会：《中国工农红军第二十五军战史资料选编》，北京：解放军出版社1991年版，第339页。

② 《中共鄂豫陕省委代理书记吴焕先给郑位三、李隆贵、陈先瑞的指示信》（1935年7月25日），见中国工农红军第二十五军战史编审委员会：《中国工农红军第二十五军战史资料选编》，北京：解放军出版社1991年版，第324页。

变动很大，工作也受了一些限制。"[1] 不过相比当事人的回忆，当时的统计仍是相对可靠的，因此在使用数据时，本文尽量使用当时的文献、报刊报道与多人回忆互为印证，在发生冲突时，则取一个相对保守的数字。

通过上述考察可以看出，红一方面军长征中扩红约 1.38 万，红二方面军扩红 1.6 万，红四方面军扩红 1.62 余万，红二十五军扩红 0.2 万。四者相加达 4.8 万。而四支部队出发时总人数也不过 20 多万，扩大的人数已经接近出发人数的 1/4，尤其红二方面军和红二十五军，扩大的人数已经接近长征出发时的人数。这个成绩是相当巨大的。当然，不可否认，这个数字可能不够精确。一方面，如果以即时扩红成效来算，肯定要远远超过这个数字，尤其红四方面军的扩红成果统计不全面；另一方面，本书虽然尽量取经过一段时期沉淀的扩红数字，但现存统计的数字里仍可能有不少后来逃亡、掉队的。但是，中共和红军能够动员 4.8 万余人参军跟着走，而且在 4.8 万余人的背后，还有更多没有参军却对红军伸出援手、给予各种物资和人力支持的人民群众，这已经可以充分说明红军长征对沿途产生的实际影响力。

---

① 《二、六军团长征政治工作总结报告》（1936年12月19日），见中国工农红军第二方面军战史编辑委员会编：《中国工农红军第二方面军战史资料选编》（四），北京：解放军出版社1996年版，第168页。

附：

中央红军长征军团代号考

长征中，为了保守军事机密，中央各部队机关一律用代名，隐蔽原来番号名称。今天我们见到的一些文件资料，尤其是长征中《红星》报上的报道，很多没有直接提军团名称，而只是各代号的行动。这为我们深入解读文件、掌握长征中各军团的具体活动造成了一定障碍。军团代号问题过去涉及较少，笔者所见唯有根据敌伪资料整理的《中央红军行军中的一些代号》[①]一文，且其中有不少失实之处。本文通过对长征时期的文件、报道中出现的军团代号进行考证分析，试图厘清各军团在长征中的代号名称使用情况，为长征研究做一基本工作。

一、长征中的军团代号变化

长征出发时的军团代号比较清楚。1934 年 10 月 13 日，中革军委重新规定了军委和各军团代名，师以下代名由各军团自定。

当时规定的军团代号如下：

部队	代号
军委	红星
军委第一纵队	红安
军委第二纵队	红章
红一军团	南昌
红三军团	福州
红五军团	长安
红八军团	济南
红九军团	汉口

长征出发后相当长一段时间，各部队在对外宣传时都固定使用

① 中共黔西南州委党史资料征集研究小组办公室编：《红军长征在黔西南》，1985年印刷，第350—352页。

这批代号。但是，翻阅长征中的《红星》报，1935年1月出现了“安徽”“安岳”等新代号，但此时大部分旧代号仍在沿用。到1935年3月，则集中出现了一批新代号，且变化很快。

较集中出现军团代号的报道有：

1935年4月5日《红星》报所载《扩红成绩的总检查和今后的工作》：

总结各军团的扩红报告，“山东”从突围以来扩大新战士2100余人，“河南”1700余人，“安徽”400余人，“九堡”310余人，“贵州”从一月起400余人，“东固”从一月十一日至二十五日540人，总计5400余人，遵义战斗中争取的新战士在外。

里面出现“山东”“河南”“安徽”“九堡”“贵州”“东固”等6个代号。

1935年5月22日《红星》报第17期所载《努力实现总政治部提出的四大号召》：

扩红——完成总政治部规定各兵团红五月下半月扩红计划，并求得超过。已经完成的应继续进行。各兵团现数目如下：广州800云南800四川500贵州500太阳400。

里面出现“广州”“云南”“四川”“贵州”“太阳”等5个代号。

1935年6月11日《红星》报第20期所载《无论如何要完成六月份扩红的计划》：

红五月下半月的扩红运动，除“云南”与“太阳”外，其他的数目为：“南昌”扩大了五百六十余名，仅占原定数目的百分之七十。“四川”扩大了三百八十名，仅占原定数目的百分之五十七。这些兵团都没有完成自己的任务，我们要求你们能够赶上前去，无论如何要完成与超过军委规定你们六月份扩大红军的计划！“云南”“太阳”也应继续红五月下半月扩红的光荣动员，始终站在扩红战线的最前面！

里面出现“云南”“太阳”“南昌”“四川”等4个代号。

在短短三个月之内，各军团代号变化发生如此大的变化，这给我们深入了解其信息造成了阻碍。根据相关信息，笔者考证出几个代号所指：

1.“山东”为红一军团代号。据《红星》报1935年4月5日第13期报道《山东军团在开展着扩红热潮》，里面提到了军团的“牲”部、“决”部、“勇”部，均在红一军团政治部出版的《战士》报1935年6月3日关于强渡大渡河的报道中出现过，其中，“牲”部为红一军团一师一团，“决”部为红一军团一师二团，“勇”部为红一军团二师四团。据此可以推断，“山东”为红一军团代号。

2.“太阳”为军委纵队代号。据《红星》报1935年6月20日第22期《一片阶级友爱的热忱》报道，懋功会师后，红一方面军踊跃为红四方面军捐款。“太阳”纵队捐了700多元，“特别是三科和野战医院为最多，刘光甫同志一个人捐了二十元”。刘光甫长征前为中央军委无线电学校校长，长征时编入军委纵队，恰与此处负责电台工作的“三科”对应。另据《红星》报1935年6月27日第23期《“太阳”直属队三天工作总结》提到，“干团之上干队、保卫局、侦察队，他们是执行三天工作的模范者”。干部团上干队，隶属于军委纵队。“太阳”指军委纵队无疑。

3.“云南”为红三军团代号。据《红星》报1935年6月1日第19期社论《加紧扩大与巩固新战士的工作》指出："红五月的下半月的扩红计划……三军团与军委纵队这次是跑到了最先头，都超过了自己的原定数目字。"与之相对，1935年6月11日《红星》报第20期《无论如何要完成六月份扩红的计划》谈到："红五月下半月的扩红运动，除'云南'与'太阳'外，其他的数目为……这些兵团都没有完成自己的任务"。"'云南''太阳'也应继续红五月下半月扩红的光荣动员，始终站在扩红战线的最前面！"可知完成并超过红五月下半月扩红计划的红三军团和军委纵队对应的是"云南""太阳"。前面已证实"太阳"为军委纵队，则"云南"代指红三军团无疑。

4."广州"为红一军团代号。据《红星》报1935年6月11日第20期《无论如何要完成六月份扩红的计划》指出，"'南昌'扩大了五百六十余名，仅占原定数目的百分之七十"。即原定计划为800人。"南昌"为长征出发时的红一军团代号。1935年5月22日《红星》报第17期《努力实现总政治部提出的四大号召》提出红五月下半月扩红计划，规定扩红任务为800人的只有"广州"和"云南"。前面已推断"云南"为红三军团，那么"广州"即指"红一军团"。

5."四川"为红五军团代号，"贵州"为红九军团代号。《红星》报1935年5月22日第17期《努力实现总政治部提出的四大号召》提出了各兵团的规定扩红数字。一般而言，中央派遣任务应按照部队顺序排列。文中排序为"广州、云南、四川、贵州、太阳"，已知"广州"为红一军团、"云南"为红三军团、"太阳"为军委纵队，依次类推，"四川""贵州"分别为红五军团和红九军团代号。《中央红军行军中的一些代号》一文认为"四川""贵州"均为红九军团代号[①]，显然是不正确的。

6.“九堡”为军委纵队代号。《红星》报1935年3月4日第11期《英勇的“九堡”三营》记录了三营急行军一百里，参加遵义战斗英勇杀敌的情况。里面提到夜袭敌人的霍海源，正是干部团三营副营长。干部团在军委纵队，由此可推断，“九堡”是军委纵队代号。

7.推断“河南”为红三军团代号。《红星》报1935年4月5日《扩红成绩的总检查和今后的工作》统计了6个军团的扩红成绩[②]。根据前面各军团代号的考证，指代不明的只有“河南”“安徽”“东固”三个代号，而未确认的部队有红三军团和红五军团。其中“河南”扩红人数最多，达1700人，“安徽”“东固”扩红人数为四五百人。红三军团与红一军团同为红一方面军主力部队，部队规模基本一样，长征中承担的任务相似，分为左右路前卫部队，其扩红成绩理应与红一军团不相上下。且根据《红星》报，红三军团下属连队曾经作为扩红模范加以报道，军团还成立了新兵补充营。[③]红一军团突围以来扩红2100余人，以此类推，红三军团应在千人以上较合情理。

据红五军团十三师三十七团谢良回忆，遵义会议后，部队在官渡河良村附近开展群众工作。三天内，“先后有三十多个青年参加了红军”。“同志们看到我们从江西出发以来，第一次补充新兵，无论

① 中共黔西南州委党史资料征集研究小组办公室编：《红军长征在黔西南》，1985年印刷，第350、351页。

② 此时加上军委纵队应该只有5个军团，不知为何统计了6个军团。且根据《红星》报，剩下的三个代号在1935年1月之后仍在使用，因此排除其代指红八军团、军委一纵队、军委二纵队的可能。

③ 参见《加紧扩大红军的工作》，载《红星》报，1934年11月14日，第4期；《“福州”成立新兵补充营》，载《红星》报，1934年11月25日，第5期。

干部、战士，都打心眼儿里高兴，许多班排就在阵地上举行了欢迎会。”① 当时已经是1935年2月，却是三十七团第一次补充新兵，可见之前基本没有开展扩红工作。这与红五军团在长征前期一直殿后有关。红一、红三军团是前卫，其先遣队有相对充裕的时间扩红，而红五军团作为后卫部队，受前期长征“大搬家”行军速度缓慢的影响，时常陷入作战状态，扩红成绩不可能大幅度超过红三军团。

由上基本可以断定，“河南”为红三军团代号。

“东固”“安徽”指代的部队目前因缺乏相关背景资料，无从推导。在《红星》报中，除集中出现的军团代号外，还出现过“山西”“安岳”等代号，因资料信息过少，无法断定是军团代号还是军团下属各部代号，亦无法考证其代指。

总结目前能推断的各军团在长征中使用的代号情况如下：

部队	长征中所用代号
军委纵队	红星、太阳、九堡
红一军团	南昌、山东、广州
红三军团	福州、云南、河南
红五军团	长安、四川
红八军团	济南
红九军团	汉口、贵州

二、长征中军团代号的几个特点

从上述考证过程可以看出，长征中使用军团代号有几个特点：

一是军团代号在长征中并非一成不变。现在谈到军团代号，一般都会以长征出发时的代号为准。但实际上，长征中部队情况变化

① 谢良：《遵义光芒》，见周朝发主编：《红军黔滇驰骋风云录》，北京：军事科学出版社1987年版，第455—458页。

较大，如湘江战役后红八军团并入红五军团，遵义会议后各部队普遍缩编，此后还在扎西进行了整编，相应的，各军团代号发生改变也在情理之中。《红星》报从1935年1月15日开始出现新代号，到1935年4月、5月、6月，代号名称使用几乎一月一变，无疑显示出中央对军团行动保密性要求越来越高的发展趋势，这也是长途秘密行军不断规范化的体现。

从目前所掌握的资料来看，存在着旧代号与新代号混用的现象，这应是考虑到使用惯性的问题，毕竟一月一换会给普通战士造成巨大的认知困难。所以更可能的情况，是一个军团固定2—3个代号轮换使用。

二是军团代号并非总是按顺序排列。一般军团排列顺序为红一、红三、红五、红八、红九。军委纵队或放在最前面，或放置最后。但在《红星》报中，往往根据内容排序。如在《扩红成绩的总检查和今后的工作》中，出现的“山东”“河南”“安徽”“九堡”“贵州”“东固”等6个代号，“山东”为红一军团，“九堡”为军委纵队，“贵州”为红九军团，就没有按军团顺序排列，而是依照扩红成绩和扩红时间来排序。这在解读相关报道时要特别注意。

三是军团代号并无明显规律可循。目前发现的代号名称与军团本身并没有什么必然的联系，只能依据相关信息一个一个考证。由于目前所能掌握的信息有限，可能还有一些代号没有被发现，有一些代号无法判断属于军团还是下属部队，有一些代号无法考证其代指的军团。尤其军团以下各部的代号更多、更复杂，考证起来难度相当大。这一工作还有待更多有心之人仔细留意，发现更多的相关辅助材料进一步考证。

（二）扩红成效的影响因素

扩红集中体现了中共与群众的深层互动。通过中共的动员，原本对革命懵懂无知的群众加入红军的队伍，逐渐成长为革命队伍中的一员，这是长征中时刻都在发生的故事。从第一部分的考察可以得知，长征中红军扩红人数近5万，直接证实了长征对地方群众所造成的冲击和影响。

以往对于扩红的研究，多是从中共方面来考察，侧重于中共扩红的途径和方法。表面来看，是因为红军从当地路过并做了宣传鼓动工作，才使得大批农民加入了红军的队伍。但实际上，在中共与地方群众两者的互动中，扩红的成功进行并非单纯一方所造成，地方群众的特性也直接影响着扩红的成果。比如，在贵州等经济特别贫困的地方，人民将参加红军视为生活的另一种出路，参加者众；又比如，在一些有特殊群体的地方往往取得出人意料的扩红效果，白石渡铁路沿线失业工人、受过革命思想熏陶的宣威学生、中共释放的某县城监狱大牢的犯人几乎一呼即来，而许多少数民族地区，不论中共怎么动员，扩红成效也不明显。这种显著的地域性、群体性差异，无一不表明，主导扩红成效的不仅有中共动员的外在力量，更有当地群众的内在革命需求。

1. 中共动员的外在因素

首先来看中共方面影响扩红成效的因素。

考察扩红人数就可以发现，中共集中开展扩红运动时期的人数远远超过日常扩红人数。前文所提到的较为准确的《红星》报扩红统计数字，基本与主要扩红运动时期的扩红人数一致。这就说明，日常扩红人数与日常流失人数基本持平，可以忽略不计，最主要的扩红人数还是来源于红军集中扩红的几次运动。

那么扩红运动何时发生？这与中共的政策密切相关。除去一般性的部队休整扩红外，长征中，四支红军部队都经历了几次大的扩红突击动员，相关的政策背景具有相似性。

一是为了创建新的革命根据地。比如红一方面军进入贵州后，黎平会议决定创建以遵义为中心的川黔边根据地，由此在遵义地区开展了大规模的扩红运动。随后扎西会议决定创建云贵川边根据地，在扎西整编并开展扩红运动。从前述红一方面军扩红人数也可以看出，这两个时期的扩红人数远远超过了其他时期。同样的，红二、六军团召开石阡会议决定在贵州西部的黔西、大定、毕节地区建立新的根据地，在黔大毕地区扩红达 5000 人，被誉为长征路上的黄金时代。红四方面军为创造西北抗日根据地，即使在少数民族地区也提出“目前扩大红军工作仍是政治工作中的第一位”，并计划在两个月内扩红 2400 名。[①] 红二十五军为创建鄂豫陕根据地，要求“猛烈的扩大红军。每个党团员以致（至）每个战士，要以扩大红军为首要的任务”。“扩大红军是创造新苏区的最首要最根本的任务。这个工作的成绩是决定我们革命事业发展的尺度。”[②]“最中心、最重要的

① 《关于目前战斗准备工作给各军的指示》（1936年4月1日），见中国工农红军第四方面军战史编辑委员会编：《中国工农红军第四方面军战史资料选编》（长征时期），北京：解放军出版社1992年版，第407页。

② 《中共鄂豫皖省委关于创造新苏区、新的革命根据地的决议草案》（1934年12月），见中国工农红军第二十五军战史编审委员会：《中国工农红军第二十五军战史资料选编》，北京：解放军出版社1991年版，第289页。

工作任务，就是创造新的红军（即是要扩大和加强红军）。”[①]

二是在部队会师之前。1935年5月，红一、四方面军会师在即，会理会议“考虑到在雅州与红四方面军会师时必将与敌人作战，于是决定扩充红军。我们招收了5000名有战斗力的年轻战士，并组织了大批游击队”[②]。红二、六军团与红四方面军会师前，专门印发通报要求“争取一万新战士与中央红军会合”[③]。红四方面军也提出四五月扩红2400人的计划。[④]三军大会师前，当红二、四方面军即将进入甘南时，中共中央西北局发布指示，“创造和扩大西北抗日根据地的现在，壮大主力红军，充实现有各军、师并组成新的兵团，成为党当前第一等紧迫的战斗任务。党西北局根据这一战斗形势的需要，特决定在最近的九、十两月份内，二、四两个方面军应扩大三万新战士，二方面军一万,四方面军二万（争取当红军的白兵俘虏在内）。”[⑤]

三是当地方存在扩红的巨大潜力时。这突出体现了中共政策与地方需求的互动。例如红一方面军在湖南宜章粤汉铁路沿线扩红，

---

① 《中共鄂豫陕省委为完全打破敌人进攻，争取春荒斗争的彻底胜利，创造新苏区的决议案》（1935年2月29日），见中国工农红军第二十五军战史编审委员会：《中国工农红军第二十五军战史资料选编》，北京：解放军出版社1991年版，第298页。

② 陈云：《关于红军长征和遵义会议情况的报告》（1935年10月15日），见《陈云文集》第一卷，北京：中央文献出版社2005年版，第16页。

③ 《二、六军团长征政治工作总结报告》（1936年12月19日），见中国工农红军第二方面军战史编辑委员会编：《中国工农红军第二方面军战史资料选编》（四），北京：解放军出版社1996年版，第156页。当时红二、六军团以为要会师的是中央红军，实际上是红四方面军。

④ 《关于目前战斗准备工作给各军的指示》（1936年4月1日），见中国工农红军第四方面军战史编辑委员会编：《中国工农红军第四方面军战史资料选编》（长征时期），北京：解放军出版社1992年版，第407页。

⑤ 《中共中央西北局关于扩大红军运动的指示》（1936年8月20日），见中共中央统战部编：《民族问题文献汇编（1921.7—1949.9）》，北京：中共中央党校出版社1991年版，第414页。

是因为沿途聚集了大量修路工人。他们正面临失业的困境，看到红军经过，很多人主动跑来当红军。红九军团为掩护主力单独行动时，在宣威仅停留两天却扩红300多，主要是因为有名宣威县立中学老师主动来找红军，不仅带着学生一齐参加红军，还发动群众鼓励青年积极参军。[①]红六军团两次集中扩红，除在黔大毕创建根据地外，还有一次是新化扩红。[②]在黔大毕时，“贵州农村，经济十分落后，人民生活极端贫困……饱受反动政府和地主豪绅盘剥之苦的广大人民群众，都有强烈的要民主、求解放、闹翻身的迫切要求。”[③]而在新化锡矿山，工人比较集中，且自动地跑来参加红军。这样的情况并不少见，由于地方群众积极的革命态度，中共顺乎民意，自然会考虑在当地休整和发展红军。本来长征路线的选择、规划，群众基础就是一个重要参考因素。而具体到每一个县市乡村，中共不可能事事了如指掌，提前做好精准计划，必须根据当地情况进行调整，这也充分显示了中共善于因势利导、把握机会，相关政策具有相当的灵活性和实用性。

四是一贯的扩红运动政策。土地革命战争时期经常开展“红五月运动”，这是集政治动员、经济动员、征集新兵、“肃反”等多项运动目标于一体的群众性运动。[④]其动员成效十分明显。凯丰曾在1933

---

① 赵镕：《长征途中红九军团在黔滇川的战斗历程》，见中国人民政治协商会议全国委员会文史和学习委员会编：《文史资料选辑》第56辑，北京：文史资料出版社1978年版，第182页。

② 《杨树植老同志介绍红六军团和红二方面军长征经石阡情况的谈话记录》，见中国共产党石阡县委员会党史办公室编：《红军长征在石阡》，1986年印刷，第168页。

③ 李立：《远征万里——红二方面军长征记》，北京：人民出版社1983年版，第64页。

④ 杨会清：《“红五月运动”的兴起及其运作模式（1921—1935）》，见《苏区研究论文精粹》，北京：中国社会科学出版社2012年版，第158—171页。

年8月指出，苏区“红五月中有三万以上的加入红军的新战士，有几十万参加经济动员”。团员发展18458个，在“五一”“五卅”等纪念日发展的占70%，日常中发展的只占29%。[①] 长征中，“红五月运动”模式仍在继续。在扩红方面，中央红军制定了“红五月”扩红计划，并在《红星》报大力宣传。[②] 红二、六军团目前虽未发现明确宣传“红五月”扩红的资料，但实际上1936年5月恰逢红二、六军团即将与红四方面军会师，也专门印发通报要求“争取一万新战士”[③]。红四方面军强渡嘉陵江后，提出“百倍努力的加紧扩大红军，号召全方面军为超过红五月扩大红军冲锋竞赛计划而斗争”[④]。翌年5月虽处于康北一带的藏族聚居区，但仍制定了4、5两个月内扩大2400名红军的计划[⑤]，并在“五一”当天召开纪念大会，进行了阅兵、骑兵表演及文娱竞赛。

当然，有时候各种政策背景交织在一起，比如1936年红二、六军团与红四方面军会师之前，恰逢五六月间，两个部队都沿袭“红五月运动”惯例提出了扩红计划。红四方面军同时还以创建西北抗

---

① 凯丰：《苏区团的组织状况与我们的任务》（1933年8月10日），见江西省档案馆、中共江西省委党校党史教研室选编：《中央革命根据地史料选编》（下），南昌：江西人民出版社1982年版，第753页。

② 《红星》报，第17、19、20期（1935年）均刊发了“红五月”扩红计划的相关报道。

③ 《二、六军团长征政治工作总结报告》（1936年12月19日），见中国工农红军第二方面军战史编辑委员会编：《中国工农红军第二方面军战史资料选编》（四），北京：解放军出版社1996年版，第156页。

④ 《进取松理茂的意义和我们当前的战斗任务》（1935年5月23日），见中国工农红军第四方面军战史编辑委员会编：《中国工农红军第四方面军战史资料选编》（长征时期），北京：解放军出版社1992年版，第5页。

⑤ 《关于目前战斗准备工作给各军的指示》（1936年4月1日），见中国工农红军第四方面军战史编辑委员会编：《中国工农红军第四方面军战史资料选编》（长征时期），北京：解放军出版社1992年版，第407页。

日根据地为号召。相反的，在没有政策需要时，红军并不会随便开展大规模扩红运动。有时为了维持当地革命斗争需要，还会留下地方工作部门的干部或主力部队的战士帮助地方进行革命斗争。“红军在湖南、贵州、云南行军途中，作为防御战术的一部分，把少数正规部队的干部留了下来，以便在农民中组织游击队，并在敌人侧翼进行扰乱和牵制活动。红军沿路散发了数以百计的缴获的枪支，这样从江西一直到四川一路上都出现了新的使南京感到麻烦的地区”[①]。扎西会议后，“当时中央军委命令，从三军团抽调三四百人，派得力干部率领，在川、滇、黔边创建新根据地，我们照办了。抽选了四百余人，派师政治委员徐策同志率领，在军委指定地区进行游击战，创建新根据地。”[②]“针对一部分红军干部不愿意离开红军主力，下到地方去开展游击战争的情况，周恩来还在扎西亲自进行了动员，要求他们服从中央的决定。”[③]这些抽调的干部战士下地方创立了川南游击队，并经过两年多的奋斗，由三四百人逐步发展到1000多人，扩大为川滇黔游击纵队，转战于云贵川三省边区。此外，红军对俘虏并不总是争取。红一方面军翻过六盘山，下山的时候与敌人约一个团的骑兵打了一仗，“抓了100多名俘虏，就押着他们往陕北走。这些俘虏很顽固”，“争取不过来”，“为了尽快往陕北赶，不在路上多纠缠，过了白杨城进入镇原县境内，我们就把这些俘虏放了。”“北进途中，我们又包围了马鸿宾的一个加强营，他们缴械投

① 《毛泽东一九三六年同斯诺的谈话》，北京：人民出版社1979年版，第97页。

② 《彭德怀自述》，北京：国际文化出版公司2009年版，第203页。

③ 谢振华：《扎西整编与四渡赤水》，见中共中央党史研究室编：《红军长征纪实丛书 红一方面军卷（3）》，北京：中共党史出版社2016年版，第1308页。

降了。我们把机枪连和炮带上，遣散了其余的俘虏。为了轻装，我们把缴获的轻武器都毁掉了。”[①]可见，有时候为了快速行军免生枝节，红军并不随意扩红。而且扩红确实也存在一定危险性。有时候敌人的特务会化装成老百姓充当向导混入红军队伍进行破坏[②]，还有的民团、土匪假意投诚以获得红军的武器，红二、六军团长征政治工作总结报告就提到好几个投诚的土匪，有的逃跑了，有的带走了其他的红军战士，有的甚至还杀害了红军战士。[③]红四方面军也指出，扩红要“注意洗刷坏的分子”，“防止反动分子混入破坏或窃取领导权”。[④]因此，在没有明确的扩红政策导向情况下，红军并不是一味要求参加红军的越多越好，还必须综合考虑当地革命斗争需要，行军快捷便利需要，权衡是否有足够的政治力量完成投诚人员或嫌疑分子的甄别改造。而且，红军的战斗力实际上并不仅仅取决于兵员的多寡。湘江战役后兵员锐减，但中央红军并没有立即盲目扩红，而是重新整编、缩编部队，同样起到了增强战斗力的作用。红四方面军周纯全在 1936 年 1 月检讨政治工作时，谈到政治工作的中心任务之一是“百倍加强与巩固红军战斗力”，涉及部队军事、政治的学习，加强政治工作的领导，解决部队物资的困难，最后提到了对新

---

① 徐国珍：《长征路上筹粮》，见甘肃省军区党史资料征集办公室编：《三军大会师》上册，兰州：甘肃人民出版社1987年版，第176—177页。

② 陈伯琴：《冒牌向导》，见中共中央党史研究室编：《红军长征纪实丛书 红一方面军卷（2）》，北京：中共党史出版社2016年版，第754—757页。

③ 《二、六军团长征政治工作总结报告》（1936年12月19日），见中国工农红军第二方面军战史编辑委员会编：《中国工农红军第二方面军战史资料选编》（四），北京：解放军出版社1996年版，第178页。

④ 《西北局关于扩大红军运动的指示》（1936年8月20日），见中国工农红军第四方面军战史编辑委员会编：《中国工农红军第四方面军战史资料选编》（长征时期），北京：解放军出版社1992年版，第655、656页。

战士的教育，却只字未提扩大红军。[①]李卓然更明确指出："我们的战斗力不仅是数量上而且是质量上和配合上的大力加强"[②]。可见，战斗力并不仅仅甚至不必然与数量相关。因此，跳出兵员锐减就加大扩红、扩大红军越多越好等惯性思维，可以发现影响红军扩红成效最首要的是中共整体战略规划和政治需要。

在有着明确扩红政策的情况下，中共的动员方式对扩红成效起着重要作用。毛泽东早就指出，"不注意扩大红军的领导，不讲究扩大红军的方法，尽管把扩大红军念一千遍，结果还是不能成功。"[③]余秋里[④]回忆他在湘鄂川黔根据地时期扩红，"(1935年)8月底，我受军团部贺总指挥的命令，率一个营到石门地区活动，一方面发动群众，建立革命政权；一方面扩大红军。为了扩大红军，我派出了两个工作组"[⑤]。几天后汇报工作情况，二连指导员黄新义带5个战士到新安扩大了130个红军，而另一组只扩军20多人。同是工作组，为什么扩红成效差异如此大？原来扩红多的那组先做了调查研究，了解到群众的切身痛苦，然后通过群众大会的方法进行宣传发动，这样形成规模效应；而另一组则只是个别发动，没有从群众痛苦入手扩大宣传。余秋里总结经验，强调"只有通过调查研究，才能搞清

---

① 周纯全：《关于红军中政治工作的检讨》（1936年1月），见中国工农红军第四方面军战史编辑委员会编：《中国工农红军第四方面军战史资料选编》（长征时期），北京：解放军出版社1992年版，第343页。

② 李卓然：《伟大的会师加重了红军中政治工作的紧急任务》（1936年5月9日），见中国工农红军第四方面军战史编辑委员会编：《中国工农红军第四方面军战史资料选编》（长征时期），北京：解放军出版社1992年版，第515页。

③ 毛泽东：《关心群众生活，注意工作方法》（1934年1月27日），见《毛泽东选集》第一卷，北京：人民出版社1991年版，第139页。

④ 余秋里长征时曾任红六军团政治保卫队队长、红二军团六师十八团政治委员。

⑤ 《余秋里回忆录》，北京：解放军出版社1996年版，第34页。

基本情况，做到心中有数，工作方针、政策才能符合实际情况”。此外，还要“善于抓住典型。用典型的成功经验，推动全面工作的开展”①。从这一事例可以看到，不同的扩红方式，直接影响扩红成绩大小。而扩红手段最能集中体现中共在实际变化环境中的群众动员能力。长征中的扩红手段多样，充分吸收了大革命时期动员群众和土地革命战争时期发动农民的经验方法，并结合长征实际有所变更创新。这部分内容下文将设专节讨论，此不赘述。

此外，扩红成效还与中共的军事战绩息息相关。在战乱频仍的年代，一般民众都崇尚实力。每个参军的人都希望自己加入的部队是有未来的。对普通老百姓而言，民团、国民党军、土匪都是日常自己身边比较熟悉的力量，当陌生的红军到来，实力不明的时候，下决心参军难度还是很大的。但一旦红军展现出较强的军事实力，获得战役的胜利，马上就会扩大政治影响力，在当地掀起一个扩红的高潮。比如红军攻占遵义后的扩红，红九军团攻占东川（会泽）后的扩红等。

2. 地方群众的内在因素

一方水土养一方人。不同地域的群众即使身处同样窘迫的经济条件下，也仍然在革命的基本态度方面存在差异。张包惠在《中国南部的共产党与农民团体：1926—1934》一书中，跳出既往“以党为中心”的土地革命研究方法，将革命的首要动因定位于“底层群众的公共组织秩序”，而不是“外部的革命组织”，认为不同地域的乡村社会结构下存在群体组织才是影响乡村动员的决定性因素，“农

① 《余秋里回忆录》，北京：解放军出版社1996年版，第35页。

村社会旧有的社会结构对于理解土地革命是关键，因为有的类型的社会结构孕育了农民运动，而其他的则没有。”[①] 他的研究重点着眼于农村社会既有的革命因子和农民自身的革命主动性，与占主导地位的中共在乡村的动员形成巨大反差。当然正如有人所指出的，张的研究忽略了湖南、江西两地农民运动的直接政治背景，忽略了先进青年知识分子在农村的活动与作用，但他所提出的研究视角的确不容忽视，地方的旧有群众组织肯定会影响中共的应对模式：融入或改造、合作或冲突，这也是马克思主义中国化必然遭遇的问题。

在长征中，有战士回忆："在云南，群众很好，看到红军来，并没有都躲起来，同广西就是明显的对照，我们打了汽车以后还有人围过来看，在村子里写标语时，看的人更多。往往是进村子时青年人少一些，住上一段就回来了，比较容易做工作。但对于分浮财，云南的群众又不如贵州了。贵州的群众是背着背篓来要，在云南是打了土豪以后，晚上拿去送给他才敢要。”[②] 造成这种差异的因素是多方面的，包括国民党地方控制的力度、共产党的既有基础与宣传差异、地方经济条件及社会组织的具体差异等，甚至可以说这只是个别人并不完整且不精确的经验体会。但正如地缘政治学所揭示的，地理环境对某一区域人群性格存在着巨大的影响，当然如果就此得出结论说贵州的群众比云南群众革命，云南的群众比广西群众更革命，是过于简单且危险了。但从中可以判断，不同地域存在着不同

① Bao Hui Zhang, Revolutions as Organizational Change: The Communist Party and Peasant Communities in South China, 1926—1934, Hong Kong University Press, 2015.

② 黄鹄显：《关于红军长征过云南时的一些情况》（1977年8月），见中共云南省委党史资料征集委员会编：《红军长征过云南》，昆明：云南民族出版社1986年版，第117页。

的革命条件，而共产党所做的就是判断这种革命条件并作出相应的政策调适。那么，对于地方群众而言，究竟是什么左右着他们作出参加红军的决定？是内在的原生革命性，还是党的扩红政策？

要准确分析这个问题是困难的。我们可以从当事人的心理出发一窥究竟。大量当事人的回忆显示，一般民众参加红军有如下几种心理：

一是真诚地向往党和红军。怀有这种心理的民众一般都对红军政策、主张有一定了解。“我见红军一心是为穷人办事，就想参加这样的队伍。”[①]“羌族人民在共产党和红军的领导下，打土豪，分田地，废除了世袭的土司制，建立了自己的苏维埃政权，羌族人民第一次当家作主。1935 年夏是最欢乐、最难忘的日子，广大羌族人民为保卫自己的苏维埃政权，积极为红军筹集粮食，运送伤员、弹药，不少青年主动要求参军。我就在那时当上了红军。”[②]1936 年 4 月红军长征过鹤庆时参加红军的田麟勋直接更是直接表明：“当时中国共产党和红军对我的吸引力是打倒土豪劣绅，铲除贪官污吏，推翻国民党的统治，如中央红军在东川所做的那样，枪毙了杨县长，处决了刘三老爷，发动群众批斗恶霸地主等，这才是更生动更具体地使我勇于参加红军的力量。”[③] 虽然明知道参加红军有风险，但“心里被快

① 谢成敬：《山民的觉醒》，见阿坝藏族羌族自治州文化局编：《红军长征过阿坝革命文化史料汇编》，1996年印刷，第279页。

② 何雨农：《红军进羌寨》，见阿坝藏族羌族自治州文化局编：《红军长征过阿坝革命文化史料汇编》，1996年印刷，第321—322页。

③ 田麟勋：《回顾长征》，见中共鹤庆县委党史资料征集办公室编：《红军长征过鹤庆》，1986年印刷，第37页。

活填满了，被希望填满了，不知道什么是惧怕。”[1]但这种对中共和红军、对革命道路的认识，谈不上有多深刻。在长征中参军并入党的石果回忆：“实在说，当时的表现较好，动力大部分是小资产阶级的幻想和热劲。革命道路将是怎么个样子，是想也不曾想过的。”[2]

二是为了改变贫困的命运。因为不甘穷困或被欺压的困境，参加红军对命运进行直接的反抗。“为了要吃饱饭。”“为了要打王家烈、侯之担。”“为了穷人要出头。”[3]沈光明回忆：“我当时专给人家放牛，自己没有家，晚上住在人家牛圈楼上，草窝窝里头，秧槁被都没有一床。在和我们放牛的一伙摆谈起，从这些地方一想，就决心：管他妈的，只怕不来，来了，我是决心参加。”[4]大理州的杨从在红军还隔着祥云楚场百多里时，就听到从大姚来的熟人说：“红军对老百姓好，还没收土豪的浮财分给穷人。”当时，他正在帮有钱人家放牛，经常挨打受骂，就串联了六个放牛娃，约定：“红军一到，我们就去投红军。”[5]一旦民众对现状强烈不满并下决心改变，参军是捷径。这里参加的是什么部队其实并不那么重要，当然红军能凭借言行迅速获得群众认同也是莫大的优势。

三是害怕报复。具有一定反抗精神的民众，在红军到来的时候

① 佘泽端：《红军到干人笑——革命回忆片断》，见中共古蔺县委党史研究室编：《红军长征过古蔺》，1990年印刷，第69页。

② 石果：《从红军之友社到黔北游击队》，见《贵州文史资料选辑》第9辑，1981年印刷，第36页。

③ 穆家安：《50年前的一段回忆》，见《习水县文史资料》第7辑，1988年印刷，第22页。

④ 沈光明：《回忆跟随红军长征的日子》，见中共中央党史研究室编：《红军长征纪实丛书 红一方面军卷（5）》，北京：中共党史出版社2016年版，第1905页。

⑤ 杨从口述：《你一走，你母亲靠谁》，见中共大理州委党史资料征集办公室编：《红军长征过大理州资料选编》，1986年印刷，第119页。

会参加一些革命活动，当他们的活动越深入、越了解红军，也就越知道自己面临的后果是什么。王寿才回忆红三十一军到甘孜乾宁县莫洛钟寨组织成立博巴政府的时候，“大家都担心一个问题：红军走了怎么办？后来大家讨论的结果是：有共产党的领导，红军的支持，劳动人民的团结一心，什么也不怕；即或红军走了，我们也要干下去，直到完全胜利。”得知红军要北上抗日，王寿才参加了红军，“有些青年人也和我一样，参加了红军，准备随军北上。”红军走后，“博巴政府就被阶级敌人摧毁了，工作人员有的被杀了，有的逃到了别的地方。我老婆也在敌人血腥镇压下，活活地被吊死了；我的孩子由于藏了起来，才幸免于难。”[①]这样的情况并不少见，早在湘南起义时上千起义军携家带口投奔井冈山就是怕反动势力报复，长征中也有不少类似情况。红军在陇东打土豪时，启发长工觉悟讲出地主藏粮的地方。长工开始不敢讲，怕红军走了地主报复。“他提出两个条件：一是想要点钱养活父母，二是要参加红军。”[②]黔西县谢树青在红军长征经过时成为游击队队长，红军要北上时提醒他们：“那些逃走的土豪劣绅马上会回来的，你们要躲一躲，不然就要遭到他们的迫害。”他与母亲商量后，决定参加红军跟着走。“母亲虽有点舍不得我离开，可又想不出比参加红军更好的办法，只好同意让我跟随红军一起出发。我们村里的游击队员大都是和我一样，随军北上的。”[③]徽县毛鸿恩等回忆，红军离开徽县时，“当地游击队 1000 多人

---

① 王寿才：《回忆博巴政府的日子》，载《中国民族》，1962年第3期，第22、23页。

② 蔡长风：《从甘肃到陕北》，见中共中央党史研究室编：《红军长征纪实丛书 红一方面军卷（8）》，北京：中共党史出版社2016年版，第3736页。

③ 谢树青：《我的回忆》，见中国人民政治协商会议长安县委员会文史资料委员会编：《长安县文史资料选集》，1991年印刷，第142—144页。

随军离境”[①]。地方统治者早就定有严令，禁止与红军接触，帮助红军、接受红军财物都冒很大风险，更别说参加红军组织建立的革命政权和游击队了。因此，为免报复，不少参加过红军相关革命活动的都愿意跟红军走。[②]

四是走投无路。这主要指各地的囚犯。红军每到一个县市，都会打开监狱释放囚犯。红军到镇南后，开监放人。“在镇南被救出的人有二百多人左右。开监后红军给他们开了个会，宣传了红军的性质和宗旨。经过宣传动员，那些年青力壮的，报名参加了红军。这些人一是知道红军是穷人的队伍，二是怕红军走后又被国民党抓去坐牢，因此踊跃报名参加红军。”[③]被释放的陈舜祖回忆：“我在红军的教育启发下，心想：‘当红军去！’跟红军远走高飞，就不会遭国民党的‘军法严惩’了。于是，报名参加了红军。”[④]红军攻占祥云城后，释放出三十多个囚犯。经宣传后，“三十多个好汉纷纷报名参加红军，要跟着红军干革命。祥城镇王存义，因欠高利贷，还不起债被关进监牢。现在被红军战士解救出来，坚决要求参加红军。”[⑤]红军到鹤庆打开监狱，因被民团诬陷为土匪而遭关押的王树清得到释放，“我们二十多个难友，激动万分，看着解救我们的红军，真有说不尽

---

① 毛鸿恩等口述：《红军路过徽县的情况》，见中共徽县委党史资料征集办公室编：《红军长征在徽县》，1988年印刷，第193页。

② 与此相对的一种现象，是很多人愿意参加游击队，却不愿意参加红军离开家乡，这种情况更为常见。这里分析的只是参加红军的一种心理。

③ 杨兴和：《在红军队伍中锻炼成长》，见中共南华县委党史资料征集研究室编：《红二军团长征过镇南》，1992年印刷，第41页。

④ 陈舜祖：《获得新生》，见中共南华县委党史资料征集研究室编：《红二军团长征过镇南》，1992年印刷，第56页。

⑤ 王存仁：《只有参加红军才有出路》，见中共祥云县委党史征集研究室编：《红军长征过祥云》，1991年印刷，第96页。

的心里话，诉不完的苦和仇。”红军一讲明政策，“我们好几个人踊跃报名，参加红军。红军当即表示欢迎，发给我们每人一个符号，编入新兵营。”[①]这些囚犯显然对当局充满对抗情绪，而留在当地也难以逃脱当局的制裁，其他出路又很有限，参加红军不失为一个好的选择。

五是反正也要当兵。对于俘虏来说，当兵已经是逃不开的人生轨迹，参加红军和参加国民党军并没有什么太大的差别，不如参加红军。“红军进祥云城后，我作为被抓来守城的壮丁之一，被集中在一个场子上，一位红军连长给我们讲革命道理和红军的政策，直说得我们一个个摩拳擦掌，纷纷要求参加红军，为穷苦人打天下。连长答应了我们的要求。”[②]“我心想，这样的军队天下难找。在这兵慌（荒）马乱的年月里，不知那（哪）一天会被国民党军队抓去，还不如今天就跟他们当红军去，能为穷苦老百姓办点事，该多好。”[③]

六是随波逐流。不能否认，有一部分人只是将参加红军作为生活出路之一，怀着看一看或者试一试的想法。尤其当扩红成为一种群众运动之后，不少人会有从众心理，头脑一热跟着同伴前去。这种群体效应非常常见，勒庞分析大众心理时就指出：“在群体中，每种感情和行动都有传染性，其程度足以使个人随时准备为集体利益牺牲他的个人利益。”“他甘心让自己被各种言辞和形

① 王树清：《红军是我的救命恩人》，见中共鹤庆县委党史资料征集办公室编：《红军长征过鹤庆》，1986年印刷，第71页。

② 刘海口述，赵琼英整理：《教育新战士》，见中共大理州委党史资料征集办公室编：《红军长征过大理州资料选编》，1986年印刷，第120页。

③ 黄忠诚：《难忘的日子》，见聂荣臻等：《伟大的转折——遵义会议五十周年回忆录专辑》，贵阳：贵州人民出版社1984年版，第647页。

象所打动；而组成群体的个人在孤立存在时，这些言辞和形象根本不会产生任何影响。他会情不自禁地做出同他最显而易见的利益和最熟悉的习惯截然相反的举动。”[①] 这样参加红军的人，本身没有坚定的意志和主张，如果没有很好地融入红军生活，认同红军的理念，热情一旦消退，往往就会开小差。遵义李锡成回忆好几个同伴和他一起在遵义参加红军，有两个开小差的。有一个叫姜云清的，“从小很滑头，当部队刚出遵义离开桐梓一二十里地时，他就悄悄对我说：‘我还走几天，看事不行就回家去。’”不几天他真的开了小差，跑回家不久又被国民党抓兵抓走了。[②] 邹永春也回忆自己长征中掉队，被抓捕后强迫编入国民党军“中央军”当炊事员，找了个机会逃走。[③] 这种现象常常发生，这从长征中掉队、落伍的人员数据就可见一斑。据统计，红二军团（四、五、六师）在长征中，逃亡 1299 人，其中开小差 1191 人，叛变 108 人，掉队 2365 人。[④]

上述六种参加红军的心理，几乎都与红军的宣传、行动有着密切关系。红军严明的纪律和没收征发、打击当地土豪劣绅等革命行为，让民众燃起对红军的向往之情，进一步激发对自身处境的反抗，

---

① ［法］古斯塔夫·勒庞：《乌合之众——大众心理研究》，冯克利译，桂林：广西师范大学出版社2015年版，第69、71页。

② 李锡成：《遵义是我革命的起点》，见中国人民政治协商会议遵义市委员会文史资料研究委员会编：《遵义文史资料》第6辑，1985年印刷，第160页。

③ 邹永春：《我参加红军长征的片段回忆》，见中共榕江县委党史办公室编：《红军进榕江》，1986年印刷，第102—103页。

④ 《二、六军团长征政治工作总结报告》（1936年12月19日），见中国工农红军第二方面军战史编辑委员会编：《中国工农红军第二方面军战史资料选编》（四），北京：解放军出版社1996年版，第163、165页。

从而参加红军的活动，最终主动或被迫走上革命道路。虽然很多人参加红军是由于自己的困境而非对红军的向往，比如俘虏、囚犯或穷困者，但不能否认，如果不是红军的到来，他们也基本没有选择其他出路的可能。

这里特别想谈一谈贫困对于参军的影响。近年来关于群众动员的大量研究成果早已打破传统革命叙述的简单逻辑，不再将群众参加革命的动机简单解释为贫穷或阶级压迫，而突出群众固有的社会交往逻辑和非经济因素对群众心理的影响。[①] 梳理长征中的参军情况也可以发现，贫困程度与参军热情并非完全成正比。上一章所提到的红军几次大规模扩红，比如遵义、宣威、东川（会泽）、黔大毕、涪江地区等，并非最贫困落后的地方，而更为贫困的少数民族地区扩红相当困难。这表面上似乎印证了"越贫穷未必越革命"的观点，因为参加红军本身就是革命性的最集中体现。但笔者认为，不能就此简单地剥离贫困与革命的关系。

贫穷，未必会直接导致革命。但因为贫困，无疑会更容易受到欺压剥削、会更容易在天灾人祸面前受到生命的威胁，因而也就更容易寻求改变。贫穷永远都是相对的，而每个人的忍耐度是不一样的。这里可以参考斯科特对贫穷的认识："贫穷远远不是卡路里或现金不足这样一个简单的问题"，"就村里大多数穷人而言，贫穷更多地代表着对他们在村庄内日常地位的威胁。任何农村社区都有可能

① 参见陈德军《乡村社会中的革命——以赣东北根据地为研究中心（1924—1934）》、黄琨《从暴动到乡村割据：1927—1929——中国共产党革命根据地是怎样建立起来的》等著作。此外，还可参见黄道炫、杨奎松、高王凌、秦晖、李里峰等关于土地革命的相关论文。

在文化上确认一套最低限度的行为准则，用于界定在当地社会中完整的村民身份”。“低于这一水准不仅意味着物质上的贫穷，它还意味着达不到当地标准所界定的完整的人类生存。社会身份的破坏性丧失与收入的丧失同样严重。”[①] 个人总是和与之生存的环境保持着一种平衡，所有人都存在着打破平衡的可能性，相对来说，贫困者的这种平衡更容易被打破。因此，比起相对富裕的人群而言，穷人更具备革命的潜力和可能性是无疑的。翻开红军长征时的回忆录，“穷人多好扩红”是红军战士的普遍共识。萧克说：“国民党士兵人人都是苦出身。要是土豪、资本家的子弟怎么会当兵？当兵的人都是穷人，贵州叫干人。我们是为穷人打天下的，所以一做工作就见效。”[②] 萧锋也在日记中说：“穷光蛋愿当红军，四川穷人多，愿意当红军的也多。”[③] 事实上，在经济比较贫困地区的群众工作也相对好做一些，红军更容易通过开展工作与他们形成共识。因此，对这一命题并不能以后见之明简单地否定。而更应当重视当事人——亲身参加扩红的战士们、当时决策者们的观点和见解。他们才是亲身感受参与扩红，感受其中存在的问题和优势。如果这种认识是错误的，那能够敏锐把握革命形势的共产党人为什么都没有提出这个问题？不能仅凭一些偶然的例外而忽视大部当事人的看法，生硬地割裂贫困和革命的原生关系。

总之，在扩红这一事件上，当地群众自身的革命性无疑是参加

---

① ［美］詹姆斯·C·斯科特：《弱者的武器》，郑广怀、张敏、何江穗译，南京：译林出版社2011年版，第288页。

② 《肖克谈长征中的政治工作》，见中共楚雄州委党史资料征集小组编：《红军长征过楚雄》，1987年印刷，第175页。

③ 萧锋：《长征日记》，上海：上海人民出版社2006年版，第77页。

红军的内因，而红军的动员或是国民党的政策则是外因，对扩红工作起着促进或延缓的作用。唯物辩证法认为，内因和外因是辩证统一、互相联系、互相转化的。内因是事物变化发展的根据，外因是事物变化发展的条件，外因通过内因起作用。事物的发展仅有内因是不够的，外因不仅不可或缺，有时甚至起非常重大的作用。但在具体分析扩红这一事件的时候，必须看到，无论内因或外因都是变化发展的，群众的革命性并非恒定，而受到很多外在因素的影响，中共的动员是一方面，当地的具体统治政策、本人的遭遇也是一方面。中共的动员手段也并非一成不变的，而是会根据当地的实际情况作出调整。因此，我们可以很清楚地看到内因和外因的互相转化，一方面是群众革命性在中共动员之下增强，另一方面是中共政策在群众革命影响下作出相应的改变。在某些地域，比如少数民族地区，地方特性起到了决定性的作用，即使中共如何努力宣传，也不可能收到巨大的扩红效果。正如红二、六军团在长征政治工作总结报告中坦率承认的："进入西康后，由于居民条件的不同，我们缺乏在这些区域的工作经验，可以说是没有〈得〉到什么效果"①。对此中共也很明白，因此在少数民族地区的工作中，并没有将扩红作为一项最急切、最重要的中心工作来做，而旨在赢得支持和信任，安全通过。但在其他存在动员潜力的地区，中共则抓住时机，掀起轰轰烈烈的扩红运动，尽量扩大扩红成果。能否准确捕获这些信息，能否作出正确的判断与决策，取决于中共既有的经验和现行的政策。从

① 《二、六军团长征政治工作总结报告》（1936年12月19日），见中国工农红军第二方面军战史编辑委员会编：《中国工农红军第二方面军战史资料选编》（四），北京：解放军出版社1996年版，第168页。

中共的扩红成果来看，这样的政策效果还是很明显的。

3. 扩红面临的新形势

了解了影响扩红的主要因素，再来考察长征中扩红所面临的形势，就很清楚了。聂荣臻曾回忆说："从道理上说，哪里有穷人，哪里就有兵源。不过，那时红军行动飘忽，新区群众对红军又不十分了解，做好扩红工作确实不容易就是了。所以经常是减员多，补充少。这就是难题。"[①] 兵源客观存在，怎么动员起来是个难题。

从困难方面来说，长征中扩红与其他群众工作面临着同样的问题：长征所经大部分地区没有经受革命的洗礼，党和红军缺乏群众基础，甚至由于国民党的欺骗宣传和固有的民族隔阂，红军还可能面临群众的抵制和对抗。由于失去了根据地，红军长期处于流动行军甚至急行军状态，时间太短，难以进行深入的群众动员。红军自身的处境（战略转移），也难以让群众信服。而地方对党和红军的接纳需要一个过程。因此，长征初期就有很多战士抱着"在白区不能扩大红军，或者以为在一个地方时间很短无法扩大红军"[②] 的想法。此外，长征经过的少数民族地区存在语言、宗教等隔阂，有的区域人烟稀少，无群众工作可做。这些前面已经谈到，具体到扩红工作而言，还有其特殊的困难，包括：

地方人员情况复杂，扩红有一定的危险性。有的土匪、民团假意投诚，结果杀害红军、拖枪逃跑；还有地方特务、侦探为了刺探

---

① 《聂荣臻回忆录》，北京：解放军出版社2007年版，第186页。

② 《加紧扩大红军的工作》，载《红星》报，1934年11月14日，第4期。

情报，假意参军。[①]这就需要进行必要的甄别和考察。同时要根据战略部署提前拟定相应的扩红计划。1936年1月，红四方面军总政治部就要求地方工作科、股“提出并推动每一时期全师、团扩红工作，以及负责考查扩红中的成份履历等，并注意肃反情况”[②]。

中国农民安土重迁，乡土观念使很多群众即使被动员起来之后，也更愿意参加游击队而不愿意参加红军离开家乡。紫云余绍成回想红军经过家乡时动员自己参军，但“俗话说：‘好铁不打钉，好男不当兵。’我不了解红军的真实情况，更主要是舍不得离开家乡和父母，所以没有去。哎！早知道这样，当时我应该跟着红军走”[③]。还有一些人跟着红军在本省范围内走了一段时间，当离开家乡越来越远时，还是放不下家乡又回家了。“我们一块去的二十多人，都怕离家越走越远，也吃不了苦，就沿路跑回家了。我只走到坪沟，借买草鞋溜回来的。”[④]跟着红军走比起给红军带路、帮红军驾船渡河等拥军活动，还是有难度得多。

扩红手段的施展有限。在中央苏区及根据地的扩红方法并不完全能够在长征中施展。这首先体现在扩红主体的改变。在苏区，主要依靠地方党与团及政权机关来进行扩红动员。曾任湘赣军政治部

---

① 参考《二、六军团长征政治工作总结报告》（1936年12月19日），见中国工农红军第二方面军战史编辑委员会编：《中国工农红军第二方面军战史资料选编》（四），北京：解放军出版社1996年版，第178页。

② 《师、团政治部（处）工作纲要（草案）》（1936年1月20日），见中国工农红军第四方面军战史编辑委员会编：《中国工农红军第四方面军战史资料选编》（长征时期），北京：解放军出版社1992年版，第326页。

③ 余绍成：《我应该跟着红军走》，见中共紫云苗族布依族自治县委员会党史资料征集办公室编：《红军长征在紫云》，1985年印刷，第55—56页。

④ 《赵兴顺回忆》，见中共略阳县委党史资料征集研究办公室编：《红军长征过略阳》，1986年印刷，第122—123页。

主任后叛变的李芬曾谈到红军在苏区扩红的步骤，先“由党机关，指定工作积极而有能力的共产党员，组成突击队，在未出发之前，即召集会议，讨论征集数目，及其方法和手段，然后分配到各区乡、考查当地的实际情形并给以对症下药的宣传鼓动工作”。当招募来新战士后“编成小组，给以短促期间的训练”，再“利用家族亲戚朋友等关系”发展更多的红军。最后，到指定集中时间，“由村送乡，再送区，再送县，送到省一处时，即召集群众大会，欢迎欢迎，给以充分的鼓励和慰劳，再送军事机关开始训练。”[①] 但在长征中，已经没有了地方党政机构的帮助。“主力红军补充与扩大的任务是依靠红军中的党和政治机关来负担最主要的责任。”[②] 主体的改变必然带来方法的改变。在苏区可以进行充分的调查、制定计划、下派任务、层层发展，在长征中多是一次性完成所有扩红工作流程，动员手段不可能像在苏区时那么充分、深入。而且作为重要扩红手段的优待红军家属、分田斗争等，在长征只是路过的情况下也难以实现。

巩固扩红成果十分困难。长征路上，在短促时间内招收的新战士，大部分并没有多高的思想觉悟和坚定信仰，一旦遇到困难，很容易退缩寻找新的出路。《红星》报曾分析指出：白区扩大的新战士不像苏区的新战士那样经过了长期的土地革命与武装斗争，既不易于了解红军的主张，更不习惯红军的纪律与生活，这影响到扩红质量的提高和扩红成果的巩固。[③] 红二方面军过草地时，就有个别战士

① 《伪湘赣军政治部主任李芬报告最近匪部情形》，载《中央日报》，1934年7月15日。

② 《西北局关于扩大红军运动的指示》（1936年8月20日），见中国工农红军第四方面军战史编辑委员会编：《中国工农红军第四方面军战史资料选编》（长征时期），北京：解放军出版社1992年版，第653页。

③ 《加紧扩大与巩固新战士的工作》，载《红星》报，1935年6月1日，第19期。

说，“早知要过这样的草地我是不来当红军的”，“拖过了草地我是要回家的”。[①] 尤其少数民族新战士，语言不通，生活习惯、宗教信仰等方面都与普通战士存在较大差异，更容易萌生退意。红一方面军曾专门为新加入的彝族战士成立一个“倮倮连”，但“后来彝族战士觉得生活不习惯，跟着红军没走多远，许多人都陆续回家了，最后红军长征到达陕北时只剩下十几个人”[②]。因此，及时、妥善做好新战士的军事政治教育、巩固扩红成果有相当难度。

困难是这样多，但也不可否认，长征中扩红有其有利方面。

这首先体现在兵源的充足、新鲜。长征所过地区大部分是经济落后的偏远地区，没有群众基础，这是劣势，但从另一方面来看，也意味着此地有着可供红军充分发展的兵源。童小鹏日记 1935 年 2 月 25 日记载，“我军前次离开桐梓后，因军阀摧残的厉害（得了土豪的东西即要坐监），故到时远不如前次热闹。”[③] 而没有经历过革命磨难的地方，相对来说，惧怕当地反动势力报复的心理也要弱一些。

其次，经过了土地革命战争时期近十年的磨砺，党和红军已经积累了丰富的扩红经验，有了一定的在农村迅速开辟根据地的经验。长征前，中央苏区从 1934 年 5 月至 9 月扩大红军 8 万余人[④]，湘鄂西

---

① 甘泗淇：《与四方面军的会合到通过草地》（1936年12月19日），见中国工农红军第四方面军战史编辑委员会编：《中国工农红军第四方面军战史资料选编》（长征时期），北京：解放军出版社1992年版，第586页。

② 《王平回忆录》，北京：解放军出版社1992年版，第103页。

③ 《童小鹏日记》，见中国革命博物馆编：《红军长征日记》，北京：档案出版社1986年版，第114页。

④ 石仲泉：《我观党史四集》（中），上海：上海人民出版社2016年版，第1007页。

苏区扩大红军1.8万余人[①]，川陕苏区红四方面军主力从入川时的1.5万人发展到约8万人[②]。鄂豫皖红二十五军1931年从6月到8月扩大红军7460多人[③]。如此显著的成效，可知中共在苏区已经形成一套系统、有效的扩红方法。

再次，长征时期，国民政府尚未完成对地方的政治整合。各地军阀林立，虽然完成了形式上的统一，但南京政府与各地军阀的关系仍相对紧张，尤其少数民族地区，更具有相当的独立性。这就给了地方势力充分的生长空间。在地方上，由于匪患、兵患丛生，地方往往有自我保护的组织，有时是民团，有时是“神兵”，有时是土匪，有时是秘密结社，这种群众组织一旦处理好、教育好、利用好，也能发展成为红军的有生力量。

任何事，都是优势与劣势并存。在长征中，尽力发挥、扩大优势，缩减、战胜不可避免的困难，成为中共扩红首先需要解决的问题。

（三）扩红的手段与途径

对于长征中的扩红手段与途径，已经有不少研究成果。有的强调政治宣传的作用[④]，认为“红军只能依靠自己的政治影响和沿途的

---

① 向熙勤主编：《中国湘鄂渝黔边区研究（2）》，北京：中国财政经济出版社1998年版，第875页。

② 中国工农红军第四方面军战史编辑委员会编：《中国工农红军第四方面军战史》，北京：解放军出版社1989年版，第263页。

③ 中国工农红军第二十五军战史编审委员会：《中国工农红军第二十五军战史》，北京：解放军出版社1990年版，第5页。

④ 参见涂胜男：《长征时期扩红运动研究》，上海师范大学硕士毕业论文；朱晓舟：《红军长征在康区的“扩红”宣传及其成功原因试探》，载《中国藏学》，2016年第3期；刘慧娟：《长征中的扩红宣传》，载《上海党史与党建》，2016年第10期。

群众宣传来扩大自己的红军队伍，这也成为长征期间红军扩红最主要的方式”[①]。有的突出经济层面的动员，认为党和红军通过土地革命政策、无微不至的群众工作以及人道的优红措施赢得新入伍战士及其家属的支持。[②]还有不少文章论述了红军严明的纪律和俘虏政策等对扩红成效的影响。在笔者看来，对于扩红的方法，土地革命战争时期已经积累了丰富的实际经验，长征中随着环境的改变，有适应全局的基本经验，也有阶段性的突出特点，特别值得关注的还有其独特的甄选环节。

1. 长征扩红的基本经验

红军一贯重视及时总结经验。三大主力会师后，毛泽东在接见贺龙时，称赞红二、六军团（1936 年 7 月合编为红二方面军）：“你们一万人，走过来还是一万人，没有蚀本，是个了不起的奇迹，是一个大经验，要总结，要大家学。”[③]而在这之前，西北局就曾经系统总结过红军的扩红经验。为了在三大主力红军会师之前完成红二、四方面军两个月内扩大三万新战士的号召，西北局发布《关于扩大红军运动的指示》[④]，“根据过去一、二、四方面军在国内战争当中扩大红军的经验”，提出了五条扩红动员的方针。这五条方针基本囊括了红军长征中所有扩红的基本经验，包括：

---

① 涂胜男：《长征时期扩红运动研究》，上海师范大学硕士毕业论文。

② 钟连江：《论析长征中的扩红动员》，载《桂林航天工业学院学报》，2016年第2期。

③ 中国工农红军第二方面军战史编辑委员会编：《中国工农红军第二方面军战史》，北京：解放军出版社1992年版，第508页。

④ 《西北局关于扩大红军运动的指示》（1936年8月20日），见中国工农红军第四方面军战史编辑委员会编：《中国工农红军第四方面军战史资料选编》（长征时期），北京：解放军出版社1992年版，第653—656页。

（1）以群众运动形式开展扩红工作。“要保障在党和部队中把扩大红军工作造成为一种热烈的群众运动。”通过各种会议进行动员，“使红军中的各个部门（如供给、卫生机关等）以至每个战士，直到每个饲养员、炊事员、运输员都能积极参加这一工作”，并发动部队间的突击竞赛。在连队中建立扩红突击队，在团、师、军政治部门亦应组织扩大红军委员会，专门领导扩红工作。

（2）适当的宣传工作。“必须进行有系统的适当的宣传鼓动工作，并且善于去发动组织领导群众为着本身利益的斗争，使群众从自身利益和了解我们主张基础上而自觉热烈来参加红军”。

（3）在新区依靠个别争取和先组织游击队再行整批动员加入红军两种方法。在行军的情况下主要是靠个别的扩大；在宿营或短期驻止休息时间，则除个别征求外，可将突击队派到附近地区进行扩红工作；在部队能得到较长（一星期以上）的驻止休息和没有远距移动的情况之下，则除个别扩大外，应采取大量组织游击队的方法。游击队应当成为发动和热烈参加当地群众斗争的中坚力量。

（4）优待红军家属。在发动群众斗争中特别注意红军家属的利益，如没收时，红军家属应有分配的优先权；在现在秋收时节，动员战士帮助他们收割和耕种；特别召集红军家属举行会餐或开晚会，派人慰问其家属帮助解决日常困难问题；多吸引红军家属家里插或挂光荣牌；发动群众帮助红军家属。

（5）对少数民族采取特殊政策。在甘、陕、青地区（特别在黄河两岸）有相当数量的回民群众，应在号召回民独立，回、汉共同抗日救国的宣传鼓动下，争取回民加入红军。除直接吸收到部队，还可采取特殊方式来组织他们参加抗日反蒋战争，如用回民抗日义勇军、游击队、少先队等名义去组织他们。

这五条扩红动员方针，内容相当全面。从中可以看到长征中的扩红手段既有对苏区时期的继承和发扬，如建立扩红突击队、举办扩红竞赛、成立扩红委员会、优待红军家属、利用新战士扩大新战士、组织游击队整批加入红军等；又有不同于苏区时期的创造性和灵活性，如扩红方法区分行军路过地区与休整停留一星期以上地区，尤其强调少数民族地区的特殊性，优红政策突出强调红军家属的利益，落实没收征发时红军家属分配的优先权等。考虑到该指示是西北局面向红二、红四方面军提出的要求，内容比较全面，但在长征复杂多变的现实情况下，这些经验不可能完全照搬，也不可能完全实现。实际上，西北局提出的扩大三万红军的号召，红二、红四方面军显然都没有完成任务。

整体而言，扩红作为群众工作的一部分，其基本工作方法并未脱离一般群众工作方法的范畴，比如通过言行一致获得群众的情感认同，通过改进工作制度方法提高实效，尊重地区差异制定不同政策等，这在前文已有系统论述。但扩红作为一项独立的群众工作，有其特殊性，因此，在实际操作中总结出了丰富的基本经验，前述五条经验在长征中普遍适用，但具体某项经验在不同地区的实现程度并不一致。比如把扩红变为群众性运动需要一定的环境和政策条件，在面临紧急的战斗任务或在人烟稀少的地区则不会开展。因此，各部队必须针对具体情况对既有经验作出调适和选择。

2. 长征扩红的突出特点

除前面红军自己总结的基本经验之外，以今天的眼光来看，长征中扩红还具有几个突出的特点，这些特点对其成效功不可没。

一是坚持自愿原则。长期以来，反动军阀拉壮丁、随意抓差等行为尤其让群众惧怕、不满；作为穷人自己的军队，红军在参军态度上与反动军阀严格区别，执行自愿原则。《红星》报一再强调不能强迫、欺骗群众参军，曾严厉批评道："宣传工作上还缺少深入的政治解释工作，例如仅用'当红军有猪肉吃'等口号去号召，看见群众仅仅简单的问他：'你愿不愿当红军'，喊一声'当红军去啊'就算了事。个别的还有用欺骗和强迫的方法扩大红军的。"① 红军在长征沿途如贵州遵义地区、川陕地区等都留下了"不抓差、不拉夫"的标语口号。②

二是特别注重扩红与其他革命活动的结合。动员群众是一个循序渐进的过程，一见面就让人参军肯定是不现实的，往往要先有良好的纪律观感，有到位的政治宣传，有没收征发、镇压反革命、废除租税等关系群众切身利益的革命斗争，才能彻底赢得群众的信任。红军深刻认识到，"在农村中扩大红军，最有效的办法是首先发动群众，进行打土豪与组织游击队。"③ "我们在分发土豪东西时……必须教育与领导群众武装起来，组织游击队，发动他们加入红军"④。镇

① 《扩红成绩的总检查和今后的工作》，载《红星》报，1935年4月5日，第13期。

② 《红军在川陕地区的标语、口号、对联》（1934年），见中国人民解放军政治学院政治工作教研室编：《军队政治工作历史资料》第三册，北京：中国人民解放军战士出版社1982年版，第213页。

③ 《二、六军团长征政治工作总结报告》（1936年12月19日），见中国工农红军第二方面军战史编辑委员会编：《中国工农红军第二方面军战史资料选编》（四），北京：解放军出版社1996年版，第171页。

④ 《工农红军总政治部关于地方工作的指示信》（1935年1月14日），见中国人民解放军政治学院政治工作教研室编：《军队政治工作历史资料》第三册，北京：中国人民解放军战士出版社1982年版，第254页。

压当地反动势力是极具冲击力的革命行动。红军在桐梓时，查出了一个恶霸地主兼地方反动头目。撤离前，总政治部对他执行了枪决。“这一行动，进一步鼓舞和发动了群众，很快查出了一批反动派埋藏的枪支弹药，同时动员了二三十个工农群众，自愿参加红军。”[①] 长征中或是由于政治工作人员的有限，或是出于对效率的高要求，特别强调这种群众工作的系统性和相互配合度。

三是在扩红中特别注意保存地方的兵力。平衡主力红军和地方游击队的关系，这在苏区时期就是一个难题。“经过游击队整批动员加入红军是在农村中扩红的一种重要有效的方式”[②]，但这容易造成地方军力的空虚，不利于地方革命斗争的坚持和发展。长征中，也存在只愿意加入游击队不当红军，或是新加入战士不愿意远离家乡而离队的情况。整体看来，长征中，红军虽然强调扩红，但也特别注重发展地方武装力量，甚至有时会留下主力部队的干部和战士帮助地方进行革命斗争，如曾抽调干部和战士创立川南游击队坚持在当地战斗，既掩护了主力部队，又发展了地方武装。

3. 长征扩红的特殊环节

以往谈到扩红，关注重点多在红军如何动员群众加入红军，却很少涉及红军对扩红人选的甄别和筛选。实际上，红军并非来者不拒，尤其在长征这样复杂的环境下，扩红有一定的危险性，为了规避风险，对扩红对象更有着严格的要求。

---

① 赖大超：《桐梓突围归队》，载《广州日报》，1982年7月30日。

② 《西北局关于扩大红军运动的指示》（1936年8月20日），见中国工农红军第四方面军战史编辑委员会编：《中国工农红军第四方面军战史资料选编》（长征时期），北京：解放军出版社1992年版，第655页。

首先是对出身的硬性要求。早在 1934 年 2 月 10 日，李卓然在红军全国政治工作会议上的报告《战时政治工作报告大纲》里，专门谈到“在白区扩大红军”，在介绍了东方军的经验后，特别指出“我们在广大工农群众加入红军的热潮中，阶级异己分子常企图乘机打入以遂其反革命的阴谋，东方军没有及时注意清查与检举以致在新兵中酿成有组织的拖枪逃跑”[①]。他提出要注意清查扩红中的阶级异己分子。开始长征后，总政治部也就扩红工作提出：“依靠着当地的积极分子，进行严格的检举，防止敌探及一切反革命分子混入，以大力进行争取新战士。”[②] 同样的，红二、六军团西征后建立湘鄂川黔根据地，1935 年 2 月 28 日，中共湘鄂川黔省委关于扩大红军突击运动给各级党部和突击队发出指示信，明确指出：“扩大红军突击运动，同时是残酷的阶级斗争。地主、富农、反革命看到千百万工农群众似潮水一般的加入红军，完成扩大红军突击运动，就是证实敌人的死亡，和我们要取得战争的全部胜利。所以地主、富农、反革命一定要用造谣、欺骗、威吓和掩蔽其本来的面目，混入党、政府、红军中来，阻止工农群众加入红军，破坏红军突击运动。我们在扩红突击中，就要加强肃反委员会在这一方面的工作，揭破反革命的造谣、欺骗与威吓，提高阶级警觉性，洗刷混入在党、政府和红军中的地主、富农、反革命分子，以赤色恐怖政策，无情对付破坏扩

① 《战时政治工作报告大纲——在红军全国政治工作会议上的报告》（1934年2月10日），见中国人民解放军政治学院政治工作教研室编：《军队政治工作历史资料》第三册，北京：中国人民解放军战士出版社1982年版，第31页。

② 《总政治部关于对目前行动的政治工作训令》（1934年10月29日），见中国人民解放军政治学院政治工作教研室编：《军队政治工作历史资料》第三册，北京：中国人民解放军战士出版社1982年版，第163页。

红突击的反革命分子。我们的突击队，要站在负责的地位，而不要反对肃反委员会的肃反斗争，要执行明确的阶级路线。但同时要反对机械的成分论，而放松对于工农成分出身之坚决反革命分子和反动首领的镇压。”[①]“防止地主、富农、反革命分子混入红军。要在新战士中发动检举的斗争，清洗已混入红军的地主、富农、反革命。杜绝他们破坏红军阴谋。”[②]这就明确提出了扩红工作中的肃反斗争任务。

肃反是在根据地创建、发展过程中，为了肃清苏区的敌对势力，以及红军和苏区党政干部队伍内部的异己分子而进行的一项政治工作。众所周知，土地革命战争时期创建的十几块革命根据地，几乎都不同程度地发生过肃反扩大化的错误，这方面的研究很多，其原因也有不同诠释，但从客观条件来看，与严峻的革命斗争形势有着直接关系。“各个苏区肃反扩大化的高峰几乎都是在国民党军‘围剿’苏区的紧急时刻发生的。”[③]这里面的深层原因并非本书探讨的主题，不过就此现象联系长征红军的实际遭遇，党和红军面对的敌情比在苏区时更为复杂和险峻，同样面临着严峻的肃反问题。红一方面军过老山界时，“国民党特务还躲在密林暗处，专门袭击红军伤员或掉队人员。截住后，先剥其衣服，尔后逼问部队番号，然后杀害。

---

① 《中共湘鄂川黔省委关于扩大红军突击运动给各级党部和突击队的指示信》（1935年2月28日），见中国工农红军第二方面军战史编辑委员会编：《中国工农红军第二方面军战史资料选编》（四），北京：解放军出版社1996年版，第78页。

② 《中共湘鄂川黔省委关于扩大红军突击运动给各级党部和突击队的指示信》（1935年2月28日），见中国工农红军第二方面军战史编辑委员会编：《中国工农红军第二方面军战史资料选编》（四），北京：解放军出版社1996年版，第80页。

③ 蒋建农、蒋沫沫：《苏区肃反扩大化几个问题的探讨》，载《史学月刊》，2018年第4期，第90页。

敌特穿上红军服装，冒充红军，混入红军队伍，刺探军情或继续偷袭红军零星人员”[①]。红二、六军团“在黔大毕有几股土匪向我们投诚”，结果在土匪工作中得到了血的教训，投诚的土匪不仅没有稳固下来，逃跑了，而且还同时杀害或带走红军战士。[②]红四方面军总结在甘孜的工作时也谈到，“当时四方面军尚有少数被检举的分子停留在甘孜及东谷、朱倭一带，他们公开进行反革命的宣传活动”，“结果在甘孜、东谷逃跑与拖枪叛变者共达二十人以上”。[③]

在这样的情况下，筛查扩红对象的出身就成为硬性要求，也就是执行当时所称的“阶级路线”。地主、富农、反革命分子根本没有成为红军的资格，要防止他们伪装混入红军队伍。“严格防止个别地主、富农以及反革命分子混进红军。反对过去有些地方随便委一个团长或营长去进行招兵买马，收一些地主、富农的非阶级非群众路线。”[④]同时对工农出身的反革命分子也要严格考察。新入伍的同志不能直接补充到部队，而是先集中在补充连、补充团等，加以一段时间的整治训练，再分配到各部队。这一点有很多回忆佐证。如土城战役前后，“要求参加红军的人很多，师部便专门成立了一个扩红

① 郭德林：《漫漫长征路》，杭州：浙江人民出版社2006年版，第62页。

② 《二、六军团长征政治工作总结报告》（1936年12月19日），见中国工农红军第二方面军战史编辑委员会编：《中国工农红军第二方面军战史资料选编》（四），北京：解放军出版社1996年版，第178页。

③ 甘泗淇：《与四方面军的会合到通过草地》，见中国工农红军第四方面军战史编辑委员会编：《中国工农红军第四方面军战史资料选编》（长征时期），北京：解放军出版社1992年版，第584页。

④ 《中共湘鄂川黔省委关于地方战争动员给各级党部与各级政治机关的指示》（1935年1月4日），见中国工农红军第二方面军战史编辑委员会编：《中国工农红军第二方面军战史资料选编》（四），北京：解放军出版社1996年版，第32页。

队，对入伍的新战士进行短期的训练后，便补充到各团的连队。”[①] 这种集中新兵训练的做法，既是让新兵掌握基本的军事技术，更是一种“内部考察”[②]，及时发现问题苗头及时清除。“把这些新战士编成新兵连（营或团），在这些新战士中进行的工作：1. 立即进行检举，将阶级异己分子很快洗刷出去；2. 老小介绍其回家；3. 对值得怀疑的分子（如白军团防中当过干部的及形踪可疑的人）将他们编成特务排，加以特殊的考查与教育。”[③] 红二方面军总结扩红数字时特地说明：“在这数目字中有部分被检举洗刷介绍回家了，因此补入连队的实际数目要少些。”[④] 这在一定程度上阻碍了敌对分子轻易混进主力探取信息、煽动负面情绪。

正规部队如此，游击队相对随意，就更容易成分不纯。因此，游击队组织成立后，首先由党和红军领导他们去打土豪，随后“即实行组织上的整理”。动员老小体弱的回家后，“清查阶级异己分子，抓住积极分子预先在游击队中活动，然后将这些阶级异己分子公开洗刷出去或用调动离开的办法使游击队员脱离他们的影响”；“对值得怀疑的分子用些技术调开或另编加以考查，防止他们在游击队中

---

① 邓寅章口述，徐文仲整理：《土城战斗前后》，见贵州人民出版社编：《征途》第2集，贵阳：贵州人民出版社1982年版，第124页。

② 《进取松理茂的意义和我们当前的战斗任务》（1935年5月23日），见中国工农红军第四方面军战史编辑委员会编：《中国工农红军第四方面军战史资料选编》（长征时期），北京：解放军出版社1992年版，第5页。

③ 《二、六军团长征政治工作总结报告》（1936年12月19日），见中国工农红军第二方面军战史编辑委员会编：《中国工农红军第二方面军战史资料选编》（四），北京：解放军出版社1996年版，第170页。

④ 《二、六军团长征政治工作总结报告》（1936年12月19日），见中国工农红军第二方面军战史编辑委员会编：《中国工农红军第二方面军战史资料选编》（四），北京：解放军出版社1996年版，第161页。

起坏的作用。”①

可见，无论是红军新兵还是新成立的游击队，考察确定其阶级成分是一个必不可少的步骤。不过随着抗日民族统一战线的建立，中共和红军改变“左”的关门主义倾向，对新战士阶级身份的要求有所松动。西北局明确提出：“我们扩大红军的主要社会成分是工、农、贫民及其他劳动分子，并且特别注意吸收城市和农村中工人、雇工、苦力，以增强红军无产阶级领导骨干；但在抗日反蒋号召统一战线策略广泛运用条件下”，也可大胆吸收“革命的知识分子、学生、小商以至农村中富农、小地主、白军退职失业的下级军官”，不过“对于这些成分须注意考查和特别加以训练”。②可见，肃反仍是一个重要任务。

长征扩红工作中的肃反情况，可以从一些统计数字中窥见端倪。红二方面军总结指出：“关于新战士中的检举工作和遣散老弱回家等问题归在扩大红军工作问题上来说，在这次行军中在部队内破获了不少的反革命组织，处决了一百多以上。”③红四方面军第三十一军参谋处 1936 年 10 月 12 日统计，从岷州起（大约在 8 月中下旬）至

① 《二、六军团长征政治工作总结报告》（1936年12月19日），见中国工农红军第二方面军战史编辑委员会编：《中国工农红军第二方面军战史资料选编》（四），北京：解放军出版社1996年版，第171页。

② 《西北局关于扩大红军运动的指示》（1936年8月20日），见中国人民解放军政治学院政治工作教研室编：《军队政治工作历史资料》第三册，北京：中国人民解放军战士出版社1982年版，第555页。

③ 《二、六军团长征政治工作总结报告》（1936年12月19日），见中国工农红军第二方面军战史编辑委员会编：《中国工农红军第二方面军战史资料选编》（四），北京：解放军出版社1996年版，第167页。

10 月 10 日止，共计清洗 28 人。[①]

对扩红人选的甄别并不限于出身，还有对其身体、家庭状况等的基本要求。比如老、小、体弱，一般都会动员回家。还有妇女，长征中一般不收女兵。[②]红军也会综合考虑扩红对象的家庭情况，避免对当地家庭造成致命性破坏。红军长征路过云南省祥云县时，放牛娃杨从和其他五个放牛娃约好了一起去参加红军，红军指导员答应了。可是第二天队伍临出发时，指导员突然问他："你家里只有一位老母亲，年老多病，是不是？""你有志气，要参加红军干革命。可是，你一走，你母亲靠谁？所以，你的那五位小伙伴可以走，唯独你要留下。"[③]最后杨从没能参加红军。此外，红军战士不允许吸食鸦片，一般也不招收吸鸦片烟的人，怕其不良习气带坏部队。如老木孔战斗后，"因俘虏都是些鸦片鬼，难以补入部队，便每人发给三元遣散费，当场遣散"[④]。但到了云贵地区，抽鸦片的人特别多，"男人、女人、老人都抽，娃娃凉了风发咳嗽，也给点灯烧烟抽"[⑤]。针对这种特殊情况，红军在不改变底线原则的基础上，灵活调整了自己

① 《三十一军进入甘南后部队的情况报告》（1936年10月9日），见中国工农红军第四方面军战史编辑委员会编：《中国工农红军第四方面军战史资料选编》（长征时期），北京：解放军出版社1992年版，第750页。

② 钱希均：《长征散记》，见中央党史研究室第一研究部编：《巾帼红军忆长征》，北京：中共党史出版社2017年版，第117页。

③ 杨从：《你一走，你母亲靠谁》，见中共大理州委党史资料征集办公室编：《红军长征过大理州资料选编》，1986年印刷，第119页。

④ 郭天民：《从乌江到泸沽——九军团长征中单独行动片断》，见聂荣臻等：《伟大的转折——遵义会议五十周年回忆录专辑》，贵阳：贵州人民出版社1984年版，第583页。

⑤ 谭友林：《红旗卷过黔大毕——红二、六军团长征片断》，见中国人民解放军历史资料丛书编审委员会编：《红军长征·回忆史料（2）》，北京：解放军出版社1992年版，第171页。

的政策，提出："烟瘾不深的，可以加入红军，但瘾深的'老枪'不能加入。""对于吃鸦片烟的新战士，必须与不吃的分开编队，并定期的实行严格的戒烟。（按照卫生部拟定的办法）在没有完全戒掉以前，不能编入战斗的连队。"①

这里还要特别谈到一个特殊群体——俘虏。俘虏也是扩红的重要来源之一。但由于他们来自敌方阵营，对其甄别、考察、教育必然要花费更多的精力。长征中军团政治部设有"白军工作部"，"负责战后俘虏的安置处理工作"。② 有的叫俘虏工作队，"红军在长征中，把抓到的俘虏集中到各军或军团，由政治机关抽调干部组成俘虏工作队，负责对他们进行宣传管理教育。""在进行宣传教育前，先弄清俘虏的身份、政治思想和身体、技术状况，将士兵和军官分别集中，使白军军官不再从思想上影响士兵，然后进行有针对性的宣传教育工作。如采取讲课、谈话等方法，教育他们认清革命形势，提高阶级觉悟。经过一个短暂的宣传教育之后，将一部分提高了觉悟自愿当红军的编入红军部队。对年大体弱的，不愿当红军的发给路费遣送回家，让他们去宣传红军的影响，起瓦解白军的作用。"③ 而且根据红四方面军在川陕时期的经验，即使俘虏兵经过训练编入连队后，仍应加紧对他们的教育。④ 对俘虏投入的政治成本比起一般的新

---

① 《扩红动员中的鸦片问题》，载《红星》报，1935年1月15日，第68期。

② 谢正标：《长征路上"白军工作部"的片断回忆》，见中国人民政治协商会议福建省长汀县委员会文史资料编辑室：《长汀文史资料》第11辑，1986年印刷，第8页。

③ 刘志坚：《长征是宣传队》，见中国人民解放军历史资料丛书编审委员会编：《红军长征回忆史料（2）》，北京：解放军出版社1992年版，第429页。

④ 参见《俘虏兵工作》（1933年6月13日）、《加紧对新同志的训练》（1933年8月13日），见中国工农红军第四方面军战史编辑委员会编：《中国工农红军第四方面军战史资料选编》（川陕时期）上，第418、486页。

战士要更大一些，因此，红军不强迫俘虏加入红军，甚至在紧急赶路或力不从心的状况下，为了最大限度规避风险，红军会迅速释放俘虏。红一方面军翻过六盘山，下山的时候与敌人约一个团的骑兵打了一仗，“抓了 100 多名俘虏，就押着他们往陕北走。这些俘虏很顽固，打了败仗还不认输，说是稀里糊涂当了俘虏，很不服气。原来想通过教育把他们争取过来，他们很顽固，争取不过来。为了尽快往陕北赶，不在路上多纠缠，过了白杨城进入镇原县境内，我们就把这些俘虏放了。”①

因此，长征中扩红虽然困难重重，但红军并非“来者不拒”，而是坚持一定的标准，并对不完全符合标准的新战士加以培养和改造。

（四）扩红成果的巩固

“掉队落伍的数目、失联络的数目的大小，是每个部队的巩固工作的表尺之一”②。新战士掉队落伍无疑是政治工作的失误。苏区时期，周恩来在红军全国政治工作会议上强调，“要巩固我们的队伍，亦不要象去年的教训，有几十几百新战士逃跑的现象，这是我们政治工作的耻辱。”③长征中巩固队伍尤为艰难，《红星》报曾报道的“革”部“从五月十六至月底止，共扩大新战士有一千四百名左右。但是他们的巩固工作不够，逃跑了六百左右，实际扩大的则为

① 徐国珍：《长征路上筹粮》，见甘肃省军区党史资料征集办公室编：《三军大会师》上册，兰州：甘肃人民出版社1987年版，第176—177页。

② 《总政治部关于收容工作的训令》（1935年2月19日），见中国人民解放军政治学院政治工作教研室编：《军队政治工作历史资料》第三册，北京：中国人民解放军战士出版社1982年版，第261页。

③ 《周恩来副主席在红军全国政治工作会议上的致词》（1934年2月7日），见中国人民解放军政治学院政治工作教研室编：《军队政治工作历史资料》第三册，北京：中国人民解放军战士出版社1982年版，第25页。

八百余”[1]。“地”团补充连“自十六日会理出发至廿一日止，五天当中逃跑新战士五十二名”[2]。红二军团（四、五、六师）合计长征中逃亡 1299 人，其中开小差 1191 人，叛变 108 人。“开小差的大多数是在沿途新扩大来的。这里表示在争取新战士工作中一面检举工作做的不充分，尚有少数阶级异己分子未能清刷出去，另方面便是新战士补入连队后未能给以有系统的教育，及时对他们作政治上的宣传鼓动和在各方面给以实际的帮助，以致不惯红军的生活，个别反革命分子即乘机煽动而逃跑了。”[3]

长征中新扩大的战士没有经过苏区时期严格的纪律和军事训练，要适应红军的生活十分困难，而且一当兵就骤然远离乡土，情感上也难以接受。尤其当途中陷入困境、险境时，很容易开小差，这就需要中共和红军细致深入的政治工作。中共和红军提出“只扩大不巩固等于不扩大”[4]的观念，为留住新战士想了很多办法。

最直接的方法就是在制度规定上有所防范。除前文所述对新战士进行肃反、甄别之外，中共和红军特别注重对新战士思想动态的及时掌控。这方面，“十人团与党的支部在反逃跑叛变斗争中是起了作用的”[5]。关于支部的重要作用，早在三湾改编时期就已确立了“支

---

① 《“革”部在扩红战线上完成了原定的计划》，载《红星》报，1935年6月1日，第19期。

② 《惊人的新战士逃跑现象在“地”团》，载《红星》报，1935年6月1日，第19期。

③ 《二、六军团长征政治工作总结报告》（1936年12月19日），见中国工农红军第二方面军战史编辑委员会编：《中国工农红军第二方面军战史资料选编》（四），北京：解放军出版社1996年版，第163、164页。

④ 《加紧扩大与巩固新战士的工作》，载《红星》报，1935年6月1日，第19期。

⑤ 《二、六军团长征政治工作总结报告》（1936年12月19日），见中国工农红军第二方面军战史编辑委员会编：《中国工农红军第二方面军战史资料选编》（四），北京：解放军出版社1996年版，第164页。

部建在连上”的重大建军原则，目的在于确保和巩固党对军队的领导和指挥，对新战士的思想引导也是题中应有之义。据赵镕《长征日记》1935 年 1 月 26 日记载，由于供给部掉队人员日趋严重，供给部召开了一次支部书记联席会，讨论掉队原因和解决办法。除行军急、速度快、途程长以及身患疾病等客观原因外，强调指出“是政治工作问题。党员，尤其是党的干部必须负起责任来，做好深入的思想工作”[①]。1935 年 5 月，总政治部明确指出：“扩大与巩固部队的工作，是目前整个政治工作中最中心的一个工作，同时也就是支部中最主要的一个工作。支部在扩红工作（中）必须起最高的领导作用。”“在巩固部队上目前支部比任何时候都要更切实的负起责来，支部要根据过去在中央苏区巩固部队争取新战士的经验，来加紧这一工作。十人团工作支部应切实领导检查连上的新战士，支部须指定专门党员进行经常的解释教育工作，支部对于连队的新战士工作应经常提出讨论。”[②] 可见，充分发挥各连党支部、党员的思想教育和引导作用，是巩固部队的重要途径。

但在实际执行过程中，支部更多是引领方向，具体承担这项工作的是十人团。“十人团的组织在连队上是每班一个十人团员，他们都是党团员，由支部决定由军人大会通过的，十人团的团长多是副支书组织委员兼任。”[③]1935 年 4 月，总政治部暂时取消了不少连队

---

① 赵镕：《长征日记》，太原：山西人民出版社1990年版，第218页。

② 《总政治部关于支部工作的训令》（1935年5月2日），见中国人民解放军政治学院政治工作教研室编：《军队政治工作历史资料》第三册，北京：中国人民解放军战士出版社1982年版，第275页。

③ 《二、六军团长征政治工作总结报告》（1936年12月19日），见中国工农红军第二方面军战史编辑委员会编：《中国工农红军第二方面军战史资料选编》（四），北京：解放军出版社1996年版，第164页。

的组织，规定“连队中除设立党支部、列宁青年组、政治战士外，只设立十人团与地方工作组”。十人团的工作任务是什么呢？“其工作除依照过去本部颁布关于十人团工作训令进行外，应特别积极帮助连指导员对个别政治落后分子和新战士进行政治解释教育，解答其疑难，解决其困难，使部队更加团结巩固，来消灭逃亡、掉队落伍以及个别投敌现象。”[①]“十人团员要切实在各情况中与日常生活中了解本班每个战士的政治情绪，随时报告十人团长与指导员”。“十人团要每天汇报收集各种材料在指导员领导下给以适当的处置”。“十人团要实际的帮助战士解决各种困难问题，并作政治上的鼓动”。[②]可见，十人团的日常工作就是掌握部队的思想动态向上级汇报，帮助解决困难，鼓舞士气，如有不良倾向迅速予以处理。这无疑对于防范新战士开小差有着直接的监管作用。

同时，对于开小差的战士进行严厉惩处。1935 年 2 月 19 日，红军总政治部就收容工作发布训令，提出要“在各部队中开展广大的反对经常掉队，故意掉队落伍的斗争”，加强收容工作。训令特别指出：“对专门掉队侵犯群众利益，顽强不愿归队的分子，要选择标本例子，在部队中展开广泛的斗争，给以应有的处罚，严重的直到枪毙”。“政治机关应责成各连队首长和支部为消灭掉队而斗争但（的）任务在连队中和支部中开展广大的讨论，如以后发现某连队有

---

① 《总政治部关于连队组织工作命令》（1935年4月6日），见中国人民解放军政治学院政治工作教研室编：《军队政治工作历史资料》第三册，北京：中国人民解放军战士出版社1982年版，第270页。

② 《二、六军团长征政治工作总结报告》（1936年12月19日），见中国工农红军第二方面军战史编辑委员会编：《中国工农红军第二方面军战史资料选编》（四），北京：解放军出版社1996年版，第164—165页。

人经常掉队故意掉队的现象，应由该连首长完全负责。”[①]9天之后，正在创建湘鄂川黔根据地的红二、六军团致信各级党部和扩红突击队，要求“消灭开小差的现象，严厉处置开小差的分子。对领导组织开小差的分子，必须拘捕、公审以至枪决。但因政治觉悟不够，个人开小差的，必须采取政治教育与宣传鼓动，指出他开小差的错误，督促他□□□□，而不能够动辄拘捕，致妨碍扩红工作”[②]。

但加强监管惩罚只是治标不治本的办法。要让新战士安下心来融入红军部队，必须着重从情感入手，一方面切实解决新战士的生活困难，帮助他们尽快适应红军生活；另一方面则要营造参军光荣的舆论氛围。

生活方面，一般的“如新战士没有毯子、磁碗、手巾等，主要的要依靠政府在进攻地主、富农的中间来解决。另方面可发动群众在自动的条件底下送东西给新战士”[③]。更深层次的，是新战士的生活、语言、文化习惯还尚未适应红军的要求。红军总政治部副主任李富春在《百倍努力巩固新战士》一文中解释得相当详细：因为生活习惯与嗜好的不同，对新战士生活问题的解决，不仅要一般的注意，而且要分别的注意。比如吃鸦片烟问题，我们一方面要耐心的

① 《总政治部关于收容工作的训令》（1935年2月19日），见中国人民解放军政治学院政治工作教研室编：《军队政治工作历史资料》第三册，北京：中国人民解放军战士出版社1982年版，第261页。

② 《中共湘鄂川黔省委关于扩大红军突击运动给各级党部和突击队的指示信》（1935年2月28日），见中国工农红军第二方面军战史编辑委员会编：《中国工农红军第二方面军战史资料选编》（四），北京：解放军出版社1996年版，第80页。

③ 《中共湘鄂川黔省委关于扩大红军突击运动给各级党部和突击队的指示信》（1935年2月28日），见中国工农红军第二方面军战史编辑委员会编：《中国工农红军第二方面军战史资料选编》（四），北京：解放军出版社1996年版，第80页。

解释吃烟之危害，动员新战士自觉的戒绝，而且用各种方法奖励禁烟，一方面却要估计不是一天可以戒掉的。政治机关应与卫生机关搜集和制造戒烟丸，或通过减少分量，派专人到新兵营中有计划地领导鼓舞新战士戒烟。在云贵川三省新战士中，鸦片烟问题的解决决不是厌恶鸦片烟、骂“烟鬼”、硬不给烟吃等方式可以解决的！又如回民之不吃猪肉，这是他们深遗的宗教习惯，非有很深的政治觉悟不能改变的，所以对回民的新战士，我们不仅不能问他们为什么不吃猪肉，不能用老苏区的“开展斗争”的方式硬要他们吃，反之，我们应当注意为回民另外组织伙食单位，打土豪的应当注意分给牛肉。又如彝民的生活习惯、语言却与我们不同，因此对彝民新战士，可单独组织排班训练，而且每个单位中应指定专人翻译，首先应注意提高其文化的教育。①

从中可以看出，党和红军对新战士既有的生活习惯给予了充分的同情和理解，并分三个层面予以解决。

对于原则性的要求如禁止吸食鸦片不能改变，但有步骤地帮助新战士戒鸦片烟。红二、六军团在黔大毕地区扩大了不少抽鸦片烟的新兵，集合训练时，烟瘾一发，呵欠眼泪齐下，一个个东倒西歪，“溃”不成军。贺龙、任弼时、关向应指示：他们来自贫苦人家，是我们的阶级兄弟，要耐心细致地做工作，因势利导，帮他们把烟戒了，就是好兵。部队首先为吸烟的新兵讲清道理，使之下决心戒烟；接着，采取定量发烟的办法，递次减少，直至最后不发，同时用打

① 李富春：《百倍努力巩固新战士》（1935年6月10日），见总政办公厅编：《中国人民解放军政治工作历史资料选编 土地革命战争时期3》，北京：北京解放军出版社2002年版，第134页。

土豪得来的猪牛羊肉，使他们吃好一些。时间不长，许多人把烟戒了。在毕节戒烟有效的近1000人，受到了军团部的表彰。[①]曾随红六军团长征行军的薄复礼赞叹："在中国，能看到这么一大群人不抽鸦片，同样也是件少见的事。"[②]

对于少数民族的宗教信仰给予尊重，并作适当安排。如回民不吃猪肉有其特定的宗教背景，对此充分接受，并给他们另外组织伙食单位，打土豪的时候也特别注意分给他们牛肉。

对少数民族的生活习惯和语言文化予以尊重，并特殊照顾。"在人数较多时，应成立某个少数民族的单独的连队，并特别注意与培养他们自己的干部。"[③]考虑到一般少数民族都有自己的语言和生活习惯，红军单独为他们组成班排连进行训练和教育，并请专人翻译。长征中有彝族的"倮倮连"、回民的"回民支队"、藏族的"藏民独立师"。但这需要一个长期的改造过程，也需要红军投入相当的精力。"由于长期过原始散漫的生活，彝民青年参军以后，也不顾红军的组织纪律，行军路上看到小摊贩的东西就拿，我们还得派人跟在后边给人家付钱，赔礼道歉。部队天天行军打仗，对这些彝族战士实在没法管，也没时间管，为减轻部队负担，军团政治部把他们临时接收了过去。后来彝族战士觉得生活不习惯，跟着红军没走多远，

① 谭友林：《红旗卷过黔大毕——红二、六军团长征片断》，见中国人民解放军历史资料丛书编审委员会编：《红军长征·回忆史料（2）》，北京：解放军出版社1992年版，第171页。

② ［瑞士］薄复礼：《一个外国传教士眼中的长征》，张国琦译，北京：昆仑出版社2006年版，第112页。

③ 《总政治部关于争取少数民族工作的训令》（1935年5月19日），见中共中央文献研究室、中央档案馆编：《建党以来重要文献选编（1921—1949）》第12册，北京：中央文献出版社2011年版，第164页

许多人都陆续回家了，最后红军长征到达陕北时只剩下十几个人。”[①]虽然效果未必能立竿见影，但党和红军无疑也做了诸多尝试和努力。

生活方面的困难还包括新战士家属的生活困难。要让红军战士安心待在部队，须得免除其后顾之忧。苏区时期有不少优待红军政策，对红军家属诸多照顾。长征无法像在根据地时执行《优待红军家属条例》，但仍尽可能照顾红军家属。“对新战士的家属，我们必须采取各种方法来优待，帮助解决困难问题，使其父、母、妻、子不独不致阻挠新战士参加红军，而且能够成为巩固安慰新战士的力量，并且经过这些红军家属去进行扩红工作，造成送子、送兄弟、送郎当红军的潮流。”[②]1935 年 4 月，江油大康乡八角庙巩家湾贫农巩绍成和 16 岁的儿子巩兴寿一起参加红军，家里留下一个老妈妈——巩饶氏。红军离开后，特地写信给村苏负责同志，请他们关照巩饶氏家里的生活。[③]

舆论方面，红军从苏区开始就有一整套方法。叛变投靠国民党军的原湘赣军政治部主任李芬曾谈到红军扩大新战士后，“由村送乡，再送区，再送县，送到省一处时，即召集群众大会，欢迎欢迎，给以充分的鼓励和慰劳，再送军事机关开始训练。”[④]这种情感鼓励在长征中也同样在继续，红二、六军团就曾要求“发动群众、赤少队、儿童团、妇女，打锣、打鼓、放鞭炮欢送新战士。同时各级党部和

① 《王平回忆录》，北京：解放军出版社1992年版，第102—103页。

② 《西北局关于扩大红军运动的指示》（1936年8月20日），见中国工农红军第四方面军战史编辑委员会编：《中国工农红军第四方面军战史资料选编》（长征时期），北京：解放军出版社1992年版，第655页。

③ 中共绵阳市委党史工委办公室：《红四方面军长征初期的扩红运动》，载《四川党史研究资料》，1986年第10期。

④ 《伪湘赣军政治部主任李芬报告最近匪部情形》，载《中央日报》，1934年7月15日。

革命委员会等必须派负责同志作政治护送，沿途招待新战士和鼓励他们到前方去勇敢杀敌的勇气”，并且“进行广泛的慰劳红军工作。强迫地主、富农打草鞋、做鞋子。同时鼓动群众，特别是妇女群众做鞋子、打草鞋送给红军，首先送给新战士，满足他们□□□鞋子的需要”。①

加强新战士对红军的情感认同为巩固部队奠定了坚实的情感基础，但巩固部队的治本之策还在于对新战士进行彻底的思想教育，增强他们的纪律性、革命性，使之真正成为合格的红军战士。新战士掉队落伍的原因很多，除客观原因外，大量当事人的回忆录显示，无外乎是新战士受不了苦，不愿离开家乡，感到前途渺茫。“我们一块去的二十多人，都怕离家越走越远，也吃不了苦，就沿路跑回家了。”②“因这些人吃不了苦、想家，在前往武都途中，都陆续地脱离了部队，跑回了郭镇。”③

苏区时红军就“注意政治训练，上课讨论会、演新剧、游戏、军事训练，是以班排工作、侦察、警戒战斗（冲锋、接敌运动），为教育中心，但新兵的干部很差，教育成绩也不好”④。长征中客观条件的限制使教育新兵更为困难。“但是在连续的急行军和长行军中要等待驻止休息才来进行教育是绝无法收得实效的，因此要求我们在行

---

① 《中共湘鄂川黔省委关于扩大红军突击运动给各级党部和突击队的指示信》（1935年2月28日），见中国工农红军第二方面军战史编辑委员会编：《中国工农红军第二方面军战史资料选编》（四），北京：解放军出版社1996年版，第80页。

② 《赵兴顺回忆》，见中共略阳县委党史资料征集研究办公室编：《红军长征过略阳》，1986年印刷，第122—123页。

③ 《邓幼帮回忆》，见中共略阳县委党史资料征集研究办公室编：《红军长征过略阳》，1986年印刷，第119页。

④ 《伪湘赣军政治部主任李芬报告最近匪部情形》，载《中央日报》，1934年7月15日。

军中创造训练部队新的经验”[①]。

首先，有计划地利用行军间隙进行日常教育。长征中部队的政治工作一直都抓得很紧，并根据新情况创造了在行军作战中开展政治工作的方法。对新兵的教育就是其中重要一环。总政治部在长征刚开始不久就提出，“对于扩大来的新战士，应集中补充团加以短期训练与检查工作”[②]。重占遵义后，“军委纵队在撤离前一二天，把新兵组建成一个排，三个班，委派几个积极分子担任班、排长，每人发了枪支弹药。经过工作组进行关于党的主张、红军任务、组织纪律等方面的教育，以及警卫连派人进行作战射击的训练，他们的觉悟大大提高，更加相信，只有共产党和工农红军，才是劳苦大众和国家民族的救星，更加坚定了参军的决心和信心。”[③]红二、六军团为训练新兵，“印发了提高军事技术突击运动的计划”，“一般的指挥员、政治工作人员都参加了这一运动，在很艰苦的行军中，不少的连队及团营长，能利用出发集合时（后卫部队）或利用宿营较早时（前卫部队）进行军事训练，以及在围炉烤火或行军过障碍停止时许多能进行认表尺，进行问答，以及进行简单的军事比赛晚会”。[④]红四方面军三十军在政治工作计划中提出“注意对新战士的考查和阶

① 《二、六军团长征政治工作总结报告》（1936年12月19日），见中国工农红军第二方面军战史编辑委员会编：《中国工农红军第二方面军战史资料选编》（四），北京：解放军出版社1996年版，第153页。

② 《总政治部关于巩固部队准备长途行军与战斗加强政治军事训练及群众等工作的指令》（1934年10月9日），见中国人民解放军政治学院政治工作教研室编：《军队政治工作历史资料》第三册，北京：中国人民解放军战士出版社1982年版，第154页。

③ 赖大超：《桐梓突围归队》，载《广州日报》，1982年7月30日。

④ 《二、六军团长征政治工作总结报告》（1936年12月19日），见中国工农红军第二方面军战史编辑委员会编：《中国工农红军第二方面军战史资料选编》（四），北京：解放军出版社1996年版，第153页。

级的教育，去启发他的阶级自觉性”，并要求“上完新战士教育材料之二三”。[①]西北局在提倡在新兵中“开始发展党、团员，建立党与团的组织。对新战士的政治教育除应按时上政治课（基本知识和纪律条令等），应该采取娱乐游戏方法（如多开晚会，演活报新剧，学习唱歌以及其他集体游戏）使其不感觉生活枯燥而思家，逐渐习惯于红军的生活”[②]。

其次，发现不良倾向及时进行政治教育。如红九军团“到金沙江边，有的新兵动摇了，个别的还开了小差。对此，军团没有简单地处罚了事，而是进行思想教育”。军团长罗炳辉对新战士们细心教导，提出：“无论留与走，都取其自愿。不过大家得想想，如果都考虑自己，而不考虑中华民族和人民大众的利益，能够有中国共产党领导红军闹革命吗？不赶走帝国主义，不打倒地主资本家，我们干人就永远受剥削、受压迫、受欺负，永远被人踩在脚下。我们的父老兄妹、妻子儿女还在受着苦难，我们能忘记吗？我们中华儿女，要有骨气，不能在反动派胯下过日子。当逃兵是可耻的。”“一些动摇的新战士，下决心北上，再没有人提出要离开红军了。”[③]

总之，长征中的扩红，进一步体现了长征中群众工作的复杂性与斗争性。群众本身存在着两面性：一方面是积极的，可以充分发

---

① 《红四方面军三十军二十天政治工作计划》（1936年2月7日至27日），见中国人民解放军政治学院政治工作教研室编：《军队政治工作历史资料》第三册，北京：中国人民解放军战士出版社1982年版，第410—411页。

② 《西北局关于扩大红军运动的指示》（1936年8月20日），见中国人民解放军政治学院政治工作教研室编：《军队政治工作历史资料》第三册，北京：中国人民解放军战士出版社1982年版，第555页。

③ 萧华友：《英勇无畏的红军将领——忆罗炳辉军团长》，见《怀念罗炳辉同志》，昆明：云南人民出版社1981年版，第95—96页。

挥利用；另一方面是消极的，需要引导教育。比较苏区较好的群众基础和熟悉的群众环境，长征中的群众工作环境更具未知性，群众的两面性体现得更为显著。这无疑给扩红带来了更多不确定因素，增加了工作的难度。与其他群众工作不同的是，扩红工作需要将陌生群众吸纳进红军队伍，融为自身的一部分，如果融合不当，则会危及自身生存。因此，中共在长征中对扩红相关问题处理很慎重，对于什么时候扩红，以什么规模开展，包括对扩红对象的筛选、巩固、教育等，都制定了较完善的应对方式。这些基于苏区扩红经验上的实践和创新，为抗日战争时期大规模的群众动员提供了丰富的实践和理论经验。

五、民族工作

长征是中国共产党成立以来，第一次广泛、深入地与少数民族接触。长征中红军经过的少数民族聚居或杂居地区，达红军长征经过地区的50%以上，直接接触的少数民族近20个，包括苗、瑶、侗、土家、壮、水、黎、布依、仡佬、纳西、傣、彝、藏、白、羌、回、东乡、裕固族等，他们分布在湖南的城步、通道、桑植，广西的全县、龙胜、三江，贵州的黎平、锦屏、榕江、威宁、松桃、仁怀、毕节、镇宁、紫云、关岭、贞丰，云南的宣威、曲靖、嵩明、丽江、中甸，四川的会理、西昌、越西、冕宁、甘孜、巴塘、阿坝，甘肃的西和、临潭，宁夏的海原等地区、县镇。[①]而中共的民族政策在长征前后有着显著的差异。正是因为有了长征时期与大量少数民族的实际接触，让中共从过去对民族政策的抽象认识层面突破出来，

---

① 郑广瑾：《长征事典》，郑州：河南人民出版社1996年版，第200页。

在具体实践中不断改进，并有了新的理论思考。

目前，对长征中中共少数民族政策的研究已有了一定基础，不少著作和论文为我们描绘了长征途中具体的少数民族政策，较全面地展示了党和红军在长征中取得的少数民族工作成果，但总体看来，多限于面上的政策制度演进和个别事例的陈述，尚缺乏更深层次的理论探究。本章并不试图全面阐释长征中少数民族工作的内容，其着力点在于回答：长征时期的民族工作，在实践和理论上具体有什么不同于以往的变化？这种变化是怎样产生的，又造成了怎样的影响？为此，本章以两大主力红军最具典型性的少数民族工作案例为考察对象，即中央红军的彝海结盟、红二方面军过中甸。通过这两个经典案例的比较研究，进一步探讨中共在长征这一新的现实条件下如何修正既有的民族理论与政策，以使之适应长征乃至中国革命的需要。

（一）民族工作的任务与基本策略

中共革命史始终与少数民族紧密相连。从中共成立之日开始，少数民族就积极参加中共的早期革命活动，涌现了诸如邓恩铭、刘清扬、向警予等少数民族先锋战士，而各地的少数民族起义也是中共早期革命史的重要组成部分。土地革命战争时期，湘鄂西、左右江、海南、黔东等根据地都建立在了少数民族地区。然而，有一个很有意思的现象，翻阅这些地区少数民族革命战士的个人回忆，并没有对其自身民族问题的特别关注；而现存的关于这些革命根据地具体工作的历史文献，亦没有对当地少数民族的描述或据此制定相关政策的文件。关于少数民族工作的政策指示只存在于中央的整体战略中，如党的纲领、党章、党的代表大会的决议案与宣言、中国苏维埃十大政纲、中华苏维埃共和国宪法大纲等。民族问题多是作为遥远的边疆事务进入中共视野，关注的多是蒙、藏、回、满等几个民族。然而，到了长征时期，中共所关注的少数民族大大扩展，民族问题上升为近在咫尺的切实关系中共和红军生死存亡的问题，不仅中共中央频频发出关于少数民族工作的具体指示，中共和红军甚至提出："在我们行动的地区，正是少数民族最复杂的地区……我们部队中地方工作的中心应以全力放在争取少数民族的上面，每个红色指战员都要自动的来参加这个工作。""不懂得共产党的民族政策的不配当一个共产党员，不了解争取少数民族的重要性和不参加这一工作的不配当一个好的红色战士。"①这种战略性的转变，不得不让我们重新审视长征前后民族问题在中国革命事业中的位置变化，以及这种变化是如何发生的。

1. 中共早期民族观的形成及其特点

在考虑长征时期的少数民族工作之前，有必要厘清中共对民族问题的认识。民族本身就是一个历史的概念，在斯大林关于民族问题的经典论述出现之前，中国传统社会对民族的认识，多是"从文化上来强调的，不是从种族上来强调的"②。而今天我们形成的关于56个民族的概念，也是中华人民共和国成立后经历了民族识别、认定之后形成的。1953年，汇总登记下来的民族名称据称有400多

---

① 《以进攻的战斗大量消灭敌人创造川陕甘新苏区》（1935年7月10日），见中共中央统战部编：《民族问题文献汇编（1921.7—1949.9）》，北京：中共中央党校出版社1991年版，第297页。

② 冯友兰：《中国哲学简史》，见《三松堂全集》第6卷，郑州：河南人民出版社2000年版，第163页。

个。[①]云南一省就占了260多个。[②]还有一些自己认为是少数民族但未经识别认定的如云南“苦聪人”、贵州“穿青人”、四川“平武藏人”等。因此，不能简单地以中华人民共和国成立后形成的少数民族概念来认识长征时期的少数民族，而应当从当时的认识水平去考虑。

中共对民族问题的认识受三方面思想因素的影响。

一是传统认识。冯友兰认为，古代中国民族多是以文化而非种族来区分。《左传》说：“非我族类，其心必异”。确实在天朝上国，将中原文化之外的视为异族，而中原文化教化之内的则是同族。传统的民族关系不外乎征服、藩属、羁縻。但到了近代，从鸦片战争开始，随着民族危机的日益加重，强调体质而非文化的“种族”开始得到广泛使用。而“民族”一词最早见于中国文献是梁启超1899年的《东籍月旦》，从日文中直接引用了“东方民族”的说法。[③]此后，在世界民族主义思潮和中国民族斗争高涨的影响下，“民族”一词得到越来越普遍的使用。然而，到长征时，“民族”这一词汇的传播也不过二三十年。时人对其概念并不能准确了解和使用，包括许多先进知识分子，仍是种族与民族混同使用。

二是共产国际的认识。作为一个在共产国际帮助下建立起来的马克思主义政党，年幼的中共对民族问题的认识深深受到了共

---

① 费孝通：《关于我国民族的识别问题》（1978年9月），见《民族理论和民族政策论文选（1951—1983）》，北京：中央民族学院出版社1986年版，第1页。

② 费孝通：《关于我国民族的识别问题》（1978年9月），见《民族理论和民族政策论文选（1951—1983）》，北京：中央民族学院出版社1986年版，第4页。

③ 金天明、王庆仁：《“民族”一词在我国的出现及其使用问题》，见《民族理论和民族政策论文选（1951—1983）》，北京：中央民族学院出版社1986年版，第63页。

产国际认识的影响。马克思、恩格斯并没有从学理上提出过完整的民族概念，但在大量文献中指出了构成民族的要素及处理民族问题的基本原则，包括阶级利益高于民族利益，阶级问题主导民族问题、民族平等等。[①]列宁和斯大林则在此基础上，进一步发展提出了第一个完整的马克思主义民族定义，尤其斯大林1913年提出的民族定义产生了深远影响。"民族是人们在历史上形成的一个有共同语言、共同地域、共同经济生活以及表现于共同文化上的共同心理素质的稳定的共同体。"[②]这一定义直到中华人民共和国成立后仍是进行民族识别的指导思想。列宁和斯大林还系统阐述了民族自决权理论、民族平等理论，并反对把民族认同看作人类最根本认同的民族主义。这些观点都深刻地影响到了年幼的中国共产党。

三是国民党的认识。国民党是中共在大革命时期的合作伙伴，也是大革命失败后最大的政治竞争对手，其民族政策和观念与中共相互影响。国民党的民族观集中反映在孙中山的"三民主义"和国民党一大宣言中。孙中山"三民主义"中的民族主义，最初集中体现为"驱除鞑虏，恢复中华"，是传统的以大汉族为中心的思想。孙中山认为："就大多数说，四万万中国可以说完全是汉人。同一血统，同一语言文字，同一宗教，同一习惯，完全是一个民族。"[③]后来又修改为"五族共和"，提出汉、满、蒙、回、藏

① 孙军：《马克思主义民族理论中国化早期进程研究（1921—1938）》，北京：中央民族大学出版社2014年版，第39—41页。

② 《斯大林全集》第2卷，北京：人民出版社1953年版，第294页。

③ 孙中山：《三民主义》，北京：东方出版社2014年版，第7页。

"五族一家，立于平等地位"。晚年孙中山"以俄为师"，赞同民族自决理论，他在国民党第一次全国代表大会宣言中指出："国民党之民族主义，有两方面之意义：一则中国民族自求解放；一则中国境内各民族一律平等。""国民党之民族主义，其目的在使中国民族得自由独立于世界"。"民族主义，对于任何阶级，其意义皆不外免除帝国主义之侵略"，"民族解放之斗争，对于多数之民众，其目标皆不外帝国主义而已"。国民党郑重宣言："承认中国以内各民族之自决权，于反对帝国主义及军阀之革命获得胜利以后，当组织自由统一的（各民族自由联合的）中华民国。"[①] 国民政府成立后，对少数民族坚持省治，设立绥远、新疆、西康、青海等省，不设省治的则归蒙藏委员会，由行政院管辖。整体上看，国民党的民族观以种族为区分，仅关注大的五族，漠视弱小民族甚至否认其存在。

中共本身是在共产国际的帮助下成立，其早期思想受其左右，对民族问题的认识亦然，体现出鲜明的阶级性。"无产阶级的政党应该知道无产阶级参加民族运动，不是附属资产阶级而参加，乃以自己阶级独立的地位与目的而参加，如此无产阶级在参加民族运动中，方不致失其特性——阶级性与世界性。"[②] 当时中国面临的民族问题，主要是民族的独立和解放，外蒙、西藏、新疆等边疆问题，以及国

① 《中国国民党第一次全国代表大会宣言（摘录）》（1924年1月23日），见中共中央统战部编：《民族问题文献汇编（1921.7—1949.9）》，北京：中共中央党校出版社1991年版，第27、28页。

② 《民族革命运动之议决案》（1925年1月），见中共中央党史研究室、中央档案馆编：《中国共产党第四次全国代表大会档案文献选编》，北京：中共党史出版社2014年版，第7—8页。

内地方军阀为自保而掀起的“联省自治运动”。对此，力量尚弱的中共无法解决，只停留在认识、呼吁层面。但正因为没有具体实施，因此，对民族问题就呈现出偏理论的阐释。比如，早期中共谈到民族问题时，泛指全球视野下被压迫民族独立和解放，重点并不在中国本部的少数民族。当时中共文件提到的民族很少，一般与一定的边疆地域相联系，如蒙古、西藏、回疆、青海等，并使用“中国本部和疆部”的区分。

但是，随着第一次国共合作破裂，中共受到来自国民党方面的屠杀，中共的民族政策更注意与国民党提倡的资产阶级民族主义区分甚至对立。1931 年，中共中央直接发文指出：“我们甚至怕说民族两字，怕溶进国民党民族主义的圈套中去。”[①] 此时的中共，已经有了一定的革命经验和少数民族工作经验。1929—1930 年，中共创立的广西左右江根据地、湘鄂西根据地、琼崖根据地均是少数民族聚居、杂居的地方，这使得中共进一步打开了民族工作的视野，在边疆民族之外关注到了内地少数民族。此时文献中出现的民族增多，“北部之蒙古，回族，满洲，高丽人，福建之台湾人，以及南部苗黎等原始民族，新疆和西藏”[②]，“上海的英美日等国人民，及印度、安南、朝鲜、台湾人民，满洲的朝鲜及日本人，山西、顺直的蒙古人，四川的藏人，甘肃的回民，云南的苗族等”，并要求“各地党部应特

① 《中共中央关于反帝斗争中我们工作的错误与缺点的决议》（1931年12月2日），见中共中央统战部编：《民族问题文献汇编（1921.7—1949.9）》，北京：中共中央党校出版社1991年版，第172页。

② 《关于民族问题的决议》（1928年7月9日），见中共中央党史研究室、中央档案馆编：《中国共产党第六次全国代表大会档案文献选编》下卷，北京：中共党史出版社2014年版，第890页。

别注意调查他们的生活状况及风俗习惯，以供给党关于少数民族策略决定的材料”。[①]

不过值得一提的是，在根据地并未发现相关历史文献在制定具体政策时，切实考虑少数民族的特性；对少数民族地区存在问题的分析，主要以阶级属性而非民族特性为依据。如中共中央在谈到广西瑶族问题时就指出：“我们去同化他们一定要站在整个的阶级观点上注意他们生活的苦痛，宣传汉瑶平等待遇，要发动他们的自决权。要他们起来反对汉人（要统治阶级，并不是整个的汉人）的压迫，要他们脱离酋长式的领导以求得本身的解放。”[②] 中共呼吁蒙古工人：“你们要知道我们工人只有阶级的分别，没有民族的分别，我们工人只有阶级的利益，没有民族的利益，所以我们工人只有实行阶级斗争，反对民族冲突。”[③] 这一思想在进入土地革命战争时期后，形化为以土地革命为中心帮助少数民族建立苏维埃革命政权的政策。1934年1月18日中共六届五中全会报告《目前的形势与党的任务决议》明确：“密切的将少数民族的解放斗争与土地革命联结起来，指出只有中国苏维埃革命才能够保证少数民族取得解放与建立他们自己的

① 《中共六届二中全会讨论组织问题的结论》（1929年6月25日），见中共中央文献研究室、中央档案馆编：《建党以来重要文献选编（1921—1949）》第6册，北京：中央文献出版社2011年版，第238页。

② 《中共中央给军委南方办事处转七军前委信》（1930年6月16日），见中共中央统战部编：《民族问题文献汇编（1921.7—1949.9）》，北京：中共中央党校出版社1991年版，第127页。

③ 《中国共产党致蒙古境内中国工人书》（1929年10月），见中共中央统战部编：《民族问题文献汇编（1921.7—1949.9）》，北京：中共中央党校出版社1991年版，第113页。

苏维埃共和国与各个民族间的真正的和平与自由。”[①]随后四川省在贯彻六届五中全会精神时提出要“建立少数民族的下层统一战线，发动反对村长、黑夷、土司、地主的阶级斗争”，“变民族仇视为阶级仇视”。[②]1934年1月24日、25日毛泽东《在第二次全国苏维埃代表大会上的报告》也指明：“争取一切被压迫的少数民族环绕于苏维埃的周围，增加反帝国主义与反国民党的革命力量，是苏维埃民族政策的出发点。”[③]可以说，以阶级观点来分析民族问题，反对资产阶级民族主义成为长征前中共处理民族问题的核心思想。

2. 长征时民族工作的形势与任务

进入长征后，中共面临的民族工作形势发生了根本性的重大转变。首先，中共和红军大范围、大面积地经过少数民族地区，与少数民族亲密接触与交往。以红一方面军第一军团为例，长征时共走了371天，其中在少数民族地区125天，占总行程的33.7%。[④]红二、六军团长征走了18640里，其中在少数民族地区走了5560里。红四方面军长征19个月，其中在少数民族地区停留时间长达15个月。[⑤]

---

① 《目前的形势与党的任务决议》（1934年1月18日），见中共中央文献研究室、中央档案馆编：《建党以来重要文献选编（1921—1949）》第11册，北京：中央文献出版社2011年版，第48页。

② 《中共四川省委接受国际十三次全会提纲与五中全会决议的决定》（1934年6月11日），见中共中央统战部编：《民族问题文献汇编（1921.7—1949.9）》，北京：中共中央党校出版社1991年版，第221页。

③ 毛泽东：《在第二次全国苏维埃代表大会上的报告》（1934年1月24、25日），见中共中央文献研究室、中央档案馆编：《建党以来重要文献选编（1921—1949）》第11册，北京：中央文献出版社2011年版，第128页。

④ 《红军第一军团长征中所经之民族区域表》，见丁玲主编：《红军长征记》，北京：解放军出版社2006年版，第455页。

⑤ 马长军：《长征与党的民族政策》，载《中国民族》，1996年第10期，第28页。

中共以往关注的多是与地域相关的边疆少数民族，而且是从全世界反帝斗争形势的背景下关注边疆地区甚至周边地区弱小民族的独立解放斗争。长征通过亲自深入少数民族地区，初步了解了少数民族与汉族杂居的现象，中共和红军的关注重点转向西南内陆，转向少数民族更切身的痛苦怨恨对象。这与在遥远的地方振臂高呼完全是两回事，中共和红军的食宿、行军、作战……每一项活动都与少数民族息息相关，“特别是几万红军跑到少数民族地区，就会使红军在给养上与少数民族发生严重的矛盾，同时加上由于反动统治造成的少数民族对汉人有着传统性的民族仇恨，这样就更会使红军陷于困境。”[①] 因此，不能仅仅站在战略高度从学理上讨论民族问题，而必须采取切实有效的措施，取得民族工作立竿见影的效果。这就对中共和红军的民族工作能力提出了更高的要求。

其次，中共在长征中接触的很多民族都是以往缺乏了解的。长征前在中共相关文件中出现最多的少数民族无外乎蒙、藏、满、回等几个边疆少数民族，以及苗、黎等几个内地少数民族，而且对各民族仅是概念性的了解，各民族的称谓并不统一，甚至多有错漏。而通过长征，中共对少数民族的种类认识大大增加，如瑶、侗、水、布依、仡佬、纳西、裕固等民族，这给中共的民族工作提出了很大挑战，对于这些新出现在中共视野中的少数民族，只能在几近空白的基础上开展民族工作，各民族的基本语言、习俗、信仰、社会发展基本状况，都是中共和红军必须及时了解、消化并传达给每一个

---

① 何干之：《张国焘路线和党对张国焘路线的斗争》，见《张国焘问题研究资料》，成都：四川人民出版社1982年版，第118页。

战士了解的内容。而且许多民族的社会经济处于较低发展阶段，有的甚至还处在奴隶社会，阶级分化不明显，其上层人士往往具有很大威信，不能笼统地以阶级革命为号召。

再次，长征中开展少数民族工作还存在巨大的外在阻力。国民党政府有针对性地加强了民族工作。据《国民政府军事委员会委员长行营参谋团大事记》记载，国民党“对上列各地区（即雅安、冕宁——西昌——各属地区、松、理、茂、懋）之土番夷人，应速派员分往宣传其土官土司，使其号召，为我所用；并令其派兵协助防剿及坚壁清野”①。1936 年 1 月 25 日，张国焘致罗南辉并金川省委的电文谈到：“番民工作甚重要，国民党五全大会第一个决议，就是提倡佛教并派班禅赴藏与我争取番民，我们应即加强番民的工作。”②

在这样的形势之下，中共必须调整民族工作的战略安排。从政治理想来说，少数民族的民族革命解放斗争是中国苏维埃运动的一部分，争取少数民族加入苏维埃斗争是中共整体战略构建上的必然要求。少数民族的解放运动也是抗日反蒋的重要力量，因此，推动当地民族起来反抗斗争并帮助他们发展、解放，是党和红军题中应有之义。但这只是理想状态，具体完成情况则有赖于当时中共和红军的实力及其与当地少数民族的实力对比。

而从长征中的政治现实需求来看，“我们中央红军正在一个民族比较复杂的区域活动，要求我们对各少数民族须有正确的策略与工

① 中国工农红军第四方面军战史编辑委员会编：《中国工农红军第四方面军战史资料选编》（附卷），北京：解放军出版社1993年版，第537页。

② 《张国焘致罗南辉并金川省委的电文（节录）》（1936年1月25日），见阿坝藏族羌族自治州文化局编：《红军长征过阿坝革命文化史料汇编》，1996年印刷，第51页。

作，争取他们在红军的周围，积极的帮助红军”[①]。长征中必须依靠少数民族、争取少数民族帮助解决下列问题：

（1）需要少数民族的支持才能安全通过少数民族聚居区。像藏族、彝族等少数民族均尚武，他们对当地地形熟悉，如果藏在暗处打冷枪，或者时不时来侵扰，将会对红军造成很大的伤害。中共和红军最基本的目标就是平安通过少数民族聚居区，尽量不与少数民族发生冲突。

（2）需要在少数民族地区获得必要的物资补给。长征中所有补给大都需要在行军途中解决。有时候过少数民族地区时间短，仅一两天，可以提前准备干粮；但有时候在少数民族区停留时间较长，比如红四方面军在川康地区、红二方面军在中甸涉藏地区，这就必须在少数民族地区进行物资补给。在国民党坚壁清野的政策高压下，少数民族人民给红军带路、卖粮食给红军都要冒极大风险。而且这些地区本身物产不丰，容易产生部队与百姓争粮的问题。

（3）需要在少数民族地区获得必要的兵源。扩充兵力本身是部队维持生存进而发展壮大的必要步骤。长征中有时出于赶路、作战等考虑不开展大规模扩红，但当红军确定要创建根据地或兵力极度缺失时，必然会产生强烈的扩红需求。中共先后选择湘西、川黔边、川西或川西北、川滇黔边、川陕甘等地作为战略转移落脚点，这些地方都有少数民族聚居，必然产生扩红的现实需求。

这三个方面是中共对民族工作的现实需求也是生存需求，三者

---

① 凯丰：《关于夷民中的工作》（1935年6月5日），见中共中央统战部编：《民族问题文献汇编（1921.7—1949.9）》，北京：中共中央党校出版社1991年版，第484页。

层层递进，对民族工作的成效要求逐步提升。能否完成，实际取决于中共民族工作的方法和政策。

3. 长征时民族工作的基本策略

知己知彼方能百战不殆。长征的现实促使中共和红军不再抽象地讨论民族问题，而必须更具体更有针对性地解决实际遇到的困难。为此，红军每到少数民族地区，第一件事就是要进行深入调查，充分了解当地民族的社会制度、经济状况、宗教信仰和风俗习惯。1935 年 5 月 19 日，红军总政治部发布《关于争取少数民族工作的训令》，指出："必须进行深入的关于少数民族情况的调查，并依据这个发布切合于某个少数民族的具体的宣传品、布告、传单、图画、标语等等。"[①] 红一军团制有《长征中所经之民族区域表》，详细记录了经过的少数民族区域的基本情况，即使是经过一天的壮族区域、经过两天的瑶族区域，也有记录。红四方面军 1935 年 4 月决定在部队军、师政治部增设少数民族委员会，专门负责民族工作，这是中国共产党第一次在红军中成立民族工作机构，"是党的民族工作开始走上正规的主要标志"[②]。长征进入川康涉藏地区后，"部队派人作了不少调查研究工作，使我们第一次对藏族社会，有了概略的了解"[③]。红四方面军进一步提出："在少数民族区域，要注意调查其社会、政治、经济、文化、地形、人口等状况，和其宗教信仰、风俗习惯等

① 中共中央文献研究室、中央档案馆编：《建党以来重要文献选编（1921—1949）》第12册，北京：中央文献出版社2011年版，第164页。

② 王德龙：《长征中民族政策发展的三个阶段》，见中共贵州省委党史研究室、贵州省民族事务委员会编：《红军长征与党的民族政策》，贵阳：贵州民族出版社1993年版，第76页。

③ 徐向前：《历史的回顾》，北京：解放军出版社1988年版，第278页。

情形。”①

通过实际的调查和丰富的实践，中共和红军对以往所提倡的民族平等以及阶级主导民族问题等原则赋予了更具体的内涵，并结合实际情况做出了相应的政策安排。

首先来看民族平等。以往多是原则性提出各民族一律平等的口号，要求少数民族享有和汉族平等的权利。但怎么才是平等？怎样才能做到民族平等？并没有具体的内容和措施。而长征中民族平等的政策越来越具体和丰富。

一是统一纠正对少数民族的歧视性称谓。中央红军从 1934 年 11 月开始进入少数民族区域，11 月 29 日《红星》报即刊出《关于瑶苗民族中工作的原则指示》，过彝族区时，又于 1935 年 4 月 10 日登载《注意争取夷民的工作》，当时在这种关于少数民族政策的正式文件中仍在使用“猺”“夷”等带有歧视性的字眼。而到了 1935 年 5 月 22 日，《红星》报专门刊发文章，指出：“最近我们有些对夷民的标语中，发现有用‘蛮’字的，必须纠正，因为‘蛮’字是汉人骂夷民的，夷民听到是很不高兴的。犭这一狗旁，过去我们也常常沿用起来，加在猺、狪、猓猓等字上，这同样是少数民族所不愿意的，也应纠正，一律改用人旁，如‘傜、侗、倮倮’等。”②据陈昌奉回忆，过大凉山彝族区时，毛泽东还纠正大家：“不能叫‘倮倮国’，

① 《红四方面军师、团政治部（处）工作纲要（草案）》（1936年1月20日），见中国人民解放军政治学院政治工作教研室编：《军队政治工作历史资料》第三册，北京：中国人民解放军战士出版社1982年版，第373页。

② 《蛮？》，载《红星》报，1935年5月22日，第17期。

那是彝族兄弟。”[①] 这种改变，是由于不断与少数民族接触，才慢慢认识到这是一个问题，进而加以纠正的。

二是尊重少数民族的生活习惯和宗教习俗。中央红军在长征初进入湘桂边少数民族地区时，迅速发布《关于瑶苗民族中工作原则的指示》，要求全军尊重苗族“统治的方式、思想习惯以及宗教仪式”[②]。后又在《关于争取少数民族工作的训令》中强调：“绝对的遵从少数民族群众的宗教的风俗的习惯，并将这些习惯向战士说明（如回教之不吃猪肉，夷民的男女授受不亲，黑夷之敬重灶君等等）。”[③] 而且对少数民族的宗教、风俗、习惯的相关规定日益具体、细化。如中央红军进入回族地区规定三大禁律：禁止驻扎清真寺，禁止在回民地区吃猪肉，禁止毁坏阿文经典。另有四项注意：在回族地区不打回族土豪，回避回民妇女，使用回民生活用具须经同意，公买公卖，以及保护喇嘛庙、清真寺等。[④] 红九军团赵镕在《长征日记》里记载，1935年8月22日，红军的几名枪工在试放步枪时，打死了一只山鹰，引起藏民一阵慌乱的惊叫。问通司才知道，藏族把山鹰视为神鸟，是绝对不许伤害的。赵镕要枪工当场认错，赔礼道歉，方才算了。为吸取教训，第二天，赵镕特地请通司讲一讲藏族的风俗习惯，以免再犯。通司说：“藏民家中最高层设有经堂，不让人随便进去，刚生孩子的妇女，在未满月期间，绝对不能进去。

---

① 陈昌奉口述，赵蓥整理：《跟随毛主席长征》，北京：解放军文艺出版社1986年版，第182页。

② 《关于瑶苗民族中工作的原则指示》，载《红星》报，1934年11月29日，第6期。

③ 中共中央文献研究室、中央档案馆编：《建党以来重要文献选编（1921—1949）》第12册，北京：中央文献出版社2011年版，第163页。

④ 丁汉儒：《民族工作的伟大实践》，见中共贵州省委党史研究室、贵州省民族事务委员会编：《红军长征与党的民族政策》，贵阳：贵州民族出版社1993年版，第14页。

无论是谁，如要入经堂，必须十分虔诚。山有神山，神山是最好的土地，人们每年只能除去丛草，不能耕种，此地留给神来耕种。空中飞禽以大鹰为神鸟，人们只能爱护，不能伤害。”下午，赵镕所部召开士兵大会，把这些注意事项讲了一遍。他写道：“藏族的这些规矩，虽听起来有些可笑，但尊重当地风俗习惯是红军的一项严格纪律和政策，每一个红军战士必须自觉地遵守。”[①] 这个事例看似偶然，但有其必然性，当时红军在涉藏地区停留时间较长，不可避免加深与涉藏地区人民的全方面接触，也必然从对其生活饮食习惯的泛泛了解而深入到更具体的生活、信仰细节，相应的民族政策也必然会更具针对性。与此相似，红二方面军也在涉藏地区执行“不驻喇嘛寺，不破坏经典神像，尊重藏民风俗习惯”等政策。[②] 红四方面军则要求红军学会藏族人民语言，并编有一本常用汉藏语对照表。针对英帝国主义强迫康藏人民使用英语，国民党军阀强迫他们使用汉文，只有喇嘛才有权利读书的现象，提出“番人使用自己的语言文字提高文化，设立学校，人人皆有入校读书的权利”[③]。

可见，通过长征的具体实践，民族平等的理论不再停留在“各民族无论大小一律平等”的口号上，而是有了更为丰富的内容与举措。

再来看阶级问题。马克思主义民族观认为民族问题本质上是阶级问题，长征中这一基本原则并没有改变，但由于长征中实际接触

---

① 赵镕：《长征日记》，太原：山西人民出版社1990年版，第356—357页。

② 王震：《红六军团小史》，见《红六军团征战记》编辑组编：《红六军团征战记》（上），北京：解放军出版社1994年版，第19页。

③ 《告康藏西番民众书——进行西藏民族革命运动的斗争纲领》，见中共中央统战部编：《民族问题文献汇编（1921.7—1949.9）》，北京：中共中央党校出版社1991年版，第290页。

的许多少数民族阶级分化并未发展到激烈的阶级斗争的程度，于是中共灵活地转变了以往将民族解放与土地斗争结合的政策，而着力解决弱小民族与外在压迫势力的斗争，同时开展对少数民族上层的统战工作。

这里最直接的政策体现就是不打少数民族的土豪。从刚开始长征时规定“不打苗民土豪，不杀苗民有信仰的甲长乡长”①；到过彝族区时确定“不打夷（彝）族的土豪，对于夷民群众所痛恨的夷族土豪，也要发动夷民群众自动手的来打”②；再到过回民区，明确“红军在回民区一般的不打回人的土豪，红军的给养必须应当采取于汉人剥削阶级来解决，对回民只能用筹募的办法”③。“红军在回民中只没收反动军阀官僚抽丁抽税及广大回民群众所痛恨的人的财物，且应真正由回民自己动手没收之，反动财物、牲畜一律应尽量发给贫苦回民。”“回民中反对回民地主高利贷者斗争应予以积极的领导，但须遵守他的三四五项的规定不应侵犯阿訇利益与过早发动回民分裂。”④在涉藏地区规定“土司的庄子不没收，喇嘛寺的土地不没收”⑤。这与红军在汉

① 《中国工农红军总政治部关于我军沿途注意与苗民关系加强纪律检查的指示》，见中共中央统战部编：《民族问题文献汇编（1921.7—1949.9）》，北京：中共中央党校出版社1991年版，第249页。

② 《注意争取夷民的工作》，载《红星》报，1935年4月10日，第14期。

③ 《总政治部关于回民工作的指示》（1936年5月24日），见中国人民解放军政治学院政治工作教研室编：《军队政治工作历史资料》第三册，北京：中国人民解放军战士出版社1982年版，第462页。

④ 《毛泽东、杨尚昆关于征求对回民问题决定的意见给朱德、张国焘、徐向前、陈昌浩、贺龙等的电》（1936年10月17日），见中共中央统战部编：《民族问题文献汇编（1921.7—1949.9）》，北京：中共中央党校出版社1991年版，第434页。

⑤ 《中国工农红军第四方面军总政治部对番民的策略路线的提纲》（1936年5月29日），见中共中央统战部编：《民族问题文献汇编（1921.7—1949.9）》，北京：中共中央党校出版社1991年版，第373页。

族区实行的土地革命政策已经有了很大的不同。其中一以贯之的是不再以阶级斗争作为分析处理民族问题的唯一原则，而是最大程度地维护少数民族的团结，以及民族间的团结，以共同对抗外在的敌人。正如沙窝会议所指出的，“估计到少数民族中阶级分化程度与社会经济发展的条件，我们不能到处把苏维埃的方式去组织民族的政权。在有些民族中……还有民族统一战线的可能”①。

同时，对过早造成少数民族内部阶级分化的危害，认识逐步深入。1934 年 11 月 29 日，中央红军刚长征不久，就发布《关于瑶苗民族中工作的原则指示》，指出：“瑶民内部的阶级斗争，还没有显著的开展，瑶民的土司管事等，在瑶民心目中还有极大的权威与威信，他们依然还是瑶民民族利益的唯一代表者，一切对外关系都为他们垄断。我们苏维埃红军也不能不开始同这些代表者发生关系。”“在反对汉族的军阀、官僚、财富佬的民族的压迫方面，瑶民的上层阶层显然还带有革命作用。”“因此我们苏维埃红军不拒绝而且欢迎同瑶民的上层代表发生亲密的关系，同他们订立各种政治的军事的联盟，经过他们去接近广大的瑶民群众，去推动广大的瑶民群众进入革命斗争的阵线，对于他们统治的方式、思想习惯以及宗教仪式，应该表示尊重，并且不求过早的去发动瑶民内部的阶级斗争来破坏我们同他们的反对帝国主义国民党的一致行动。”②此时，中共提倡不激化少数民族内部的阶级斗

---

① 《中共中央关于红一、四方面军会合后的政治形势与任务的决议》（1935年8月5日），见中国工农红军长征史料丛书编审委员会编：《中国工农红军长征史料丛书（文献）》（3），北京：解放军出版社2016年版，第181页。

② 《关于瑶苗民族中工作的原则指示》，载《红星》报，1934年11月19日，第6期。

争，是立足实际的民族政策，但从“不能不”“不拒绝”“不求过早的”等语可以看出，当时这些政策只是策略性的。

随着长征的深入与遵义会议的转折，“左”倾教条主义错误在实际工作中不断得到纠正，中共民族政策不仅在实践中得到了较快的丰富和发展，而且在理论上得到更为深刻的概括和提高。[①] 对过早发动阶级斗争危害的认识，从最初担心破坏与少数民族一同反对帝国主义、国民党的联合这样实际的目的，上升到担心破坏少数民族的解放乃至整个中华民族的解放。1935 年 6 月 5 日，凯丰指出：“夷民中黑夷是统治阶级、压迫者，白夷是被压迫者。在我们进行夷民的工作中，白夷是我们的基本群众。我们为着白夷从黑夷下面解放出来的斗争，但是在反对汉族军阀的压迫的斗争中，在黑夷还参加这个斗争时，我们不应当过早的加强这种分裂。”[②] 尤其在中共确立抗日民族统一战线之后，民族问题从早期的与长征相联逐步转向和中国革命整体相联，这种强调少数民族内部团结反抗外在压迫的趋势进一步明显。1936 年 9 月 3 日，李一氓通过在陕甘地区工作的经验进一步明确指出：“过早的发动阶级斗争，会因为未消失的民族成见，因为统治的宗教信仰，因为过早的阶级分化，逐斥一部分回民到敌人方面，一部分回民观望起来，而我们所能吸引的就仅是一部分先进分子，说不定还是一小部分”，“整个中国民族的解放运动，也要

① 王德龙：《长征中民族政策发展的三个阶段》，见中共贵州省委党史研究室、贵州省民族事务委员会编：《红军长征与党的民族政策》，贵阳：贵州民族出版社1993年版，第76页。

② 凯丰：《关于夷民中的工作》（1935年6月5日），见中共中央统战部编：《民族问题文献汇编（1921.7—1949.9）》，北京：中共中央党校出版社1991年版，第484页。

遭受相当的障害的”。[①]

在这样的认识下，中共团结、争取上层土司、贵族、宗教界领袖人士，努力开展统战工作。这方面成效显著，红一方面军留下了彝海结盟与“单家集夜话”的佳话；红二、六军团在中甸喇嘛寺的帮助下筹集到了大量的粮食；红四方面军在少数民族群众支持下团结了格达活佛等宗教界领袖人物；红二十五军在过甘肃兴隆镇（今属宁夏西吉县）回民区时产生良好影响，被称作“仁义之师”。更进一步的，中共还允许少数民族上层人士加入当地的政权组织。“在完全为回人的乡或区内组织回民自治政府，凡愿意谋民族解放的人阿訇也在内，均可加入。”[②]1936 年 9 月，时任中国工农红军抗日先锋军政治部主任、民运工作部部长的刘晓总结在回民区工作的教训，“在工作一开始，由于机械运用苏区工作方式，束缚于狭隘的阶级范围里，以致不能团聚那些民族领袖与回民有威信的分子来进行工作……以致工作不能大大开展。”而在豫旺堡时，由于吸收了上层人士参与工作，获得了群众的拥护。[③]

总之，中共在长征期间通过实际开展少数民族工作，不断丰富其既有的民族政策内涵，并根据实际情况作出相应的调整和改变，

---

① 李一氓：《回民工作中的几个问题》（1936年9月3日），见中共中央统战部编：《民族问题文献汇编（1921.7—1949.9）》，北京：中共中央党校出版社1991年版，第519页。

② 《毛泽东、杨尚昆关于征求对回民问题决定的意见给朱德、张国焘、徐向前、陈昌浩、贺龙等的电》（1936年10月17日），见中共中央统战部编：《民族问题文献汇编（1921.7—1949.9）》，北京：中共中央党校出版社1991年版，第435页。

③ 刘晓：《关于回民工作的一封信》（1936年9月24日），见中共中央统战部编：《民族问题文献汇编（1921.7—1949.9）》，北京：中共中央党校出版社1991年版，第522页。

这为进一步团结少数民族群众奠定了良好基础。

（二）彝海结盟

“彝海结盟”是长征中红军团结少数民族的典范。这方面的宣传、回忆文章汗牛充栋，事件发生的主要脉络已经相当清楚，但具体考察一些细节，不同人的回忆却有所出入甚至相互矛盾，这主要是由个人所处不同职务的经历和见闻造成。对比这些差异的细节，会发现红军通过彝族区的全景远比宣传的更为复杂，而恰恰是这些复杂之处更完整呈现了中共少数民族政策的精髓所在。

1. 过彝族区前的准备

中央红军渡过金沙江以后，从会理北上经德昌、西昌，于5月20日进到了泸沽镇准备渡大渡河。从泸沽到大渡河有两条路：“一条是越过小相岭，经越西，通过彝民地区，进到大树堡（在富林的对岸）；这是一条大路，沿途险要均有敌人扼守。另一条是从泸沽经冕宁，通过彝族区到达安顺场；这是一条小路”[①]。为了迷惑敌人，中革军委命令红一军团参谋长左权和二师政委刘亚楼率领五团一部和军团侦察连[②]，向大树堡佯动，吸引富林之敌，保证红军主力经冕宁北进。

中央红军主力选择从冕宁到安顺场，中间必须经过大凉山彝族

① 刘忠：《在大渡河下游》，见《红旗飘飘》第3集，北京：中国青年出版社1957年版，第153页。关于行军路线有不同回忆，刘忠当时为红一军团司令部侦察科长，对路线回忆比较细致、可靠，萧华、杨成武、李一氓等均有与刘忠相似的回忆。

② 此处根据红一军团司令部侦察科长刘忠、一军团二师统计参谋黄炜华、一军团二师四团政委杨成武等的回忆。关于参与佯攻的部队有不同的回忆，李一氓、黄良成回忆的是红五军团，红三军团十一团政委张爱萍回忆所部也经过了越西。据红五军团参谋长陈伯钧日记1935年5月24日记载：“我们及一军团主力，加上军委纵队，走冕宁这一路。”据此，红五军团走的是从冕宁到安顺场，而红一军团部分及红三军团走的是越西到富林的路线。

区，也就是彝海结盟的发生地。中央决定红一团（加配军团工兵连）为先遣队，刘伯承任司令员，聂荣臻为政治委员。5 月 20 日夜间，先遣队占领冕宁县城。当晚刘伯承、聂荣臻、萧华[①]，以及红一团政治委员黎林、团长杨得志等人讨论了整整一夜，“研究了可能遇到的各种情况和应付的办法”。天亮后，即 5 月 21 日，杨得志和黎林分别去先遣队的三个营和工兵连，“反复向大家介绍情况，讲解党的政策，强调一定要不折不扣地执行民族政策。这个教育搞了整整一天”。[②]5 月 22 日，先遣队开始进入大凉山。

为什么先遣队要进行整整一天的民族政策教育？杨得志的回忆颇具戏剧性。“部队休息后，我和黎林同志正在刘、聂首长那里，听随先遣队行动的工作团的萧华同志介绍彝族区的情况。不料，担任前卫的三营营长尹国赤跑来报告说，冕宁县的县长及其老婆等逃跑时，被彝族群众捉住，不仅所带财物全部被没收，连身上的衣服也统统被剥光了。”由于尹国赤在报告时把彝民称为“倮倮”，遭到了一团政治委员黎林的严肃批评。“首先是干部。你就不该叫什么‘倮倮国’，而应该叫彝族同胞，彝族兄弟姐妹们。这不是个简单的称呼问题，这是尊重少数民族的大事。不是讲过了吗？由于国民党反动派对少数民族长期的剥削和压榨，他们怀疑、敌视汉人是自然的。刚才刘司令和聂政委还特别强调，进入彝族区后，不论发生什么情况，我们都不能开枪。你回去告诉孙继先（一营营长）、陈正湘（二营营长），还有王耀南（军团

① 萧华当时为红一军团政治部组织部部长，随先遣队行动。

② 《杨得志回忆录》，北京：解放军出版社2011年版，第151页。

工兵连长），要把道理向战士们讲清楚，把纪律讲明白。天亮以后，我和团长还要分别去给你们讲的。”①

这场教育表面上是因为尹国赤的一个称呼引起，但实际上，党和红军通过前期调查已经认识到彝族区和此前经过的其他少数民族区不一样。从陈昌奉的回忆可以看出毛泽东对这次过彝族区空前重视。“只是这彝族区，虽觉得有过苗族区的经验，这次主席又亲自作工作，刘伯承总参谋长又到前面去了，还请来了‘翻译’，但总感觉彝族区不同于苗族区，老百姓挺厉害，心里总不那么踏实。”②

彝族人民性情强悍，“部落之间时常因奴隶主互相争夺土地、奴隶、牲畜而引起械斗”。而汉彝之间的历史隔阂颇深，“汉族商人经常利用彝族人民的朴实诚恳，对他们进行欺诈和剥削；国民党军阀则经常对他们进行‘剿讨’和抢掠”。③“彝民对国民党反动派的所作所为痛恨至极。但由于缺乏阶级觉悟，他们片面地把国民党反动派的所作所为看成是‘汉人’的所作所为，对整个‘汉人’产生了猜忌和仇恨。”④对此，红军亲见亲闻。部队刚到大桥，就遇上“‘倮倮’有几百名聚集来大桥抢群众的东西，见红军一来，马上四散而走，当时捉获十余人。据当地群众说：这是离此十里之‘倮倮’罗洪家，经常来汉人区域抢东西。今天‘倮倮’准备来烧大桥的，红

---

① 《杨得志回忆录》，北京：解放军出版社2011年版，第150—151页。

② 陈昌奉口述，赵骜整理：《跟随毛主席长征》，北京：解放军文艺出版社1986年版，第183—184页。

③ 萧华：《通过大凉山》，见中国人民解放军历史资料丛书编审委员会编：《红军长征·回忆史料（1）》，北京：解放军出版社1990年版，第414页。

④ 吴吉清：《在毛主席身边的日子里》，北京：中央文献出版社2007年版，第219—220页。

军一到，救了他们”[①]。“这里彝汉民族的对立很严重，我们一到那里就听说，以前四川军阀的部队曾整团地通过彝人区，但被彝人解除了武装。他们仇视汉人，更仇视汉人的军队，历来不准官兵入境。”[②]红军到来前几天，“国民党冕宁县政府的官员听说红军要来了，便带领一个匪团，企图通过这里逃走时，被怀着深仇大恨的彝民包围起来消灭了。”[③]彝族长久形成的这种仇汉排外心理很难迅速改变。党和红军对此也有心理准备。“我们是路过这里，哪有那么多时间去解决这不知存在了多少年的问题呢？”[④]而“要他们能够很快地从本质上理解红军是什么样的军队”[⑤]，“要他们很快认识到红军和国民党反动军队的本质区别”[⑥]，都是很难办到的。

在这样的情况下，党和红军的主要领导都意识到通过彝族区，冲突不可避免。关键是不能激化矛盾。“很显然，不能靠武力强行通过，这样做，一定要造成极大的冲突和严重的伤亡，对我是非常不利的。”[⑦]“先遣队的任务，不是去打仗，而是去宣传党的民族政策，用政策的感召力去与彝民达成友好。”“一定要尊重彝族同胞，不能

---

① 冯文彬：《从西昌坝子到安顺场》，见李海文主编：《中国工农红军长征亲历记》，成都：四川人民出版社2005年版，第188页。

② 李培南：《抢渡大渡河》，见中共中央党史研究室编：《红军长征纪实丛书 红一方面军卷（6）》，北京：中共党史出版社2016年版，第2473页。

③ 吴吉清：《在毛主席身边的日子里》，北京：中央文献出版社2007年版，第219页。

④ 陈昌奉口述，赵骜整理：《跟随毛主席长征》，北京：解放军文艺出版社1986年版，第185页。

⑤ 萧华：《通过大凉山》，见中国人民解放军历史资料丛书编审委员会编：《红军长征·回忆史料（1）》，北京：解放军出版社1990年版，第414页。

⑥ 吴吉清：《在毛主席身边的日子里》，北京：中央文献出版社2007年版，第220页。

⑦ 李培南：《抢渡大渡河》，见中共中央党史研究室编：《红军长征纪实丛书 红一方面军卷（6）》，北京：中共党史出版社2016年版，第2473页。

打枪。”[①]“对我们来说，重要的是如何管理好部队，保证在复杂的情况下坚决执行党的民族政策。不但要顺利通过彝族区，还要在这里留下好的影响。彝族同胞受压迫比汉族穷人还深，他们也是要革命的。”[②]因此，先遣队对部队进行了一整天的教育，最主要的就是要确保无论发生什么情况都不能开枪，只能“采取说服的办法，争取和平通过”。怎么说服呢？萧华提到，“又请到一位通司（翻译），准备和彝民的首领谈判”[③]。

这就提出了一个问题。彝海结盟是红军早有准备而主动提出的计划？还是彝族首领即兴提出的主意？

2. 计划中的结盟

据萧华回忆，先遣队于5月22日早晨开始进入彝民区。进入彝民区后，“千百成群”的彝民挥舞着土枪、长矛、棍棒，呐喊出没于山林之中，企图阻止红军前进。“我们不得不缩短行军距离，以防突然袭击。部队戒备着继续前进。进入彝民境内30多里路的谷麻子附近时，前面集聚的人群拦住了去路，我们不能再继续前进了。”双方语言不通，但“从他们的手势和面部激动的表情上，却能够看出，再要强行通过，势必引起冲突了”。这时，后卫又传来消息说跟在主力后面的工兵连被“彝民把他们携带的架桥器材和其他用具一搜而光”，使得局面更加紧张，但好在彝民并不伤害红军。红军通过通司解释红军与国民党“中央军”的不同，说明目的只是借道北上，并且不在此

---

① 吴吉清：《在毛主席身边的日子里》，北京：中央文献出版社2007年版，第220页。

② 《杨得志回忆录》，北京：解放军出版社2011年版，第151页。

③ 萧华：《通过大凉山》，见中国人民解放军历史资料丛书编审委员会编：《红军长征·回忆史料（1）》，北京：解放军出版社1990年版，第415页。

住宿。可是彝民仍然摆手挥刀，高声喊着："不许走！"双方正在混乱胶着时，彝民首领小叶丹的四叔到来了。"我们首先对他表明了红军是替受压迫的人打天下的，此来并不打扰彝族同胞，只是借路北上。根据彝族人十分重视'义气'的特点，又告诉他，红军刘司令亲率大批人马北征，路过此地，愿与彝民的首领结为兄弟。听了我们的解释以后，小叶丹的四叔还是半信半疑。可是，当他环顾四周，看到红军的纪律严明，并不像国民党'官兵'那样抢掠烧杀的时候，便对我们的话深信不疑了。特别是听说率领大军的刘司令愿与彝民首领结为兄弟，更加高兴。因而对我们的提议也便欣然答应了。"[①]

谈判达成后，萧华迅速向刘伯承、聂荣臻汇报，"获悉谈判如此顺利、迅速，同志们都喜出望外。刘伯承同志当即毫不踌躇地上了马，为了团结少数民族的同胞，为了红军主力的顺利通过，他准备去担任这拜盟的主角。"[②]

萧华作为先遣团的政治工作人员，他的说法相当可靠。刘伯承是"老四川"，聂荣臻回忆说："他过去曾经到过川西一带，对当地地理风俗人情又比较熟。当时那个地方的彝族是奴隶制社会，分为'白骨头''黑骨头'，我都是听他讲的。"[③]在和平通过、不起武装冲突的前提下，谈判必然需要筹码。彝族人讲义气，结盟就作为谈判的首要筹码出现。而事实上，当时彝族人民虽然抢走了工兵连的东西，但没有进行人身伤害，这就留下了谈判的可能性，只是双方需

① 萧华：《通过大凉山》，见中国人民解放军历史资料丛书编审委员会编：《红军长征·回忆史料（1）》，北京：解放军出版社1990年版，第415—416页。

② 萧华：《通过大凉山》，见中国人民解放军历史资料丛书编审委员会编：《红军长征·回忆史料（1）》，北京：解放军出版社1990年版，第416页。

③ 《聂荣臻回忆录》，北京：解放军出版社2007年版，第208页。

要具体讨论谈判的条件。这方面，红军应该是做了充分的准备和预估的。因此，得知小叶丹部落几乎没有提太多要求就同意结盟，的确是让刘伯承、聂荣臻等“喜出望外”。而这个意外之喜，其原因正如萧华所分析的，当时红军前进路上的两个彝族部落——果基和罗洪，正在不断械斗，小叶丹便是沽基家的领袖。他之所以欣然答应与红军结盟，是想借红军的力量打败罗洪部落。这也算是间接帮了红军的忙。

当天，小叶丹和刘伯承即会面结盟。红军还送给果基部落一些枪支，帮助他们组织了“中国彝族红军沽鸡（果基）支队”。具体过程此不赘述。值得注意的是，结盟之后，红军并非马上就顺利通过了彝族区。据萧华回忆：“继续前进，当天也走不出彝民区，先遣司令部决定返回 30 里，在汉族地区的大桥宿营。”[①] 这与吴吉清的回忆一致，“当晚，部队在附近的树林里宿营……我们便问主席：‘为什么不到寨子里去宿营呢？’主席和蔼地对我们解释，每个民族都有自己的风俗习惯。红军刚到这里，语言不通，对这里的风俗习惯也不太了解，所以我们尽量不要打搅彝族同胞。”[②] 对返回的原因，红一军团一师师长李聚奎的回忆略有不同：“第一天虽然与彝族首领小叶丹达成了通过的协议，但由于对部落工作没做好，部队也缺乏充分准备，在我们到达时，许多彝民拿着刀枪梭镖，挡住我们的去路，喊着：‘汉官不给钱不让过。’我们没能通过又返回出发地。”[③] 可见，即使首领结盟了，

---

① 萧华：《通过大凉山》，见中国人民解放军历史资料丛书编审委员会编：《红军长征·回忆史料（1）》，北京：解放军出版社1990年版，第417页。

② 吴吉清：《在毛主席身边的日子里》，北京：中央文献出版社2007年版，第221—222页。

③ 《李聚奎回忆录》，北京：解放军出版社1986年版，第145页。

仍然需要做部落彝民的工作。而且这种结盟并非牢不可破，为了表明诚意、免生事端，红军宁可退回汉族区也不驻扎在彝族区，这也是中共民族政策的要求。红一军团二师六团政治委员邓飞回忆："当时，为了执行党的民族政策，以使彝族人民能够对红军有所了解，我们的部队不进民房，不扰村民，克服了诸多困难，在道路两旁的树林里露营。"①

当晚，"小叶丹叔侄也被热烈地欢迎到红军的宿营地来"②，与红军联欢。5 月 23 日，小叶丹于清晨先行返回，他的四叔向导红军入境。③出了果基部落的村落后，小叶丹就派联络员带路。④"主动派了四位彝民给我们带路，并挑选了二十位彝民到红军队伍里学习军事，准备学好回来打国民党军阀刘文辉。""一路上，经过带路彝民的交涉，每个村庄都很顺利地通过了，而且每到一个村庄，就更换几位彝民带路人，真好像是苏区革命根据地的乡政府给我们派人带路一样。"⑤即使已经结盟，有了彝族向导，红军仍然做了充分的准备工作，要求每个人都给彝民准备礼物。"总政治部派来了一名懂得彝民风俗、语言的干部，各级也对部队进行了动员，并准备了一些银元、衣物，沿路向彝民喊话宣传党的民族政策，一面散发一些财物，这样才比较顺利地

---

① 邓飞：《强渡大渡河战斗的回忆》，见中国人民政治协商会议石棉县委员会文史资料研究委员会编：《石棉文史资料选辑》第2辑，1988年印刷，第9页。

② 萧华：《通过大凉山》，见中国人民解放军历史资料丛书编审委员会编：《红军长征·回忆史料（1）》，北京：解放军出版社1990年版，第417页。

③ 李聚奎回忆说小叶丹亲自带路，此处以萧华的回忆为准。萧华：《通过大凉山》，见中国人民解放军历史资料丛书编审委员会编：《红军长征·回忆史料（1）》，北京：解放军出版社1990年版，第417页。

④ 戴镜元：《通过彝族区》，见中共中央党史研究室编：《红军长征纪实丛书 红一方面军卷（5）》，北京：中共党史出版社2016年版，第2327页。

⑤ 吴吉清：《在毛主席身边的日子里》，北京：中央文献出版社2007年版，第224页。

通过了。”[①]“我们每个学员都准备了毛巾、衣服、裤子送给路边欢迎我们的彝族兄弟”[②]。最终红军主力部队经过近百里的强行军，走出了彝族地区。由于红军部队较多，具体各军团出发时间并不一样，红九军团作为掩护后卫部队走在最后，最终5月27日全部通过彝族区。

3. 通过途中的小插曲

在过彝族区中最具戏剧化的一个插曲，就是先遣队工兵连被彝民抢走了所有衣服、枪支和工具。此事有多人回忆，以亲历者萧华、红一团团长杨得志、工兵连连长王耀南的回忆最为可靠。

工兵连一开始是跟在侦察连后面，然后是一营、二营，最后是杨得志带领三营掩护刘伯承和聂荣臻，走在后面。[③]但由于彝族区道路难行，“霉烂的树叶杂草中生长着带刺的藤蔓”[④]，红军行走起来非常困难，加上彝民“将山涧上的独木桥拆毁，把溪水里的石头搬开”，使得工兵连只能边行军边开路、砍树架桥，慢慢从先遣队的前面落到后面，连队也散开了。这就成了彝民攻击的对象。工兵连被抢走了所有的枪支、工具，甚至连衣服也被剥光。即使在这种情况下，由于红军提前进行了深刻的纪律教育，王耀南带领的工兵连坚持没有开枪，使得这一次冲突没有造成严重后果。几乎与工兵连被围困同时，走在前面的先遣部队与小叶丹的四叔达成了结盟共识，侦察连的同志带着小叶丹到先遣队后面去见随三营行军的刘伯承和聂荣臻，沿途碰见工兵连，给他们解了围，工兵连退出彝族区，回

---

① 《李聚奎回忆录》，北京：解放军出版社1986年版，第145页。

② 曾克林：《戎马生涯的回忆》，北京：解放军出版社1992年版，第47页。

③ 《杨得志回忆录》，北京：解放军出版社2011年版，第152页。

④ 《杨得志回忆录》，北京：解放军出版社2011年版，第152页。

到主力驻地，碰到了曾保堂带领的红六团一营，送给他们一些衣物。第二天彝民将工兵连的东西都归还了。①

对于这一个插曲，当时处在不同部队的人回忆并不一致。据红一军团组织部副部长冯文彬回忆，进大凉山被围困后，双方进行交涉，彝民要给钱才让通过。先是罗洪家的要走了200元，然后果基家的又要了200块。“正在进行宣传与交涉的时候，啪！啪！啪！后面打起来了。据后面来的报告说，昨天我们刚到大桥时，企图火烧大桥的，就是罗洪家。因昨天被我捉住的几个人，今早虽已释放，尚未到家，所以打起来了。我们为了自卫起见，不得不把他们打退下去。结果，我们后面工兵连的几个战士衣服被脱去了。后面还在打。我们仍在不断的同‘倮倮’沽鸡（果基）家宣传着”②。这里提到了彝族的另一个部落分支罗洪。陈云在向共产国际汇报时谈及这段经历说：歃血为盟后，“彝民部落待我们很好，建立了友谊。但仍有一部分人严守中立，而另一部分人却尾随我们，欲与我军交战。他们开枪打我们，我们架起机枪给予反击，打死了一二十人，其他人立即四下逃散。我们开展宣传工作，说我们愿意帮助他们等等。”③刘伯承的回忆也曾提到：“我们坚定地执行了毛主席规定的民族政策，与沽基（果基）族首领结盟修好；并使老伍族中立；对受蒋介石特

---

① 王耀南：《长征中的刘伯承同志》，见《刘伯承元帅回忆录》第2集，上海：上海文艺出版社1985年版，第101—102页；曾保堂：《通过彝族区前的小插曲》，见《红军不怕远征难——纪念红军长征胜利60周年征文集》，北京：中共党史出版社1996年版，第263—265页。

② 冯文彬：《从西昌坝子到安顺场》，见李海文主编：《中国工农红军长征亲历记》，成都：四川人民出版社2005年版，第190页。

③ 陈云：《关于红军长征和遵义会议情况的报告》（1935年10月15日），见《陈云文集》第一卷，北京：中央文献出版社2005年版，第17页。

务支持利用，不断袭击我们的罗洪族，则反复说明我们是帮助少数民族求解放的。"[①]可知，当时彝族部落分支很多，红军根据不同的实际情况采取了不同的应对措施。显然罗洪一支不太友好，发生冲突的可能性也很大，但具体在哪与哪支部队冲突并不能确认。而就工兵连的遭遇而言，考虑到冯文彬虽在红一军团，但并非先遣队成员，此处仍以工兵连连长王耀南的回忆为准。

这是彝海结盟前比较大的冲突，结盟之后，红军通过大凉山彝族区整体上很顺利，但双方关系仍比较紧张。毕竟千百年的民族隔阂、文化隔阂不可能因为一个结盟就彻底改变，何况结盟的还只是彝族的众多部落中的一支。红一军团政治部秘书童小鹏在 1935 年 5 月 24 日的日记中写道："今天所经与宿营地点均是彝民地域，这里人蛮恶得很，一味乱抢。昨日曾夺我前头部队的枪械，被俘者被脱得一丝不挂（为我运输之汉民亦然）。受我宣传者群拥道上向你要钱。这些人虽不进化，然很团结，'一呼就拢'，且随人有武装"[②]。中革军委三局副局长伍云甫在 5 月 24 日的日记中记载："大桥以后皆夷族，生活苦、性贪，汉人担夫回来时衣裤均被剥去。"[③]红五军团参谋长陈伯钧在 5 月 25 日的日记中记载："先天，我先头团曾为其所困，最后经宣传解释，大部与我联盟，小部尚顽固不化，时有龃龉。我们这次经过彝地，当然主要是争取他，但一面仍严防其偷袭，结

① 刘伯承：《回顾长征》，载《人民日报》，1975年10月19日。

② 《童小鹏日记》，见中国革命博物馆编：《红军长征日记》，北京：档案出版社1986年版，第125页。

③ 《伍云甫日记》，见中国革命博物馆编：《红军长征日记》，北京：档案出版社1986年版，第194页。

果尚无异动。”“是日我前站人员，被彝人枪杀二名。”[①]红九军团供给部部长赵镕的描述更为具体，感受更为丰富。由于红九军团走在最后，5 月 24 日才到大桥。“四山的彝民由土司头人带领，怒气冲冲下了山，在镇上走来走去，大摇大摆的显示威风。他们集中了 5000 多人，手执大刀、长矛、弓箭、步枪、鸟枪，但只是看着我们红军战士，怒恨心理似乎并不严重，这大概是日前刘总参谋长与他们歃血为盟的效果。”“这里的彝民个个身强力壮，皮肤黝黑，行动显得粗鲁，有半点不遂心意，即摩拳擦掌，意欲打人。但我们处处以礼相待，遇事以手代口，作种种友好的模拟动作，结果收获不小，争取了一部分彝族人民的同情。”到了晚上，有的同志还担心大桥方面没有足够的警戒部队，倘若彝民来扰，怎么对付？还是红九军团政委何长工判断准确：“彝民是讲信用的，他们虽然性情强悍，只要我们能处处以诚相见，以礼相待，他们是不会袭扰我们的”。“据我看，大的问题是不会发生的，在小的方面多加注意就是了。”为进一步增强双方互信，九军团军团长罗炳辉请土司及其有地位的彝人前来见面，并送给他们银元 1000 元以及各色布匹等。[②]

从这些插曲可以看出，彝海结盟是在双方存在非常大的隔阂和分歧的情况下缔结的。这个盟约证明双方达成了一定的信任和共识，为改进双方关系奠定了良好的基础。但这仅仅是一个开始，并不意味着双方关系非常融洽、盟友关系相当牢固，而是仍有随时爆发冲突的可能。尤其双方的互信主要在高层沟通，普通彝民对红军还是

① 《陈伯钧日记》，见中国革命博物馆编：《红军长征日记》，北京：档案出版社1986年版，第70页。

② 赵镕：《长征日记》，太原：山西人民出版社1990年版，第301页。

心存疑虑。“我们在山间小路上行动时，有不少彝民男女，手执武器如临大敌”[①]。陈伯钧回忆有两名战士被彝民枪杀。这充分说明当时的民族隔阂相当深、民族关系相当复杂，因而必须严格要求全体红军战士高度坚守民族政策，妥善、谨慎地处理与彝民的关系，做好每一个细节。从各个部队亲历者的回忆也可以看出，他们在过彝族区时始终保持着紧绷状态，充分理解、接受彝族人民的状态，并以诚相待开展相应的工作，显示出红军部队维护民族关系的高度自觉。

4. 在其他彝族区的工作

中央红军主力过大凉山彝族区是红军通过彝族区的重要组成部分，甚至可以说是经典组成部分，但这并非红军通过彝族区的全景全貌。在过大凉山之前，独立行动的红九军团曾经过披沙（今宁南）、小凉山等彝族区；中央红军主力通过了汉彝杂居的冕宁县。而掩护主力佯攻的红五团以及红三军团，走的是从越西到富林的另一条路线，通过了越西彝民区。在这些地区，红军都开展了相应的少数民族工作。

一是广泛开展有针对性的政治宣传。“我军在汉、彝杂居的冕宁、越嶲（今越西），打了汉人的土豪，把东西同样分给彝族人和汉族人，并召集汉、彝族人一起开群众大会。我们宣传彝、汉是一家人，彝族兄弟受国民党军阀官僚地主豪绅的压迫剥削，汉人也同样受他们的剥削压迫。彝、汉族人民要团结起来，打倒白军，打倒‘刘家’。这些道理彝族人民很容易接受。”[②]“红十一团部队经过越西

① 赵镕：《长征日记》，太原：山西人民出版社1990年版，第302页。

② 戴镜元：《通过彝族区》，见中共中央党史研究室编：《红军长征纪实丛书 红一方面军卷（5）》，北京：中共党史出版社2016年版，第2325页。

时，汉人和彝民都向红军送状子，互相指控对方。团政治处经过调查，召开群众大会，指出军阀、地主豪绅为了压迫剥削广大劳苦大众，挑动彝汉群众械斗仇杀，彝汉的贫苦工农都一样受压迫受剥削，应该戳穿坏人的阴谋，团结起来，共同对付军阀、土豪。”①

这里值得一提的是红九军团在披沙和小凉山的政治工作。“披沙城是彝汉两民族杂居的地方”②，红九军团5月11日开始进入披沙境内，通过翻译向彝民宣传民族政策。“但因长期受刘文辉封建军阀的残酷压迫和剥削，彝民对汉人的隔阂和疑惧，一时难以消除，因而，我们的宣传未见效果。最后只得绕城而过，进入凉山地界。”③随后，红军进到小凉山地区，“据说，凉山彝族，共有普雄、峨勒、阿侯、沽基、罗洪、老底六个直系部落。四川军阀刘文辉被刘湘打败后，逃到雅安，残害彝民，进一步加深了彝民对汉人的仇恨。我军到此，虽不断向彝民宣传民族政策，但一时难以消除隔阂与疑惧，故对我军遍设障碍，四处设伏，步步阻扰”。后来意外遇到打猎归来的三个彝民，恰是当地一个彝族头人的叔叔、兄长和妹妹。通过以礼相待，向他们宣传红军“主张民族平等，反对汉族欺压少数民族”的民族政策，“他们表示回去告诉头人，给红军让路”。罗炳辉还与彝族头人的叔叔比试了枪法，赢得他们的尊敬，因而，在彝民的带路下，顺利通过了小凉山彝族区，到达西昌与主力会合。④红九军团在披沙

① 《王平回忆录》，北京：解放军出版社1992年版，第102页。

② 赵镕：《长征日记》，太原：山西人民出版社1990年版，第293页。

③ 赵镕：《长征途中红九军团在黔滇川的战斗历程》，见中国人民政治协商会议全国委员会文史和学习委员会编：《文史资料选辑》第56辑，北京：文史资料出版社1978年版，第186页。

④ 赵镕：《长征日记》，太原：山西人民出版社1990年版，第294—295页。

和小凉山的不同经历，充分说明即使在同样的民族政策下，政策效果的取得还需要一定的机遇和工作突破口。

二是建立了地方武装。红九军团到冕宁县时，红军主力刚离开五六天。“他们在这里短短的几天，发动群众进行革命斗争已取得了可喜的成绩。建立了以李井泉、陈野平同志为正副主席，廖志高（冕宁地下党员）、李祥云等为委员的冕宁县抗捐军为基础的游击队，准备在这一带发展游击战争。当我们红九军团挺进到冕宁县附近时，遇到了主力经过后留下的王首道、李井泉同志发展的游击队。我们会合以后，王首道同志带领游击队和军用物资、白洋以及二百多头骡马补充主力去了，李井泉同志还和我们一道参加了有限度地破坏泸定桥的战斗。由于我们在这一地区宣传和执行民族政策好，又散发了不少白洋及他们爱喝的酒，更利用了罗炳辉这位彝族将军在彝民中的影响，故较为顺利地通过了孟获岭（传说是七擒孟获的地方）。”①

三是释放监狱里的彝族人。在越西和冕宁城，都关押了不少彝民。“凉山彝族地区，由于国民党的大汉族主义残酷压迫与剥削，还强迫彝族头人轮流做人质，关在牢内，上手铐足镣，因此造成汉人与彝民的长期隔阂与仇视。”②“越西县城的监狱里关着几百名彝族人民，其中有沽基、罗洪等部落的一些头人……这些人有的关了六七年，甚至十多年，还算是没有被折磨死的。他们的‘罪名’，有的是不肯执行国民党反动派‘以夷制夷’的反动政策，不忍残杀其他族

① 《何长工回忆录》，北京：解放军出版社1987年版，第343—344页。

② 黄炜华口述，黄树祥整理：《我的长征历程》，载《红色闽西》，2014年第1期，第60—61页。

人；有的是没有按‘章程’给国民党反动派供应劳役，送青年妇女；有的是交不起花样翻新的苛捐杂税等等。反动政府还搞了个‘换班坐牢制’，强迫那些违反规定的头人和他的子孙们轮换着坐牢，作为人质，这是国民党统治少数民族的一种毒辣手段。”①

红军到了之后，解放了在监狱里的彝人，赢得了广泛拥护。“我军进至冕宁，又放出了被反动政府抓去关押的成百名彝胞，并向他们赠送了礼品。这些彝民一回到自己的部落，就纷纷宣传红军的救命之恩，主动派人同红军联系，对红军非常友好。我们还送给他们一批步枪、子弹和白洋，帮助他们成立彝民自卫军，反抗军阀的压迫。这些做法，深受彝族同胞的欢迎。他们感激地送来牛羊慰问红军，而且沿途打起红旗，迎送我们的部队过境。”②在越西，“我们知道后，就去打开监狱，这里面的人，哪里还像人！一个个躺在烂泥、屎尿、污水坑里，蓬头黑面，赤身露体，脚镣手铐把他们压得无法动弹。红军战士替他们一个个打烂铁锁，把他们背出牢门。”“当夜就有彝民的头人派代表，带着通司，来找红军的负责人。一见面就跪下磕头，把他扶起来，才勉强坐下。他代表头人感谢红军对彝族同胞救命之恩，表示要给红军带路，一齐去消灭国民党反动部队，活捉越西县长。我们向他道谢，他高兴地回去了。这样我们完全解除了通过彝族地区的顾虑，并且得到了彝族人民的帮助。”③

这一行动的效果是惊人的。“在越嶲（今越西），在冕宁，都有不少彝族人参加了红军。我们通过彝族区大都是由参加红军的彝族

① 成仿吾：《长征回忆录》，北京：人民出版社2006年版，第63页。

② 袁光：《风烟滚滚的岁月》，北京：战士出版社1982年版，第156页。

③ 成仿吾：《长征回忆录》，北京：人民出版社2006年版，第63页。

人作翻译和作向导的。”[①]“汉彝青年踊跃要求参加红军，仅红十一团在此地（越西）就扩兵七百多人，其中有一百多彝民。”[②]“红五团爬过大相岭占领越西城捉到国民党的县长，并释放大批彝民。红军得到彝民热烈拥护。在他们积极要求下，红五团吸收了一些人参军。在红五团继续前进时，大批彝民跟着红军去大树堡。”[③]

5. 从彝海结盟看中共民族政策

彝海结盟是红军长征中民族政策的经典示范，体现了中共确立的民族平等、民族团结等政策理念，尤其结盟方式显示出对少数民族风俗习惯的尊重。但从前文对彝海结盟具体细节的分析，我们可以看到中共民族政策更深层次的内容。

首先，红军的少数民族政策具有鲜明的针对性和灵活性。大的政策上是尊重、团结少数民族，但具体到每一个民族，会依据其民族性拟定不同的任务目标。如红军对纯粹的彝族区和彝汉杂居地区就有明显政策区分。红军在环境最为险恶的大凉山彝族区，最大目标就是安全通过。一切政策都围绕此目的灵活展开。但其仍坚持民族平等团结的原则底线，不向少数民族采取过分的军事行动，不激化矛盾。这充分显示出红军在实际的少数民族工作中脱离了“左”倾教条主义的控制，在政治现实主义和革命理想主义之间找到了一种平衡。

其次，红军实施少数民族政策的具体收效有很大程度的偶然性。

---

① 戴镜元：《通过彝族区》，见中共中央党史研究室编：《红军长征纪实丛书 红一方面军卷（5）》，北京：中共党史出版社2016年版，第2325页。

② 《王平回忆录》，北京：解放军出版社1992年版，第102页。

③ 黄炜华口述，黄树祥整理：《我的长征历程》，载《红色闽西》，2014年第1期，第60—61页。

同样的做法并不能取得相应的效果，甚至投入精力很多也未必起作用。比如在披沙，红军的宣传就没什么成效。而在小凉山地区因为偶遇当地头人亲属，在冕宁、越西因释放彝民囚犯，均取得较好的工作进展。这充分证明在群众工作中，鼓动者与被动员者之间并非纯粹的主动和被动的关系，而是互相牵制、互相影响，尤其在少数民族这种群体特性强烈的地方，地方群众的性格特征、地区经济文化的发展水平对红军相关政策的限制和影响就更为凸显。

最后，红军的少数民族政策看似具体、繁琐，却自成体系、有其战略考量。少数民族工作一环扣一环，某一个细节处理不当可能引起难以控制的连锁反应。不论是在冕宁、越西还是大凉山，不论是红军主力还是先遣队、红九军团或是十一团，任何一个环节的差错都可能导致其他工作举步维艰，甚至对红军整体战略安排产生致命性的影响。因此，从提前的政策教育到改变对少数民族的称呼、为少数民族准备礼物、不打少数民族土豪、尊重少数民族的民俗宗教、开展上层宗教人士的统战工作等，红军在少数民族地区的政策具有整体性的战略安排。而红军战士们的回忆也显示，在少数民族地区大家始终紧绷着神经，一刻也不敢大意，对任何一个环节、细节都特别注意。直到走出少数民族地区，才敢放松下来。

总之，彝海结盟是中共与一个隔阂甚深的民族开始互信互助的第一步，具有重大历史地位和深远历史影响。从长征的军事战略上讲，彝海结盟助力红军顺利通过彝区，为红军飞夺泸定桥、强渡大渡河赢得了宝贵时间。从中共的民族理论发展上看，彝海结盟打破“左”倾教条主义的束缚，尤其遵从少数民族风俗的结盟方式开创了新的民族工作方式，是中共民族政策和理论在实践中的发展与丰富。两军会师后，“伯承同志还以与彝族头人小叶丹结拜的事例，向我们介绍了在彝族地区工作经验。他说，对少数民族工作，要唤醒他们觉悟，帮助他们推翻反动派的统治，争取民族解放，摆脱贫困和压迫；对少数民族中的上层人士，主要是争取团结他们建立反蒋统一战线。对他们中一些人的武装对抗，我们不能采取过分的军事行动，要尽量耐心地争取他们和我们一道打国民党反动派。”[①] 从民族团结的意义上说，这种与彝族人民的直接接触，比之单纯的政策理论教育，给党和红军带来了深远影响。正如吴吉清所说：“我们没进彝族地区以前，经过了党的民族政策教育，对彝族人民有了一个初步的了解；现在，跟着毛主席走过了彝族地区，使我对彝族人民有了更进一步的了解。彝民朴实憨厚的面庞，乐观奔放的性格，真诚纯朴的感情，给我留下了深刻的印象。他们从衣着到语言虽和苏区老表不同，但我觉得他们对国民党反动派的仇恨，对红军的热爱，却和苏区人民是一个样子。”[②] 不管吴吉清的回忆中是否有后来的修饰，但这种实际的接触与道听途说的感受是完全不一样的。这一点，中共高层领导人的认识会更为深刻。

（三）红二、六军团过中甸涉藏地区

与红一方面军彝海结盟的传奇故事相比，甚至与红四方面军在川康涉藏地区颇具争议的少数民族工作相比，红二、六军团少数民族工作特色似乎并不突出，既没有那么多传奇色彩，也没有那么戏剧化的

① 刘瑞龙：《难忘的征程》，见中共中央党史研究室编：《红军长征纪实丛书 红一方面军卷（1）》，北京：中共党史出版社2016年版，第134页。

② 吴吉清：《在毛主席身边的日子里》，北京：中央文献出版社2007年版，第224—225页。

矛盾冲突，令人津津乐道的是贺龙在中甸涉藏地区送给喇嘛寺的“兴盛番族”的锦旗。但实际考察红二、六军团在中甸的少数民族工作，可以发现其民族工作内容很丰富，而且收到了较好的实际效果。

1. 红二、六军团在中甸遭遇前所未有的困境

红二、六军团进入中甸涉藏地区之前，曾经历过黔大毕的少数民族地区，获得了相当大的成绩，并与当地苗族群众留下了珍贵的合影。但在红二、六军团的长征总结报告中，并没有特别提到这些地方的少数民族，而仅仅将红军到中甸之后视为在少数民族地区活动时期。主要原因就是中甸大不同于以往汉化程度较高的少数民族地区，红军在此遭遇了巨大的困难。对此，长征刚结束后任弼时的报告，以及红二、六军团长征政治工作总结报告都有清晰的描述。

首先，语言不通。“仅城内有几十家营商的汉人，城外尽是番民，并有一个很大的喇嘛寺，城周多是荒野，人烟稀少，语言不通，给养困难，原准备在此举行一次大的扩大红军与收集资材的动员，至此原定计划已完全落空了”[①]。红二、六军团找到的翻译很少，“值得（直到）现在我们没有找到通事（仅司令部有）”，“我们没有一个懂得番文，文字宣传受了限制”。[②]有关数据显示红军在中甸县城聘请了几十名翻译、向导[③]，而当时红二、六军团万余人，这意味着好

① 《二、六军团长征政治工作总结报告》（1936年12月19日），见中国工农红军第二方面军战史编辑委员会编：《中国工农红军第二方面军战史资料选编》（四），北京：解放军出版社1996年版，第156页。

② 《二、六军团长征政治工作总结报告》（1936年12月19日），见中国工农红军第二方面军战史编辑委员会编：《中国工农红军第二方面军战史资料选编》（四），北京：解放军出版社1996年版，第173页。

③ 云南省迪庆军分区政治部、中共中甸县委党史办公室编：《兴盛番族之光——红军长征过中甸》，1991年印刷，第21页。

几百甚至上千名红军才能分配到一个翻译或向导。因此，部队基本处于语言不通的状态，失去了大规模开展群众工作的可能性，只能在有限的翻译帮助下，选择一些重点区域、重点工作开展活动。

其次，给养相当困难。“番民民性强悍给养困难”[①]。“在番民区域内物质生活是完全改变了的，精神上起了突然的变化，番民区的给养是很困难的，我们从中甸出发后沿途番民早已逃避一空，粮食亦已带走匿藏了，有钱也是买不到的，番民区主要粮食——青稞初食吃了肚痛，牛羊不易找到，又无油吃，中甸出发后，有些部份（队）好几天无盐吃，给养的困难影响到战士精神上肉体上的健康”[②]。红军5月过中甸，正值青黄不接的春荒季节[③]，藏民们自己给养尚不充裕。加上国民党的反动宣传，“沿途群众多已逃避，行军经常找不到一个群众”[④]。这给红军造成了巨大的物资困境。

最后，缺乏相关经验。一方面是广大红军战士缺乏在涉藏地区生活的经验，“自中甸以后乃继番民区域气候生活习惯全异汉民地区”，很多人不能适应，以致影响整个部队情绪。“中甸以后行军最缓，但因粮食困难居民逃避及生活不惯，部队一般的情绪虽好，但

① 《任弼时关于二、六军团从湘鄂边到康东北长途远征经过报告大纲（关于行动方针）》（1936年11月），见中国工农红军第二方面军战史编辑委员会编：《中国工农红军第二方面军战史资料选编》（四），北京：解放军出版社1996年版，第134页。

② 《二、六军团长征政治工作总结报告》（1936年12月19日），见中国工农红军第二方面军战史编辑委员会编：《中国工农红军第二方面军战史资料选编》（四），北京：解放军出版社1996年版，第157页。

③ 云南省迪庆军分区政治部、中共中甸县委党史办公室编：《兴盛番族之光——红军长征过中甸》，1991年印刷，第1页。

④ 《二、六军团长征政治工作总结报告》（1936年12月19日），见中国工农红军第二方面军战史编辑委员会编：《中国工农红军第二方面军战史资料选编》（四），北京：解放军出版社1996年版，第173页。

病亡大增，体力甚疲劳。”[①]“我们进入西康后，因生活物质条件受了一些暂时的困难，在青年干部与团员中发生有悲观动摇而走向叛变”[②]。另一方面相关政治工作人员也缺乏工作经验。“我们在番区工作，完全无经验，有些政治机关向困难投降，好像完全无办法，而不布置工作。”[③]

客观条件大大限制了红二、六军团所能开展的工作。由于长途行军加上对少数民族地区工作的经验不足，红二、六军团并没有做好充分的准备，包括心理上的和物资上的。红二、六军团关于长征的政治工作总结报告显示，红二、六军团是在胜利渡过金沙江，“全军莫不表示无限的欢欣鼓舞”这样一种昂扬的情绪中向中甸进军的。途中还印发专门通报，提出要“二六军团争取一万新战士与中央红军会合”，要“收集资材——这一号召得到了各政治机关在向中甸行程中进行了传达与动员”。[④]这与中央红军过彝族区大不一样，中央红军早早就开始进行民族政策的教育和相关动员，并估计到不能在彝族区获得补给，提前让大家准备五天的干粮。而红二、

① 《任弼时关于二、六军团从湘鄂边到康东北长途远征经过报告大纲（关于行动方针）》（1936年11月），见中国工农红军第二方面军战史编辑委员会编：《中国工农红军第二方面军战史资料选编》（四），北京：解放军出版社1996年版，第134页。

② 《二、六军团长征政治工作总结报告》（1936年12月19日），见中国工农红军第二方面军战史编辑委员会编：《中国工农红军第二方面军战史资料选编》（四），北京：解放军出版社1996年版，第180页。

③ 《二、六军团长征政治工作总结报告》（1936年12月19日），见中国工农红军第二方面军战史编辑委员会编：《中国工农红军第二方面军战史资料选编》（四），北京：解放军出版社1996年版，第173页。

④ 《二、六军团长征政治工作总结报告》（1936年12月19日），见中国工农红军第二方面军战史编辑委员会编：《中国工农红军第二方面军战史资料选编》（四），北京：解放军出版社1996年版，第156页。

六军团一方面是从既往群众工作经验中获得了相当的自信，因为被誉为开创长征路上“黄金时代”的黔大毕地区也有很多少数民族；另一方面则是形势所迫，渡过金沙江后必须找地方休整和补给，而中甸是他们的第一站。

1935年4月25日至29日，红二、六军团渡过金沙江。4月27日，红二军团先遣部队四师翻越雅哈雪山，在雪山下的干岩房一带遭遇了中甸僧俗民团的堵截袭击。前卫部队严格执行对藏族反动武装以驱散为主的政策，结果红四师参谋长高利国和几十名指战员英勇牺牲。①

这一战给了红二、六军团一个不太顺利的工作开局。

2. 红二、六军团在中甸的少数民族工作

“二、六军团从北渡金沙江到离开中甸县，历时十九天，是红二、六军团长征途中停留时间最长的一站，也是进入藏区的第一站”②。红二、六军团进入中甸后的主要工作，他们自己归纳总结为三个方面：一是争取一般藏族群众；二是争取喇嘛寺支持；三是在涉藏地区搜索粮食解决给养。从这些工作的目的来看，其实主要就是解决给养和顺利通过。

解决给养是最大的难题，也是在短暂休整期间“迫切的实际的政治任务”。红二、六军团在此时期专门就给养问题发过三次

① 云南省迪庆军分区政治部、中共中甸县委党史办公室编：《兴盛番族之光——红军长征过中甸》，1991年印刷，第19页。

② 云南省迪庆军分区政治部、中共中甸县委党史办公室编：《兴盛番族之光——红军长征过中甸》，1991年印刷，前言第2页。

通报[①]，可见其重要程度。在汉族地区，给养主要来自打土豪；在涉藏地区不能打土豪了，红军循惯例努力争取一般藏民的支持。此时期召开的中甸会议[②]也提出要“求得广大藏民的支援，筹集粮饷”[③]。为赢得一般民众支持，“在中甸、党村、中咱，经过通事请番民吃茶饭，在茶话会上宣布红军及苏维埃对番民的政策”。“张布标语布告（番文的）。我们的宣传队学写番文标语与学讲番话”。“到山上找番民回家，经通事向之解释并给之以户口证（说明不准任何人侵犯，该家我们负责保护）”[④]。但实际上，当时红军很少能够见到藏民，绝大多数群众受国民党的反动宣传躲到了山里。“我军最近所过各地番民多携粮带牛羊及锅具远避或集中。”[⑤]“我军在中甸短期休整及分途经德荣巴安白玉及经定弓稻城理化瞻化向甘孜北进。中途只与番骑接触。”[⑥]“我们感觉番区粮食的缺乏和群众的匿藏粮食，以及群众的逃避山中，使我们在给养

① 《二、六军团长征政治工作总结报告》（1936年12月19日），见中国工农红军第二方面军战史编辑委员会编：《中国工农红军第二方面军战史资料选编》（四），北京：解放军出版社1996年版，第157页。

② 即全军团党的活动分子会议，红二军团连长、政治指导员、支书以上的军政干部参加，红六军团十六师均有一部分干部参加。

③ 云南省迪庆军分区政治部、中共中甸县委党史办公室编：《兴盛番族之光——红军长征过中甸》，1991年印刷，第30页。

④ 《二、六军团长征政治工作总结报告》（1936年12月19日），见中国工农红军第二方面军战史编辑委员会编：《中国工农红军第二方面军战史资料选编》（四），北京：解放军出版社1996年版，第173页。

⑤ 《贺任关致朱张并转中央总政治部电》（1936年5月21日），见中国工农红军第二方面军战史编辑委员会编：《中国工农红军第二方面军战史资料选编》（四），第252页。

⑥ 《任弼时关于二、六军团从湘鄂边到康东北长途远征经过报告大纲（关于行动方针）》（1936年11月），见中国工农红军第二方面军战史编辑委员会编：《中国工农红军第二方面军战史资料选编》（四），北京：解放军出版社1996年版，第134页。

上感觉很大的威胁”[①]。因此，依靠一般藏族民众不可能成为红军大规模的给养来源。

考虑到中甸涉藏地区几乎全民信仰佛教，喇嘛寺在藏民中有着神圣的权威，红二、六军团将办粮的重点放在了喇嘛寺。当时中甸涉藏地区政教合一的统治中心是噶丹松赞林（简称松赞林，汉名归化寺）。[②]红军进驻中甸县城后，归化寺“八大老僧”十分惊慌，紧闭寺门，商量对策。由于此前红军在翻越雪山时曾击退僧俗民团，武装力量比较强大，八大老僧打算先派代表夏那古瓦进城与红军谈判，弄清红军的意图。据夏那古瓦的长女回忆，父亲出发前一天晚上，交代家人：大寺请我明天去进城去见“共产”。如果回不来，家中老幼的生活由大寺负责到底，你们不必心焦。[③]可见，当时涉藏地区僧俗民众对红军并不了解，且相当惧怕。

对于归化寺的主动示好，红军热情反馈。贺龙亲自接见了夏那古瓦，向他宣传红军“不打人、不骂人”“尊重藏民的宗教信仰”等政策，请他帮助筹备粮草，很快打消了他的疑虑。[④]贺龙还亲自致信中甸县归化寺（喇嘛寺）八大老僧，承诺“红军允许人民宗教信仰自由，因此对贵喇嘛寺所有僧侣生命财产绝不加以侵犯，并负责保护”，要求“你们须即回寺，照安生业，并要所有民众，一概回家，

---

① 《二、六军团长征政治工作总结报告》（1936年12月19日），见中国工农红军第二方面军战史编辑委员会编：《中国工农红军第二方面军战史资料选编》（四），北京：解放军出版社1996年版，第174页。

② 云南省迪庆军分区政治部、中共中甸县委党史办公室编：《兴盛番族之光——红军长征过中甸》，1991年印刷，第22页。

③ 云南省迪庆军分区政治部、中共中甸县委党史办公室编：《兴盛番族之光——红军长征过中甸》，1991年印刷，第85页。

④ 云南省迪庆军分区政治部、中共中甸县委党史办公室编：《兴盛番族之光——红军长征过中甸》，1991年印刷，第37页。

切不要轻信谣言，自造恐慌”，并提出“本军粮秣，请帮助操办，决照价支付金办”。[①] 夏那古瓦带回信后，八大老僧十分高兴。5 月 1 日，八大老僧派夏那古瓦送了青稞酒、酥油、糌粑、16 头牦牛等物资来慰问红军，转达了愿意帮助筹粮的态度。翌日，贺龙、任弼时、关向应亲自拜访大寺，参加归化寺僧侣为红军举行表示祝福的“跳神”活动。在举行“跳神”仪式时，贺龙向归化寺赠送了写有“兴盛番族”四个大字的红绸锦幛。[②] 同日，军团总指挥部派出哨兵保护喇嘛寺，在大门口贴出布告，“军行所至，纪律严明，秋毫无犯，幸望沿途番民群众以及喇嘛、僧侣，其各安居乐道，毋得惊惶散逃。尤望各尽其力，与本军代买粮草，本军当一律以现金按价照付，决不强制。如有不依军令，或故意障碍大军通行者，本军亦当从严法办。”[③] 并规定红军不准进入寺庙，实际执行也很到位。“红军十分尊重藏民的信仰，不进喇嘛寺，等我把买好的粮食、盐巴、红糖背出大门时，他们才分批挑走。”[④] 这些实际行动赢得了八大老僧的信任。

5 月 3 日，大寺打开三个仓库，背出二千多斗青稞（六万余斤），还有牦牛、红糖、粉丝、猪肉等食物售给红军，部队一一作价付了现金。在归化寺的带动下，大寺门外的小街子村一些商贩也把

---

① 《贺龙致中甸县归化寺（喇嘛寺）八大老僧的信》（1936年4月29日），见中国工农红军第二方面军战史编辑委员会编：《中国工农红军第二方面军战史资料选编》（四），北京：解放军出版社1996年版，第117页。

② 姜思毅主编：《中国共产党军队政治工作七十年史》第一卷，北京：解放军出版社1991年版，第527页。

③ 《中华苏维埃人民共和国中央革命军事委员会湘鄂川黔滇康分会布告》（1936年5月），见中国工农红军第二方面军战史编辑委员会编：《中国工农红军第二方面军战史资料选编》（四），北京：解放军出版社1996年版，第118页。

④ 云南省迪庆军分区政治部、中共中甸县委党史办公室编：《兴盛番族之光——红军长征过中甸》，1991年印刷，第87页。

粮食、红糖、盐等卖给红军，在其他村寨又买到青稞数万斤。[①]这大大解决了红军的粮食困境。对此，红二、六军团在总结中提到，对"投诚的喇嘛寺经过通事采取一些外交办法，要他帮助筹办粮食，在中甸帮我办粮不少"[②]。

为了顺利通过涉藏地区，红二、六军团也同样求助于归化寺。5月3日，贺龙以军分会名义致信八大老僧，"仰该八大老僧即动员骑将两队，每队各三四十人马，并各带武装，为本军作前驱，沿途与番民接洽大军通过事宜。本军到达得荣、定乡后，当将此两队骑将各赏厚资遣还"[③]。后来，红军临行时有数骑兵陪送，八大老僧送去藏压茶两驮、猪肉三驮、红糖两驮、盐一驮。红军一一作价付了现金。[④]

从上述情况来看，红二、六军团过中甸获得了可喜的效果。不仅筹备到了大量粮食，而且几乎不费武力就通过了中甸。其中，贺龙在举行"跳神"仪式时向归化寺赠送"兴盛番族"的红绸锦幛，与刘伯承和小叶丹歃血为盟的做法也有异曲同工之妙，都是尊重并融入当地少数民族习俗的举动。

---

① 云南省迪庆军分区政治部、中共中甸县委党史办公室编：《兴盛番族之光——红军长征过中甸》，1991年印刷，第25页。

② 《二、六军团长征政治工作总结报告》（1936年12月19日），见中国工农红军第二方面军战史编辑委员会编：《中国工农红军第二方面军战史资料选编》（四），北京：解放军出版社1996年版，第173页。

③ 《贺龙请求八大老僧派骑将作前驱的公文》（1936年5月），见中国工农红军第二方面军战史编辑委员会编：《中国工农红军第二方面军战史资料选编》（四），北京：解放军出版社1996年版，第117页。

④ 云南省迪庆军分区政治部、中共中甸县委党史办公室编：《兴盛番族之光——红军长征过中甸》，1991年印刷，第26页。

六、结　语

长征是中国革命史上极富传奇色彩的大事件。因其传奇性，长征一直受到来自世界各国的关注，有赞扬、仰慕的，亦有质疑、否定的。直到今天，微信上还有人传段子，说长征二万五千里是毛泽东一拍脑袋定下来的，从南非好望角到北京才 25000 里，从江西瑞金到陕西延安怎么绕圈走，也就 2000 公里。这样没有质量的造谣在十几年前就疯传一时，早有无数有学术含量的文章进行了有力反驳，但至今仍在流传，最根本的，还是当下人们对于长征具体情境缺乏理性的认识，对于中共及其部队决策、执行过程以及相关制度不了解。很多人看长征，以为就是走路、打仗，湘江之战还打得一塌糊涂，最艰难的爬雪山过草地，也被红军用茅台酒洗脚这样的八卦消息冲淡了。

因而在长征史的宣传研究中，造成了一种奇特的分层：一方面是官方对长征精神的高度弘扬，一方面却是有些人对个别细节的断章取义和以今日常理进行的揣测。就群众工作而言，宣传文章汗牛充栋，或是从群众路线的理论层面出发阐述中共全心全意为人民服务的宗旨，或是截取长征中某些感人至深的画面加以渲染放大。然而，对群众工作的细节、背景、流程、实效却缺乏深入的解读。本书所选取的没收征发、扩红和民族工作，是红军长征中普遍开展的群众工作[①]，也是社会上质疑颇多的工作。如没收征发被人曲解为随意征用，扩红被认为毫无成果，少数民族工作被视为权宜之计。对于这些质疑，也不是没有人反驳，但更多是从理论、价值观层面进行的斥责，而缺乏深入、严肃的学术讨论。

本书在分析长征中群众工作的主体任务、目标与组织架构的基础上，试图深入剖析、还原长征中开展这三项群众工作的具体情况。当从更微观的角度重新审视长征中的群众工作，就会发现，没收征发、扩大红军、民族工作，这三项群众工作并非长征独有，早在苏区时期就已经广泛开展并积累了经验，但在长征中，由于环境条件的改变，这些工作从机构设置到工作方式都发生了巨大的改变：没收征发从注重经济功能，逐步转向强调其政治动员功能，在获取生存物资的同时更加注重动员群众参与；扩红工作从关注扩红人数，转向开始注重扩红质量与地方革命斗争的后续发展，严格筛选新战士的同时也派主力部队战士和干部帮助地方建立武装；民族工作从

① 此外，帮助建立地方武装和政权，发展地方党组织也是长征中群众工作的重要内容，但这需要相对长期的时间、比较充分的群众条件。从本书第二章关于群众工作任务阶段性转变的分析可以看出，长征中，帮助地方建党建政始终没有成为重点工作内容，只是在创建根据地时才会突出强调，如红二、六军团在黔大毕地区，红四方面军在川康地区。这在讨论没收征发、扩红与民族工作时已部分涉及，本书不再另辟单章重点讨论。

理论层面的呼喊，转向落实切合民族自身特性的多样化政策。如果把这些新政策、新制度仅仅简单看作暂时的措施那就错了。它们还代表着一种变化趋势，那是中共在深层认识与理论构建上所发生的实质性改变，是从“左”的路线逐渐回归实事求是，从阶级战争逐步转向民族战争，从保存革命有生力量逐步走向团结更广大民众建立抗日民族统一战线。这种趋势本身是历史过程的重要组成部分，因长征而加速、放大，在长征胜利之后亦继续发展。

（一）关于长征中群众工作的理论思考

1. 群众工作的路线问题。谁是中国革命可以依靠的力量？这是中共始终面临的问题，也是群众工作必须解决的问题。群众工作面向谁？争取谁？取决于中共的政治路线[①]。在中共诞生早期，政治路线尚处于探索变化之中，中共一大确立通过宣传马克思主义和组织工人运动进行社会主义革命；中共二大则为进行资产阶级民族民主革命；中共三大确立以国民党为中心合作开展国民革命，实质为开展民族民主革命。在这个总体框架之下，虽然中共四大、中共五大对政治路线中的个别问题如中共领导权、民主革命内容等有了新的认识，但与国民党合作进行国民革命的总任务并未改变。与此同步的，是群众工作从最初的发动工人，到争取知识分子、小资产阶级、贫雇农，再到以国民党的机构为依托，围绕国民革命这一中心任务广泛发动工农群众。

大革命失败后，中共的政治路线从国民革命转移到土地革命，

① 中共的政治路线，是中共在一定历史时期为解决社会主要矛盾、完成党的主要任务而制定的总方针、总政策，是各项具体方针政策的根本指南。

在这一总路线之下，中共的群众工作逐步转移到农村，以农民为主要对象，以满足其土地革命等经济诉求为手段，获得了巨大的成功。然而在当时占统治地位的“左”倾教条主义的影响下，群众工作也同样呈现出“左”的特征。长征是中共在绝境中逐步纠正错误路线的过程，这一纠正以遵义会议为标志。《中共中央关于党的百年奋斗重大成就和历史经验的决议》指出：遵义会议“事实上确立了毛泽东同志在党中央和红军的领导地位，开始确立以毛泽东同志为主要代表的马克思主义正确路线在党中央的领导地位，开始形成以毛泽东同志为核心的党的第一代中央领导集体，开启了党独立自主解决中国革命实际问题新阶段，在最危急关头挽救了党、挽救了红军、挽救了中国革命”，“这在党的历史上是一个生死攸关的转折点”。[①]这两个转变，对长征中的群众工作产生了决定性的影响。由于领导人的改变，长征的军事局面出现转机，由被动变为主动，赢得了开展群众工作的时间。遵义会议结束了“左”倾教条主义错误在中央的统治，这体现在群众工作上，最明显的是对阶级路线的调整。与苏区时期不同，中共在长征中并非一味挑起阶级斗争，而是在自身实力的范围内，尽可能地保存革命力量和民众利益。这在红军将没收征发来的物品低价卖给群众或晚上偷偷送给民众，在少数民族地区不打土豪等政策上都可得到印证。早在抗日民族统一战线建立前，为了减少长征中不必要的战斗，中共对沿途遭遇的一些土匪民团就已采取安抚政策，人不犯我、我不犯人；对国民党的地方势力亦是

① 《中共中央关于党的百年奋斗重大成就和历史经验的决议》，人民出版社2021年版，第6页。

尽量争取合作。这些实践，本身就是对中共“左”倾教条主义错误的纠正，也为抗日民族统一战线的建立提供了必要的基础。

1935 年 12 月 17 日—25 日召开的瓦窑堡会议最终确立了建立抗日民族统一战线的战略方针。会议通过的军事战略决议指出：“在以坚决的民族战争反抗日本帝国主义进攻中国总任务之下，首先须在一切政治的军事的号召上与实际行动上，确定‘把国内战争同民族战争结合起来’的方针。”[①]即国内战争服从服务于民族战争的总任务。随后《关于目前政治形势与党的任务的决议》进一步明确：“党的基本原则，就是把土地革命同民族革命结合起来”[②]，“党与苏维埃自始不变，但须更加努力，更加使之适合于民族统一战线之要求的政策”[③]。苏维埃政府要“把自己的政策，即苏维埃工农共和国的政策的许多部分，改变到更加适合反对日本帝国主义变中国为殖民地的情况”[④]。由此，团结全民族抗战放在了战略方针的第一位，中国革命的重心实现了从土地革命向民族革命的转变。这一转变对群众工作的影响是全方位的。群众工作的对象超越工农，而扩大至小资产阶

① 《中共中央关于军事战略问题的决议》（1935年12月23日），见中共中央文献研究室、中央档案馆编：《建党以来重要文献选编（1921—1949）》第12册，北京：中央文献出版社2011年版，第521页。

② 《中共中央关于目前政治形势与党的任务的决议》（1935年12月25日），见中共中央文献研究室、中央档案馆编：《建党以来重要文献选编（1921—1949）》第12册，北京：中央文献出版社2011年版，第545页。

③ 《中共中央关于目前政治形势与党的任务的决议》（1935年12月25日），见中共中央文献研究室、中央档案馆编：《建党以来重要文献选编（1921—1949）》第12册，北京：中央文献出版社2011年版，第543页。

④ 《中共中央关于目前政治形势与党的任务的决议》（1935年12月25日），见中共中央文献研究室、中央档案馆编：《建党以来重要文献选编（1921—1949）》第12册，北京：中央文献出版社2011年版，第540页。

级群众、同情反日反卖国贼的知识分子，以及愿意反日反卖国贼的白军官长士兵、富农、民族工商业者、海外华侨等。群众工作的目标也统一至抗日的旗帜下，各项具体政策均以有利于团结抗战为己任，“应使一切群众斗争从初级提到高级，从地方提到全国，从经常程度提到反日反卖国贼的政权与武装程度”[①]。从瓦窑堡会议后尚处于长征途中的红二、六军团和红四方面军的群众工作来看，团结一致抗日的口号成为宣传工作的重点，没收征发和扩红的对象都有所改变，对地方实力派积极争取，对民主人士和少数民族、宗教上层人士积极开展统战工作，对外国传教士开始依据国籍区别对待，显然，这些转变为群众工作赢得了更多的空间与主动。

因此，在考虑长征中的群众工作时，固然要看到战略转移带来的外部条件变化，但更要看到中共内在政治路线的转变才是更深刻影响群众工作方向的关键。当前我们提到群众工作，多是在抽象意义上将群众作为类似“人民”的语义使用，借民意为某些政策、制度的合法性依据。谈到具体群众工作的政策方法，在与过去横向比较时，往往仅注意到具体环境的变化，而较少关注内在路线的差异。实际上，群众工作始终服从于党的政治路线，且有其不可磨灭的阶级属性。任何一个时期，群众工作的最主要对象，必然是完成某政党中心任务的群体。革命年代，我们关心的是，谁是我们的敌人，谁是我们的朋友？在建设年代，在追求中华民族伟大复兴中国梦的征途上，我们要关心、要看清的是，谁是我们真正依赖的力量？谁是我们要争取的同

① 《中共中央关于目前政治形势与党的任务的决议》（1935年12月25日），见中共中央文献研究室、中央档案馆编：《建党以来重要文献选编（1921—1949）》第12册，北京：中央文献出版社2011年版，第544页。

盟？谁是我们要教育引导的群体？如若不能结合当前党的政治路线，对群众进行具体的分类分层，针对不同群体的需求开展工作，而仅以抽象的群众概而论之，那么，我们的群众工作要么陷入革命年代的“群众膜拜”倾向，要么也仅是浮于形式的口号罢了。

2. 群众工作的前提问题。大规模群众工作的开展，需要良好的组织平台。单纯依靠党组织开展群众工作，以当时的党员数量显然远不能达到预期效果。大革命时期中共基本借助国民党的统治机构和相关组织，苏区时期则是依靠军队和地方政权两条腿走路。长征时期开展群众工作的条件先天缺失，一是地方政权不复存在，地方党组织也极少有，二是在战略转移环境下军队中心任务是作战，群众工作的重要性实际无法与之匹敌。但群众工作仍然得以顺利开展，这大大得益于中共军队自身的团结。

首先，军队的自身团结为群众工作提供了颇具效率的实施主体。思想统一方能行动一致。长征中群众工作时间紧、任务重，如果部队战士不能很好地理解群众工作的重要性，自觉地成为红军政策的宣传者，单凭政治人员的宣传动员是远远不够的。当某一项群众工作成为大规模群众运动的时候，尤其需要每一个战士都自觉参与其中。如组建扩红突击队、没收征发小分队，以及每位战士必须为少数民族准备一件礼物……如果没有一个团结一致、行动有效的军队，这些工作的开展是不可能实现的。此外，长征中共有四支部队，各具特点。四支部队历经六次会师，部队团结问题也是会师中最受关注的问题。六次会师中唯一一次不太愉快的是中央红军与红四方面军的懋功会师，因张国焘分裂主义错误使得军队之间的团结产生重大问题，给红军带来了巨大的损失，如果处理不慎，甚至会导致毁灭性的后果。反之，战士们之间兄弟般的革命情谊，则是红军强大凝聚力和战斗力的力量源泉。

其次，军队自身团结为群众工作提供了典型示范。这突出体现在军队的严明纪律上。今天谈到长征中的纪律，多从争取群众的角度出发。长征时期的宣传也强化了这一印象，红军总政治部就直接指出："没有纪律的部队，一切宣传鼓动工作都不会引起群众对于我们的同情与拥护。"[①] 确实，严明的纪律体现了一个部队的优良作风，是赢得群众好感的重要步骤，更是开展群众工作的重要基础。但对一个军队来说，维护纪律更深层次的作用在于维护党和军队的团结统一。在长征这样的特殊情况下，如果没有纪律的刚性约束，部队松如散沙，或者如国民党各路军阀一样为了地盘和军饷各打算盘，就不可能有长征的最终胜利。打铁必须自身硬，越是困难时刻，越要强调纪律，因为纪律才是维持一个部队、一个政党团结和希望的基本保障。铁的纪律对于进一步坚定党内军内战士的革命理想，强化其人民军队的认知，维护党和军队的团结统一，具有重大的意义。

3. 群众路线的发展问题。群众路线既是政治立场，也是领导方法和工作作风。萌芽于土地革命战争时期的群众路线，在抗日战争时期大放异彩并最终正式形成，长征可谓其一个不可忽视的成长发展期。

首先，从政治立场上看，通过长征的实践，中共对群众工作的重要性有了更深刻的认识，进一步坚定人民立场。长征以败退撤离为开始，历史上，这样流徙千里的部队，无一不以消亡告终。长征中每日行军、食宿、作战等，都离不开群众的支援帮助，由此，群

① 《关于目前地方居民中的工作》，载《红星》报，1934年11月，第3期。

众工作的重要地位得到前所未有的凸显，“一切依靠群众”的思想得到强化，中共要求每一位战士都开展群众工作。同时，长征的客观环境要求各项群众工作真正关注群众切实需求，这就进一步凸显了“一切为了群众”的价值导向。

尤其长征后期，随着中共政治路线向抗日民族统一战线的转变，群众工作开始被放到全民族解放的高度来认识，这为全民族抗战时期提出“兵民是胜利之本”，陷敌于“人民战争的汪洋大海”等思想奠定了基础，更与解放战争时期百万民工踊跃支前，人民群众用小推车推出了淮海战役的胜利等局面一脉相承。

其次，从领导方法来看，长征中不论是自觉还是不自觉，都开始了“一切工作经过群众”的实践。由于缺乏固定的地方政权和党群组织支持，中共和红军开展政治、军事、经济等任何一项工作都必须发动群众。这与《古田会议决议》提出“党对于军事工作要有积极的注意和讨论。一切工作，在党的讨论和决议之后，再经过群众去执行”[①]相比，无疑涉及面更为广泛，已经将群众路线上升为贯穿全党工作的一种领导方法，而不仅仅是做好某一项工作的方法技能。

同时，长征中群众工作的方法也得到充分提升。长征中开展的群众工作，无论是在纪律、宣传还是行动方面，都是对此前群众工作方式、经验的一次大规模运用和检验。长征犹如一个炼钢炉，见效快的好方法得以逐步完善并发挥到极致，比如迅速扩红、分地域搜集资材、充分利用行军间隙以及各种现有材料进行宣传等方法都有所推进

① 中共中央文献研究室、中央档案馆编：《建党以来重要文献选编（1921—1949）》第6册，北京：中央文献出版社2011年版，第729页。

和发展，而不符合当时客观实际或需要较长周期才能见效的手段，比如最大限度扩红、政治经济全方位动员、重新分配田地、废除苛捐杂税等方式则被摈弃或限制使用。通过实践考验某项政策是否合理、正确，在实践中对政策进行调适，这无疑符合认识论的发展规律。

1943 年 6 月，毛泽东在《关于领导方法的若干问题》中指出群众路线的方法："在我党的一切实际工作中，凡属正确的领导，必须是从群众中来，到群众中去。这就是说，将群众的意见（分散的无系统的意见）集中起来（经过研究，化为集中的系统的意见），又到群众中去作宣传解释，化为群众的意见，使群众坚持下去，见之于行动，并在群众行动中考验这些意见是否正确。然后再从群众中集中起来，再到群众中坚持下去。"①这种"从群众中来，到群众中去"的工作方法早在长征中已经得到充分实践。

最后，从工作作风来看，长征中的群众工作及由此形成的军民关系，为党的三大作风成形作出了贡献。1945 年，毛泽东在党的七大政治报告《论联合政府》中概括提出了党的三大作风，即"理论和实践相结合的作风，和人民群众紧密地联系在一起的作风以及自我批评的作风"②。其中，密切联系群众就是要"教育每一个同志热爱人民群众，细心地倾听群众的呼声；每到一地，就和那里的群众打成一片，不是高踞于群众之上，而是深入于群众之中；根据群众的觉悟程度，去启发和提高群众的觉悟，在群众出于内心自愿的原则之下，帮助群众逐步地组织起来，逐步地展开为当时当地内外环境

---

① 《毛泽东选集》第三卷，北京：人民出版社1991年版，第899页。

② 《毛泽东选集》第三卷，北京：人民出版社1991年版，第1094页。

所许可的一切必要的斗争”[①]。

党在土地革命战争时期犯了三次“左”倾错误，尤以第三次“左”倾教条主义错误造成的危害和损失最大。导致错误发生的根本原因是缺乏对现实的正确认识，缺乏对群众觉悟的正确认识，而以主观命令、理论教条代替了群众的实际需求。毛泽东在苏区就坚决抵制“左”的错误，提倡从实际出发，到长征中的遵义会议，“左”倾教条主义的错误开始得以纠正。毛泽东之所以能坚持正确路线，与他一贯密切接触群众、关注群众诉求、思考群众工作是分不开的。“二十四年的经验告诉我们，凡属正确的任务、政策和工作作风，都是和当时当地的群众要求相适合，都是联系群众的；凡属错误的任务、政策和工作作风，都是和当时当地的群众要求不相适合，都是脱离群众的。”[②]

在毛泽东的革命生涯中，他一贯注重深入群众，开展调查研究，他最深入接触广大农村群众的时段集中在土地革命战争时期，我们熟知的寻乌调查、兴国调查、长冈乡调查、才溪乡调查等都发生在这一时期。而长征无异于一次对中国广大农村的实地考察，这样近距离地观察群众、接触群众、发动群众，对毛泽东无疑产生了巨大影响。中央红军长征到达陕北后，1935 年 10 月 22 日，毛泽东出席在吴起镇召开的中共中央政治局会议时指出：“要尊重地方群众的意见，不要自高自大地压制他们。动员群众主要依靠地方工作，不依

① 《毛泽东选集》第三卷，北京：人民出版社1991年版，第1095页。
② 《毛泽东选集》第三卷，北京：人民出版社1991年版，第1095页。

靠他们没有办法。”[①] 这可谓来自长征中群众工作的直接经验。而实际上，遵义会议前后群众工作从形式到内容都发生了巨大变化，有了长足的进展。可见，长征中的群众工作在不断实现自身理论与方法双重提升的同时，也为中共确立“密切联系群众”的作风提供了可靠的经验、奠定了坚实的基础。

总之，长征中的群众工作是对中共群众路线的有益探索和深入实践，坚定了“一切为了群众、一切依靠群众”的政治立场，践行了“一切经过群众”的领导方法，弘扬了“密切联系群众”的工作作风。这为全民族抗战时期群众路线的正式形成和深入发展，提供了丰富的经验和借鉴。

（二）群众工作的政策调整：策略抑或自觉

毋庸讳言，中共在长征中最首要的问题，即为生存。长征中群众工作的方法手段，也都呈现出显著的求生特征。如在没有条件进行全面深入动员的情况下，抓大放小，只在中心城区进行重点动员工作。如在川康地区极度缺粮情况下，迫不得已武装筹粮、收割未成熟的青稞。如在大凉山地区，为快速通过彝族区而与少数民族首领结拜。如在抽鸦片烟人数众多的云贵地区，放宽政策吸收烟瘾不深的人加入红军……对于这种看似不符合中共路线特征、极具针对性的政策措施，我们应当怎样认识？这些措施仅仅是红军出于生存的暂时性策略选择，还是基于长远发展的政治自觉？

不可否认，所有政策都具有现实功利性的一面，政策为解决问

① 中共中央党史和文献研究院编：《毛泽东年谱》第1卷，北京：中央文献出版社2023年版，第480页。

题而生，具体的政策为解决当下的具体问题而生。如果不能解决实际问题，任何政策都不能说是成功的。长征中政策的功利性与策略性特别突出，主要是由于长征的内外环境大大不同于其前后两个时期。但所有的政策都不会孤立存在，其背后有一贯的理论基础和政治目标为支撑。从本书前面的分析来看，即使在长征这样特殊的环境下，其政策调适与改变均没有脱离中共政治理念和基本原则的范畴。这突出体现在两个方面：

一是群众工作始终坚守底线，政策的灵活调整并未背离中共的群众工作原则。

长征中，红军的生存需要不可避免会与民众利益产生冲突。一方面是客观物质方面的。“长征的经验教训，我们保障部队的给养，是巩固部队的第一等重要工作”[①]。几十万红军的生存需求，不可避免给地方百姓造成巨大负担，尤其在贫困偏远地区，部队吃的可能是群众一年的口粮。“武装筹粮，实属迫不得已而为之的办法。共产党的宗旨是全心全意为人民服务。红军又有三大纪律八项注意。但是在当时情况下，如果革命力量保存不下来，也就不会再有什么革命的宗旨和政策，这就需要有一些灵活性。况且武装筹粮是为了使红军尽快离开川康边地区。红军一走，水浅鱼多的矛盾也就解决了。”[②]在川康涉藏地区，红军在极度困难情况下搜山、挖地窖、收割藏民未成熟的青稞，都是为了生存下来迫不得已的变通办法，这不

① 《一方面军政治部关于东征部队的政治工作问题的训令》（1936年2月4日），见中国人民解放军政治学院政治工作教研室编：《军队政治工作历史资料》，第三册，北京：中国人民解放军战士出版社1982年版，第380页。

② 罗通：《长征路上筹给养》，见《红军不怕远征难——纪念红军长征胜利60周年征文集》，北京：中共党史出版社1996年版，第216页。

可避免地伤害当地百姓的利益。另一方面是敌方的主观迫害。国民党军阀为了打击红军，执行坚壁清野的政策，严厉惩罚帮助红军甚至与红军有过接触的群众。很多帮助红军、参加地方革命政权的群众以及红军战士家属都受到了不同程度的迫害，有的群众为了保护红军伤病员献出了生命，有的地方军阀为了阻止红军接近城垣，"竟将西昌城四周 5 里以内的民房烧毁"[①]，制造出无数难民。这种群众利益的损失是红军无法避免和控制的。

面对这种冲突，红军一方面始终坚持政策底线。即使在客观上不得不与民争利的情况下，红军也没有改变维护群众利益的基本立场，而是极力避免对普通群众造成伤害，并尽可能予以群众补偿，做好相关解释工作。比如规定先收割土司的青稞，再收割普通百姓的，并留下木牌，写明收割原因和数量，作为藏民向红军索要价钱的依据；搜山、挖窖也留下借贷券，供百姓回来去换。另一方面则从实际出发调整政策。比如针对群众害怕报复的心理，并不是一味向群众宣传革命道理，而是充分理解，或是在晚上偷偷把没收财物送给群众，或是以低价卖给群众，不给地方反动势力以报复的口实。这种做法表面上似乎削弱了中共和红军的革命性，却更好地维护了群众的切身利益。同时，党和红军也视情况给地方群众以必要的武装，增强他们自我保护的能力。这种对政策底线的坚持，表面上看似乎并没有改变客观上伤害群众利益的事实，但却为军民关系的长远良好发展埋下了伏线：对普通战士而言，坚持底线让他们明白中共的政治主张和宗旨始终没有改变，红军身为"穷人自己的部

---

① 赵镕：《长征日记》，太原：山西人民出版社1990年版，第296页。

队”“人民的子弟兵”的身份并没有改变。因而，也就没有因为即时政策造成的军民利益冲突而产生信仰上的动摇，更不会动摇军心和士气。对普通民众而言，这种必要的解释和维护使群众了解到红军与他们之前遇到的军阀不同，不是理所当然地认为群众应该供养他们，而是站在平等地位来进行弥补，这也就给群众在合适的时机接纳红军提供了缓转空间。

二是群众工作始终坚持政治理想，制定战略决策从未脱离国家的前途命运。

长征中群众工作的许多具体政策都带有即时性特征，这不可避免与红军的长期战略目标产生冲突。比如北上抗日宣传，在长征前期实际只是作为一种政治口号出现，甚至并非前期宣传的重点，《红星》报就曾指出：“有些很空洞的标语，如像‘红军是工农的军队’‘红军是抗日的主力军’等等可以少写，甚至不写，因为这种口号在此地此刻是缺少实际行动的意义的。”[①] 要注重从群众实际利益出发开展宣传工作。这种暂时的政策选择，并不意味着红军抗日救国战略的改变，而是在特定环境下、考虑自身力量发展的实际情况后，对自己所承担的短期、长期任务目标重新进行的排列组合。

实际上，党和红军任何具体政策都是在敌我双方力量对比中得出的，当红军还在为自我生存艰苦转战时，空喊抗日既无法执行，也无益于现实问题的解决。但随着红一、红四方面军会合，红军力量空前强大，发展战略问题刻不容缓，立即被提到首要位置。南下和北上之争并非简单的前进方向，更是红军对自身时代使命的认知。

① 《写标语》，载《红星》报，1935年3月10日，第12期。

中共中央选择把长征前进的大方向与建立抗日的前沿阵地紧密相连，最终成功实现了从土地革命到民族革命的转变。

当然，在这个政策调整与坚持理想的过程中，无疑存在着各种试错和碰撞。比如红军沿途尤其在经济贫困地区获取生存物资可能危及群众的基本生存；安置伤病员可能给好心收留红军的家庭带来灭顶之灾；经红军动员参加革命运动的群众可能会遭到反动势力的打击报复；在少数民族地区不轻易使用武力造成一些红军牺牲；在远离抗战前线的西南地区宣传抗日不为一般百姓所理解；关于长征落脚点的选择冲突等等。如何妥善处理这种矛盾冲突，本身也是对中共政治智慧的严峻考验。

但在考虑这种种冲突的同时，我们要看到红军在长征的不同发展阶段，有不同的中心任务，这在客观上缓和了矛盾的绝对性。

求生存、得民心、救国难，可谓长征红军时刻面临的三大任务，也是长征中开展群众工作的根本指向。求生存，打破国民党军的围追堵截，满足红军对基本生活的需求，实现战略转移是最迫切、最直接的任务；得民心，获取民众支持，发动群众斗争是遵从党和红军性质宗旨的必然要求，也是红军生存发展的必要前提；救国难，北上抗日，赢得民族独立，则是不可抗拒的时代潮流，是党和红军的远大政治理想。这三大任务在每一项群众工作中都有体现，实为三个不同的层次，求生存是基础层面的，解决的是党和红军当下的具体现实问题；得民心是发展层面的，解决的是党和红军的长期发展问题；救国难则是创造层面的，解决的是党超越自我得失，实现更高战略发展的问题。然而，在长征过程中，我们可以看到，中共和红军非常善于处理长远目标、中期目标与当下目标的关系，在某一个阶段，始终能够结合实际坚持围绕一个特定目标展开工作，每一个当下的目标都是向着最终的目标前进，这就如同中共妥善处理最低纲领和最高纲领的关系。

虽然就当时整个中国的全局而言，红军处于绝对的劣势。但就具体局部而言，敌我力量的对比并非变动不居，因此群众工作也是一个动态发展的过程。正如第一章所指出的，长征不同阶段的群众工作任务并不一致。长征本是为生存而实行的战略转移，生存是首要任务。中央红军在遵义会议之前，保证作战胜利是第一位的，所有工作都服从这一中心，遵义会议也将军事问题摆在了第一位。各项群众工作围绕行军作战的需要开展，纪律、没收征发、扩红、民族工作等直接关系红军生存的问题，中共和红军大力强调并配合长途行军的实际需求作出政策调整。遵义会议后，党和红军机动灵活的战略战术，扭转了军事上的被动局面，开始考虑创建新的苏区，即红军的未来发展问题。群众工作也围绕此新目标展开，有了更高的标准和要求。扩红、发动群众建党建政等各项群众工作深入开展，有了更为主动的具体工作措施。红一、红四方面军会师后，中共进一步明确北上抗日的历史使命，各项群众工作致力于团结最广大的力量一致抗日的战略目标，在没收征发的对象、扩红出身要求、对待土司头人等群众工作政策方面有了更系统、全面的考虑。尤其中共中央落脚陕北后，挽救国难成为主旋律。可见，求生存、得民心、救国难这三大任务虽然始终存在，但在不同阶段各有突出。当基本生存都成问题时，满足生存需要是首要任务；当生存问题解决之后，发展问题无疑上升到主要位置；当面临战略抉择的关键时刻，挽救国难的时代使命则占据了主导。

概括论之，长征中所采取的群众工作政策，既是出于具体环境与条件的策略安排，也是基于政治自觉上的战略选择。无论我们怎样质疑这些政策的即时性和暂时性，它们都打上了深刻的中共印记，带有浓厚的中共政治特征。试想一下，让国民党下到民众中展开动员，亲自搜山割麦筹粮，与少数民族首领结拜，显然是难以实现的。这是两个政党完全不同的性质特征决定的。因此，在认识中共群众工作的政策时，既要看到其鲜明的时代、环境特性，但也不能一叶障目，完全将其特性归功于长征中特殊的外在环境，要看到中共本身的政治理念与策略的选择也扮演着重要的角色。任何具体政策都是现实需要与政治需要两者综合权衡下的选择，不能将这种策略思考与政治自觉人为分开。

（三）群众工作的双面效果：破坏与建设

长征中的群众工作，究竟取得了怎样的效果？我们应该怎样来评价？这实质是带有强烈价值观倾向的问题，内中包含着我们如何看待长征中各项群众政策，以及如何评价红军在长征中与群众相关的各种行为。这首先要解决的问题，即我们以何种标准进行这种评判？

如果仅以长征的结果来评判，长征群众工作无疑是帮助长征取得胜利的重要原因。如前文考证，长征途中红军没收征发了大量财物，为红军提供了必要的生存前提；各路红军共补充新兵 4.8 万人以上，为红军提供了必需的战斗力；各少数民族不仅未阻挠红军还施以援手，为红军顺利开展战略安排创造了条件。这背后，还有大量群众甘愿冒着国民党军阀的高压政策和反动地主的残酷报复，箪食壶浆迎接红军，送粮草，捐衣被，救伤员，当向导，送情报，不惜毁家舍命，赴汤蹈火。红二军团长征中寄在群众家的战士有455名。[①]仅3万人口的丹巴，在3个月中为红军筹粮34万多斤。道孚人民支援红军粮食约400万斤。[②]甘孜会师后，约有3000余名伤病员留在康北涉藏地区，甘孜波巴政府安排可靠的群众，每5户照顾和供养一个重伤员。[③]红军北上时，波巴政府动员了100多名翻译、向导，为红军带路到东谷、色达、阿坝等地，有的甚至一直到了甘肃。[④]这些支援与拥护，不仅仅从物质上帮助了红军，更从情感上成为战士们坚持战斗、继续前行的原始动力和勇气来源。可以说，群众的支持为长征提供了必要的物资和人力基础，帮助党和红军摆脱生存危机，顺利完成长征。

但是，如果我们放大一点视野，从长征沿途所经地方群众的角度，从中国革命与建设长远发展的角度，甚至从中国革命发展、中国社会进步的角度来观察，对长征中群众工作的评价，会更多元且立体。

长征红军作为一股外来的庞大军事力量，无疑是迥异于当地传统的力量，具有一定的破坏性：打破既有秩序，冲击传统思想，消耗当地物资，影响当地环境。

---

① 《二、六军团长征政治工作总结报告》（1936年12月19日），见中国工农红军第二方面军战史编辑委员会编：《中国工农红军第二方面军战史资料选编》（四），北京：解放军出版社1996年版，第161页。

② 中共甘孜州委党史研究室编：《红军长征在甘孜藏区》，成都：成都科技大学出版社1993年版，第258、259—260页。

③ 中共甘孜州委党史研究室编：《红军长征在甘孜藏区》，成都：成都科技大学出版社1993年版，第275—276页。

④ 中共甘孜州委党史研究室编：《红军长征在甘孜藏区》，成都：成都科技大学出版社1993年版，第270页。

红军所到之处，打击、推翻当地的旧有势力，惩处民愤极大的罪恶分子，不少地方豪绅之家、资本之家望风而逃。虽然这种打击是暂时的，也未能彻底清除旧势力，但必然造成地方势力的重新洗牌。红军还在长征中建立了百余支地方武装部队，在有条件的地方，广大群众在党和红军的帮助下建立了苏维埃政权，这些武装或政权无论存在时间长短，都对地方社会结构造成了冲击，在土匪、官、民之外，造成了一种新的势力。中共和红军还时时不忘宣传革命道理，对地方传统思想造成巨大冲击。

秩序、思想的动乱，是尚未夺取政权的革命者所欢迎的。正如毛泽东在大革命时期所期待的“国民革命需要一个大的农村变动”[①]。然而，对于当权者，这种破坏无疑是毁灭性的、糟糕的，而对于普通民众而言，这种破坏带来的好处也并非立竿见影，反而一些直接后果立见成效。红军沿途所需大量物资，切实影响到当地的物价，尤其在物资本就困难的地区，红军一两个月的口粮，可能是地方一年的口粮，遑论红军与国民党军作战造成的人力、财力损失。红军沿途起居住行对地方环境造成的污染破坏也在所难免。《红星》报曾两次提到红军乱屙屎的现象，“在‘千西’驻地周围乱屙了很多的屎，弄得臭气难堪。”[②]“最近部队乱屙屎的现象，比任何时候还要严重，无论在宿营地，在行进的路旁，到处可以看见屎堆，到处可以闻到臭味。这种现象的严重，不仅可以影响到居民的不满，妨害我们争取群众的工作，而且极大的妨害部队的卫生，甚至可以由这种

---

① 《毛泽东选集》第一卷，北京：人民出版社1991年版，第16页。

② 《回答本报号召，消灭坏纪律的现象》，载《红星》报，1934年11月29日，第6期。

现象发生很大的传染病。”[①] 虽然红军规定到宿营地必须以连为单位掘厕，“在行军中一定要做到至少距道旁五十米以外的地方去屙屎”[②]，但试想长征的四支部队，以出发时人数计算总共 20 多万人，前后历时两年的流动行军，不守纪律的现象必然难以杜绝。这种对环境的破坏，我们可以在著名旅游景点旺季过后，或是大型活动过后成山的垃圾中找到类似的影子，而长征红军是在没有公厕、没有垃圾桶、行军匆忙的情况下，显然他们维护环境的难度大得多。

破坏与建设，常常同步发生。在中共和红军冲击旧秩序、旧思想、旧传统之时，新制度、新秩序暗中滋长，新思想、新风气悄然传播。

从社会秩序上看，虽然长征红军沿途的行动未能彻底毁灭旧秩序，但红军的行动使国民党有了严重的危机感。在各种造谣、污蔑都无法阻止红军与群众的良性互动的现实下，国民党不得不反思并调整自己的政策。蒋介石在“追剿”红军途中致电各军，要求“与匪争取民众”，“我军无论宿营行军，随时随地须严肃纪律，不拉夫、不派款，不强借民房，不强占民物，不征发粮秣，不强买强卖。”[③] 何键在总结湘西“追剿”红军经验时说：“将来该处最紧要工作，大概为积极发展湘西交通，彻底取消习惯上相沿已久的一切苛捐杂税，以解除民众痛苦，并一面代达省府意旨与原驻湘西各军团长官切商，

① 《反对！反对！！反对！！！铁锤向着乱屙屎的份子》，载《红星》报，1935年6月11日，第20期。

② 《反对！反对！！反对！！！铁锤向着乱屙屎的份子》，载《红星》报，1935年6月11日，第20期。

③ 贵州省档案馆编：《红军转战贵州——旧政权档案史料选编》，贵阳：贵州人民出版社1984年版，第103页。

如何从根本上解除湘西民众痛苦，如何彻底改进湘西政治。”[①] 四川军阀刘湘则下令上下川南各县，凡“迹涉苛杂之一切货物过道捐及各项杂捐，立即勒令概予停收”，以“不使匪人得所借口，用资宣传”。[②] 这些迫不得已的改变，深刻触动了封建统治的政治根基，使得地方政治呈现出新的气象，不仅在一定程度上改善了当地人民的生存条件，对当地社会的发展，亦具有一定的历史进步意义。

从社会思想上看，长征经过了15个省市区约2亿人口的地区，其中大部分人都没有听说过红军，更不懂得革命道理。而长征让他们亲眼看到红军英勇战斗，听到红军的宣传，亲身体验到了红军的基本宗旨、理念。正如斯诺所说：“在某种意义上来说，这次大规模的转移是历史上最盛大的武装巡回宣传。”[③] 任弼时说：“这次远征，活动于湘黔滇康广大地区，前后攻占三十余县城，是广泛地传播了党和苏维埃的政策，特别是扩大了抗日反蒋主张的影响，组织和发动一些群众斗争，揭破了国民党卖国殃民的罪恶，再一次证明红军是不可摧毁的力量。”[④] 毛泽东一针见血地指出：“长征是宣言书，长征是宣传队，长征是播种机。”“不因此一举，那么广大的民众怎会如此迅速地知道世界上还有红军这样一篇大道理呢？”[⑤] 可以说，长征中，红军以自己的

---

① 《何键在扩大纪念周中报告——追剿朱毛股匪情况与肃清湘西残匪推进政治的重要》（1935年1月7日），见中国第二历史档案馆、湖南省档案馆编：《国民党军追堵红军长征档案史料选编》（湖南部分），北京：档案出版社1991年版，第277页。

② 董有刚主编，四川省文化厅、云南省文化厅、贵州省文化厅编：《川滇黔边红色武装文化史料选编》，贵阳：贵州人民出版社1995年版，第60页。

③ ［美］斯诺：《西行漫记》，董乐山译，北京：解放军文艺出版社2002年版，第160页。

④ 任弼时：《红二、六军团从湘鄂边到康东北长征经过》，见《任弼时选集》，北京：人民出版社1987年版，第129页。

⑤ 《毛泽东选集》第一卷，北京：人民出版社1991年版，第150页。

行动宣布，只有红军的道路，才是解放他们的道路。和过去在各个根据地有限区域里的孤军奋战不同，长征则是在更广阔的天地里动摇了反动统治的社会基础，扩大了中国共产党的影响，使共产主义的“福音”，由苏区一隅传向了全中国。

更进一步的，红军带来的不仅仅是革命的福音，更有思想的启蒙、先进文化的传播。长征所经过的地方，大部分是中国西南较为偏僻、落后的地区。这些地方经济落后，交通封闭，思想文化水平普遍较低。党和红军所宣传的现代理念——平等、解放、民主等思想，对当地都是一种强烈的冲击。比起五四新文化运动，长征以标语、戏曲、舞蹈、话剧等更亲民的方式，在更基层更广泛的范围内，传播了新的声音。威廉·莫尔伍德说：“长征是一次解放。长征既打破了地域上的隔绝状态，又解除了人们心理上的桎梏，使人们的思想从古老的狭隘的乡土观念中解放出来，在人们面前表现出国土之辽阔，揭示出民族精神遗产之博大。长征塑造了一代新人，这代新人在不到二十年的时间里，就推翻了两千年来停滞不前的伦理体系和政治制度”[①]。这种思想的启蒙与解放，从深层次动摇了封建反动势力的思想统治，对近现代中国广大乡村的发展进程产生了深远影响。

从社会结构上看，长征为传统社会种下了新力量的种子。长征中秘密发展了不少党员，帮助地方建立、完善了党组织，还给地方留下了武装部队、革命政权、群团组织等，继续领导、发动当地的群众斗争。留下来的伤病员也为当地革命、发展贡献力量。长征中

① 中共中央党史研究室科研局编译处编：《国外中共党史中国革命史研究论点摘编（新民主主义革命时期）》，北京：中共党史出版社1990年版，第155页。

创建的许多革命队伍在长征后仍然继续存在，甚至一直持续到新中国建立。如长征北上抗日先遣队红七军团到闽东苏区后，在当地党组织的帮助下扩大了一千多新兵，这一千多新兵未来得及追赶上北上的红七军团，后来补充到闽东当地部队。同时留下的，还有上百枪支、100 多名伤病员，里面团、营、连、排干部都有。在此基础上，中共工农闽东独立师成立，坚持了 5 年游击战争，直到 1938 年北上抗日。[①] 还有长征中建立的川南游击队，后改称为川滇黔边区游击纵队，一直坚持斗争到 1947 年。其中，失败后大部分被迫流散转移的同志到 1949 年解放西南时，又参加了剿匪、征粮等工作。[②] 这些代表广大群众、代表中国未来希望的力量，扎根进入传统中国社会，为整个中国社会结构的扭转奠定了基础。

从中国发展的未来看，长征中的少数民族工作实现了中共少数民族工作的开端。长征中，中共接触到了大量少数民族，并进行详细调查，第一次对中国的少数民族生存状况和基本情况有了实际的了解，由此初步形成了具有针对性的民族政策，并提出了“民族平等”“解放弱小民族”等主张，明确了少数民族工作的奋斗目标。更难能可贵的是，通过长征对少数民族大杂居、小聚居状态的实际了解，中共提出了民族区域自治，并开始了初步探索实践。长征中对民族工作的探索和成功经验，在理论和实践上都为新中国成立后的民族工作奠定了初步基础，实现了党的少数民族工作的开端。

---

① 叶飞：《坚持闽东三年游击战争》，见《南方三年游击战争·闽东游击区》，北京：解放军出版社1993年版，第82—83页。

② 刘复初、吴孟辉：《红军长征中的川南游击队》，见中国人民政治协商会议四川省泸州市委员会文史资料工作委员会编：《泸州文史资料选辑》第9辑，1986年印刷，第2页。

长征时期的少数民族工作还培养、锻炼、储备了少数民族干部。长征时期涌现出一批杰出的少数民族上层人士、宗教界领袖。安登榜、马骏[①]、肖福祯、孟先发等一批少数民族上层人士为革命英勇献身；夏格刀登等上层土司、格达活佛等宗教领袖，在红军北上后仍继续为革命奔走，并在中华人民共和国成立后，为顺利解放少数民族地区作出了贡献。长征时期参加红军的天宝、杨东生、扎喜旺徐等人，更是成为中国共产党第一批藏族干部。

从中共的理论构建来说，长征中所形成的军民关系，本身是马克思主义的群众观点在中国土地上的生动实践与发展。但其意义并不止步于对群众工作理论的丰富和对群众路线的深入发展，更具深远意义的是，长征中的群众工作实践，为马克思主义中国化的探索和实践提供了丰富素材。正是因为长征，一批影响中国近现代历史的党的重量级政治家，来到了中国偏远的西南、西北地区，通过群众工作，他们深入接触民众，看到了众多地区老百姓的需求及希望。有了这样深入的国情考察，他们进一步了解了更广大地区的人民群众的需求，将马克思主义这一外来主张深入地与中国实际结合起来，推动实现了马克思主义的中国化。正如索尔兹伯里所说："长征还有一个非常重要的历史作用，即使中国共产党真正了解到中国的问题在哪里。在长征以前，许多中共领导人都认为，莫斯科有解决中国问题的一切答案。但是长征到了中国最贫困的地方，他们才真正认识中国的真貌，走上自己应该走的道路。"[②] 长征是党的政治主张、政治理念中国化的过程，也是马克思主义走向中国本土化的过程。

---

① 丹巴藏民独立师师长马骏，又名麻孜·阿布，藏族人。

② 《新书〈长征〉轰动全美读书界》，载《美洲华侨报》，1985年10月10日。

参 考 文 献

（一）文献档案资料

《毛泽东选集》第一、二、三卷，北京：人民出版社 1991 年版。

《任弼时选集》，北京：人民出版社 1987 年版。

《陈云文选》第一卷，北京：人民出版社 1995 年版。

《陈云文集》第一卷，北京：中央文献出版社 2005 年版。

《斯大林全集》第 2 卷，北京：人民出版社 1953 年版。

《〈关于若干历史问题的决议〉〈关于建国以来党的若干历史问题的决议〉》，北京：中共党史出版社 2013 年版。

中共中央文献研究室编:《关于建国以来党的若干历史问题的决议注释本》(修订)，北京：人民出版社 1985 年版。

中央档案馆编:《中共中央文件选集》第 9、10 册，北京：中共中央党校出版社 1991 年版。

中共中央文献研究室、中央档案馆编:《建党以来重要文献选编(1921—1949)》第1、6、11、12册，北京：中央文献出版社2011年版。

中央档案馆编:《红军长征档案史料选编》，北京：学习出版社1996年版。

中共中央党史资料征集委员会、中央档案馆编:《遵义会议文献》，北京：人民出版社1985年版。

中共中央组织部、中共中央党史研究室、中央档案馆编:《中共组织史资料·第2卷·土地革命战争时期》，北京：中共党史出版社2000年版。

中共中央统战部编:《民族问题文献汇编(1921.7—1949.9)》，北京：中共中央党校出版社1991年版。

中共中央党史研究室、中央档案馆编:《中国共产党第二次全国代表大会档案文献选编》，北京：中共党史出版社2014年版。

中共中央党史研究室第一研究部编:《共产国际、联共(布)与中国革命档案资料丛书》第11册，北京：中共党史出版社2020年版。

中共中央文献研究室编:《论群众路线——重要论述摘编》，北京：中央文献出版社、党建读物出版社2013年版。

中国人民解放军历史资料丛书编审委员会编:《红军长征·综述·大事记·表册》，北京：解放军出版社1990年版。

中国人民解放军历史资料丛书编审委员会编:《红军长征·参考资料》，北京：解放军出版社1992年版。

中国人民解放军历史资料丛书编审委员会编:《红军长征·图片》，北京：解放军出版社1993年版。

中国人民解放军历史资料丛书编审委员会编:《红军长征·文献》，北京：解放军出版社 1995 年版。

中国人民解放军文艺史料编辑部编:《中国人民解放军文艺史料选编》(红军时期)(上、下)，北京：解放军出版社 1986 年版。

中国人民解放军政治学院政治工作教研室选编:《军队政治工作历史资料》第三册，北京：中国人民解放军战士出版社 1982 年版。

中国工农红军第二方面军战史编辑委员会编:《中国工农红军第二方面军战史资料选编》(四)，北京：解放军出版社 1996 年版。

中国工农红军第四方面军战史编辑委员会编:《中国工农红军第四方面军战史资料选编》(川陕时期下)，北京：解放军出版社 1993 年版。

中国工农红军第四方面军战史编辑委员会编:《中国工农红军第四方面军战史资料选编》(附卷)，北京：解放军出版社 1993 年版。

中国工农红军第四方面军战史编辑委员会编:《中国工农红军第四方面军战史资料选编》(长征时期)，北京：解放军出版社 1992 年版。

中国工农红军第二十五军战史编审委员会编:《中国工农红军第二十五军战史资料选编》，北京：解放军出版社 1991 年版。

《南方三年游击战争·闽东游击区》，北京：解放军出版社 1993 年版。

解放军总政治部办公厅编:《中国人民解放军政治工作历史资料选编》，北京：解放军出版社 2011 年版。

军事科学院政治工作研究室编:《战时政治工作经验选编》第一集(第二次国内革命战争期间)，1981 年印刷。

中国现代史学会编:《长征档案：纪念中国工农红军长征胜利七十周年》(下)，北京：中共党史出版社 2006 年版。

《党史资料》，北京：人民出版社1954年版。

中国人民政治协商会议全国委员会文史和学习委员会编:《文史资料选辑》第56辑，北京：文史资料出版社1978年版。

中国人民政治协商会议全国委员会文史和学习委员会编:《文史资料选辑》合订本第19卷（总第54—56辑），北京：中国文史出版社2011年版。

中国革命博物馆党史研究室编:《党史研究资料》第6辑，成都：四川人民出版社1985年版。

江西省档案馆、中共江西省委党校党史教研室选编:《中央革命根据地史料选编》（下），南昌：江西人民出版社1982年版。

赣州市财政局、瑞金市财政局编:《中华苏维埃共和国财政史料选编》，2001年印刷。

《川陕革命根据地历史文献选编》（上），成都：四川人民出版社1979年版。

四川江油市政协文史委员会编:《江油市文史资料选辑》第11辑，1990年印刷。

四川省档案馆编:《川陕苏区报刊资料选编》，成都：四川省社会科学院出版社1987年版。

中国人民政治协商会议四川省泸州市委员会文史资料委员会编:《泸州文史资料选辑》第9辑，1986年印刷。

中国人民政治协商会议四川省泸州市委员会文史资料委员会编:《泸州文史资料选辑》第20辑《红军长征过泸州》，1991年印刷。

中共古蔺县委党史研究室编:《红军长征过古蔺》，1990年印刷。

董有刚主编，四川省文化厅、云南省文化厅、贵州省文化厅编:

《川滇黔边红色武装文化史料选编》，贵阳：贵州人民出版社 1995 年版。

贵州省档案馆编:《红军转战贵州——旧政权档案史料选编》，贵阳：贵州人民出版社 1984 年版。

《贵州社会科学》编辑部、贵州省博物馆:《红军长征在贵州史料选辑》，1983 年印刷。

《贵州文史资料选辑》第 9 辑，1981 年印刷。

吴德坤主编，遵义会议纪念馆编:《遵义会议资料汇编》，北京：中央文献出版社 2009 年版。

遵义会议纪念馆编:《遵义会议前后红军政治工作资料选编》，北京：中央文献出版社 2010 年版。

中国人民政治协商会议遵义市委员会文史资料研究委员会编:《遵义文史资料》第 6 辑，1985 年印刷。

中共遵义市委党史资料征集研究办公室编:《长征火种——一九三五年遵义县革命委员会》，1987 年印刷。

中国人民政治协商会议遵义市委员会文史资料委员会编:《遵义文史资料》第 29 辑，1997 年印刷。

中共桐梓县党史工作委员会办公室编:《红军长征在桐梓》，1988 年印刷。

中共桐梓县委党史研究室编:《红军长征在桐梓》，2006 年印刷。

《习水县文史资料》第 7 辑，1988 年印刷。

锦屏县史志办公室编:《绿色锦屏的红色记忆——红军长征在锦屏》，2008 年印刷。

中共剑河县委党史办公室编:《红军过剑河》，1987 年印刷。

中共黔西南州委党史资料征集研究小组办公室编:《红军长征在

黔西南》，1985 年印刷。

中共榕江县委党史办公室编:《红军进榕江》，1986 年印刷。

中共紫云苗族布依族自治县委员会党史资料征集办公室编:《红军长征在紫云》，1985 年印刷。

中国人民政治协商会议黄平县委员会编:《黄平文史资料选辑》第二辑，1987 年印刷。

中共云南省委党史资料征集委员会编:《红军长征过云南》，昆明：云南民族出版社 1986 年版。

云南省文化厅、中共云南省委党史研究室编:《中国工农红军在云南革命文化史料选》，昆明：云南民族出版社 1996 年版。

中国人民政治协商会议会理县委员会文史资料研究会编:《会理文史》第三辑，1987 年印刷。

阿坝藏族羌族自治州文化局编:《红军长征过阿坝革命文化史料汇编》，1996 年印刷。

中共阿坝州委党史资料征集小组办公室编:《阿坝州党史研究资料》第 11 期《红军长征过金川》，1984 年印刷。

中共甘孜州委党史研究室编:《红军长征在甘孜藏区》，成都：成都科技大学出版社 1993 年版。

中国共产党石阡县委员会党史办公室编:《红军长征在石阡》，1986 年印刷。

中共丹巴县委党史研究室编:《红军长征在丹巴》，2019 年印刷。

中共会东县委党史研究室编:《红军长征过会东》，1992 年印刷。

中国人民政治协商会议石棉县委员会文史资料研究委员会编:《石棉文史资料选辑》第 2 辑，1988 年印刷。

中国人民政治协商会议四川省南江县委员会编:《南江文史》第13辑，2004年印刷。

云南省迪庆军分区政治部、中共中甸县委党史办公室编:《兴盛番族之光——红军长征过中甸》，1991年印刷。

云南省嵩明县政协委员会编:《嵩明文史资料选辑》第一辑，1989年印刷。

中共楚雄州委党史资料征集小组编:《红军长征过楚雄》，1987年印刷。

中共大理州委党史资料征集办公室编:《红军长征过大理州资料选编》，1986年印刷。

中共鹤庆县委党史资料征集办公室编:《红军长征过鹤庆》，1986年印刷。

中共南华县委党史资料征集研究室编:《红二军团长征过镇南》，1992年印刷。

中共祥云县委党史征集研究室编:《红军长征过祥云》，1991年印刷。

甘肃省军区党史资料征集办公室编:《三军大会师》上册，兰州：甘肃人民出版社1987年版。

郝成铭、朱永光主编:《中国工农红军西路军·文献卷》(下)，兰州：甘肃人民出版社2004年版。

政协岷县文史委员会编:《红军长征在岷县——纪念中国工农红军长征胜利七十周年》，2006年印刷。

中共徽县委党史资料征集办公室编:《红军长征在徽县》，1988年印刷。

中共略阳县委党史资料征集研究办公室编:《红军长征过略阳》,1986年印刷。

马继善主编:《曙前之路——红军长征在湖南》,长沙:岳麓书社1996年版。

中国人民政治协商会议湖南省永顺县委员会文史资料研究委员会编:《永顺文史》第七辑,1996年印刷。

中国人民政治协商会议福建省长汀县委员会文史资料编辑室:《长汀文史资料》第11辑,1986年印刷。

中共桂林地委《红军长征过广西》编写组编著:《红军长征过广西》,南宁:广西人民出版社1986年版。

辽宁省党史学会、辽宁省高等院校党史教学研究会编:《党史研究参考资料第二次国内革命战争时期1933—1945》,1980年印刷。

中共延安地委党史办公室编:《红军长征到延安》,1986年印刷。

中国人民政治协商会议长安县委员会文史资料委员会编:《长安县文史资料选集》,1991年印刷。

云南省档案馆编:《国民党军追堵红军长征档案史料选编》(云南部分),北京:中国档案出版社1987年版。

中国第二历史档案馆、湖南省档案馆编:《国民党军追堵红军长征档案史料选编》(湖南部分),北京:档案出版社1991年版。

中国第二历史档案馆、四川省档案馆编:《国民党军追堵红军长征档案史料选编》(四川部分),北京:中国档案出版社1994年版。

中国第二历史档案馆编:《国民党军追堵红军长征档案史料选编》(中央部分),北京:档案出版社1987年版。

陕西省档案馆编:《国民党军追堵红军长征档案史料选编》(陕

西部分），北京：中国档案出版社 1994 年版。

（二）回忆、采访资料

《毛泽东一九三六年同斯诺的谈话》，北京：人民出版社 1979 年版。

《毛泽东自述》（增订本），北京：人民出版社 1996 年版。

陈云:《随军西行见闻录》，北京：红旗出版社 1985 年版。

人民出版社编:《中国工农红军第一方面军长征记》，北京：人民出版社 1955 年版。

《中国人民解放军三十年》征文编辑委员会编:《星火燎原》3，北京：人民文学出版社 1959 年版。

中国人民解放军历史资料丛书编审委员会编:《红军长征·回忆史料（1）》，北京：解放军出版社 1990 年版。

中国人民解放军历史资料丛书编审委员会编:《红军长征·回忆史料（2）》，北京：解放军出版社 1992 年版。

中共中央党史研究室编:《红军长征纪实丛书 红二方面军卷（1—4）》，北京：中共党史出版社 2016 年版。

中共中央党史研究室编:《红军长征纪实丛书 红二十五军卷（1—3）》，北京：中共党史出版社 2016 年版。

中共中央党史研究室编:《红军长征纪实丛书 红四方面军卷（1—7）》，北京：中共党史出版社 2016 年版。

中共中央党史研究室编:《红军长征纪实丛书 红一方面军卷（1—11）》，北京：中共党史出版社 2016 年版。

中共中央党史研究室编:《红军长征纪实丛书 日记卷（1—3）》，北京：中共党史出版社 2016 年版。

中共中央党史研究室编:《红军长征纪实丛书 沿途亲历者忆长征（1—3）》，北京：中共党史出版社 2016 年版。

中国革命博物馆编:《红军长征日记》，北京：档案出版社 1986 年版。

中国人民解放军战士出版社编:《星火燎原》选编之三，北京：中国人民解放军战士出版社 1980 年版。

中央党史研究室第一研究部编:《巾帼红军忆长征》，北京：中共党史出版社 2017 年版。

《程子华回忆录》，北京：中央文献出版社 2005 年版。

《何长工回忆录》，北京：解放军出版社 1987 年版。

《红军不怕远征难——纪念红军长征胜利 60 周年征文集》，北京：中共党史出版社 1996 年版。

《红六军团征战记》编辑组编:《红六军团征战记》（上、下），北京：解放军出版社 1994 年版。

《怀念罗炳辉同志》，昆明：云南人民出版社 1981 年版。

《黄克诚回忆录》（上），北京：解放军出版社 1989 年版。

《苦斗十年》（下），北京：解放军出版社 1989 年版。

《李坚真回忆录》，北京：中共党史出版社 1991 年版。

《李聚奎回忆录》，北京：解放军出版社 1986 年版。

《刘华清回忆录》，北京：解放军出版社 2004 年版。

《罗元发回忆录》，北京：光明日报出版社 1995 年版。

《莫文骅回忆录》，北京：解放军出版社 1996 年版。

《聂荣臻回忆录》，北京：解放军出版社 2007 年版。

《彭德怀自述》，北京：国际文化出版公司 2009 年版。

《彭绍辉日记》，北京：解放军出版社 1988 年版。

《王平回忆录》，北京：解放军出版社 1992 年版。

《王宗槐回忆录》，北京：解放军出版社 1995 年版。

《星火燎原》丛书之五，北京：解放军出版社 1987 年版。

《星火燎原·未刊稿》第 3、4 集，北京：解放军出版社 2007 年版。

《余秋里回忆录》，北京：解放军出版社 1996 年版。

《张宗逊回忆录》，北京：解放军出版社 1990 年版。

《遵义会议的光芒 纪念遵义会议五十周年》，北京：解放军出版社 1984 年版。

中共井冈山党委宣传部汇编:《回忆井冈山斗争时期》，南昌：江西人民出版社 1983 年版。

蔡孝乾:《台湾人的长征纪录：江西苏区红军西窜回忆》，台北：海峡学术出版社 2002 年版。

曾克林:《戎马生涯的回忆》，北京：解放军出版社 1992 年版。

陈昌奉口述，赵骜整理:《跟随毛主席长征》，北京：解放军文艺出版社 1986 年版。

成仿吾:《长征回忆录》，北京：人民出版社 2006 年版。

程子华、郭述申等:《红二十五军的长征》，《江淮文史》1996 年第 5 期。

丁玲主编:《红军长征记》，北京：解放军文艺出版社 2006 年版。

贵州人民出版社编:《征途》第 2 集，贵阳：贵州人民出版社 1982 年版。

郭德林:《漫漫长征路》，杭州：浙江人民出版社 2006 年版。

贺劲南:《跟随王震长征》，乌鲁木齐：新疆人民出版社 1994 年版。

贺龙:《回忆红二方面军》,《近代史研究》1981 年第 1 期。

黄良成:《忆长征》,沈阳:春风文艺出版社 1959 年版。

黄良成:《忆长征》修订本,沈阳:春风文艺出版社 1979 年版。

黄炜华口述,黄树祥整理:《我的长征历程》,《红色闽西》2014 年第 1 期。

江西省军区党史资料征集办公室编:《长征路:纪念红军长征胜利五十周年》,1986 年版。

解放日报编:《长征亲历者实录》,上海:上海三联书店 2006 年版。

赖大超:《桐梓突围归队》,《广州日报》1982 年 7 月 30 日。

李德:《中国纪事》,北京:现代史料编刊社 1985 年版。

李海文主编:《中国工农红军长征亲历记》,成都:四川人民出版社 2005 年版。

李维汉:《回忆与研究》(上、下),北京:中共党史资料出版社 1986 年版。

廖似光:《风雨征程六十年》,广州:广东人民出版社 1996 年版。

林伟:《一位老红军的长征日记》,北京:中共党史出版社 2006 年版。

临沂地区出版办公室编:《老红军话传统》,济南:山东人民出版社 1982 年版。

刘华清、王诚汉等:《铁流万里功垂史册——回顾红二十五军的长征》,《军事史林》1996 年第 10 期。

刘统整理、注释:《亲历长征——来自红军长征者的原始记录》,北京:中央文献出版社 2006 年版。

罗通:《来自井冈山下》,北京:东方出版社 1996 年版。

吕黎平:《红军总部的峥嵘岁月》，上海：上海人民出版社 1993 年版。

聂荣臻等:《伟大的转折——遵义会议五十周年回忆录专辑》，贵阳：贵州人民出版社 1984 年版。

沈阳军区政治部编研室编:《红军将士忆长征》，沈阳：白山出版社 1996 年版。

史石编:《金沙江的记忆 1935—2006——红军长征过云南纪实》，昆明：云南人民出版社 2006 年版。

孙中山:《三民主义》，北京：东方出版社 2014 年版。

陶行知:《兵役宣传之研究》,《战时教育》第 4 卷第 7 期，1939 年 5 月 25 日。

汪荣华等:《回忆刘伯承元帅》，上海：上海文艺出版社 2012 年版。

吴吉清:《在毛主席身边的日子里》，南昌：江西人民出版社 1983 年版。

吴生开、顾玉平等口述:《回忆长征中的周恩来同志》，南昌：江西人民出版社 1977 年版。

萧锋:《长征日记》，上海：上海人民出版社 2006 年版。

萧华传记组·军事科学院《萧华文集》编辑组编:《萧华文集》（上），北京：解放军出版社 2014 年版。

萧克:《朱毛红军侧记》，北京：中共中央党校出版社 1993 年版。

萧克:《红二、六军团会师前后——献给任弼时、贺龙、关向应同志》,《近代史研究》1980 年第 1 期。

萧克:《红二方面军的北上抗日》,《党的文献》1992 年第 1 期。

萧克:《战略转移善运筹》,《解放军报》1984 年 4 月 30 日，第

2 版。

徐向前:《历史的回顾》，北京：解放军出版社 1988 年版。

徐向前:《徐向前回忆录》，北京：解放军出版社 2007 年版。

薛绍铭:《黔滇川旅行记》，重庆：重庆出版社 1986 年版。

杨得志:《杨得志回忆录》，北京：解放军出版社 2011 年版。

杨士中主编:《似水流年》，北京：中国三峡出版社 1997 年版。

袁光:《风烟滚滚的岁月》，北京：战士出版社 1982 年版。

张国焘:《我的回忆》，北京：东方出版社 2004 年版。

赵镕:《长征日记》，太原：山西人民出版社 1990 年版。

中共南京市委党史工作办公室编:《红旗漫卷——南京部分红军战士口述长征史》，北京：中共党史出版社 2006 年版。

周朝发主编:《红军黔滇驰骋风云录》，北京：军事科学出版社 1987 年版。

中国人民政治协商会议全国委员会文史资料委员会《围追堵截红军长征亲历记》编审组编:《围追堵截红军长征亲历记——原国民党将领的回忆》(上)，北京：中国文史出版社 1991 年版。

张培森:《杨尚昆 1986 年谈张闻天与毛泽东》,《炎黄春秋》，2009 年第 3 期。

[德] 王安娜:《中国——我的第二故乡》，李良健、李希贤校译，北京：生活·读书·新知三联书店 1980 年版。

[美] 艾格尼丝·史沫特莱:《伟大的道路 朱德的生平和时代》，梅念译，北京：生活·读书·新知三联书店 1979 年版。

[美] 哈里森·索尔兹伯里:《长征——前所未闻的故事》，过家鼎等译，北京：解放军出版社 1986 年版。

［美］斯诺：《西行漫记》，董乐山译，北京：解放军文艺出版社2002年版。

［瑞士］薄复礼：《一个外国传教士眼中的长征》，张国琦译，北京：昆仑出版社2006年版。

（三）相关研究著述

中共中央党史研究室著，胡绳主编：《中国共产党的七十年》，北京：中共党史出版社1991年版。

中共中央党史研究室：《中国共产党历史（第1卷）》上册，北京：中共党史出版社2011年版。

中共中央党史研究室第一研究部编著：《红军长征史》，北京：中共党史出版社2006年版。

中国工农红军第二十五军战史编审委员会：《中国工农红军第二十五军战史》，北京：解放军出版社1990年版。

中国工农红军第四方面军战史编辑委员会编：《中国工农红军第四方面军战史》，北京：解放军出版社1989年版。

中国工农红军第二方面军战史编辑委员会编：《中国工农红军第二方面军战史》，北京：解放军出版社1992年版。

中共中央文献研究室主编：《朱德传》（修订本）（上），北京：中央文献出版社2016年版。

本书编写组：《林伯渠传》，北京：红旗出版社1986年版。

军事科学院军事历史研究所编著：《红二方面军征战记》，北京：军事科学出版社2006年版。

李立：《远征万里——红二方面军长征记》，北京：人民出版社1983年版。

《民族理论和民族政策论文选（1951—1983）》，北京：中央民族学院出版社1986年版。

朱成源主编，《长征在雪山草地》编写组执笔：《长征在雪山草地》，成都：四川民族出版社1986年版。

邹谠：《中国革命的再阐释》，香港：香港牛津大学出版社2002年版。

《中国工农红军川滇黔边区游击纵队斗争史》，昆明：云南人民出版社1986年版。

中共中央党史研究室科研局编译处编：《国外中共党史中国革命史研究论点摘编（新民主主义革命时期）》，北京：中共党史出版社1990年版。

姜思毅主编：《中国共产党军队政治工作七十年史》第一卷，北京：解放军出版社1991年版。

中共贵州省委党史研究室、贵州省民族事务委员会编：《红军长征与党的民族政策》，贵阳：贵州民族出版社1993年版。

蓝宇翔、周锡银主编：《四川少数民族红军传》，成都：四川人民出版社1996年版。

郑广瑾：《长征事典》，郑州：河南人民出版社1996年版。

胡素珊：《中国的内战——1945—1949年的政治斗争》，北京：中国青年出版社1997年版。

文化部党史资料征集工作委员会办公室编：《长征中的文化工作》，北京：北京图书馆出版社1998年版。

向熙勤主编：《中国湘鄂渝黔边区研究（2）》，北京：中国财政经济出版社1998年版。

张侃、徐长春:《中央苏区财政经济史》，厦门：厦门大学出版社 1999 年版。

冯友兰:《中国哲学简史》,《三松堂全集》第 6 卷，郑州：河南人民出版社 2000 年版。

中共贵州省委党史研究室编:《红军与贵州革命老区》，贵阳：贵州人民出版社 2000 年版。

余伯流、凌步机:《中央苏区史》，南昌：江西人民出版社 2001 年版。

《团结进步的伟大旗帜——中国共产党 80 年民族工作历史回顾》，北京：民族出版社 2001 年版。

《贵州通史》编委会:《贵州通史》第四卷，北京：当代中国出版社 2003 年版。

陈德军:《乡村社会中的革命——以赣东北根据地为研究中心（1924—1934）》，上海：上海大学出版社 2004 年版。

黄琨:《从暴动到乡村割据：1927—1929——中国共产党革命根据地是怎样建立起来的》，上海：上海社会科学院出版社 2006 年版。

何作庆:《红军长征时期民族政策比较研究》，昆明：云南民族出版社 2006 年版。

秦生:《三军过后尽开颜——西北红军长征史》，北京：中共党史出版社 2007 年版。

钟日兴:《红旗下的乡村——中央苏区政权建设与乡村社会动员》，北京：中国社会科学出版社 2009 年版。

《苏区研究论文精粹》，北京：中国社会科学出版社 2012 年版。

杨炳章:《从革命到政治——长征与毛泽东的崛起》，郭伟译，北京：中国人民大学出版社 2013 年版。

康民、刘务勇：《群众：主体与主人——一个社会、政治、历史命题的理论构建》，兰州：甘肃教育出版社 2013 年版。

电子科技大学马克思主义理论研究中心编：《川陕苏区研究》，成都：电子科技大学出版社 2013 年版。

王奇生主编：《新史学（第七卷）：20 世纪中国革命的再阐释》，北京：中华书局 2013 年版。

涂胜男：《长征时期扩红运动研究》，上海师范大学 2013 年硕士论文。

孙军：《马克思主义民族理论中国化早期进程研究 1921—1938》，北京：中央民族大学出版社 2014 年版。

陈夕：《中国共产党与中国民族问题（1921—1949）》，北京：中共党史出版社 2014 年版。

石仲泉：《我观党史四集》（中），上海：上海人民出版社 2016 年版。

《党章学习讲座》，北京：党建读物出版社 2016 年版。

周锡瑞：《从农村调查看陕北早期革命史》，《中外学者论抗日根据地》，北京：中国档案出版社 1993 年版。

中共中央宣传部：《习近平新时代中国特色社会主义思想三十讲》，北京：学习出版社 2018 年版。

[法] 古斯塔夫 · 勒庞：《乌合之众——大众心理研究》，冯克利译，桂林：广西师范大学出版社 2015 年版。

[美] 丁 · 米格代尔：《农民、政治与革命——第三世界政治与社会变革的压力》，李玉琪、袁宁译，北京：中央编译出版社 1996 年版。

［美］黄宗智:《长江三角洲小农家庭与乡村发展》，北京：中华书局1992年版。

［美］詹姆斯·C·斯科特:《弱者的武器》，郑广怀、张敏、何江穗译，南京：译林出版社2011年版。

［日］田中仁:《20世纪30年代的中国政治史：中国共产党的危机与再生》，赵永东等译校，天津：天津社会科学院出版社2007年版。

B.H.Zhang，Revolutions as Organizational Change：The Communist Party and Peasant Communities in South China，1926–1934，Hong Kong：Hong Kong University Press，2015.

《新书〈长征〉轰动全美读书界》,《美洲华侨报》1985年10月10日。

中共绵阳市委党史工委办公室:《红四方面军长征初期的扩红运动》,《四川党史研究资料》1986年第10期。

郭淼:《长征中红军部队的后勤保障工作》,《北京党史研究》1996年第5期。

马长军:《长征与党的民族政策》,《中国民族》1996年第10期。

蒋仕民:《征借、没收、缴获与采摘——长征中红军的军事经济保障措施》,《军事经济研究》1996年第11期。

秦宇忠:《红军长征时期群众工作的历史功绩》,《西藏党校》1997年第2期。

刘昶:《在江南干革命：共产党与江南农村，1927—1945》,《中国乡村研究》第1辑，北京：商务印书馆2003年版。

王奇生:《党员、党组织与乡村社会：广东的中共地下党

（1927—1930 年）》，《近代史研究》2002 年第 5 期。

王夏刚：《试论红军长征期间的筹粮工作》，《西安电子科技大学学报》2003 年第 3 期。

黄道炫：《一九二〇——一九四〇年代中国东南地区的土地占有——兼谈地主、农民与土地革命》，《历史研究》2005 年第 1 期。

李金铮：《土地改革中的农民心态：以 1937—1949 年的华北乡村为中心》，《近代史研究》2006 年第 4 期。

李金铮：《农民何以支持与参加中共革命？》，《近代史研究》2012 年第 4 期。

李金铮：《再议"新革命史"的理念与方法》，《中共党史研究》2016 年第 11 期。

禚召海：《红军长征中的理财工作》，《中共济南市委党校学报》2008 年第 1 期。

裴恒涛、谢东莉：《红军长征在黔时期后勤供应工作探析》，《贵州师范大学学报（社会科学版）》2010 年第 3 期。

张啸：《红军在长征中开展的群众工作及其历史作用述略》，《陇东学院学报》2012 年第 6 期。

金冲及：《中央红军在贵州的若干重大问题》，《历史研究》2014 年第 1 期。

杨东：《"授权给农民"——中共乡村革命与乡村建设的历史追索与逻辑探究》，《人文杂志》2014 年第 1 期。

王强、李单晶、罗大明：《论党的群众工作在长征胜利中的重要作用及时代意义》，《毛泽东思想研究》2014 年第 5 期。

江山：《女红军王新兰与六位贵人的故事》，《红色之旅》2014 年第7期。

王洪:《红军长征会泽扩红的历史意义及影响》,《毛泽东思想研究》2016年第1期。

贺平海:《红军长征时期的群众工作及其经验借鉴》,《中国井冈山干部学院学报》2016年第1期。

钟连江:《论析长征中的扩红动员》,《桂林航天工业学院学报》2016年第2期。

朱晓舟:《红军长征在康区的"扩红"宣传及其成功原因试探》,《中国藏学》2016年第3期。

刘慧娟:《长征中的扩红宣传》,《上海党史与党建》2016年第10期。

蒋建农、蒋沫沫:《苏区肃反扩大化几个问题的探讨》,《史学月刊》2018年第4期。

阳勇、袁婧:《红二、红六军团长征中贵州"扩红"述论》,《遵义师范学院学报》2018年第1期。

(四)报纸

《红色中华》第47期

《红星》报(1934.10—1935.8)

《中央日报》(1934.8—1936.12)

《人民日报》

《光明日报》

后　记

历史是现实跟过去之间永无止境的问答交流。十年前，我选择红军长征中的群众工作研究作为博士论文选题，与当时正在原中央党史研究室参与编辑《红军长征纪实丛书》有莫大关系。开题后，正好经历各种形式的群众路线教育实践活动，加上平时工作关系了解到一些颇具争议的党史问题，又到山东海阳市政府进行了为期半年的挂职，由此对现实中的群众工作有了一些不成熟的思考，折射到对长征中群众工作的认识中，就更为关注制度构建、实施流程和实施效果。最终形成了与开题之初大相径庭的脉络和框架。

在本书写作过程中，非常感谢欧阳哲生教授的细致指导。我自2003年进入北京大学历史学系跟随欧阳老师读硕士，迄今已相识21年。师恩厚重，无以言表。2011年在职攻读博士学位后，我常常遭遇工作、学业、家庭难以周全的困境。欧阳老师不仅对我颇多体谅，常鼓励我勤恳工作，扎实做学问，时常分享档案文献资料、最新研究信息，更以自身追求学术日新、厚积薄发的研究态度深刻地影响着我。

感谢在博士论文开题、预答辩、答辩时为我提供宝贵指导意见的各位教授，使本书避免了大的纰漏。

特别感谢中央党史和文献研究院提供青年学者丛书这一平台，使我不够成熟的文稿有机会得以付梓。我最初的开题报告曾在原中央党史研究室青年沙龙上作过报告，领导和同事给我提出了很多宝贵的意见建议。此后漫长的写作过程中，中央党史和文献研究院各位领导和同事都为我提供了诸多指导帮助，不胜感谢！

感谢我的家庭对我的全力支持，使我有余暇在学术的海洋里徜徉。尤其感谢我的两个女儿李冉晰、李艾希，为我在研究的清苦中增添了特别的快乐。

当我忐忑交上此份历时七年半的博士答卷时，我知道这仅是一个开始，而今日的不完美，将激励我在学术成长道路上继续努力、探索前行。

2024 年 11 月

图书在版编目（CIP）数据

一次唤醒民众的伟大远征：红军长征中的群众工作研究 / 刘慧娟著. -- 北京：中央文献出版社，2025. 7. --（2022年“中央党史和文献研究院青年学术丛书”）. -- ISBN 978-7-5073-5005-0

Ⅰ. K264.407

中国国家版本馆CIP数据核字第2025XD9122号

一次唤醒民众的伟大远征——红军长征中的群众工作研究

著　　者： 刘慧娟
责任编辑： 杨　平
责任印制： 黄　冉

出版发行： 中央文献出版社
地　　址： 北京西四北大街前毛家湾1号
邮　　编： 100017
网　　址： www.zywxpress.com
电子邮箱： zywx5073@126.com
销售热线： 010-83072503 / 83072509 / 83089404 / 83089317 / 83072511
经　　销： 新华书店
排　　版： 北京中献唐人数字技术有限公司
印　　刷： 北京盛通印刷股份有限公司

710 毫米 × 1000 毫米　16 开　24.25 印张　270 千字
2025 年 7 月第 1 版　2025 年 7 月第 1 次印刷

ISBN 978 - 7 - 5073 - 5005 - 0　定价：68.00元